金陵全書

丙編·檔案類

南京城墻檔案

城墻的保護與管理

南京市檔案館 編

南京出版傳媒集團
南京出版社

圖書在版編目（CIP）數據

南京城墻檔案：城墻的保護與管理 / 南京市檔案館編
. -- 南京：南京出版社, 2020.9
ISBN 978-7-5533-3023-5
Ⅰ. ①南… Ⅱ. ①南… Ⅲ. ①城墻—舊城保護—南京
Ⅳ. ①K928.77
中國版本圖書館CIP數據核字(2020)第170475號

書　　名　南京城墻檔案・城墻的保護與管理
編　　者　南京市檔案館
出版發行　南京出版傳媒集團
南　京　出　版　社
社址：南京市太平門街53號　　郵編：210016
網址：http://www.njcbs.cn　　電子信箱：njcbs1988@163.com
聯系電話：025-83283893、83283864（營銷）　025-83112257（編務）

出 版 人　項曉寧
出 品 人　盧海鳴
策　　劃　盧海鳴　朱天樂
責任編輯　崔龍龍
裝幀設計　王　俊
責任印製　楊福彬

製　　版　上海雅昌藝術印刷有限公司
印　　刷　上海雅昌藝術印刷有限公司
開　　本　889毫米 × 1194毫米　1/16
印　　張　44.75
版　　次　2020年9月第1版
印　　次　2020年9月第1次印刷
書　　號　ISBN 978-7-5533-3023-5
定　　價　1000.00 元

南京出版社
圖書專營店

前言

南京明城墻由宫城、皇城、京城和外郭四重城垣組成，在經歷的戰争中遭到嚴重損毁，祇有京城城墻較爲完整地保存下來。一九二七年南京國民政府成立後，南京市政府根據首都建設的需要，以城門含有封建迷信色彩爲由，重新確定了城門名稱并更换匾額。當時社會各界對于城墻是拆除還是保存，曾經一度争論不休，最後考慮到城墻建築具有悠久之歷史和關係到首都防衛安全等因素，政府嚴令不得毁傷城垣并飭負責機關加以保護，將城墻附近劃爲軍事用地，發布訓令、公告，禁止在城垣附近搭蓋房屋，規定民間積存和拆屋時發現城磚由市政府收買，取締和處罰竊賣行爲等，逐步建立了城墻管理的法規體系。從一九二九年起，南京市政府開始整修城墻城門，據市工務局當時的調查，城垣損壞者有十八處之多。一九三四年全市第一次大規模的集中修繕城墻，將修築工程與城防工事相結合，經費由市政府自行籌措部分，國民政府軍政部給予補助，至抗日戰争全面爆發前仍未完工。

南京保衛戰中，日軍炮火對南京城墻造成了極大的破壞。南京淪陷期間，日僞政權招募民工對城墻進行了局部修整和堵塞，一些工程偷工減料，漏洞僅用泥土碎磚填充或圍以鐵絲網和栅欄敷衍了事，各色人等爬越城墻出入，治安事故頻發。這一時期，日僞除在城門設崗盤查及徵收捐税外，各城門有日軍派兵把守，對于進出城市的糧食、煤炭、柴草、棉麻猪鬃等重要物資均進行嚴格管制，給市民生活帶來極大的限制與苦痛。

抗戰勝利後，國民政府還都南京，一方面，加强了對城墻的管理，拆除城墻沿綫民房，打擊盗挖城墻地基磚土，加强通行管理。另一方面，繼續對戰時受損的城墻進行修整，對城門和橋梁進行修補改造。一九四八年起又進行了一次集中的城墻修繕，爲彌補收集城磚不足，拆除明故宫西華門城磚作爲補充。第一期工程至一九四九年一月結束，第二期工程未及開展南京即獲得解放。

從一九二七年到一九四九年初，政府因城防、治安和首都觀瞻的實際需要，總體上對城墻給予了保護與持續的維修改造。修繕工程多采用現場塌下城磚或挪用其他地段城磚，也有燒制新磚；墻體灌以石灰砂漿，少量使用水泥混凝土。受到戰争影響，城墻通行管理也較爲嚴格。但另一方面，政府對城墻保護没有長期完善的規劃，雖多次頒布保護規定却未得到很好的執行，機關單位市民等在城墻根搭建房屋草棚、挪用或盜取城墻磚土、破壞城墻地基等情形，雖禁不止，交通和意外事故多有發生。同時，修補工程因經費、技術和材料的限制，質量參差不齊，加之自然侵蝕、戰争和人爲因素，到南京解放前，南京城墻除了作爲交通要道的城門之外，許多地段坍塌破敗，雜草叢生，城磚散落，存在諸多隱患和險情。

南京市檔案館館藏近代有關南京城墻檔案是目前南京城墻最爲完整、内容最爲豐富的原始檔案，從現有整理編目成果來看，其中的文件基本上是關于明代南京京城城墻，即今天我們所稱的南京城墻。本書選輯的檔案，均爲南京市檔案館館藏原件全文影印，未做删節。全書編輯按照南京城墻管理、城墻修繕、城門改造和城磚收集等主題分輯，再按專題結合時間順序分類成册，全面再現了近代南京城墻演變的歷史原貌，將有助于認識近代南京城墻、城門及其與城市、市民生活的關係，對于處理好文化遺産保護和城市協調發展之間的關係，具有一定的參考價值。

全書檔案文件標題爲編者所擬。檔案中原標題完整或基本符合要求的盡量使用原標題；對原標題有明顯缺陷的進行了修改或重擬；無標題的則加擬標題。標題中人名使用通用名，機構名稱使用機構全稱或規範簡稱，歷史地名沿用當時地名。檔案所載時間不完整或不準確的，作了補充或訂正。檔案無時間且無法考證的標注『時間不詳』。衹有年份、月份而没有日期的檔案，排在本年或本月始末。由于編者水平所限，在編輯過程中可能存在疏漏之處，考訂難免有誤，歡迎方家斧正。

編者

目録

壹　制定保護城垣辦法

貳　城門更名與開啓

叁　整理城墻市容環境

肆　城墻沿綫地產管理

伍　制止竊挖和破壞城墻

陸　設崗徵稅與查驗貨物

柒　軍事管制和演習

捌　制發城門通行證

玖　其它

南京城墙檔案

城墻的保護與管理

壹
制定保護城垣辦法

禁止城垣附近搭蓋蘆棚木房案

（一）市政府爲禁止城垣附近搭蓋蘆棚木屋致市公安局、工務局令（一九二九年五月十七日）

工務

□拆除子午線內房屋案

1.指令工務局爲子午線內應拆房屋如何執行候令公安局派警協助仰即切實執行案由　指令第一八九一號　十八年五月十六日

呈一件爲子午線內應拆房屋如何執行請核示由

呈悉候令公安局派警協助仰即切實執行勿稍延緩切切此令

附原呈

爲簽呈事竊查職局奉

令趕築子午線路現正積極進行惟路線內應拆房屋迭經派員按戶曉諭拆除迄已逾限多日尚未拆清雖經連日督催拆除仍屬延緩究應如何執行之處肇組未敢擅專理合呈請

鈞長核奪示遵謹呈

市長劉

代理工務局局長金肇組簽呈

五月十四日

2.訓令首都公安局爲據工務局呈爲趕築子午線路應拆房屋如何執行仰即派警協助辦理由　訓令第一五六七號

十八年五月十六日

案據代理工務局局長金肇組呈稱竊查職局奉令趕築子午路綫現正積極進行惟路線內應拆房屋迭經派員按戶曉諭拆除迄已逾限多日尚未拆清雖經連日督催拆除仍屬延緩究應如何執行之處肇組未敢擅專理合呈請核示祇遵等情據此除指令外合行令仰該局長即便遵照派警協助切實辦理事關首都建設要政毋稍遲誤此令

市長劉紀文

□調查市內交通及衛生妨礙物案

訓令工務局爲令將市內交通及衛生妨礙情形製定調查表從速調查具報由　訓令第一五六六號　十八年五月十六日

爲令遵事查本市區內障礙交通之建築及有妨害衛生之汚物所在皆是自非調查清晰不足以言取締合行令仰該局長妥速製定調查表格轉函各處多派職員協助調查以期迅捷仍將遵辦情形具報備查此令

市長劉紀文

□禁止城垣附近搭蓋蘆棚木房案

令公安局工務局令飭城垣以內嗣後不准市民搭蓋蘆棚木房情事仰即禁止由　訓令第一五六九號　十八年五月十七日

首都市政公報　公牘　四七

為令遵事查本京城垣以內附近市民就地搭蓋廬蓬建築木屋積習相沿妨礙殊多嗣後再有前項情事自應嚴行禁止除分行工務公安局外合行令仰該局長卽便遵照辦理並布告週知此令

市長劉紀文

□修理奉安臨時通行路線案

1. 公函總理奉安委員會為據呈修理奉安臨時通行路線一案突被奉安會議議決打銷原案影響工程進行請核示等情函轉查照見復案由　公函第六三九號　十八年五月十七日

逕啓者案據敝市代理工務局局長金肇組呈稱竊查奉安大典臨時交通路線一案前經職局擬具圖樣並改造預算呈奉第一六二八號指令照准飭卽剋日興工如期蕆事幷令補造鼓樓交叉點慢車道預算呈核等因當經遵卽趕辦並補造上項慢車道預算另案呈核各在案會由職局通告召商投標修理旋于四月二十七日組織審查包賑委員會在職局開會審查並呈奉派員蒞場監視審查結果以劉榮記所開修理路面每丈壹元叁角價格最低最為合格當眾議決以劉榮記得標准予承包等語至前項所需材料職局前以工程緊急期限迫促乃由職局自行辦理以免延誤其運輸事項則召商包運亦經當日審查會議決由李長記包運復由職局與劉榮記商訂合同正備文呈報間忽據職局技正兼奉安委員會佈置組副主任唐英報稱五月一日奉委安員會第十二次會議經該會財務組提議將前項經費原定五萬元一案取銷議決先儘二萬元辦理如實不敷再行增加等因特此報請察核等情前來查此項工程異常緊急原定預算已屬擇要修理切實估計需洋五萬四千九百五十四元四角九分再加鼓樓慢車道預算需洋二千六百二十五元二角八分綜計共需洋五萬七千五百七十九元七角七分現在奉安委員會突然議決將前案打銷只允發兩萬元較之原定預算短少甚鉅實屬影響工程進行況職局自奉准核定預算後一切均照原案趕辦且修理路線甚長早經分段辦理今奉安委員會忽然變更原議減少款項若照該項決議辦理卽須變更計劃不僅發生許多窒礙亦且損失綦多事關大典是否應照核准預算之數辦理抑或僅就兩萬元為範圍職局未敢擅作主張自應俟示遵行再行此項工程現在積極趕辦需用款項刻難延緩懇乞先行撥款俾資應付而利工程以重大典是否有當理合檢同審查包賑委員會紀錄及劉榮記合同各一份一併備文呈請鑒核迅賜指令祇遵實為公便計呈送審查包賑委員會紀綠一份劉榮記合同一份等情據此查是項路線工程早經依照原定計畫分段修理與工趕辦各在案今如事後突然變更自多窒礙所稱各節均係實情除指令外相應檢同紀錄合同據情函達請煩

復在案茲又奉
鈞府指令第二〇一七號內開呈暨預算均悉查此次預算仍有錯誤該局設計者之漫不經心概可想見而各級負責人員亦僅以簽名蓋章了事絕不詳爲審核予以校正均屬有虧厥職且文件上除數目字碼取其單便准用亞喇伯字外餘均不得用外國文字乃該局所呈工事施行書預算幾至無呈蔑有亦屬不合均應申斥嗣後務須切實遵辦毋得再沿積習致干駁復合寫原件發還仰即迅速重造呈核毋違切切此令等因奉此除將承辦人員嚴予申斥並責令嗣後切實負責辦理外所有前送修建丁家橋工程預算錯誤之處現已更正完畢理合檢同預算書一份一併具文呈復
仰祈
鈞長鑒核實爲公便謹呈
市長劉
附預算書一份
代理工務局局長金肇組六月十三日

◉取締城牆附近搭蓋蘆蓬木屋案

指令工務局爲呈復遵令取締蘆蓬木屋有與前令及慣例牴觸之處請示遵由　指令第2349號　十八年六月廿日

呈一件呈爲遵令取締蘆蓬木屋有與前令及慣例牴觸之處
請示由
呈悉查本府一五六九號原令係指靠近城牆內之市民搭蓋戶蓬木屋而言並非泛指全城內任何地方取締章程係爲普通的相對的限制此爲一部分絕對的限制核與章程第十第十一兩條法義上尙無何種牴觸蓋其原則固不相悖又本府第一二九九號令開五處地點准由貧民建築草蓬木屋自取締章程頒布後依照後法頒布前法失效之原則該令已屬失效不必明令取消其夫子廟臨時市場之木棚業經專案核准由該局規劃釘樁列號並向財政局繳租金此係特種性質亦與取締章程並無違背至下關區內自應遵照取締章程辦理仰即分別遵照此令

附原呈

呈爲呈復事案奉
鈞府第一五六九號訓令內開查本京城垣以內附近市民就地搭蓋蘆蓬建築木屋積習相沿妨屋殊多嗣後再有前項情事自應嚴行禁止除分行公安局外合行令仰該局長即便遵照辦理並布告週知此令等因奉此謹當遵照辦理惟查十六年十二月五日職局奉
鈞府何前市長第五一五號令核准取締市內蘆棚土屋條例嗣於本年一月間經市政法規委員會修訂改稱取締市

內搭蓋棚房章程內載凡在市內偏避處以無礙交通之公地得由市民承租起建木屋又凡承租市內私地搭建七屋草棚者應照本章程第六條之規定辦理等語此項章程業經本年一月二十三日第三十三次市政會議議決在最近出版之市政法規彙編公布又查十七年五月十五日奉
鈞府何前市長第一二九九號令開下列地點准由貧民建築草棚木屋（一）漢西門外（二）大中橋以東旗民生計處一帶及東關水閘城角一帶（三）水西門外大街以南（四）竺橋以東（五）下關之三叉河內中除（一）（三）（五）三處與
鈞府訓令無牴觸外其除（二）（四）兩處均在城內前項章程及第一二九九號訓令似應請
鈞府明令取銷又查夫子廟內臨時市場木棚櫛比茲詢據取締科科長徐百揆稱係　職局前局長陳揚傑奉鈞府前市長諭准搭蓋嗣後是否須一律禁止或准許作為例外之處茲奉前因統應請
示辦理再鈞令取締蓆蓬木屋係指城垣以內而言但下關區商業殷盛為中外觀瞻所繫是否應一律辦理之處理合一併備文呈復仰祈
鑒核示遵謹呈

市長劉

代理工務局局長金肇組六月十三日

◉咨送獅子巷至中山路馬路計劃書案

1 咨內政部為送獅子巷至中山路馬路計劃書並平面圖請查核備案由

咨第118號　十八年六月廿日

為咨請事案查中山路為首都最大幹路亦係交通要道惟與國民政府前獅子巷馬路未能銜接以致深感不便敝市長有鑒於茲曾經諭飭敝市工務局設計建築獅子巷國民政府門前接至中山路一段馬路以利交通去後旋據該局造具預算並檢同由獅子巷經漢府街至中山路平面圖及拆屋各戶名單各二份先後呈送到府即經先行核定總計以二萬六千一百四十元二角二分為造成該路之預算一面指令查照土地征收法第八條之規定擬具計劃書送候核轉在案茲據該局擬就獅子巷至中山路馬路簡明計劃書並平面圖各二份一併備文呈送並請轉咨備案等情前來除指令外相應檢同上項計劃書暨平面圖各一份備文咨送即希
查核備案仍盼
見復為荷此咨
內政部

力，最近復制定各種規則，並關於查勘取締各種手令，及收辦文件對照日報表等，以便公作云。

製發出勤証章

工務局以出勤人員，僅有出勤手令，恐尚不足，以資識別，特於局務會議議決，製就藍底白字磁質橫長形證章，頒發各出勤人員佩帶，一俟公畢，即行繳還，定於八月十二日起實行云。

接管西水關

本市造幣廠後面西水關原名雲台閘，向由該廠管理啓閉，調節水量，工務局現以東水關已修理完善，東西兩關管理事權，未便兩歧，特呈准本府並函知造幣廠收回管理權，以昭劃一，已派公用科技士黎智長，前往接收管理云。

城垣內附近不准搭蓋草房

本市工務局奉令佈告禁止市民在城垣內附近搭蓋草棚木屋，遵即布告如後，爲布告事案奉市政府訓令第一五六九號內開，查本京城垣以內附近市民就地搭蓋蘆棚，建築木屋，積習相沿，妨礙殊多，嗣後并有前項情事，自應嚴行禁止，除分行公安局外合行令仰該局長即便遵照辦理，并布告週知此令，等因奉此，自應遵照辦理，除飭科取締合行示仰全市民衆，一體知悉，自示以後，所有本京靠近城牆內各處市民絕對不准搭蓋蘆棚，木屋，其餘城內任何地方及下關區內各地址，應仍遵照本局取締市內搭蓋棚房章程辦理，其夫子廟臨時市場之木棚，則係專案核准，應俟另行計劃，仰各遵照，特此布告。

教育消息

市立第一圖書館概況

市立第一圖書館，自去年周蘭蓀女士接辦以來，修葺房屋，添置圖書，力求設備完全，而對於圖書之分類，係依照劉國鈞君所編之中國圖書分類法，圖書編目目錄卡片等，均在積極辦理，黨義書籍及各種雜誌搜羅宏富，徵求公報及縣志刊物等，已徵得四十餘種，並將以前各種雜誌公報，其不完全者，設法補足整理清楚，分部裝訂，既易收藏，尤便流覽，因此種種，民衆每日至該館閱覽書報者

元究應如何辦理之處請祈鑒核等情據查所擬是否有當理合檢同圖樣預算各一紙具文呈請鑒核派員再行實地復核俾資妥善仍懇指令祇遵實爲公便等情附呈圖算各一紙到府據此正核辦間復據呈明該橋壞度日甚南面磚牆已倒塌二丈有餘車輛經過非常危險且准首都警察廳第三警察局函請迅予修理當經衡度情形招由裕慶公司以二千九百二十元零七角五分承包興修嗣以本局城磚缺乏致原擬由局供給一節不能如願乃改用一五十靑磚六萬塊每萬塊以一百七十五元計須增加洋一千零五十元兩共需洋三千九百七十元零七角五分除已飭該承包人於本月五日興工限於本月三十一日以前完工外理合檢同合同一份具文呈請鑒核俯賜轉飭財政局迅予如數撥款以資應付實爲公便等情附呈合同一份前來據此除指令兩呈及合同附件等均悉應准照辦所需工款已令飭財政局在該局臨時費第四項第二目第一節橋樑建築費內按照合同包價撥洋三千九百七十元零七角五分着卽前往具領轉給施工事竣呈請驗收用昭核實並將領用款項依照指令科目分別編入月份臨時費支付預算及支出計算書類內呈候核轉仰卽遵照合同等件存查此令印發外合行令仰該局長遵照辦理具報備查此令

市長魏道明

▲指令工務局爲呈送修理復成橋計劃圖算及合同祈鑒核撥款案由　指令府字第五三八〇號　二十年五月十五日

呈二件爲呈送修理復成橋計劃圖算及合同祈鑒核撥款由

兩呈及合同等件均悉應准照辦所需工款已令飭財政局在該局臨時費第四項第二目第一節橋樑建築費內按照合同包價撥洋三千九百七十元零七角五分着卽前往具領轉給施工事竣呈請驗收用昭核實並將領用款項依照指定科目分別編入月分臨時費支付預算及支出計算書類內呈候核轉仰卽遵照合同等件存查此令

原呈見訓令府字第五三八一號

工務

（二四）令飭保護城垣案

▲訓令社會局工務局爲准內政部咨准行政院秘書處函奉發中央秘書處函以南京市執委會呈請嚴令保護本京城垣諭交內政部查照辦理一案抄件咨請照辦令仰遵照辦理由

訓令府字第五一三〇號　二十年五月六日

爲令遵事案准
內政部禮字第五二號咨開案准
行政院祕書處函奉發中央祕書處函以南京市執委會呈請嚴
令人民不得毀傷本京城垣並飭負責機關保護一案諭交內政
部查照辦理抄件函達查照等由到部查本京城垣建築規模偉
大其有悠久之歷史於首都安全尤關重要自應切實保護除函
復並令行首都警察廳切實保護外相應抄同原件咨請查照辦
理等由計抄送原呈一件准此除分令社會工務局外合行抄發附件
令仰該局長即便遵照辦理此令

計抄發原呈一件

市長魏道明

▲訓令社會工務局爲奉　行政院令據內政軍政兩部會同議復
楊司令杰呈述國防意見一案經提會決議照辦令仰飭屬
一體遵照等因令仰遵照由　訓令府字第五一九二號

二十年五月九日

爲令行事案奉
行政院第一九三七號訓令內開前奉
國民政府交辦甯鎭澄淞四路要塞司令楊杰呈述國防見地懇
將中國現有城垣交付國防會議或交負責機關審議以便通籌
定案並飭各省遵行一案到院當交軍政內政兩部核議去後旋
據該兩部會同復稱奉令後以此案關係國防及治安至爲重大
亟應召集有關係各機關公同審議乃於本月二十六日下午二
時在軍政部會議廳召集內政部參謀本部訓練總監部國府參
軍處總部參謀處各代表開會縝密討論僉以楊司令呈述各節
深合我國現今情勢自屬可行經議決城垣保存辦法五項理合
錄案呈復鑒核等情據此經提出本院第二十一次國務會議決
議照辦除函達國民政府文官處查照轉陳並分令外合行抄發
全案令仰該市政府即便轉飭所屬一體遵照等因計抄發楊司
令原呈一件內政軍政兩部議決保存城垣辦法五條奉此除分
令工務社會局外合行抄發全案令仰該局即便遵照此令

計抄發楊司令原呈一件內政軍政兩部議決保存城
垣辦法五條

市長魏道明

附保存城垣辦法五條

一、全國各地方現有城垣城壕及邊界關塞一律保存
二、本案決定以前已經拆除或塡平者不在此例
三、此後各地方如因市政發展或重要建設城垣城壕實有妨
礙或已失其效用者得由地方政府呈請

行政院發交軍政部內政部會同參謀本部審核後准許拆除或塡平其一部或全部

四、各地方如因交通關係得於城垣城壕多闢門洞多架橋梁

五、各地方所有城垣城壕如有破壞責成地方政府隨時修理

(一二五)變更開闢漢中路循舊路出城計劃案

▲指令工務局爲據呈請變更開闢漢中路循舊路出城計劃應准如呈辦理惟關城及建橋工程應如何規劃仰卽詳細設計呈核由　指令府字第五二三號　民國二十年五月十一日

呈一件爲呈擬變更開闢漢中路循舊路出城計劃仍擬照原定路線開闢至城牆根爲止以重交通請核示由

呈悉所請變更漢中路原定循舊路出城計劃遵照幹路系統由新街口向西直至城牆根爲止一次開足以利交通一節自屬可行應准如呈辦理惟開闢城門及建築橋樑等各種工程應如何規劃方臻妥善仰卽詳細設計呈候核奪此令

附原呈

爲呈請事竊查開闢漢中路幹路工程一案前經職局擬具計劃呈奉核准卽經會同土地局佈告限期拆除線內應拆房屋在案茲查漢中路路線依照公佈本市幹路系統原系由新街口迤西直至漢西門北首城牆根爲止前次職局所擬開闢幹路計劃以新闢城門洞一時未能開闢故擬循舊路出漢西門（卽由漢中路折入石城路經石鼓路出漢西門）所有原定漢中路直至北首城牆根止一段暫不建築現查該路爲本市東西惟一幹道依照現在交通情形實屬重要仍擬遵照原定幹路路線由新街口向西直至城牆根爲止一次闢足其前次所擬循舊路出城經過之石鼓石城路一段因有石鼓路舊路可以通行之故擬卽暫不興築除該段路線內應拆房屋前已由職局劃定拆綫一俟奉准卽行會同土地局佈告限期催拆以利進行外理合將變更開闢漢中路循舊路出城計劃各緣由備文呈請仰祈

鈞府鑒核示遵實爲公便謹呈

市長魏

工務局局長趙志游

二十年四月二十五日

(一二六)開闢山西路案

▲指令工務局爲呈送山西路工程標賬及標價比較表請鑒核撥款以便興工案由　指令府字第五二五〇號　二十年五月十一日

呈一件爲呈送山西路工程標賬及標價比較表請鑒核撥款以便興工由

呈件均悉所請將本案工程交利源廠承包興築應准照辦惟查

市社會局、工務局關于禁止任意損壞城垣的布告（一九三一年五月十五日）

四項幷附以說明俾資遵守除分咨外相應檢同該項標準一份咨請貴府轉飭主管官署布告周知幷希見復等由附建築工程圖樣及設計書表認爲著作資格應備具各項文件之標準一份准此除咨復外合行抄發原件令仰遵照幷布告週知此令等因計抄發建築工程圖樣及設計書表認爲著作資格應備具各項文件之標準一份奉此合行印附原件布告仰技師人等一體週知此佈

計印附建築工程圖樣及設計書表認爲著作資格應備具各項文件之標準一份

關於建築工程圖樣及設計書表認爲著作資格應備具各項文件之標準說明附

（一）設計書及圖樣

（說明）關於設計書者（1）設計書應爲承辦工程全部之整個設計及其詳細計算（2）此項設計應備具特別之點與普通設計不同者並應逐一說明之關於圖樣者應繪具下列四種（1）全部及重要分部工程正面及側面圖樣（2）平面圖樣（3）剖面圖樣（4）其他必要圖樣

審查時如對於設計書及圖樣發生疑義得令聲請人來部攷詢

（二）工程規定書

（說明）上項規定書應詳及（1）全部及分部工程之價格（2）各分部工程規定之詳細說明（3）所需各項材料之品質及其數量（4）工程進行之程序及其期限

（三）雙方訂立之合同或委託人之證明書

（說明）上項合同以雙方簽字之原本爲限如因合同業已遺失可改由負責委託人出具簽名蓋章之證明書遇有疑義時由部遴派專員實施調查

（四）工程進行中及落成後之攝影

（說明）上項工程落成後之攝影應爲整個工程之全景但如重要分部工程具有特殊價値者並應有進行時攝影

中華民國二十年五月十五日　局長黃曾樾

南京市工務社會局佈告　第五〇號

爲禁止任意損壞城垣由

爲佈告事案奉

市政府府字第五一三零號令開案准

首都市政公報　佈告　七

內政部禮字第五二號咨開案准行政院秘書處函奉發中央秘書處函以南京市執委會呈請嚴令人民不得毀傷本京城垣並飭負責機關保護一案諭交內政部查照辦理抄件函達查照等由到部查本京城垣建築規模偉大具有悠久之歷史於首都安全尤關重要自應切實保護除函復並令行首都警察廳切實保護外相應抄同原件咨請查照辦理等由計抄送原呈一件准此除分令工務局外合行抄發附件令仰該局長即便遵照辦理此令等因計抄發原呈一件奉此合亟佈告市民一體遵照切實保護勿得任意損壞致干查究切切此佈

中華民國二十年五月十五日

工務局局長趙志游
社會局局長黃曾樾

南京市土地工務局佈告　第三十六號

爲放寬碑亭巷至逸仙橋一段中山路仰該段兩旁應拆各房屋業主依限自行拆除由

爲會銜佈告事查中山路路面寬度原定爲四十公尺前因該路交通日趨繁重擬將新街口經碑亭巷至逸仙橋止一帶中山路提前加以放寬以重路政曾經呈奉核准並爲分段進行起見已由本局等會同佈告先將新街口至碑亭巷止一段兩旁應拆房屋限期拆除各在案茲查該段兩旁溝渠與該處一帶出水問題關係至鉅自應一次將其建築完成以固路身而利宣洩所有碑亭巷至逸仙橋止一段亦應同時予以開闢以便施工茲經呈奉市政府急字第三七三零號指令內開呈悉准如所擬辦理除令土地局外仰即遵照此令等因奉此自應遵照辦理合亟會銜佈告仰碑亭巷至逸仙橋一帶中山路兩旁應拆各房屋業主一體遵照務須於本年七月一日以前依照本工務局前次劃定四十公尺邊線自行僱工拆除並一面持同管業契據至本土地局登記以便發給補償金事關路政勿得觀望如逾期不拆即由本工務局派工代拆將料抵工其各遵照特此佈告

中華民國二十年五月十四日

兼代土地局長麥　騫
工務局長趙志游

南京市土地局公告　第二號

爲督糧廳小學校後有土堆一座查係公地自應接收倘有利害關係人聲明異議仰依限提出證據由

爲公告事案准市教育局函開據督糧廳小學校呈稱查校後有土堆一座如屬

首都衛戍司令部爲緊靠城墻之營地不準建築屋舍與市政府往來代電（一九四七年十月九日至十月二十三日）

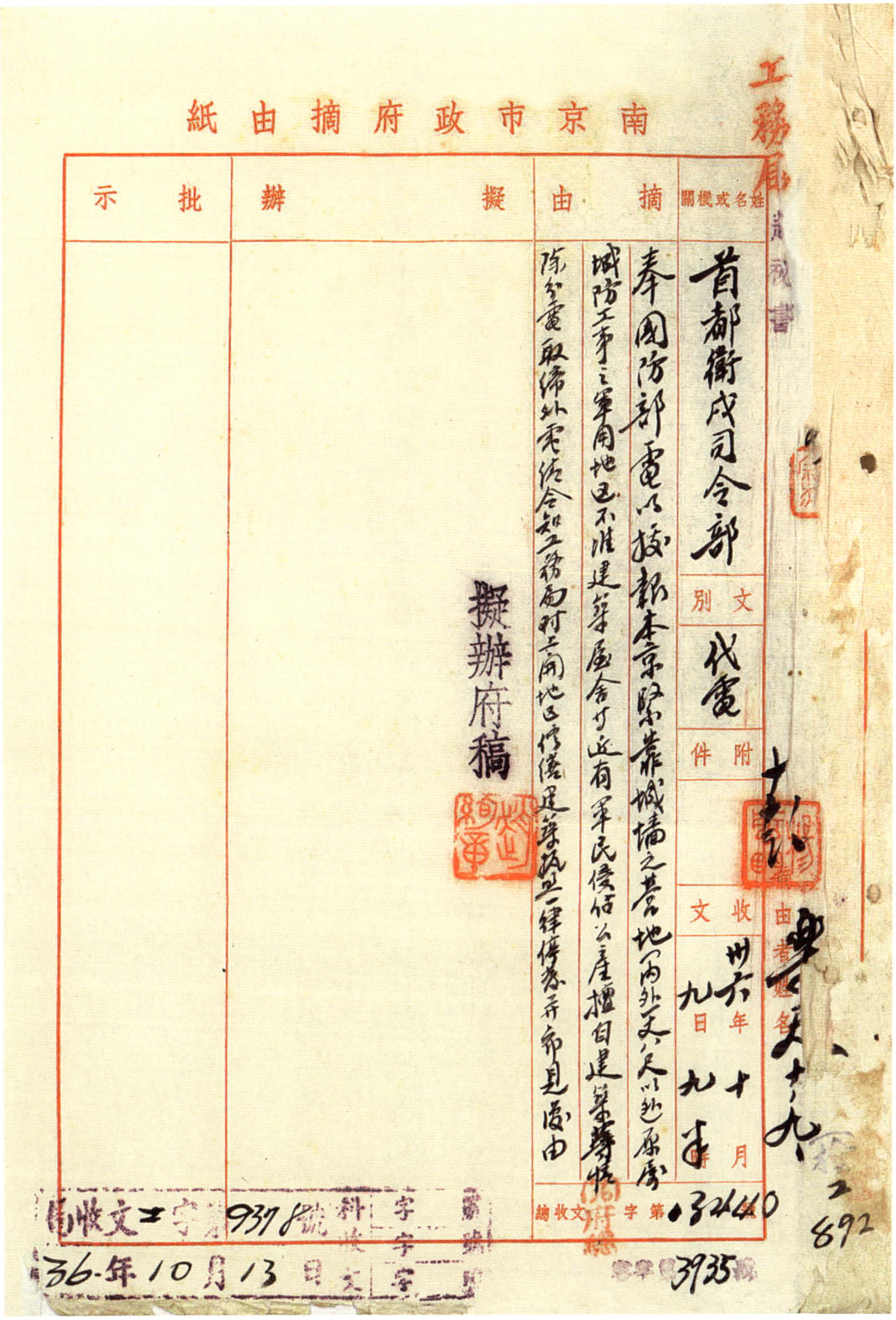
南京市政府摘由紙

姓名或機關	首都衛戍司令部
文別	代電
附件	
收文	卅六年十月九日九時
摘由	奉國防部電以接報本京緊靠城墻之營地內外丈八尺以內地原屬城防工事之軍用地區不准建築屋舍茲近有軍民侵佔公產擅自建築等情除分電取締外電請令知工務局對上開地區停止建築並一律停發許可證見復由
擬辦	擬辦府稿
批示	

總收文第13240字

工務局收文工字9378號 36年10月13日

事由	
批示	
附件	
擬辦	

首都衛戍司令部代電

南京市政府公鑒前奉國防部參謀總長陳(卅六)巳冬創勝畏字第四三三四號代電略開以據江寧要塞司令部胡司令報稱查本京緊靠城牆之營地(內外一丈八尺以上)原屬城防工事之軍用地區不准建築屋舍等而近來竟有軍民人等侵佔公產擅自營建為維護公產起見謹懇通電有關機關恢復地權禁止營建等情希核辦等因到部當以副廳已皓一四七號代

戍信 三十六 257 十 四

電首都警察廳城郊區指揮部及工務局查明取締在案
嗣據首都警察廳呈送緊靠城牆建築名冊七份到部并
請示取締方法當經呈奉國防部（卅六）申巧創勝畏字第九
一六六號代電核示兩點（一）嗣後應嚴禁在上項軍用地區内修
建房屋（二）其已修建者一概不准再事修理等因除分電首
都警察廳城郊兩區指揮部及江寧要塞司令部切實執
行外特電請令知工務局對上開地區内修繕營建執照一
律停止發給并希見復為荷首都衛戍司令部戍信參酉
〈支〉

都市處

十二、六

查本市軍用地域建築等，本府一貫要求必需取得
江寧要塞司令部同意建築證明後始予給
照，原則辦理。茲准衛戍司令部戍信酉（亥）代
電：近有軍民侵佔公產擅自建築情事，經於
本月十五、六兩日藉會同國防部等有關機關實地
會勘，重劃軍用區之便，就近查悉，此等情事，
均係無照違建案，現准電錄告本國防部（呈）
申請創勝農字第九一六六〇號代電核示的項
無論自當違法，除重劃軍用區情形另案
報請
鑒核外，本件擬請函復首都衛戍司令部

當否乞示

郝海　府稿函發　十二、十七

奉
同時開府稿代電
首都警察廳

十二、十七

孫　十二、十七

賦經　十二、十八

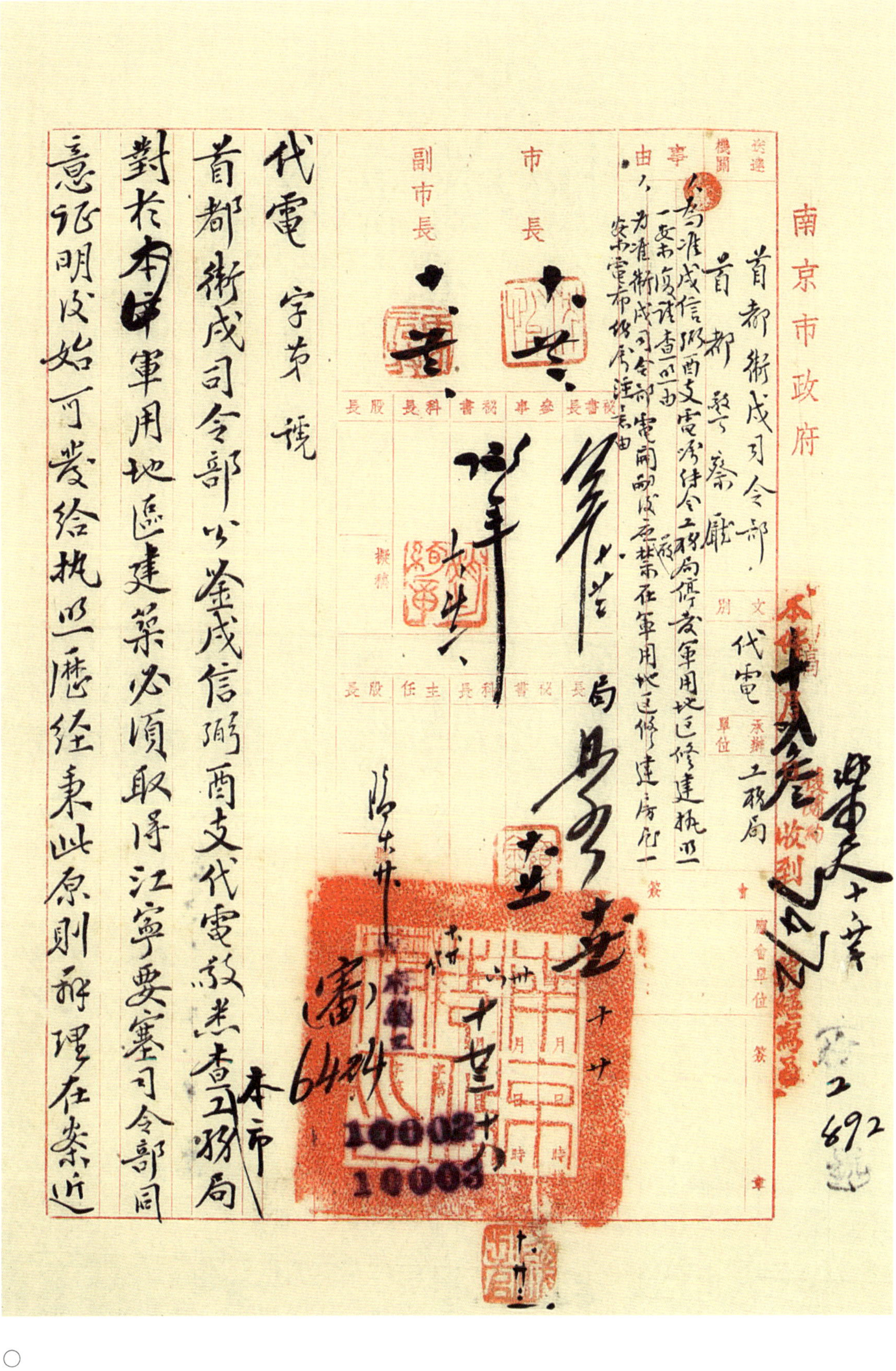

南京市政府

送達機關：首都衛戍司令部

文別：代電

承辦單位：工務局

事由：為准戍信衙酉支電請飭工務局停發軍用地區修建執照一案復請查照由

市長

副市長

秘書長　參事　秘書　科長　股長

擬稿

秘書長　秘書　科長　主任　股長

會辦單位簽章

代電　字第　號

首都衛戍司令部公鑒戍信衙酉支代電敬悉查本市工務局對於本市軍用地區建築必須取得江寧要塞司令部同意證明後始可發給執照歷經秉此原則辦理在案近

查悉有軍民在緊靠城墻營地建築房屋均係無照興工情事
茲准電前據由除行該局查照停發上開地區修繕營建執照
外特電復請查照為荷 南京市政府 印
代電 字第 號
首都警察廳 准首都衛戍司令部戍信甯酉支代
電開「前奉國防部錄電見復」等由除行工務局查照辦外
關於嗣後應嚴禁在上項軍用地區內修建房屋一點特電
希即飭所屬局所隨時密切注意為要沈。 印

市工務局爲查禁破壞城墻并查明各處留存破落城磚等致各區工務管理處的訓令（一九四八年四月十四日）

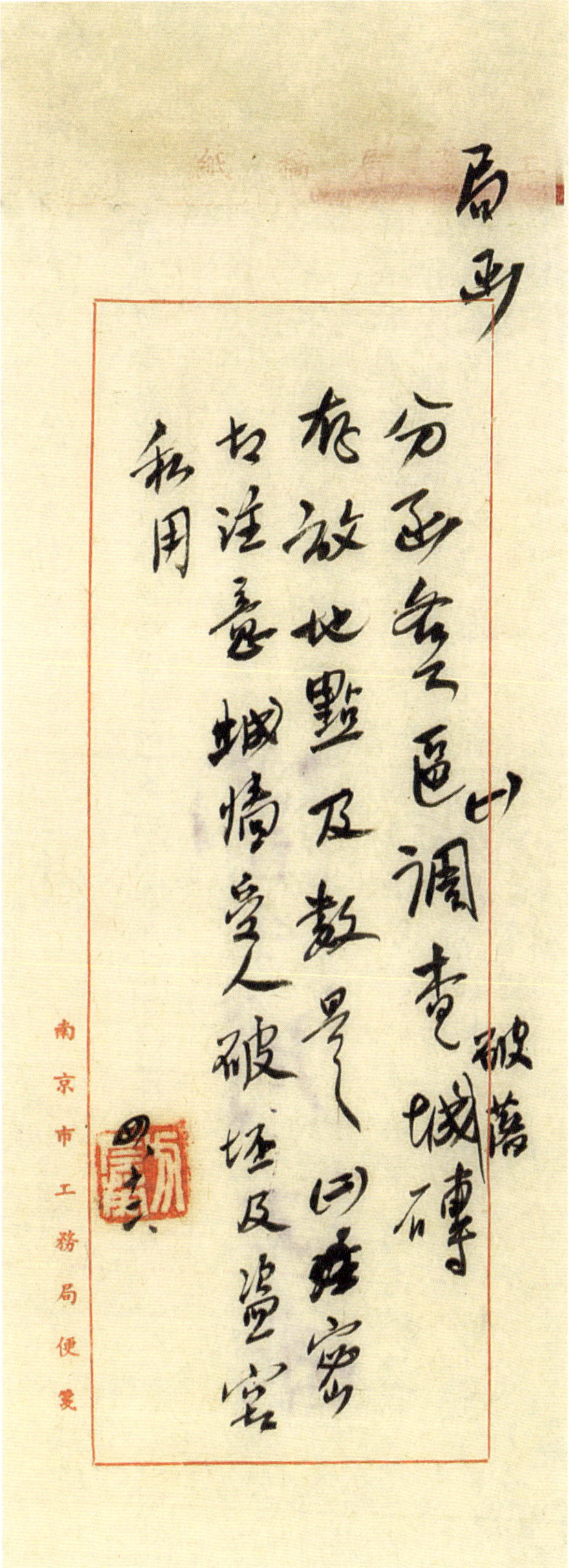
局函

分函各區調查破落城磚石存放地點及數量，以并密切注意城墻免人破壞及盜窃私用

南京市工務局便箋

如擬 四月十三

分行

南京市工務局

長文別事：訓令

事由：爲令仰查禁某氏破壞城墻並查明各處留存破廢城磚詳實報局由

送達機關：各區工務管理處

主辦科室：二科

判行前會章

判行後會章

附件

繕校 封發 中華民國卅七年四月十四日

秘書 月 日
第一科長 月 日
第二科長 四月十三
第三科長 月 日
第四科長 月 日
會計室主任 月 日
審勘室主任 月 日
技正 四月十三
股長 月 日
擬稿員 四月十三

二科發文 639 號

令各區工務管理處

查本京城墻，常有發現被人破壞，並將挖下城磚，盜賣私用，亟應派員嚴密查禁，以固城防。各區所轄地區，如有留存破廢城磚，應即查明地點數量，詳實列表報局，聽候利用。除分令外，合行令仰遵照辦理為要。

此令

局長 原〇〇

校對 賈文傑

收文 字第 號 發文 字第 號 檔案編號

（2）2396

南京城墻檔案

城墻的保護與管理

貳

城門更名與開啓

市政府爲調查區街道橋梁城門名稱及其得名之由來致特務員鄭鶴等人的命令（一九二七年十一月十九日）

摺二扣一併呈請核轉等情據此理合檢同租摺二扣備文呈報鑒核等情前來查曹都巷內利民綢廠係東三省官銀號正屋其餘各屋分租零星各戶未便一一調取租摺經俟該屋經理汪奉之回寧始可調查明晰現在汪奉之處已囑伊妻去函催促大約一星期後卽可返寧所有職局奉令派員會查曹都巷及李府巷兩處房屋情形理合先將調取利民綢廠及協濟公典租摺各一扣具文呈請鑒核等情并附租摺二扣到府據此除指令外合行檢同租摺令仰該局長卽便查核辦理具報此令

市長何民魂（十一月十九日）

南京特別市市政府令第六五九號

令特務員　鄭鶴　陳德琦　姚丙奎　唐春炎

查南京全市面積遼闊袤延數十里之廣雖經公安局劃分區域而區街道橋梁城門名稱及其得名之由來亟應詳細調查以資考核除分行外合亟令仰該員卽便遵照分別前往各該區查明呈報此令

市長何民魂（十一月十九日）

南京特別市市政府令第六六〇號

令工務局局長陳揚傑

爲令行事案准

市參事會函開十一月五日本會第二次常會關於取締市內建築章程一案由審查委員章參事桐代表報告審查結果當經議決所有修正各條及分期辦法一致通過由章參事另具意見書以憑函達市政府查照等因除將所有條文分三期重經編定外卽由章參事補具意見書到會相應一併函送貴府轉行市工務局等由並抄送章參事意見書一件及取締市內建築章程三件到府准此查核修正意見頗爲妥善自應如議施行合行檢發原件令仰該局長遵照辦理此令

計發意見書一件章程三件

市長何民魂（十一月十九日）

南京特別市市政府令第六六一號

令公安局局長孫伯文

爲令行事案奉

國民政府第六十二號訓令內開案據司法部呈復以奉發南京市市長呈爲前由公安局拘獲土豪劣紳楊煥卿一名應否俟特別刑事臨時法庭組設後轉送訊辦抑送普通法院辦理一案查前項案件關係重大爲一般身受土豪劣紳壓迫之民衆起見自應另由特種刑事臨時法庭從嚴懲辦以表示國家疾惡如仇爲人民解除痛苦之誠意惟特別刑事臨時法庭尙未組織該市現已獲有此種人犯若必待組織法庭再行轉送訊辦未免致稽時日且各處發生此等案件當亦不止南京市一起本部現擬一變通辦法凡在特種刑事臨時法庭尙未組織以前遇有前項案件發生卽暫歸該管普通法院依前南京國民政府公布之懲治土豪劣紳條例審判除俟所擬辦法經鈞府核定再行通令各省法

（一）市政府爲擬定更改城門名稱案再行討論致市教育局指令（一九二八年三月十六日）

鑒核示遵事竊查本市街道頗爲狹隘車馬往還向無限制是以交通時有硬阻行人諸感困難職局有見及此故特詳細考察謹將本市交通重要之處及商業繁盛之地規定爲特種馬路一由唱經樓經北門橋至估依廊一由南門大街至三山街北口一由太平街經娃娃橋東口至四象橋一由奇望街至陡門橋以上各街道皆規定爲特種馬路並限制車輛往來以維交通而利市政理合繕具取締特種馬路限制車輛條規暨罰則一份備文呈請

鈞府鑒核是否可行伏乞

指令祇遵實爲公便謹呈

南京特別市市長何

計呈送取締特種馬路限制車輛往來條規罰則一份

南京特別市市政府工務局局長陳揚傑

（三月二十二日）

南京特別市市政府指令第一〇三八號

令教育局局長陳劍脩

呈一件爲擬定更改本城門名稱以資適合潮流請核轉由

呈悉此案業於本月二十八日提交第三十一次市政會議議決俟社會調查處將審查本府特務股調查街巷城門名稱一案呈復到府後再行討論等語仰卽知照此令

中華民國十七年四月四日

附原呈

呈爲呈請事竊本京城門名稱非寓有封建思想卽涉及神怪謬說于現代潮流頗多不能適合之處伏思方今革命軍興凡百俱應鼎革若此關係中外觀瞻代表民族文化思想之中華民國首都城門名稱似不可不加以矯正以期宣傳吾黨革命主義喚起民衆而使適合潮流查神策門意涉神怪擬請改爲凱旋門上年孫逆逾渡其激戰場地之最近於南京者卽神策門請改今名寓有紀念討孫一役之意此其一其二爲儀鳳門儀鳳門意已傍及皇朝際茲共和似難留此擬請改名爲中山門此門爲城內下關交通孔道中外人士之來都者首須入得此門名冠中山固所以紀念

先總理亦所以宣傳革命也其三爲聚寶門意寓迷信自須改樹名目擬改爲中華門此卽紀念中華民國立國之意其四爲豐潤門豐潤二字不免妄視承平意寓迷信擬請改爲中正門所以紀念

蔣總司令領導革命民衆厥成北伐之功其五爲朝陽門此系帝制時代產物尤須及早刪除擬改名爲湯山門因此門可逕達湯山特冠此名所以使民衆注意湯山勝地其六爲海陵門海陵原係泰縣古名此門開於韓國鈞長蘇時韓泰

縣籍因韓命名海陵韓之功德似尙勿足以當此擬請改爲西藏門西藏遠在西陲英人侵呑將不復爲我所有可恨國人幷不注意今特借城門冠以此名所以喚起民衆也其七擬改太平門爲自由門其八擬改金川門爲三民門其九洪武門擬改爲共和門此可顧名思義者其他如草場門漢西門水西門鍾阜門通濟門尙無不合於現代潮流之處擬請保留所有擬名更改本京城門名稱以資適合潮流緣由理合備文呈請

鑒核轉呈

國府核奪施行謹呈

南京特別市市長何

教育局局長陳劍脩（三月十六日）

南京特別市市政府指令第一〇九一號

令代理財政局局長沈　礪

呈一件呈復各機關領購汽車牌照種類改爲一律以便辨認由

呈悉候令公安局轉飭知照此令

中華民國十七年四月九日

原呈畧

南京特別市市政府指令第一〇九三號

令代理財政局局長沈　礪

呈一件爲秦淮河兩岸及桃葉渡根本整理一案遵令辦理復祈鑒核由

呈悉仰仍妥速辦理隨時具報備查此令

中華民國十七年四月九日

附原呈

呈爲呈復事案奉

鈞府第七二八號令開查本年三月十七日第二十九次市政會議本市長提議對於秦淮河兩岸及桃葉渡一帶根本整理一案當經議決關於取締辦法由工務局取締課計議一面由財政局土地課調驗該地市民地契等語查秦淮河爲一市名勝其河身因逐年爲兩岸居民陸續侵佔以致成爲湫隘汚濁之所自應根本整理除分令外合卽令仰該局長卽便遵照議決案迅行布告調驗兩岸民屋地契製成圖册以憑清釐毋稍率延此令又奉

鈞府第七六二號令開查本年三月二十四日第三十次市政會議據工務局提議取締課擬議秦淮兩岸整理辦法計劃一案當經議決交工務財政兩局辦理等語除分令外合行令仰該局長卽便會同工務局迅行擬復核辦此令各等因奉此遵卽按照整理計劃第一期所規定布告居民調驗

改稱京都市或首都市使人一見而知爲全國政治之中心非上海漢口等地所能比擬不尤爲特別中之特別者耶嘗聞名不正則言不順南京之爲首都亦既一年有餘矣而中外所注目之首都名稱猶在疑似之間未能確定用是不揣固陋擬請鈞府建議於

國民政府詳加討論改定名稱俾一新國人之耳目是否有當伏乞鑒核施行等情據此查該主任所陳關於南京名稱不應成立及將特別市改稱爲京都市或首都市以示與其他特別普通各市有別各節立論頗有見地因經提交第三十七次市政會議議決照案建議

國民政府等語除分行外理合具文呈請仰祈

鑒核示遵實爲公便謹呈

國民政府

南京特別市市長何民魂

（五月十七日）

南京特別市市政府呈第一六七號

呈爲變更城門名稱請備案由

呈爲議決更改聚寶等門名稱伏懇

鑒核備查事竊照本市各城門名稱類多鄙陋及爲崇拜個人着想實非革命時代所應存在前經派員分別查明令發社會調查

處核議嗣據呈送各城門名稱沿革表到府因即提交第三十七次市政會議在案茲經議決聚寶門改爲中華門取意紀念中華民國儀鳳門改爲凱旋門取意預祝北伐完成正陽門改爲洪武門取意紀念明太祖及太平天國之革命朝陽門改爲中山門取意紀念總理神策門改爲自由門取意革命意義在爭自由以表顯本黨精神並示一入此門即趨於自由正軌之意豐潤門改爲桃源門因豐潤門外即爲玄武湖該湖地位實具世外桃源之觀故擬將玄武湖改爲新桃源其與之毗連之豐潤門亦應改爲桃源門又海陵門改爲挹江門取意該門面臨江近可挹取等語除分行並飭匠吏改名額外理合抄附城門沿革考具文呈報仰祈

鑒核備查實爲公便謹呈

國民政府

南京特別市市長何民魂

（五月廿一日）

南京特別市市政府呈第一六九號

呈國民政府爲議決請再禁止越級呈訴由

呈爲呈請事竊照中央行政與地方行政程序界限判然不可混是以

鈞府在十六年七月二十六日曾以天字第一八六號通令各省政府轉飭民衆不得越級呈訴所以示範圍而明職守也乃查本

南京特別市市政府令第一六三九號

令所屬各機關
工務局局長陳揚傑

令飭遵照國府改定各城門名稱改換各城門匾額由

案准

國民政府祕書處函開（原函見第二〇四號呈文內茲從畧）等由並附抄內政部原呈及擬改各城門名稱理由表各一件過府准此查此案前據社會調查處呈請即經提交第三十七次市政會議議決並經呈報暨令知各在案准函前由除呈復國民政府暨通令並布告外合行抄錄呈表令仰該

局長即便知照此令

遵照迅將各城門橫匾尅日改換呈報備查

計抄原呈一件理由表一紙

市長何民魂　六月十五日

南京特別市市政府令第一六四四號

爲奉國府令頒發公文程式案例轉令遵照由

令所屬各局處

案奉

國民政府第二七六號內開查公文程式條例現經本府制定明令公布應即通飭施行以昭劃一除分令外合亟頒發該條例令仰遵照並轉飭所屬一體遵照等因計發公文程式條例一件下府奉此除分別并令行暨布告外合行抄發條例令仰該　即便遵照辦理毋違此令

計發公文程式條例一件

市長何民魂　六月十六日

南京特別市市政府令第一六六五號

爲令發財部編製十七年度預算書例言及書式樣本仰即知照由

令兼代財政局局長沈礪

爲令遵事案奉

國民政府第二六五號令開（原文見二一六號呈文）等因並奉檢發財政部編製十七年度預算書例言及書式樣本各一份下府奉此查關於編製十七年度預算前據該局擬送例言業已分別飭令遵照並指令在案茲奉前因究竟所發例言與該局前送者有無不同之點應否再予轉行遵照之處除呈復外合行抄發預算書例言及書式樣本令仰該局長即便遵照迅行核復以憑察奪毋延此令

計抄發財政部編製十七年度預算書例言及書式樣本各一份

市長何民魂　六月十八日

南京特別市市政府令第一七〇一號

爲財政部函復財教工三局之十六年度預算經會議議決通過由

令工務財政教育局局長

案准

繼續努力外理合檢同各局事務報告備文呈送仰祈
鑒核備案實爲公便除分呈外謹呈
國民政府
中央政治會議
計呈送各局事務報告四本
南京特別市市長何民魂　六月十五日

南京特別市市政府呈第二〇四號

呈國民政府爲改定各城門名稱由

呈爲呈報事案准
鈞府秘書處函開奉
常務委員發下內政部呈爲遵核南京市政府擬改本京聚寶等城門名稱一案分別更改暨如原擬辦理列表請鑒核施行呈一件經奉
國府第六九次委員會議決議光復門改光華門餘照部議辦理等因相應抄同原呈函達查照辦理等由並附抄內政部原呈及擬改各城門名稱理由表一紙過府准此除遵經令飭工務局迅將各城門改揭橫匾並通令所屬各機關暨布告民衆一體知照外理合具文呈報仰祈
鑒核備查實爲公便謹呈
國民政府
南京特別市市長何民魂　六月十五日

南京特別市市政府呈第二〇八號

呈復爲奉令頒發公文程式條例已分令轉飭遵由

呈爲呈復事本年六月十二日奉
鈞府第二七六號內開查公文程式條例現經本府制定明令公布應即通飭施行以昭劃一除分令外合亟頒發該條例令仰遵照並轉飭所屬一體遵照等因計發公文程式條例一件下府奉此除遵即恪遵辦理并通令所屬及布告周知外理合具文呈復
仰祈鑒核謹呈
國民政府
南京特別市市長何民魂　六月十六日

南京特別市市政府呈第二一六號

呈復爲奉發編製十七年度預算書例言及書式樣本等令財政局遵辦由

呈爲呈復事案奉
鈞府第二六五號令開案據財政部呈稱爲懇請通令各機關編造十七年度預算書仰祈鑒查令行事案核各機關十六年度歲出入預算書前經擬訂預算書式及編案例言呈請鈞府通行遵辦在案現在十六年度瞬届終結十七年度開始在即所有中央及地方各機關應令送十七年歲出入預算書以憑編製總預算書轉送財政監理委員會核定事關計政理擬具編製十七年度預算書例言及書式具文呈請鑒核俯賜通行各機關一體編辦實爲公便等情並附呈送編製十七年度預算書例言及書式樣本各二百五十份據此除批復并分令外合亟檢發十七年度預

（五）市政府關于更改各城門名稱的布告（一九二八年六月十六日）

之七強至極貧小戶計二十三家業由本府指定附近寺廟房屋使之暫住當可無虞失所其餘各商號民戶類多殷實如果實行收用土地照章給付地價及遷拆等費則建築馬路時自不致發生困難且此次實地調查不願拆者極居少數從可知該處大多數民衆對於開闢馬路殊無阻撓之意祇以少數地主別具肺肝遂不惜假借衆意藉詞攻訐但本府職責所在祇和積極進行除因收用土地條例應由中央另行頒布劃一辦法業已令行工務局暫行停止建築布告週知並將此次調查表分別呈送

中央執行委員會

中央政治會議鑒核外合將所查各項布告週知以明眞相此

國民政府

布

計開調查表全分

中華民國十七年六月六日　　市長何民魂

南京特別市市政府佈告第二一號

爲佈告事案查本京各城門名稱類多封建思想及爲崇拜個人主義而題實非革命時代所應存在前經派員分別查明特令社會調查處核議嗣據呈送各城門沿革表到府因即提交第三十七次市政會議議決並經呈報暨通令知照各在案茲准

國民政府祕書處函開奉

常務委員發下（原函已見本報第二〇四呈文內）相應抄同原呈函達查照辦理等由准此除呈復並令工務局迅將各城門名稱改換横額暨分行所屬各機關知照外合將各城門更正名稱列表布告仰全市民衆一體知悉特此布告

計　開

聚寶門　改爲中華門　儀鳳門　改爲興中門

正陽門　改爲光華門　朝陽門　改爲中山門

神策門　改爲和平門　豐潤門　改爲玄武門

海陵門　改爲挹江門

中華民國十七年六月十五日　　市長何民魂

南京特別市市政府佈告第二二號

爲布告事案奉

國民政府第二七六號令開查公文程式條例現經本府制定明令公布應即通飭施行以昭劃一除分令外合亟頒發該條例令仰遵照並轉飭所屬一體遵照等因幷發公文程式一件下府奉此除呈復並分令外合行抄同公文程式條例示仰合市民衆一體知照此布

計　開

公文程式條例

中華民國十七年六月十六日　　市長何民魂

南京特別市市政府佈告第二四號

爲布告事案准

國民政府祕書處函開奉

市政消息

▲六月上半月▼

首都城門名稱改定

△業經國府會議決定

△即將改換城門橫額

本府前以本市各城門名稱，間多含封建帝王思想，或神秘觀念，殊非革命時代所應存在，當經第三十七次市政會議議決，分別改定，呈請國民政府備案，嗣由國府交內政部核議，內政部以市府所擬改定名稱，或採取歷史之紀念，或顯示本黨之精神，均屬妥適，除將凱旋門改爲興中門，洪武門改爲光復門，自由門改爲和平門，桃源門改爲玄武門外，其餘均照本府原改名稱，呈復國府，已經國民政府第六九次委員會議決議，光復門改光華門，餘照部議辦理，本府現已奉國府祕書處函知，擬即令飭工務局改換城門橫額，一面佈告週知，茲將改定各名稱，分別表列如左，

首都城門改定各名稱表

原名	改定名稱	取義
聚寶門	中華門	紀念中華民國
儀鳳門	興中門	興旺中華民國並爲總理提倡革命之初所立會名
正陽門	光華門	取光復中華之意
朝陽門	中山門	紀週總理
神策門	和平門	總理遺訓以和平爲固有道德且臨終時復以和平奮鬥救中國爲言
豐潤門	玄武門	玄武湖澤被民生玄武門名副其實
海陵門	挹江門	該門一面臨江

請催省府速派劃界委員

前次劃分省市界限聯席會議，議決由省市兩府會同內政部派員組織劃界委員會勘丈團，茲本府已派定濮良籌・包鼎新・徐泮林・三人爲勘丈團團員，並函達內政部查照，近准內政部函復，省府方面勘丈委員尚未咨送到部，故特再函該部，請轉催江蘇省政府尅日派定勘丈委員，以便會同出發，早定界限，而利進行。

調查開闢馬路情況

△贊成開闢馬路者實佔多數

△反對者僅少數地主而已

本府此次計劃開闢益仁巷至花牌樓馬路，曾經派員分赴該路一帶詳細調查商業民戶對於收用土地拆讓房屋情形，以

往勘估具復，再行飭遵此令

市長劉紀文

2指令教育局爲遷移奇望街小學辦公請撥欵修理候令工務局勘估具復案由

指令第一三四七號
十七年十一月八日

呈一件呈爲遷移奇望街小學辦公請撥發修理費由

呈悉候令工務局勘估具復，再行核辦，仰即知照，此令

附原呈

呈爲呈請撥發修理費，仰祈

鑒核事，查職局奉令遷移至船板巷二十六號辦公後此處房屋，經第十軍後方醫院駐紮，牆壁槅扇，破壞已甚，若不修理實難佈置，遂擇緊要部分，儘先補葺，需費約四百元，現因局址離

鈞府太遠，接洽公務，諸感不便，擬遷移至奇望街小學辦公，經已呈請

鈞長示遵在案，但該小學原有房屋，亦須修理估計需費八百元，以上兩項，已用將用修理費計洋一千二百元，理合呈請

鈞鑒，仰祈

核准迅予指令財政局撥發，以便修理，俾得從速遷移，實爲公便謹呈，

市長劉

教育局長陳劍翛

十月二十六日

令知議決市營土地房屋計劃及章程案

令各局處法規委員會爲令知決議市營土地房屋計劃及章程案由

令第一三八三號
十七年十一五日

爲令知事，查十月三十一日第十九次市政會議，據該局長工務局長報告審查市營土地房屋經理處計劃及章程案，決議修正通過在案，除分令外，合行令仰該會局長處長知照此令

市長劉紀文

更易城門新名稱匾額案

1令工務局迅將更改新名之各城門舊有名稱匾額等類一律先行拆除塗毀由

令第一四二三號
十七年十一月八日

爲令飭事，案照本市各城門更改名稱，前經根據市政會議議決案，呈奉
國民政府諭交內政部核議，改定，咨由本府分別通令布告，並令飭該局將各城門原有舊匾改換具報在案，茲查各城門仍多懸釘原名舊匾，尚未一律更新，除俟呈請國府頒給各城門新名匾字，以便轉飭依樣製辦更換用昭鄭重，而新觀瞻外，合行令仰該局長即便遵照，剋日先行飭匠將此項奉中央議決改定新名之各城門上舊有名稱匾額等類，一併拆除具報備查，此令

市長結紀文

2函工務局請繪具本市城門名稱匾額圖樣以便轉呈案由

秘字第二號

十七年十一月七日

逕啓者，案照本各城門更改名稱一案，前奉
國民政府議決改定，准國府秘書處函轉到府，當經令由
貴局繪具各種圖樣表格呈府核准照辦在案，所有改換名稱之各城門匾額，前擬呈請
國府書就匾字，飭發製辦，以昭鄭重，應請
貴局查照前送各種草圖，迅速另繪精緻圖樣並表格各一份，並將匾額寬長尺寸，一律量準，備具精美樣紙，剋日一併送交敝處，以便轉呈，務希趕辦，幸勿稍稽延爲荷，此致

工務局局長陳

南京特別市市政府秘書處啓

添設路燈案

f令工務局令仰遵照前案迅予添設路燈案由

令第一四一八號

十七年十一月十日

爲令遵事，案據公安局長姚琮呈稱，案據職局督察處轉據巡查王克勝報稱，十月二十日，奉派晚班查視，下關第一分區地方，小巷頗多，夜間最易藏匿宵小，不獨電燈多未設置，即路燈亦復無多，因此市面黑暗，盜竊狡焉思逞，下關爲首都出入門戶，交通亦關緊要，設便任其黑暗，實爲警政之玷，且車馬衆多，往往來來，頗有危險，當此冬防之際，夜間尤宜嚴防，似此情形，恐不止下關一處如此，擬請轉呈局長通令各區於電燈不明之處，或未設電燈之處，先行一律添設煤油路燈等情前來，查該巡查所請添設

令財政工務局爲令知決議通過本府修繕會客廳案由令第三○二號　十八年一月二十一日

爲令遵事查本年一月十二日第三十一次市政會議本市長交議修繕市府會客室案決議通過令財政工務兩局遵照辦理在案除分令外合行令仰該局長即便遵照辦理此令

市長劉紀文

□限令更易城門新名匾額案

訓令工務局限期迅將前奉中央議決改定新名之各城門舊匾一律拆除另換新名匾額由訓令第三二二號　十八年一月二十一日

爲令飭事案查本市各城門更改舊時名稱前經本府呈奉國府諭交內政部核議改定咨經分別通令布告並迭次令飭該局將各城門原名舊匾一律拆除更換新名匾額在案現尚未據遵辦具報惟總理靈櫬指日迎護來京奉安大典中外屬目而首都各處城門仍懸昔時原名舊匾微特妨礙觀瞻亦且有辱國體實屬關係甚鉅合再令仰該局長立卽遵照迅將前奉中央議決改定新名之各城門上原名舊匾一律拆除另換新名匾額限三星期內辦理完竣具報備查毋再延誤干咎切切此令

市長劉紀文

建築中山路陰溝案

指令工務局呈送建築中山路陰溝工程預算仰卽分段開投妥速辦理案由指令第二一五號　十八年一月十七日

呈一件呈送建築中山路全路陰溝工程預算請鑒核撥款由

呈及附件均悉仰卽分段開投妥速辦理此令附件存

附原呈

呈爲呈請事案查中山路業經分爲六段包工建築所有全路明暗溝及檔水板等工程係由職局承辦現在此項工程早經開工所需建築費用亦經職局分段估計就緒計第一段自江口至海陵門長度約一二四四、二公尺共需洋一萬一千八百六十元零九角第二段自海陵門至和會街長度約一八五三、五公尺共需洋一萬七千七百一十一元三角第三段自和會街至保泰街長度約二九三三公尺共需洋二萬七千九百九十九元一角第四段自保泰街至新街口長度約一八九五、八公尺共需洋一萬八千一百零二元九角第五段自新街口至西華門長度約一九六八、三公尺共需洋一萬八千八百九十六元九角第六段自西華門至中山門長度約二一零七、一四公尺共需洋二萬零一百一十七元零八分總共六段共需洋一十一萬四千六

□令撥改換各城門名稱匾額工事用款案

1.訓令財政局爲據工務局呈送改換各城門名稱匾額賬單仰即照數撥款俾便興工由　訓令第八七七號　十八年三月九日

爲令飭事案據工務局局長陳揚傑呈稱竊查各城門上名稱匾額一案業經職局遵令規定圖樣連同表格呈奉鈞府核准並經函請教育局依式轉請書寫暨飭由石工承包辦理訂立合同各在案查此項城門匾額應換者計有挹江興中中華光復中山玄武和平七處惟挹江門現已拆除改換匾額應左右各砌一匾方稱雅觀故連同興中門等六處應製匾八方所有工料費連同搭木架及砌工在內每匾一方核實計洋五十元共八方計總額洋四百元正現在此項工程急須進行理合檢同賬單一份一併具文呈請仰祈鑒核准予撥款興工並乞指令祗遵等情並附賬單一份到府據此查此案前經令據該局呈送圖樣表格到府即經核准照辦在案茲據前情除指令並將原賬單發還外合行令仰該局長即便照數撥款俾便興工此令

市長劉紀文

2.指令工務局爲改換各城門名稱匾額候令財局撥款仰即具領興工並另造正式預算呈核案由　指令第九六八號　十八年三月九日

呈一件爲改換各城門名稱匾額現已由楊萬源訂立合同包辦呈祈鑒核撥款由

呈及賬單均悉准予照辦候令財政局如數撥發仰即遴赴該局領款興工務將各城門匾額剋期更換並另造正式工程預算具報察核此令賬單一份隨令發還

原呈見訓令第八七七號

□改定承購救濟洲投標章程案

1.訓令財政局爲承購救濟洲投標章程茲經量爲變通定期減去底價千元延長二年仰即另行公布投標案由　訓令第八七八號　十八年三月九日

爲令飭事案據周德修等呈稱竊查鈞府財政局前經標賣救濟洲標額定爲一萬六千元等因開一月廿八日標期並無一人投標氏等訪諸輿論一由標額太鉅一由限制開墾此則投標無人之由來也伏以該洲柴息歲皆不足一萬元之數甚至有廿至六七千元者如使不爲租息增加計亦已耳如欲求租息之增加則非變通其道不可易云變則通通則久此所以經權常變兩用之而各得其宜請試先言標額太鉅夫標額之定爲一萬六千元設使每歲租息能有此數何至投標無人今既不能有一萬六千元之數若使退而仍守不足一萬元或六七千元之舊如公益何此購價之宜量減者一也再請試言限制開墾夫不得開墾則歲收

（十）市政府爲撥發改換各城門匾額工款案致市工務局指令（一九二九年三月二十五日）

代理社會局局長梁維四　三月五日

2. 指令財政局爲核復社會局十七年度新預算應准備案由

指令第一一四九號　十八年三月二十三日

呈一件爲核復社會局十七年度新預算書由

呈及繳件均悉應准備案除令社會局外仰即知照此令

附原呈

呈爲呈復事案奉

鈞府秘書處移單內開爲移付事茲有社會局呈送改編十七年度新預算一案奉批交貴局核辦相應檢同原呈一件附四件移付查照辦理此移等因奉此查該局造送十七年度預算書內計每月支出經常費列爲八千九百二十元總散各數尚無差誤似可准予備案除按月照數撥發並將預算書分別彙編存轉外理合具文呈復

鈞府鑒核備案實爲公便謹呈

市　長　劉

附繳原文一件　財政局長李基鴻　三月　日

■撥發改換城門匾額工款案

1. 指令工務局爲造送改換各城門匾額工事施行書請飭撥款候令財政局核撥案由　指令第一一七四號　十八年三月二十五日

首都市政公報　公牘

呈一件爲造具改換各城門匾額工事施行書仰祈鑒核轉飭撥款由呈件均悉仰候令行財政局核撥可也此令附件存轉

附原呈

呈爲呈請事竊查接管卷內改換各城門名稱匾額一案業經前局長陳揚傑呈請撥款在案頃奉

鈞府指令第九六八號以改換各城門名稱匾額已飭財局撥款仰即具領興工並造正式預算呈報等因前局長未及核辦移交前來查此項工程預算共計需洋四百元正奉令前因理合造具工事施行書一份一併具文呈請仰祈

鑒核并轉飭財政局迅予如數撥款交由職局具領以便興工實爲公便謹呈

市　長　劉

計呈工事施行書一份　代理工務局局長金肇組　三月二十日

2. 訓令財政局爲檢發工務局造送改換各城門匾額工事施行書仰即遵照核撥由　訓令第一〇五六號　十八年三月二十五日

爲令飭事案據代理工務局長金肇組呈稱竊查接管卷內改換各城門名稱匾額一案業經前局長陳揚傑呈請撥款在案頃奉

鈞府指令第九六八號以改換各城門名稱匾額已飭財局撥款仰即具領興工並造正式預算呈報等因前局長未及核辦移交前來查此項工程預算共計需洋四百元正奉令前因理合造具工事施行書一份一併具文呈請仰祈鑒核并轉飭財政局迅予如數撥款交由職局具領以便興工等情並附具工事施行書一份前來據此除指令外合行檄發是項工事施行書令仰該局長即便遵照核撥具報此令

計檢發工事施行書一份

市長劉紀文

■拆卸洪武門城樓餘款解庫存儲案

指令工務局爲據呈拆卸洪武門城樓工料餘款應即解繳市庫俟動用時再行呈請案由　指令第一一八三號　十八年三月二十六日

呈一件爲拆卸洪武門即光華門城樓現已工竣造具報銷請鑒核由

呈單均悉查拆卸城樓以料抵工所餘之款應即解繳市庫不得由該局存儲俟動用時再行另案呈請仰即知照此令

附原呈

呈爲呈請事竊查拆除洪武門城樓一案前經職局呈奉核准並經招工承包拆卸各在案現在此項拆城工程業經完竣所有拆下磚木瓦石等舊料並經職局派員估計値洋三百九十元除以料抵工洋一百八十六元外仍盈餘洋二百〇四元正已由該包工呈繳到局亦經存儲待撥俟動用時再行另案呈請以重公款而完手續理合造具竣工報銷暨驗收單各一份一併具文呈報仰祈鑒核示遵實爲公便謹呈

市長劉

附竣工報銷暨驗收單各一份

工務局局長陳揚傑　三月十五日

■核減修築中山路至中央黨部馬路工款預算案

指令工務局爲呈送繪具中山路至中央黨部圖樣並擬土方計算路身預算核有多算洋二千五百三十一元七角六分仰即遵飭分別核減另造確實預算計算呈送案由　指令第一二〇〇號　十八年三月廿六日

呈一件爲繪具中山路至中央黨部圖樣並擬土方計算路身預算請鑒核由

呈及附件均悉查建築路基所切土方足夠塡人行道之用按土工規則以切出之土作塡土在短距離間祇算切土價該路路基

益不足，因此增建房屋，接踵動工者，亦復不少，就本年一月至本月二十日止，向市工務局報告動工建築房屋者，不論公私，已有七十一處，計建築西式房屋者十二處，中式房屋者五十九處，其房屋種類，及估地面積，工務局現正在 理計算，一俟整理就緒，即日公佈，至於上項新建房屋，大約住宅可估十分之八云。

擬修重車馬路

本市城區商業中心，係在城南一帶，其貨物之運輸，端賴大板車，每晚九時以後，由下關進儀鳳門之大車，櫛次鱗比，不知其數，覘其裝儎重量尤巨，故凡大車所經之馬路，無一平坦者，工務局早見及此，定有取締大車章則，無如車戶貪儎之積習難返，且警察對於車輪之寬度，及儎量之輕重，無法衡鑑，致雖定有取締章則，而失取締效能，現中山馬路，將近築成，以巨資築造柏油路面，豈能再任大車損壞，工務局因籌劃自海陵門外沿城根至漢西門，修築石片馬路一條，以備行駛重車，路長約十五里，須費約八千元，路成以後，凡下關進城重車，全由該路進漢西門，現該局已將上項計劃，具呈市府，請予批准施行矣。

拆換各城門匾額

▲已招石工承造

▲限期完工改裝

本市各城門名稱，自經市府建議，內部審核，決改聚寶爲中華，朝陽爲中山，儀鳳爲興中，豐潤爲玄武，神策爲和平，海陵爲挹江，洪武爲光華後，已誌本報，茲聞工務局，以所改城門匾額，已由市教育局，向黨國要人中名書家乞到題字，即日飭工次第拆卸舊匾額，改裝新匾額云，又聞工務局，已與楊源泰石匠鋪，訂立承造合同，興中門挹江門中山門三處，則限於三月十五日以前完工，其他各門，亦訂期完工，如有誤期情事，照合同處罰云。

公安消息

優待已受教練之警察

本市警察教練所原爲教練警士而設，乃一般警士，以入所訓練之後，待遇方面，并無特殊之處，以致不欲加入，現劉市長爲鼓勵警士自願入所訓練起見特提出市政會議

紀事

敦請黨國領袖書寫城門匾額

南京城門共計十三・市府以原有各門名稱、類多封建思想、不合革命潮流、在去夏卽由前市長何民魂、呈請國府、將城門名稱、含有封建思想及神秘觀念者、一律糾正、經國府明令、改儀鳳門爲興中門、海陵門爲挹江門、神策門爲和平門、豐潤門爲玄武門、聚寶門爲中華門、朝陽門爲中山門、洪武門爲光華門、共計七處、改正迄今、已將一載、而各門匾額、依然如故、其最大原因、蓋以拆除城牆之聲浪、迄未稍殺、最近始經美國顧問茂菲之建議、由國府訓令南京市政府、决計停止拆除、劉市長奉令後、以城垣既不拆、則各門名稱、自應卽時改正、最近特備就匾額紙樣、函請各黨國要人書寫、計中華門由蔣主席書寫、中山門與中門、由譚組安書寫、和平門由胡展堂書寫、玄武門由蔡元培書寫、光華門由于右任書寫、挹江門由戴季陶書寫、玆將原函錄之如下、敬肅者、竊查本京各城門舊有名稱、類多封建思想、實非革命時代所應存、在前經職府擬具改訂名稱、呈奉國府、交由內政部核議更正具復、今准照辦、并將替換匾額式樣、仿據工務局繪擬、呈奉核准在案、現在亟應依式製匾、用敢奉上□□門匾樣紙一幅、敬祈准賜予鑑題、以昭鄭重而示來玆、專肅奉懇、敬請鈞安、劉紀文謹啓、

服務生複試揭曉

本府、此次舉行服務生考試、初試合格人員業於日前發表、至複試錄取人員、揭曉如左、計共七名、現已榜示、並令卽日隨同保證人、來府塡具保證書、聽候任用、玆錄取者爲張奇英、潘懋卿、裴慶熙、劉紹曾、彭梅魂、吳敏楨、高運錡云、

市政府爲議決開大樹城城門致市工務局令（一九二八年七月二十八日）

本部前以江浙皖三省近在京畿其各縣戶口調查亟需着手以爲各省區之先導業經分別咨令各該省市政府暨民政廳暫行緩用前內務部頒布之縣治戶口編查規則暨警察廳戶口調查規則及各項表式分別辦理在案兹奉前因除遵將該項規則及表式以部令公布幷分行外相應檢送此項規則及表式函請貴政府轉飭公安局查照此項規則及表式共計七種如有能按所頒表式填報者即應照填呈報以歸一律倘因事實上久已着手進行有礙難更變之處則仍准照前定辦法依限填報幷希轉行知照爲荷等由計送戶口調查統計報告規則一份表式七種過府准此查是項調查統計報告規則表式關於籌備自治至爲重要且本市爲首都之區尤應切實遵辦爲各省市之先導毋違切切此令

計發戶口調查統計報告規則一份表式七種

市長劉紀文　七月廿七日

南京特別市市政府令第三十八號

令知旗民生計處委副公安局鄧剛暫行兼代由

令旗民生計處主任李栖雲

爲令遵事查該主任前據呈請辭職業經何前任照准在案遺缺查有公安局副局長鄧剛堪暫行兼代除令委外合行令仰該主任即便遵照移交清楚具報查核此令

南京特別市市政府令第四十四號　市長劉紀文　七月廿七日

令知財政工務土地三局會同清理秦淮河兩旁地產由

令財政 工務 土地局局長李基鴻 陳揚傑 楊宗炯

爲令行事查本月二十五日本府第一次市政會議本市長提議清理秦淮河兩旁地產案當經議決由工務財政土地三局會商辦理等語除分行外合行令仰該局長會同妥商辦理具報此令

市長劉紀文　七月廿八日

南京特別市市政府令第四十五號

令知議決開大樹城城門由

令工務局局長陳揚傑

爲令遵事本年七月二十五日第一次市政會議本市長提議開通大樹城以便市民汲引飲料案當經議決通過在案合行令仰該局長即便遵照辦理此令

市長劉紀文　七月廿八日

南京特別市市政府令第五三號

令飭核復工務局報銷建築獅子巷及秦淮小公園工程用費由

令財政局局長李基鴻

（一一）市政府爲審核添募新辟城門警兵增加預算案致市財政局、公安局指令（一九二八年十月十三日）

南京特別市市政公報　公牘　一〇

薄二本令發查核辦理等因奉此當經詳加審核計該廠上月結存洋四千二百八十一元二角八分一厘本月份營業收入洋二千一百三十六元三角四分一厘本月開支洋五千一百九十元零六角九分一厘結存洋一千二百二十六元九角三分一厘尚無不合之處惟應否准予核銷奉令前因理合具文呈復敬祈

鑒核施行謹呈

市　長　劉

財政局局長李基鴻

十月四日

◉審核旗民生計處九月份計算書案

令財政局審核旗民生計處九月份計算書由

令第一〇八六號　十七年十月十三日

爲令飭事案據旗民生計處主任鄧剛呈稱竊職處九月份支付預算書經已編製完竣理合備文呈送鑒核等情並附九月份支付預算書三份到府據此合行檢同原件令仰該局長即便詳細審核具報以憑存轉此令

計發預算書三份

市長劉紀文

◉審核添募新闢城門警兵增加預算案

1.令財政局爲公安局呈賫增添新闢城門警兵一班預算案仰即核復由　令第一〇七六號　十七年十月十三日

爲令遵事案據公安局呈請添募新闢城門警兵一班並賫到預算一份據此除指令准予先行招募以資守望外合行檢發預算令仰該局長即便審核具復以憑飭遵此令

計檢發預算書一份

市長劉紀文

2.指令公安局呈爲造具添募新闢城門警兵預算案准予令行財政局審核具復案由

指令第一〇六〇號　十七年十月十三日

呈一件呈爲造具新闢城門警兵一班預算請鑒核并准早日招募由

呈及預算均悉准予先行招募以備守望除預算候令行財政局審核具復再予飭遵外仰即知照此令

附原呈

呈爲造具增添長警一班預算送請

鑒核備案事案奉

鈞府第七七一號指令職局呈爲擬請於新闢城門交通之處添設守望長警一班以資防守一案內開呈悉所請於新闢城門地方增添長警一班以資守衛應予照准仰即造具

預算呈候核辦此令等因奉此遵即飭課造具預算並一面飭令南區署長紀維甸查明該城門何日方能闢就何時招募警兵實行設崗守望具復去後茲據該署長復稱遵查職界內正覺寺旁開闢武定門據工人面稱現已開闢過半大約十月十五日前後可以闢就等語然就未闢之前雖臨時將倉門口之崗移站此處晚間六至九班仍回原處守望係一時權宜之計現該城門不日闢就交通方便若不迅即募警設立專崗則城關重地實不足以資防範等情前來查武定門據該工人聲稱本月十五日前後可開闢告竣此項警兵自應早為招募訓練以備支配除指令外理合具文連同預請表一紙送請鈞府鑒核備查至此次長警並懇准予早日招募實為公便謹呈

南京特別市市政府市長劉

附呈預算表一紙

南京特別市市政府公安局局長孫伯文

十月四日

◉審核公安局添製十七年夏季警服經費案

令財政局局長查核公安局造送添製十七年夏季長警服裝經費支出計算表由

令第一〇一六號　十七年十月八日

為令飭事案據公安局局長孫伯文呈稱案查職局添製十七年夏季長警衣褲軍帽經費支出計算表連同單據簿仰祈鑒賜核銷事案查職局添製十七年夏季長警衣褲軍帽經費曾經造具支付預算表呈奉令准添製分發應用在案計購製白斜紋布單軍衣褲三千五百套每套價銀一元四角外加運費銀五分軍帽三千五百頂每頂價銀二角二分外加運費一分計共衣帽每套應需銀一元六角八分按三千五百套計算共需銀五千八百八十元除將是項衣褲軍帽經費照算支出計算表一份逕送財政局查核外理合將職局添製十七年夏季長警衣褲軍帽經費編造支出計算表二分連同單據簿一本具文呈送仰祈鑒賜核銷等情并呈送添製十七年夏季長警衣褲軍帽經費支出計算書表二份單據簿一本到府據此合行檢同原件令仰該局長即便查照詳細審核呈復察奪此令

計發計算表二份單據簿一本

市長劉紀文

◉核撥改建府內考棚房屋用款案

一令財政局核撥工務局改建市府內考棚房屋用款由

指令第一〇五六號　十七年十月十二日

案據工務局長陳揚傑呈稱竊查職局前奉鈞長面諭本府前舊有考棚須限在雙十節以前改建完工等因奉此當以期限迫促

爲令飭事，案照本府秘書處，事務股主任周駿聲呈稱，竊職股奉諭代本市音樂隊定製元斜紋文中山裝五十七套，每套三元六角，計二百零五元二角，又靑嗶嘰中山裝四十套，每套五元八角，帆布武裝帶十二條，每條二元五角，腰帶二十八條每條一元四角，綉花領章二百副，每副二角四分，綉花袖章四十副，每副二角五分，計三百五十九元二角，二共五百六十四元二角，該欵係由本府經費項下借撥，惟此款係屬音樂隊臨時費，應請領還歸墊，理合具呈察核，懇請俯賜令飭財政局發還，以資歸墊等情據此，查該項音樂隊服裝等件，前經由府墊欵，諭飭該主任領辦在案，玆據前情，除指令外合行令仰該局長即便遵照如數核發，以資歸墊，即在該隊臨時費項下動支具報，此令，

市長劉紀文

審核添募新城門守望警預算案

1指令財政局爲查復公安局添募新城門守望警預算表等仰候分別飭遵案由

指令第一二七九號
十七年十一月三日

呈一件爲遵核公安局添募新關城門守望警預算表仰祈鑒核由

呈件均悉，准如所擬，仰候分別飭遵可也，此令，

附原呈

呈爲遵核公安局添募新關城門警兵一班預算事，竊奉鈞府第一零七六號令開，爲令遵事，案據公安局呈請添募新關城門警兵一班，並齎到預算一份據此，除指令准予先行招募以資守望外，合行檢發預算令仰該局長，即便審核具復，以憑飭遵，此令等因，計檢發預算一份奉此，查該局前項預算表月須爲百三十三元，尚無錯悞，惟須應請鈞府一方令飭審查預算委員會，將前項預算數加入該局經常門下彙案辦理一方令飭該局編造月份支付預算時，亦須前項費用倂入，以符手續，而歸統一，奉令前因，理合檢同原發預算表，備文呈請鑒核施行，實爲公便。謹呈

市長劉

財政局長李基鴻

十月二十日

附公安局添募新關城門(武定門)警察預算表

2令審查預算委員會、公安局爲財政局核復公安局添募新城門守望警預算表情形分別令仰遵照辦理由

令第一三四七號
十七年十一月三日

市政府爲開啓鷄鳴寺大閘間城門案致市工務局訓令（一九二九年四月十六日）

是爲至要此令

市長劉紀文

◻開啓雞鳴寺大閘間城門案

1.訓令工務局爲據公園管理處呈請開啓雞鳴寺大閘間城門以便遊人令仰查復核奪案由　訓令第一四六〇號

十八年四月十六日

爲令飭事案據公園管理處主任常宗會呈稱呈爲呈請事竊以玄武湖爲六朝勝地風景天然其歷史之價值久已膾炙人口近自開闢公園以來益明人事之敷麗蔚爲盛觀是以每日來遊者肩相並踵相接也祇以地處偏郊終不免有行路難之歎前者國民政府議決將太平門至神策門一帶之城牆拆去繼以國都設計委員會某西顧問之建議而不果是拆城一事終不成問題矣查後湖大閘與雞鳴寺僅一垣之隔往往有來五洲公園者于遊湖之餘駐足于大閘間仰望雞鳴寺之勝而不可及其遊雞鳴寺者亦俯瞰湖光山色而不可得因此興嗟實煩有徒且大閘隙地頗闊職處並擬于其上布置花壇點輟花木并開闢茶園以增遊人興趣可否就雞鳴寺與大閘間原封城門卽予啓封非僅兩勝可以溝通而賦予遊人之便利豈淺鮮哉若謂增闢一門與防截盜賊有關竊以此地二面濱湖非舟莫濟卽關一門較之其他城門尤易防守倘蒙俯准所請並懇令飭工務局會同職處辦理是否有當理合具文呈請仰祈鑒核並乞指令祇遵等情據此除指令外合行令仰該局長卽便遵照派員前往雞鳴寺附近大閘查勘舊城門估計開通費用及開通後有無危險詳細查核擬議具復以憑核奪此令

市長劉紀文

2.指令公園管理處爲呈請開啓雞鳴寺大閘間城門以便遊人案仰候令工務局查復再行飭遵案由

呈一件爲呈請就玄武湖大閘間與雞鳴寺間原封城門卽予啓封俾便遊人祈核示由

呈悉候令工務局查復到府再行飭遵此令

原呈見訓令第一四六〇號

◻劉焜呈請另覓地點建築菜場案

指令工務局爲奉令議復劉焜呈請另覓地點建築菜場一案仰卽會同土地局辦理案由　指令第一四八九號　十八年四月十八日

呈一件奉令議復劉焜呈請另覓地點建築菜場一案祈核示由

呈暨圖均悉此項地點既屬合宜仰會同土地局辦理呈報察奪可也圖存此令

附原呈

南京城墻檔案

城墻的保護與管理

叁

整理城墻市容環境

整理挹江門靠城一帶市容案

（一）市政府爲整理挹江門靠城一帶市容致市工務局、財政局訓令（一九三五年十月三十一日）

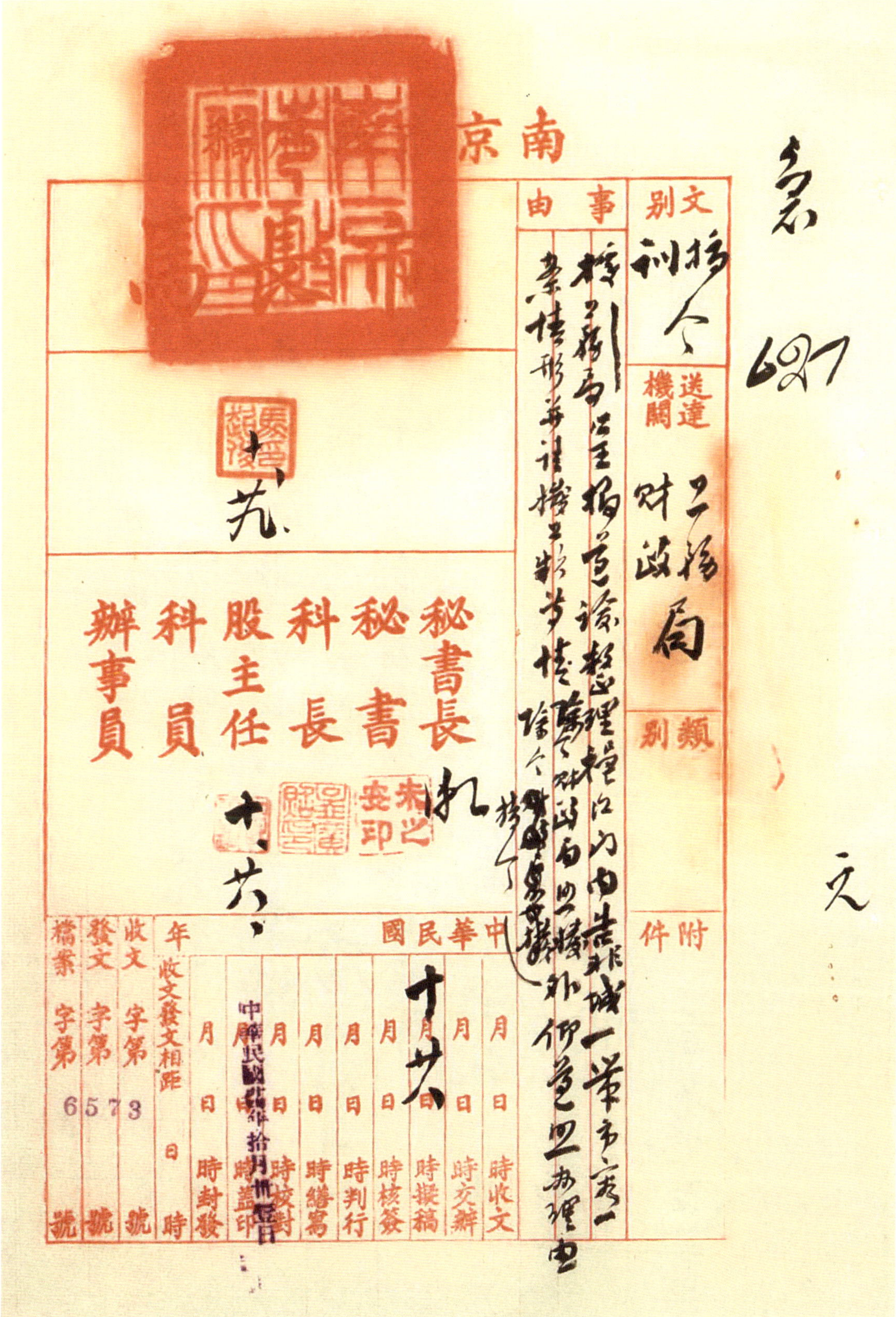

指令

令工務局

本年十二月壹日第四八〇八號呈一件為呈

報道路整理標以內商埠一帶市容

一案情形并檢同照暨立廣告牌照攬

等件仰祈鑒核備案飭撥工款由

呈件均悉。察核所呈辦理情形，尚

無不合，應准備案。所需工款，計需四百元

四角五分，已飭財政局如數撥發，仰即照

具領應用，事竣呈請核銷，此令。

6578

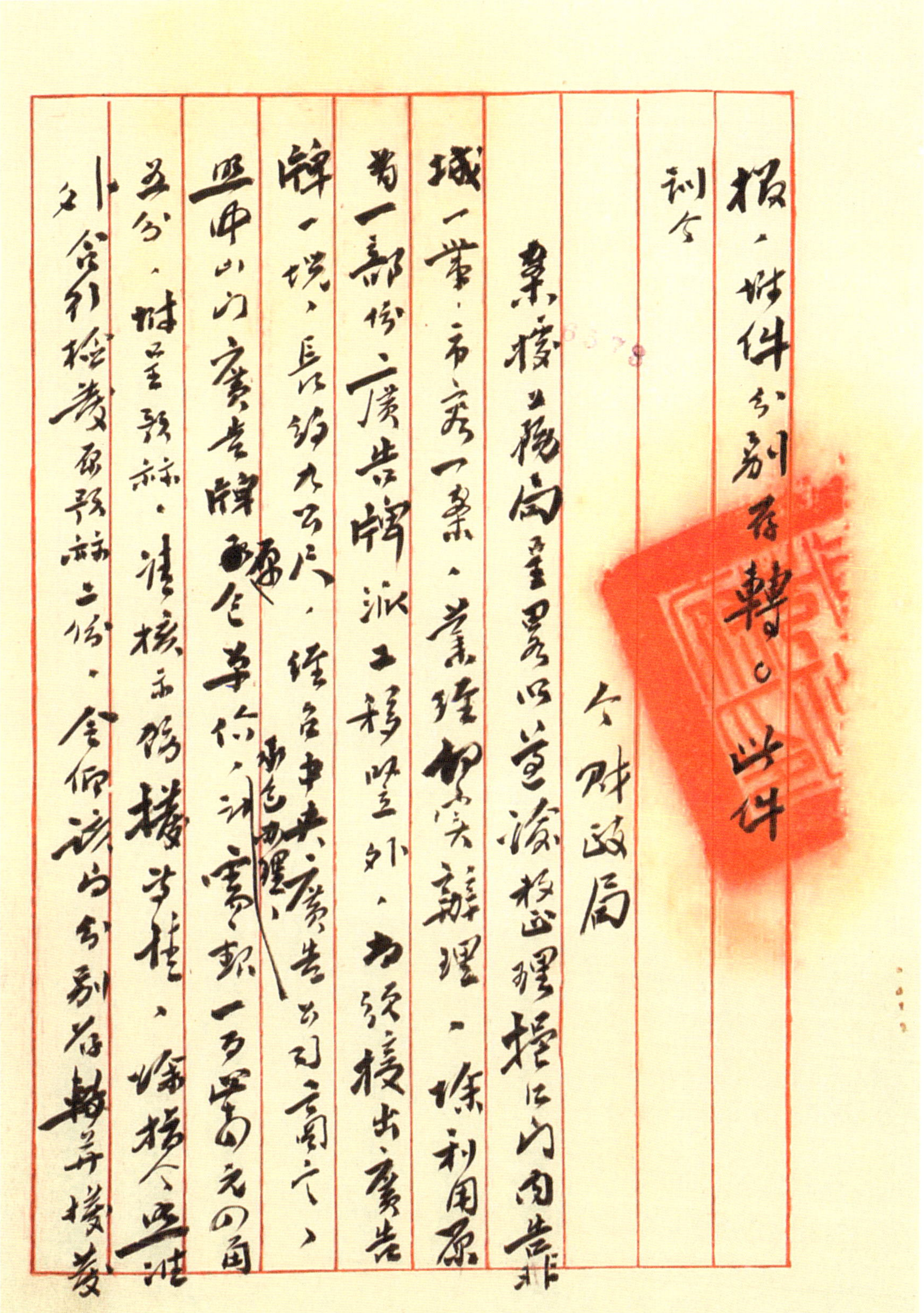

據一、呈件分別存轉。此件

訓令

令財政局

案據工務局呈略以查該局管理城垣以內告非
城一案，市府一案，業經切實辦理。除利用原
有一部份之廣告牌派工移竪外，另發據出廣告
牌一塊，長約九公尺，經各中央廣告公司商定，
照中山門廣告牌原令，每年計需款一百四十元（併已辦理）
並分入財呈該款，請核示擬據等情，除據情照准
外，合行檢發原款函二件，令仰該局分別存轉并據發

共招〇卅人　计检荐支付〻取标二件

中華民國　年　月　日

司徒鑑印

（二二）國民政府軍事委員會爲市政府宥電報告整理挹江門市容已悉代電（一九三五年十一月二日）

交第一科

13 6529 號

軍委會（代電）

摘由	擬辦	決定辦法	備考
爲宥代電呈 宥電報告整理挹江門市容	存	存 湘代 十一、五	

附件

收文循字第6995號

字第　號

中華民國廿四年十一月二日收

年　月　日　時到

國民政府軍事委員會快郵代

第（共　頁）

公二四字第一四號共廿三字

摘由

南京市政府馬市長鑒宥代電悉軍委會中正公二總

冬印

電

中華民國廿四年十一月二日

發

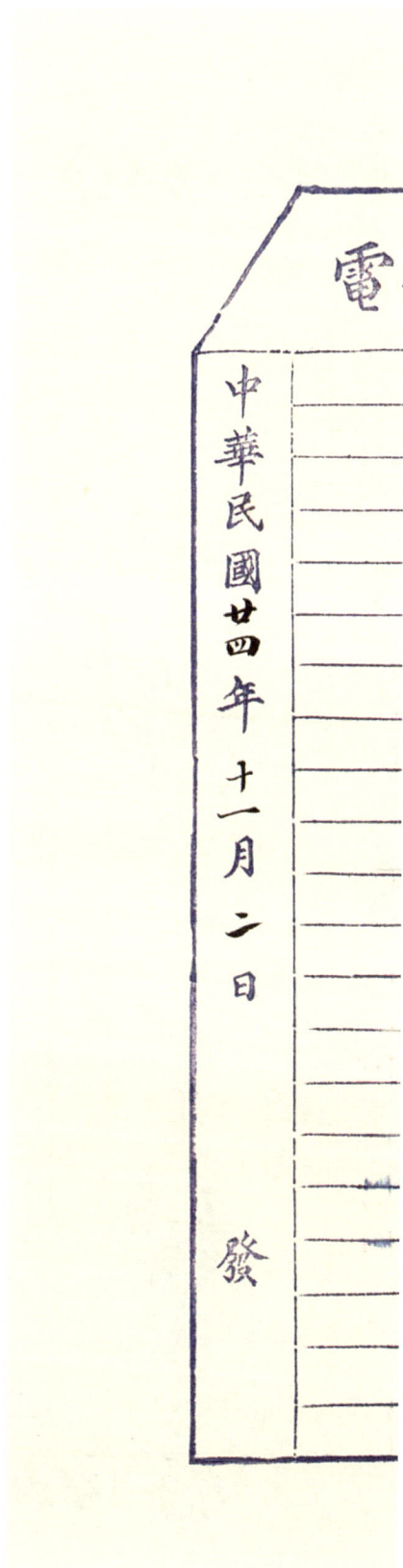

急

第二科

濤

671

南京市政府工務局 呈 市政府

事由	擬辦	批示	備考
為遵諭整理挹江門内靠城一帶市容一案竪立廣告牌工程完竣編造決算書仰祈鑒核派員驗收由	請派員 十一、十六 十一、十八	交總務股驗收 十一、十八	
附一件			

朱之壺印

呈 字第五一〇五號

中華民國廿四年十一月廿七日 時到

收文 衛字第9127號

15327

查挹江門豎立廣告牌工程，前經交由中央廣告公司承辦，並與簽訂承攬，呈請
鈞府備案在案。茲查是項工程，業已遵限完工，經派員檢驗，所有尺寸材料，核與
承攬規定，尚屬相符，計做三十六平方公尺，核應實支工款壹百拾五元五角陸分，
較原包價壹百肆拾肆元肆角五分，減少銀貳拾捌元捌角玖分，除俟驗收完
畢，再將餘款解庫外，理合編造決算書，呈祈
鑒核，俯賜派員驗收，以昭核實。

謹呈

市長馬

附呈決算書一份

工務局局長宋希尚

中華民國二十四年十一月五日

監印章筱英

校對周伯愷

南京市工務局

挹江門廣告牌 工事決算書

C 字第 1049 號　　　　第　頁　共　頁

合同號數	C-1049	規定限期	4 天
承包人	中央廣告公司	雨雪冰凍	0 天
開工日期	24年10月17日	核准延期	0 天
全部分／一部分 工竣日期	24年10月21日	逾期日數	0 天

預算		決算	
~~原來預算或~~原合同所訂總價	144.45元	承包人實做工程費額	115.56元
第一次追加		外加 26.31	
第二次追加			
共計	洋144.45元	淨付承包人	洋115.56元

附註

實做工程詳細表

種類	形狀	單位	數量	單價（元）	總價（元）	備考
廣告牌		平公	36.0	3.21	115.56	

年　月　日　　計算　　校對　　主任　　科長／技正　　局長

簽呈 第 號 年 月 日

案由：詳原呈

簽擬辦法：

奉派驗收挹江门内右旁豎立廣告牌一案，遵
往接據原案會同營造股胡主任前往驗
所作工程尚屬完善，大小尺碼亦相符合，似可
准予驗收。奉派前因，理合簽呈
鑒核

附原呈壹件

職 劉國威 謹簽 十二.三

批示：

擬如簽，簽稿併送 十二.四

南京市政府簽呈用紙

13745

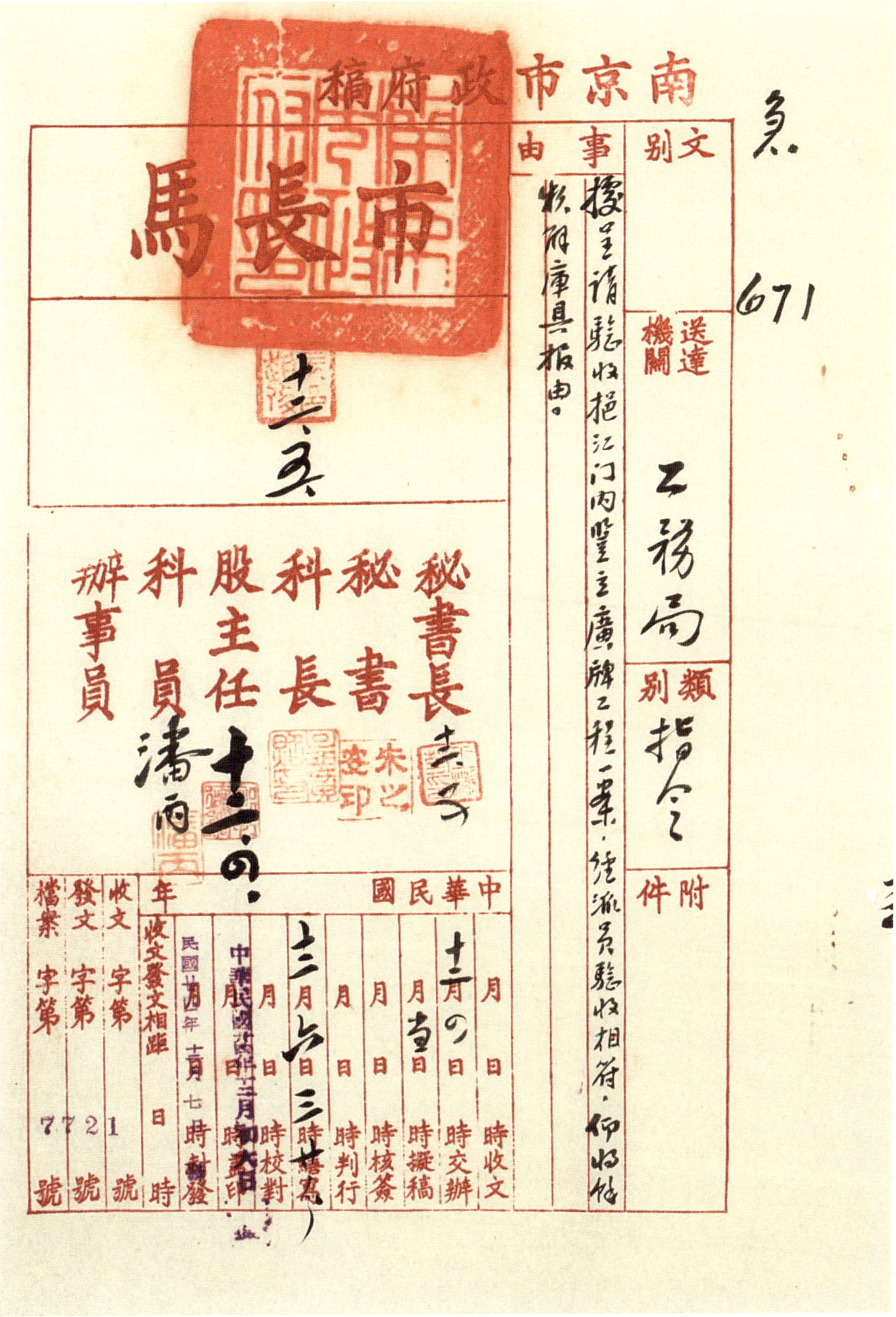

南京市政府稿

急

671

文別	
送達機關	工務局
類別	指令
附件	

事由：據呈請驗收挹江门内豎立廣牌工程一案，經派員驗收相符，仰將收據粘附庫具報由。

市長馬

十二、十六

秘書長 十二、十
秘書 朱之姿印
科長
股主任
科員 潘雨
辦事員

中華民國 年

月 日 時收文	
十二月四日 時交辦	
月 十三日 時擬稿	
月 日 時核簽	
月 日 時判行	
十二月十六日三時 時繕寫	
月 日 時校對	
中華民國廿四年十二月 日 時蓋印	
民國廿四年 十二月 七 時封發	
收文發文相距 日 時	
收文 字第 7721 號	
發文 字第 號	
檔案 字第 號	

指令

令工務局

十二月五日第五一零五號呈一件。請驗收拖江門豎立

廣告牌工程由。

呈件均悉。案經派員前往驗收完畢，准予備

案。仰將餘欵解庫具報。件存。此令。

監印司徒鏸

校對[illegible]英佩

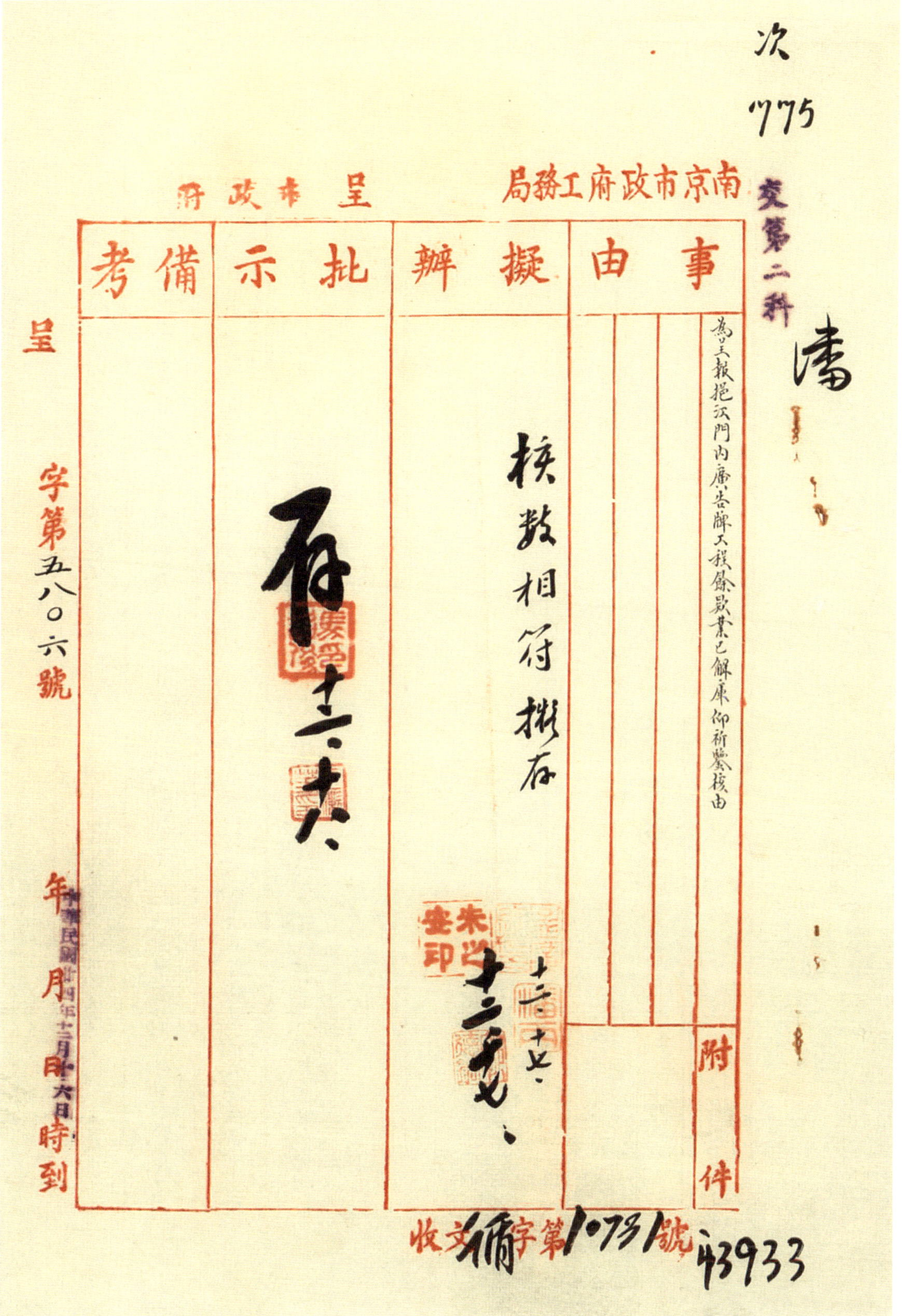

次 775

交第二科

南京市政府工務局 呈 市政府

事由：為呈報挹江門內廣告牌工程餘款業已解庫仰祈鑒核由

擬辦：核數相符擬存 十二、十七

批示：存 十二、十八

備考

附件

呈 字第五八〇六號

中華民國廿四年十二月廿六日 年 月 日 時到

收文循字第10731號

43933

案查挹江門內豎立廣告牌工程，業已工竣，前由本局造具工事決算書，呈奉

鈞府第七七二一號指令，派員前往驗收完畢，准予備案，仰將餘款解庫具報，等因。

查該工程共需洋壹百肆拾肆元肆角伍分，計實支出洋壹百拾伍元伍角陸分，兩比

尚餘洋貳拾捌元捌角玖分，除遵將上項餘款悉數解送財政局核收外，理合具文呈報

仰祈

鑒核。

謹呈

市長馬

工務局局長宋希尚

中華民國二十四年十二月十四日

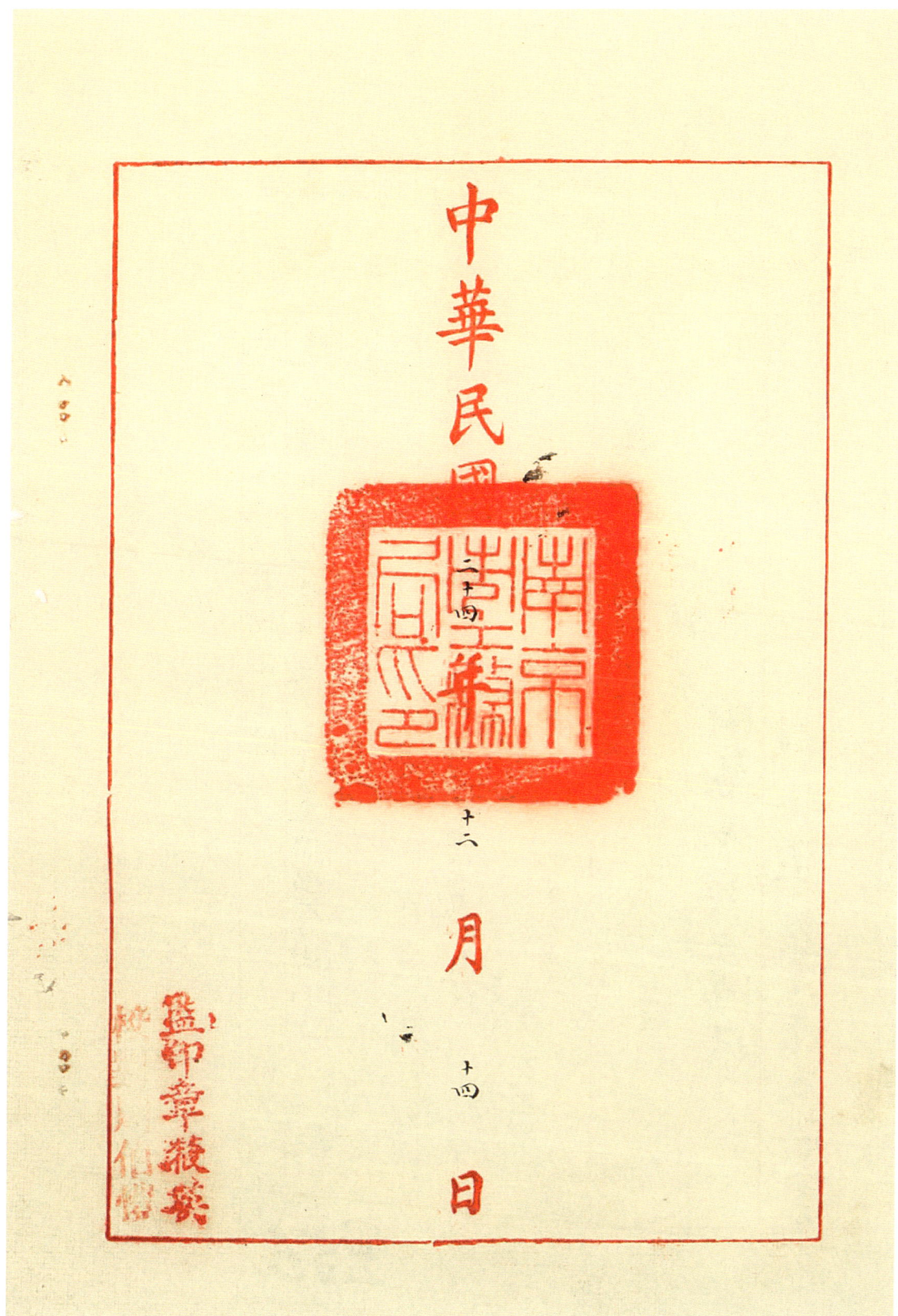

南京市工務局之印

監印章毅發

南京警備司令部爲在城垣栽樹請允撥千株廉價樹苗致總理陵園管理委員會公函（一九三七年三月十六日）

南京警備司令部公函

事由	擬辦	決定辦法	備考
爲本部在城垣栽樹苗，已經貴會傅主任允撥千株，函請廉價出售由	擬交園林組查照辦理具復　光　三、十七	如擬　光　三、十七	供應，由售與部廉價　讓知照　傅煥光　三月廿五

附件

廿六年三月十七日到

收文　字第256號

南京警備司令部公函

參二字第344號

奉

委員長面諭：「南京環城墻上，應植美觀長綠樹苗，着飭屬實行」等因，查護城堤上以及城垣頂面，已由本部植安石榴女貞等樹苗約十萬株，惟城門頂頭暨月城上尚缺長綠樹苗二千株，除一部由市府撥贈外，昨日特派本部參謀李登嶽業與

貴會園林組傅主任面洽，已允撥售黃楊海桐暨其他樹苗一千株，相應函請

查照，並希准予廉價出售，以便種植為荷。

此致

陵園管理委員會

中華民國廿六年三月十八日

校對毛玉林

監印張彥吉

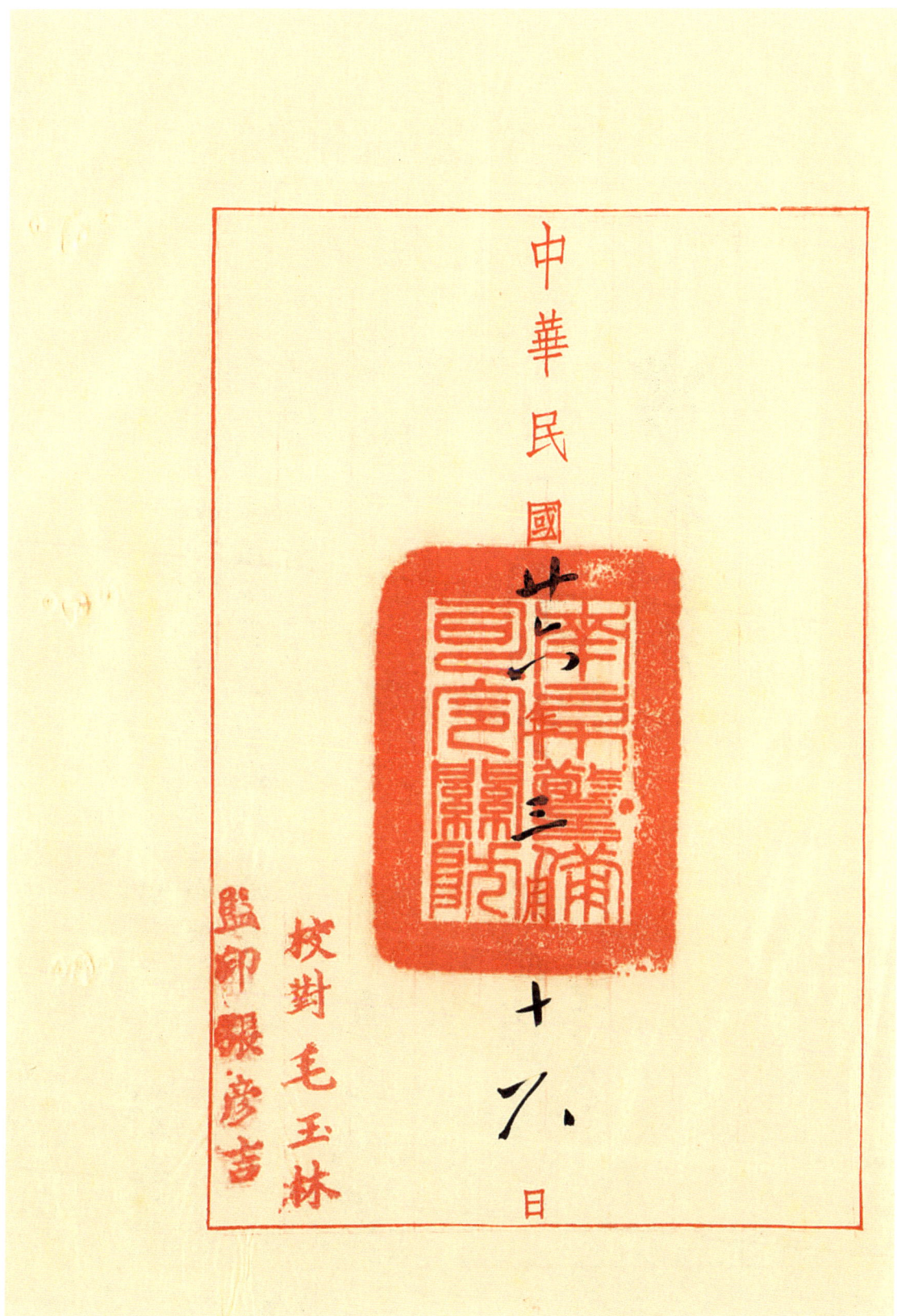

南京警備司令部公函

事由	擬辦	決定辦法	備考
為函復貴處擬埋水管路線須距城根三十公尺並不得在城根下穿過事關城防希另測路線請煩查照辦理由	擬先派員面商如實在不能通過城墻卽更改路線 七、十四	擬函計劃股長前往洽 七、十五	如擬

附件

第二課 計劃股

字第 號 年 月 日

中華民國廿六年七月十四日到

收文程字第1789號

南京警備司令部公函

參字第980號

案准

貴處自字第四三四五號公函：以為檢送本處擬埋設漢中门外水管路線圖，請煩查照飭屬予以測量便利並祈見復，等由；查

貴處擬埋水管路線圖，准此，以沿城根埋設之水管路線，須距城根三十公尺，并不得在城根下穿過，事關城防甚鉅，尚希另測路線，准函前由

相應函復，請煩

查照辦理為荷！二

此致

南京市自來水管理處

司令 谷正倫

中華民國廿六　七　十三日

校對　湯遐齡

監印　張彥吉

奉派前往南滄，逕往該部與李參謀面商，據云
水管以必須在城牆下穿過，應先繪明工程詳
圖送部覆核。卑職即將圖樣製備，並以
詳細情形及其重要性說明，請准予在城下通
過。謹呈
課長楊
[illegible]

僞市工務局爲驗收華中水電公司承辦的各城門及交通崗亭防空燈致僞市政府的簽呈、公函

（一九四三年四月二十一日至五月十九日）

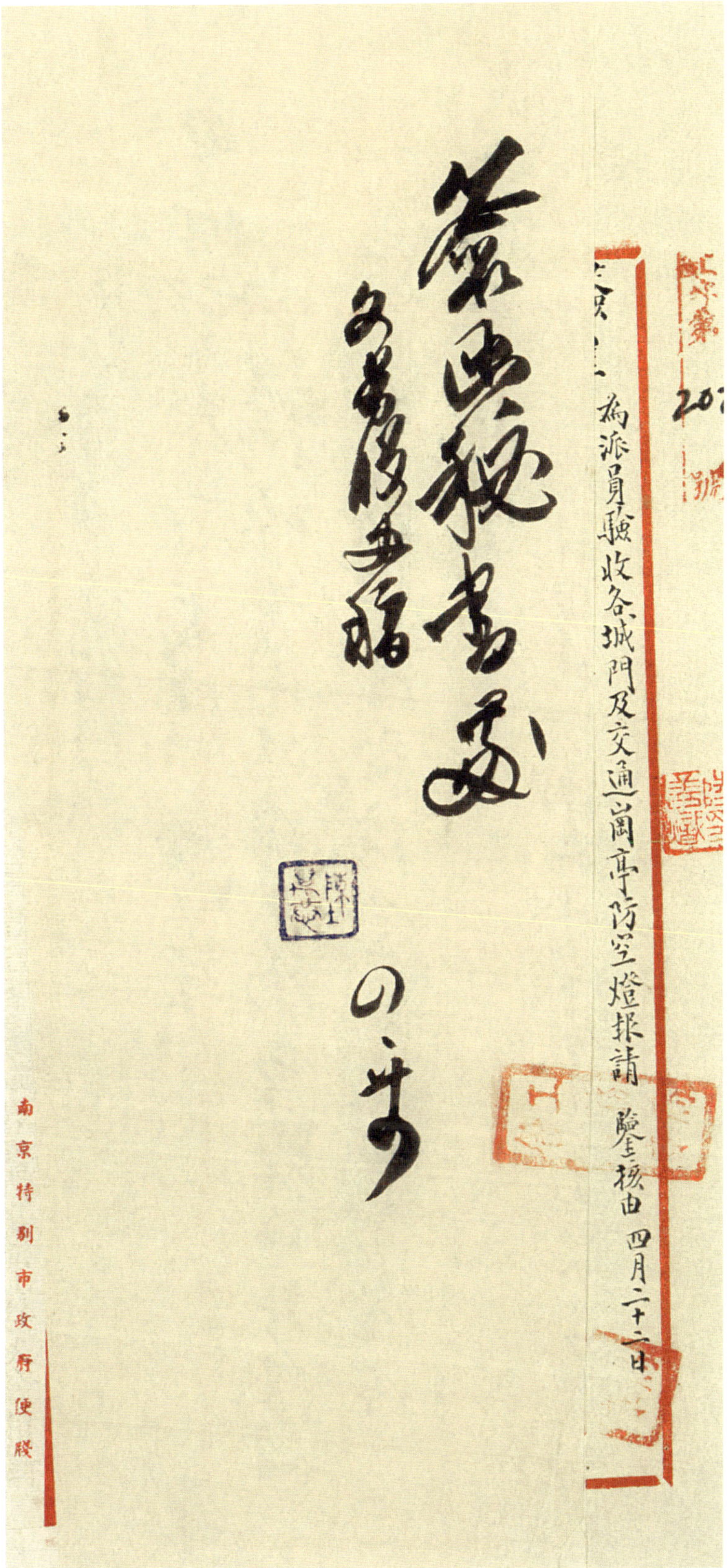
為派員驗收各城門及交通崗亭防空燈報請鑒核由 四月二十二日

南京特別市政府便箋

簽呈 為派員驗收各城門及交通崗亭防空燈報請鑒核由 四月二十二日

工務

由府空襲救款支給與否

該項費用既經工務局驗收無誤似

應予撥付是否照准從空襲款內支給請

核示

計驗款一萬五千四百四十九元八角五分

秘書處收文第224號
32年4月22日17時

202

簽呈　為派員驗收各城門及交通崗亭防空燈報請　鑒核由　四月二十二日

竊奉

交下華中水電公司代辦各城門及交通崗亭防空燈見積請求書各一件飭

即先行派員驗收等因奉此遵即派本局職員蔣邦宏王衍文會同華中公司切

實驗收具報茲據該員呈稱奉　派驗收防空用燈遵於本月十四日前往該公司

由該公司派技手梶原氏率領逐一查驗計各城門防空用燈共有中山門光華門共

和門中華門水西門漢西門挹江門玄武門太平門等九處各崗亭用燈計瞭望

台式崗亭三處大型崗亭十三處小型崗亭二十三處除共和門崗亭接火綫損斷

新街口南首電燈開關鬆落飭該公司負責即速修復漢中路崗亭電泡一

只因風吹落中華路淮清橋新街口北首等處崗亭燈泡燈絲爆裂失明擬

該公司勤務先高橋茂喜氏稱該項黑色防空燈泡係由軍部供給未能補
裝外其餘各處交通崗亭及各城防空燈裝置尚無不合茲奉前因理合
繕具詳細情形報請鑒核等情據此核尚實在理合檢同原卷一併報請
鑒核謹呈
市長周
附呈見積書及請求書各一份
工務局局長陳萬莽

工務局發文232號
中華民國32年4月26日

事由：為奉飭驗收華中水電公司代办各城門及交通崗亭防空燈一案業經驗收完竣簽奉批示檢同欠積書等件函請查照辦理由

公函　字第　號　四、廿六

案奉
市長交下華中水電公司代辦各城門及交通崗亭防空燈見積書、請求書各一件，飭即先行派員驗收等因；當經派員會同該公司分別驗收，並將驗收情形簽報
市長鑒核，奉批「由防空費項下支給」等因，奉此，相應檢同原發欠積書、請求書各一份，並抄附簽呈暨附表各一件，一併送請
查照辦理見復為荷。此致

華中水電公司代[illegible]崗亭刷白一[illegible]款[illegible]
[illegible]案保案[illegible]
[illegible]該項工程並正在[illegible]進行辦理中

秘书长鉴

计附送原发见积书请求书各二份附件

二持

[illegible]

局长涤○○

簽　呈

查本市交通崗亭燈業經裝修工竣惟各崗亭之白
色油漆均已剝蝕似應適應防空設施重加刷白查本市
計崗亭四十一座每座約需刷工一个每个工資壹佰伍拾元
計需洋陸仟壹佰伍拾元所有應用材料擬在本市材料
庫內撥用該項工資擬請簽請
市座准在防空經費項下撥款俾得辦理是否有
當理合簽請
鑒核　示遵　謹呈
科長莊　轉呈
局長韓

莊　擬　五、十九

擬簽請市府核示　汀　五、19

職李昌五　謹簽　五、十八

南京特別市政府工務局

保

保甲會

收文第 1505 號 33 10 5

事由：爲首都警察總監署於十月二日刈除本市城墻野草函請查照由

附件：如文

擬辦：擬令飭沿城墻各區公所知照 十、六
奉准所擬，附致已送冊備查，擬存 十九

決定辦法：如擬 十七

首都警備司令部

文別：公函

參字二〇三七號

中華民國三十三年十月二日

案據首都警察總監署九月二十六日呈稱：「案據本署保安警察隊隊長劉忠、警士教練所所長王學愚會銜呈稱：『竊查本市城墻野草叢生蔓延，徧地不無影響警備巡查人員視界，關係防務極重，現以冬防將屆，擬請由職隊所會同自十月二日起將

府四字 7246 號

該項野草刈除以利治安刈除區域計由挹江門起向東至通濟門由職隊
負責由挹江門向西至通濟門止由職所負責并請由鈞署轉呈警備司令部
分別通知盟邦衛防司令部憲兵隊暨有關機關查照賜予便利至割草人
員茲經職等規定佩帶臂章一種并分別加蓋關防以憑登城工作是否可行
理合檢同該臂章圖樣二件備文呈送仰祈鑒核示遵 等情附呈臂章
圖樣二件據此除指令准予備查外理合抄同該臂章圖樣備文呈
報仰祈鈞部賜予轉知各有關機關查照俾利進行
等情據此除函令外相應檢同該項臂章圖樣各乙份函請
查照為荷此致
南京特別市政府
附臂章圖樣各乙份。

司令 李謳一

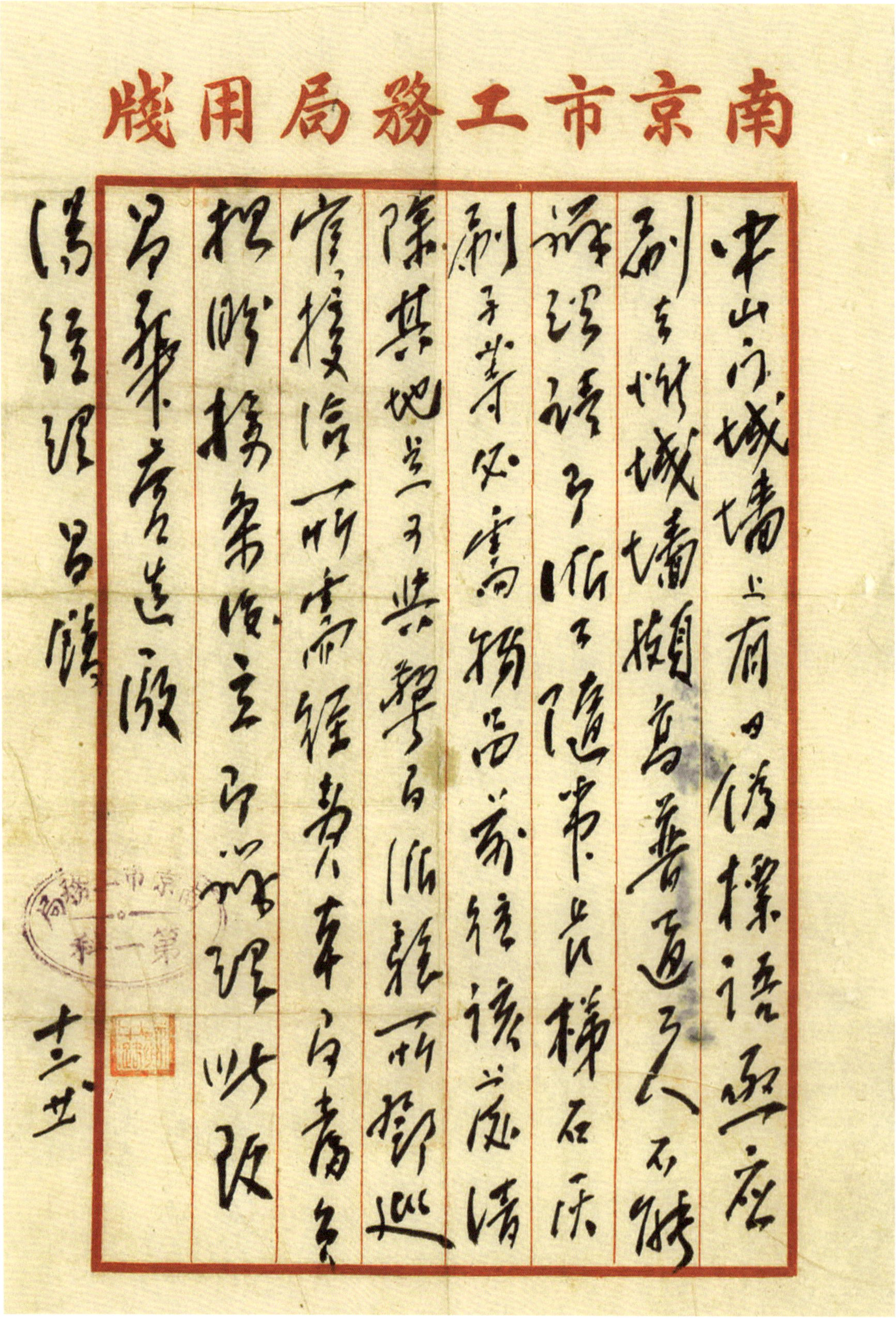

南京市工務局用牋

中山門城墻上有日僞標語亟應刷去，惟城墻頗高，普通工人不能辦理，請予派工隨帶長梯石灰刷子等必需物品前往該處清除，其地點可與警局派駐所接洽，所需經費由本局負擔。盼接條後立即辦理。此致
昌華營造廠
湯經理昌鐸
十二、廿

市工務局爲刷去中山門城墻上日僞標語的有關文書
（一一）市工務局爲刷去中山門城墻上日僞標語致昌華營造廠的函（一九四五年十二月十一日）

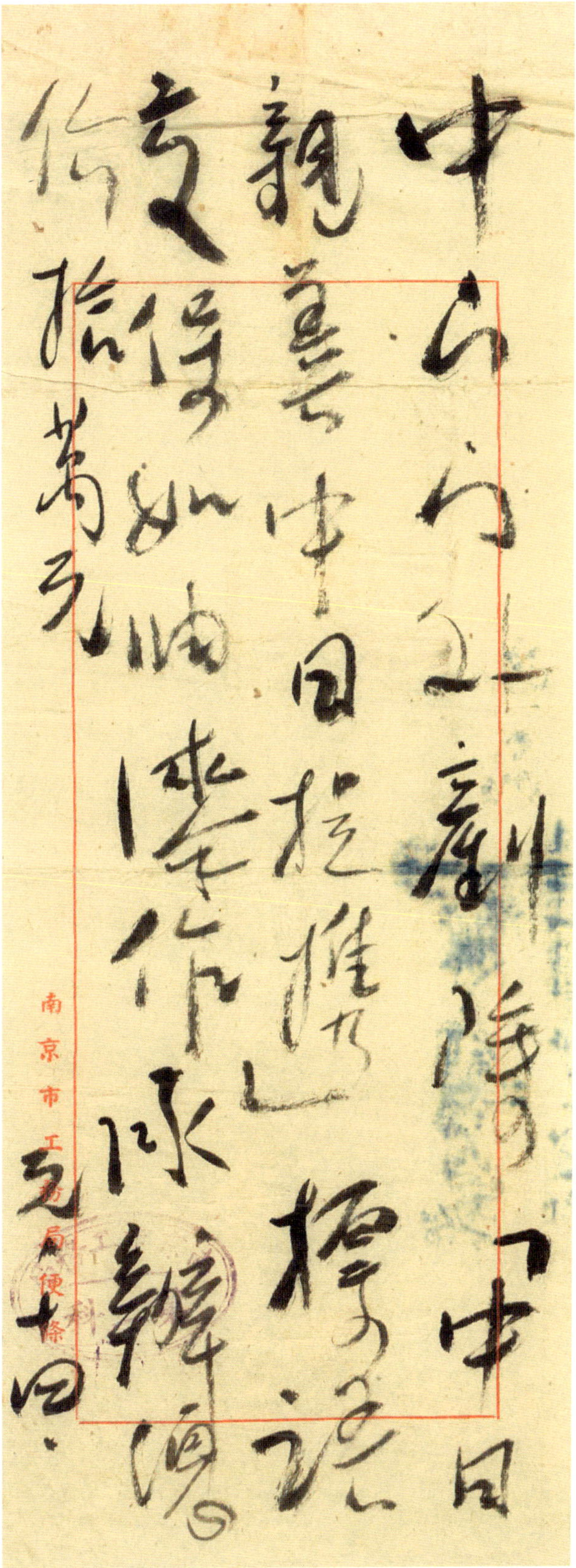

中行兄：劉將軍日前
親善中日提攜標語
交保如此撤除作[illegible]
何(?)拾萬元 [illegible] 十四日。

南京市工務局便條

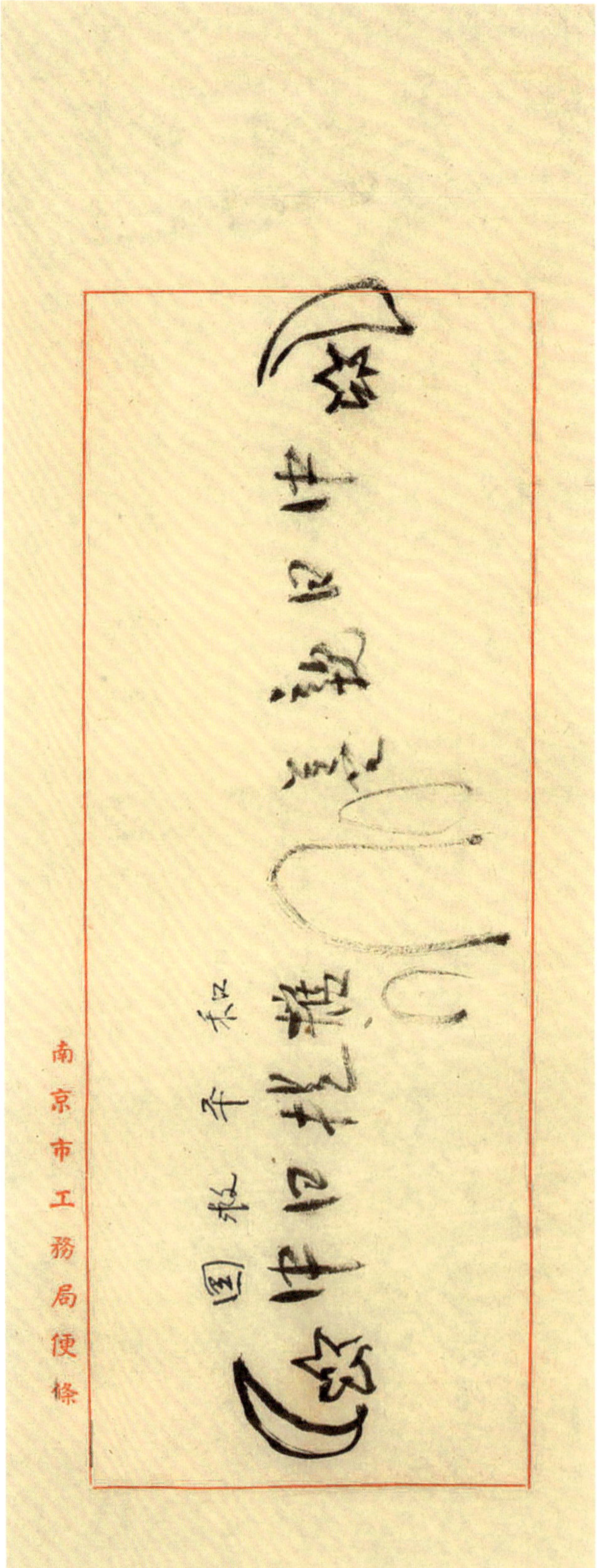
和平松園
南京市工務局便條

（二）東郊警察局爲清除中山門城墻上日僞標語與市工務局往來文書（一九四五年十二月二十七日至一九四六年一月三日）

第一科 [illegible]

南京市工務局摘由紙

姓名或機關	東郊警察局
文別	公函
附件	
收文年月日時	
摘由	函請迅速派工清除中山門附城墻上標語由
擬辦	擬先函復該項標語正由本局計劃清除中 十二.廿九. 元少 擬請第二科併入整理城墻缺口工程內併案辦理 元少
批示	可 定三

總收文 字第 號

局收文 字第991號　科收文 一字733號 2字[illegible]號

34年12月29日

事由：為函請迅速派工清除中山門外城墻上日偽標語即希查照辦理見復由　附件

首都警察廳東郊警察局公函

衔第419號

民國卅五年十二月　日發

案查本市遺留日偽標語廣告迭奉會峯明令清除日前發現中山門外城墻上北首遺有日偽標語兩處因城墻既高該項標語又係油漆繪製本局已無法清除奉令請由貴局辦理經函知並派員前赴貴局請予剷除在案茲查為時已久尚未見鏟除盡淨為

此特再函達，惠賜辦理見復，以肅觀瞻，敬希

查照為荷！

此致

南京市工務局

局長 程奎朗

副局長 杜[illegible][illegible]

南京市工務局用牋

通知吳處長、務科、水局　謹去

中山門外有

（一）青年教育所到總部已標語、先行塗去

（二）靠南城牆有一大缺口

修築事須立即招工程

派工補修

紀文

參字二號

送第二科

元六

卅五年簽字十號

請但技士保審製預算。

南京市工務局簽呈紙

簽呈 於三十五年一月三日

奉

派帶同瓦工至中山門外塗去「普及教育永列强邦」等字之標語，遵

即前往，業已用水柏油塗去。查中山門左側城牆缺口長三·五公尺，寬六·○公尺，高六·五公尺。該缺口中間裝有電話線桿一根，兩頭電線已斷一頭，如需修理城牆，必須先行通知電話局將未斷之電線割去，始可修補缺口。理合簽請

鑒核

謹呈

科長陳 轉呈

局長張

職趙秉國 謹呈

全部重砌數量約25立方，需用經費頗大，擬飭編預算，呈府請撥款後，再招商辦理。

元 一、三

可

請趙秉國先生丈量
城墻缺口數量具報
三、六

南京市工務局便條

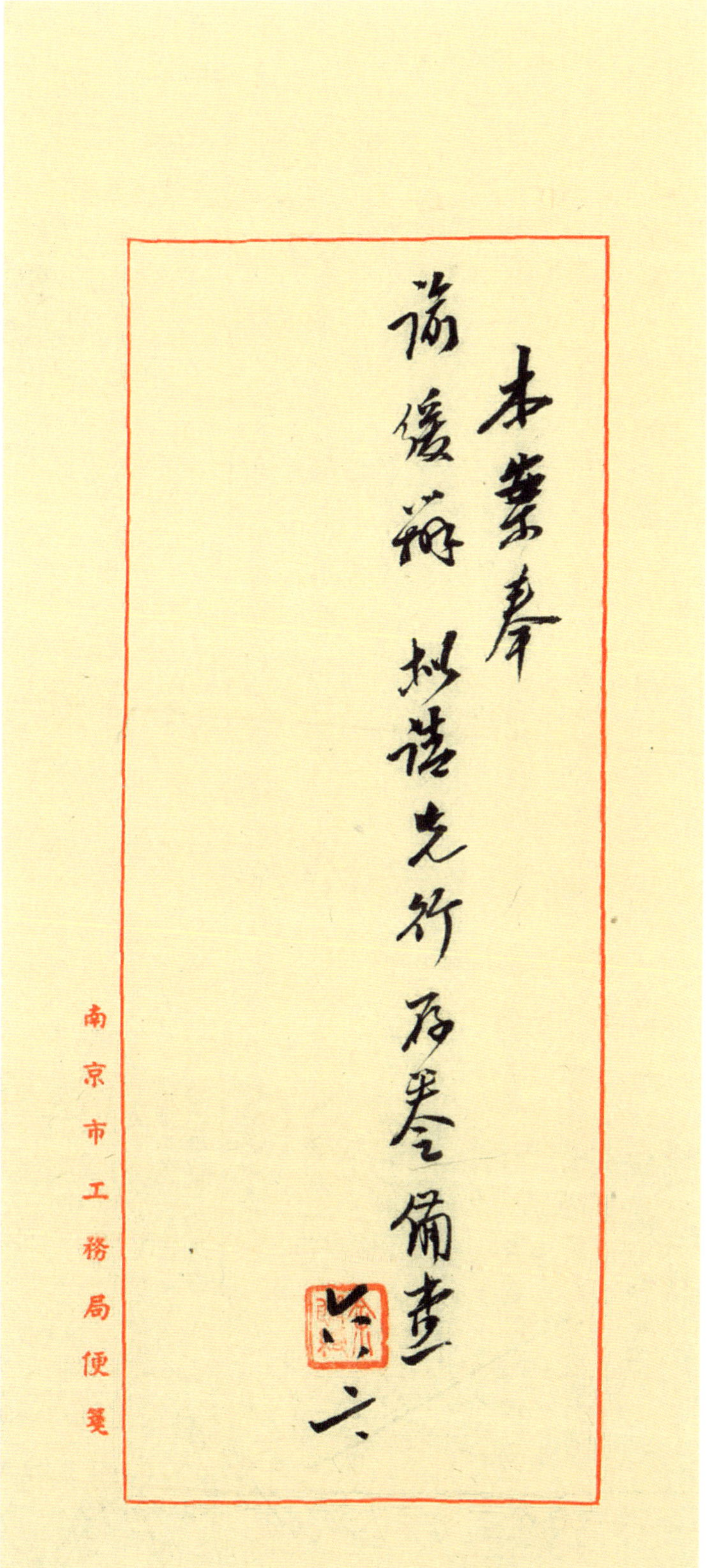
本案奉
諭緩辦　擬請先行存卷備查
六

南京市工務局便箋

市工務局爲奉國民政府主席諭刮除中山門城墻上標語與市政府、主席侍衛官的往來文書

（一九四七年三月三十一日至四月八日）

第四科

主辦

會簽

（此正副本二份併呈批回時副本發還正本歸檔）

中華民國卅六年四月三日收到

（卅六）京工四字第二〇八一號

工務局 發 呈

三十六年三月三十一日

事由：爲奉 主席諭飭首都電廠將新街口未落成房屋建築完成並刮除中山門城牆上標語一案簽報鑒核由

查本局前准 國民政府主席侍衛官錢漱石君來局面達

主席諭飭辦理下列兩事：一、新街口交通銀行左側房屋動工已久而未落成，應飭限于六个月內完成建築；二、中山門城牆上漆字標語應即刷除等因，查新街口未落成之房屋係屬首都電廠所有，遵即轉飭照辦去後，據復稱因限于經費祇得暫將已有建築酌量修飾而作表面上之整齊以期無碍市容等語，復經轉知該廠先將二層部份設法依限建築完成以崇觀瞻；至中山門城牆上漆字標語，遵經招工刮去，並用水泥漿將內外城牆塗刷，該項工事正在進行中，理合具文簽報，仰祈

鑒核

謹呈

市長沈

副市長馬

收文	36年3月31日	字第5077號
批回	年 月 日	日 號

市收文工字第3512號 36年4月3日

1558

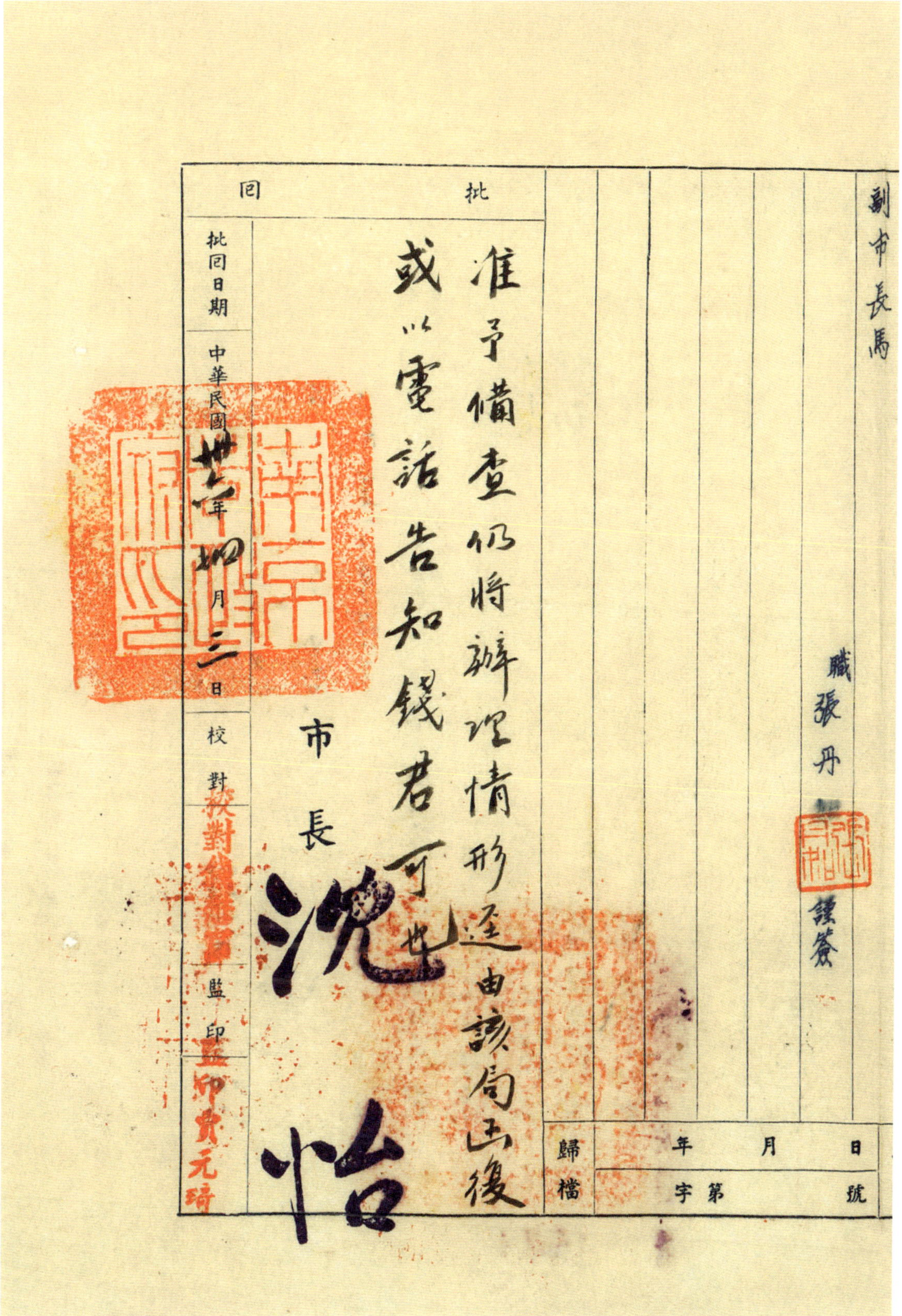

副市長馬

職張丹 謹簽

批	回
准予備查仍將辦理情形逕由該局函復或以電話告知錢君可也 市長 沈怡	批回日期 中華民國卅六年四月二日 校對 校對[illegible] 監印 監印貫元琦

歸檔 年 月 日 字第 號

南京市工務局稿

主辦科室：第四科

文別：便函

送達機關：錢侍衛官

附件：

事由：前承轉達 主席諭飭辦理各項茲將辦理情形函請查照轉陳由

判行前會章：審勘室

判行後會章：

局長 四、五

秘書 四、五

第一科長

第二科長

第三科長

第四科長 四、四

會計室主任

技正

主任

擬稿員

收文 字第 號

發文 （四）字第 2183 號

歸檔 字第 號

年 月 日 時 收文

收文發文相距 日 時

中華民國廿六年四月八日發出

四、七收

789

便函　字第　号

逕啟者前承

台端莅局面達

主席諭飭办理下列兩事一、新街口交通銀行左側房屋動工已久尚未落成應飭限于二個月內完成建築二、中山門城牆上漆字標語應即刷除等因當自應遵办查新街口未落成之房屋係屬首都電廠所有經即轉知該廠迅办旋據復稱因限于經費祇得暫將已有建築酌量修飾而作表面

上之整齊以期無碍市容等語，復經特知該廠先將二層部份

設法依限建築完成以肅觀瞻，其中山門城牆上漆字標語

運往招工刮去，並用水泥漿將內外城牆塗刷（現已完工），該項工事正

在進行中。相應函達，請煩

查照轉陳為荷。此致

錢侍衛官漱石

（局戳）啟　月　日

市工務局爲午朝門城門洞由光華門警所代管禁止難民居住的簽呈（一九四七年九月十九日）

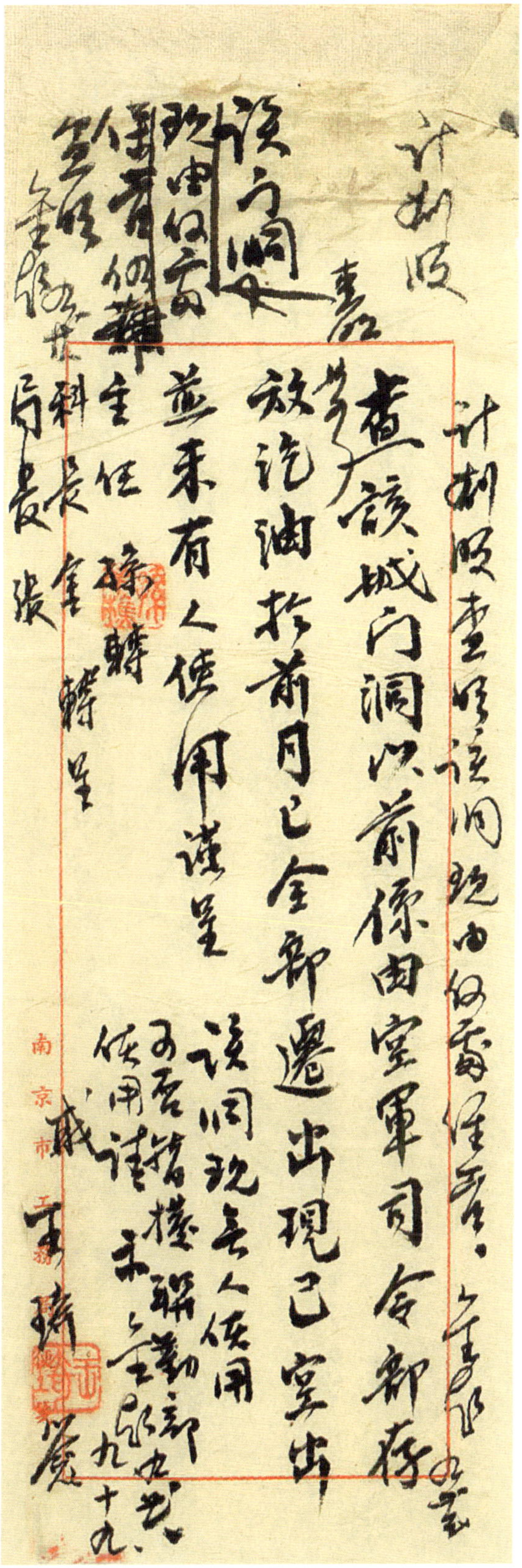
計劃股

查該城門洞以前係由空軍司令部存放汽油，於前月已全部遷出，現已空出，並未有人使用，謹呈

主任 孫 轉

科長 金 轉呈

局長 張

該洞現無人使用，可否……

九、十九

南京市工務局

劉秘書

請撥依用，必要時隨時收回。

九、廿六

據查該城門洞並無機關佔用，暫由光華門警察所代管，禁止閒雜難民居住，謹將調查情形呈請

鑒核。可否暫撥聯勤部依用，請

示。職王琦謹呈

九、廿五、

南京市工務局便箋

首都警察廳爲查核中國農林機械公司由城墻穿修下水道一事與市工務局等往來公函（一九四八年六月十八日至六月二十五日）

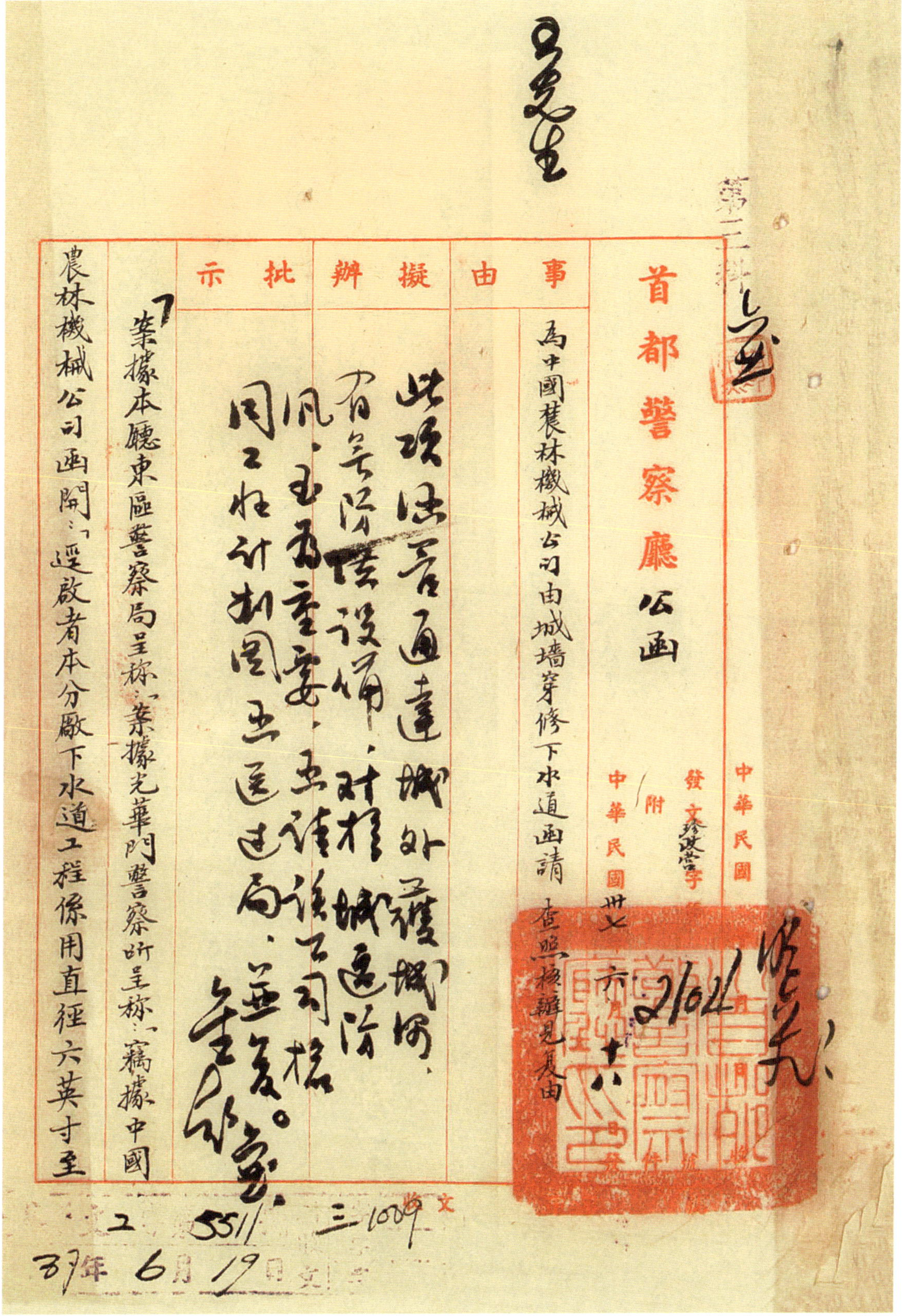

首都警察廳公函

事由：爲中國農林機械公司由城墻穿修下水道函請查照核辦見復由

發文 字 第 號

附件

中華民國卅七年六月十八日

擬辦：

批示：

案據本廳東區警察局呈稱：案據光華門警察所呈稱：竊據中國農林機械公司函開：逕啟者本分廠下水道工程係用直徑六英寸至

十五英寸洋灰管埋置於每座廠房四週各處水管在城腳處匯齊再用二英尺直徑鋼筋洋灰管埋於城腳底下導出城外通至護城河復於出口處採用粗鋼條與洋灰縱橫綑固慎防動物爬入阻礙排水此項工程非僅本廠污水得以排洩即大光路及農林部宿舍一帶污水亦將由此溝全部引出確為興辦市政建設工程之一種所有此項工程建築情形除呈報農林部轉咨市政府國防部查照備案外相應函達即請查照備案」等情據此職即前往調查該公司現已擅自動工建築茲為保護城牆為國防重要物又為古蹟起見理應制止職所未便處理理合具文報請鑒核」等情據此理合呈報鑒核」等情據此相應函請查核辦理見復為荷

查核辦理見復為荷

此致

南京市工務局

廳長 黃涉吾

監印 校對

監印 吳逢恒

校對 韓學海

南京市工務局稿紙

局長	原〇〇 六．廿三
文別	公函
送達機關	中國農林機械公司
主辦科室	第三科
事由	為據農機廠所函知貴公司下水道穿過西城情一案函請檢送工程計劃圖說以憑核辦由
附件	(二)

(至大光路附近)

案准

首都農機廠本年六月十八日珍改農字第二一〇四號函開：「（照抄原函至）」查核辦理見復等由，查此項涵管通過城外護城河，是否妨礙防洪設備，對於城垣防汛至為重要，准函前由，除函復該廠外，用特函請查照，即希檢同上項工程計劃圖函送過局，以憑查核辦理為荷。 此致

中國農林機械公司

局長原〇〇

校對貢文

中華民國卅七年六月廿五日星期五

4204

1009

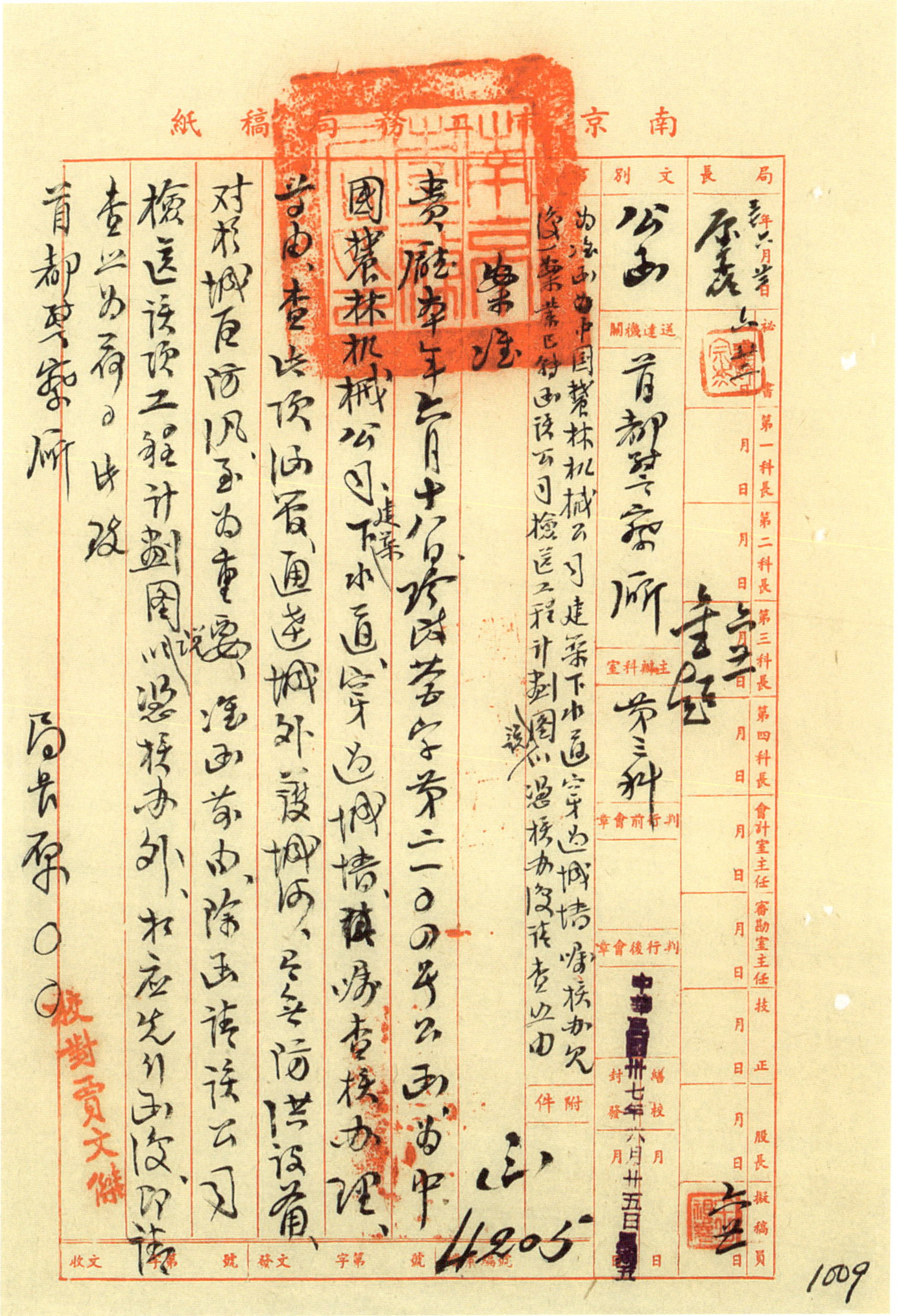

南京市工務局稿紙

局長：原
文別：公函
送達機關：首都警察廳
主辦科室：第三科

事由：為准函為中國贊林機械公司建築下水道穿過城墻，囑核辦見復一案，業已轉函該公司檢送工程計劃圖說以憑核辦，復請查照由

案准
貴廳本年六月十八日警戌警字第二一〇四號公函，為中
國贊林機械公司建築下水道穿過城墻，請核辦理，
等由。查此項涵管通達城外護城河，至其防洪設備，
對於城垣防汛至為重要，准函前由，除函該公司
檢送該項工程計劃圖說，以憑核辦外，相應先行函復，即請
查照為荷。此致
首都警察廳

局長原〇〇

校對 賈文傑

中華民國卅七年六月廿五日

4205

1009

南京城墻檔案

城墻的保護與管理

肆

城墻沿綫地産管理

市政府爲調查小東門及金川門外鐵路城墻間空地産權致市工務局指令（一九三〇年一月十一日）

晰外其每段所佔之地積依一定之比例復恰能容納於規定圖廓之內而無或大或小之虞此爲敝局擬定區内分段之標準本年一月擬即自第一區起按段施測茲製成南京城内分區圖呈

請

鈞座鑒核敬乞

准予備案實爲公便謹呈

市長劉

附南京城内分區圖一張

土地局局長楊宗烱

一月六日

■（一九）令知内政部核准征收北河口以北攤地案

▲訓令土地局爲准内政部咨復以採用北河口以北攤地建築自來水廠已依法核准公告由　訓令第七二號　十九年一月十一日

爲令知事案准

内政部咨開案准大咨擬採用北河口以北一公里之湯家壋江岸攤地一方建築自來水廠附圖一紙并補送計劃書一份囑爲核准公告等因過部准此核與土地征收法第二條第四項之規定相符除依同法第八條之規定核准公告外相應咨請依法辦理即希查照爲荷再「查計劃書中於建築物基地外擬保留基地一段以爲十年後擴充之用按保留土地備作若干年後之用土地征收法内無明文規定乃係事實問題無法核准公告」此次貴市政府擬收用土地應照來圖作一百一十市畝計算合併聲明等由准此除令行自來水籌備處知照外合行令仰該局長即便知照此令

市長劉紀文

■（二〇）調查小東門及金川門外鐵路城牆間空地産權案

▲指工務局爲呈復請飭土地局調查小東門與金川門外鐵路與城牆間空地産權繪具詳圖以憑計劃建築平民住宅案由　指令第九一號　十九年一月十一日

呈一件爲呈復查明小東門與金川門城外鐵路與城牆間空地建築平民住宅較爲適宜擬請令飭土地局調查産權繪具詳圖以憑計劃祈鑒核由

呈悉案經飭據土地局查核復稱遵經令行下關辦事處查明具復去後茲據復稱遵查該地面積約四十餘畝詢據附近居戶稱該地産權係趙姓民産現住下關寶塔橋等語又查該地四至東至張姓地南至城牆脚下西至鐵路北至朱姓地等情前來查該地四至雖據查明而産權之判定自以契據爲憑除通知趙姓呈驗契據以憑辦理外理合先將該處奉查情形備文呈復仰祈鑒

首都市政公報　公牘　一三

核等情前來除指令外合行令行該局長卽便知照此令

附原呈

呈爲呈復事案查本年十一月二十三日奉鈞府第三五七九號訓令內開案據土地局局長楊宗炯呈稱前奉鈞府三三二四號令飭在下關滬甯車站及和記洋行附近覓定空地以便建築平民房屋等因奉此當經令行職局下關辦事處查復去後茲據復稱「查下關附近可以建築平民住宅之地有三(一)滬甯鐵路旁煤炭港之南有空地七八十畝該地係滬甯鉄路所有如交涉收用二三十畝未始不可(二)和記洋行東面有空地一方面積約有七八畝係唐姓民產(三)寶塔橋之東有空地二三十畝亦係民產不過此處高下不平必須塡土方可建築」等情前來查該三處空地究竟擇定何處應由工務局查明核辦奉令前因理合具文呈復仰祈鑒核示遵等情據此除指令外台行令仰該局長卽便遵照查核具復以憑察奪此令等因奉此查土地局原呈所指三地均距下關繁盛地方太遠似不適用茲查得小東門與金川門城外鐵路與城牆間之空地雖兩越城牆而距下關及中山路均屬較近將來於薩家灣附近另闢城門交通尤爲便利以建平民住宅似較適宜擬請令飭土地局調査該處產權繪具詳圖以憑計劃是否有當理合具文呈復仰祈鑒核示遵實爲公便謹呈

市長劉

工務局局長陳和甫

十一月二十七日

▲指令土地局爲呈復調查小東門與金川門外鐵路與城牆間空地產權情形案由　指令第九二號　十九年一月十一日

呈一件爲呈復調查小東門與金川門外鉄路城牆間空地產權情形由

呈及繳件均悉已令行工務局知照矣此令

原呈見指令第九一號

■(二一)土地工務兩局呈送建築環湖馬路案挖取土方數量實測與申報比較表

▲指令土地工務局爲會呈建築玄武湖環湖馬路收用民地挖取土方數量實測與申報比較表祈鑒核案由　指令第一四九號　十九年一月十四日

呈爲會銜呈送建築玄武湖環湖馬路收用民地挖取土方數量實測與申報比較表祈鑒核由

會呈及表均悉仰卽按照實測數目核發除令土地局遵照辦理工務局知照外仰

李步雲、盧文祥、謝作琴等爲中山門外城墻脚下房屋奉市工務局批準自行拆遷致總理陵園管理委員會呈文

（一九三六年九月十八日）

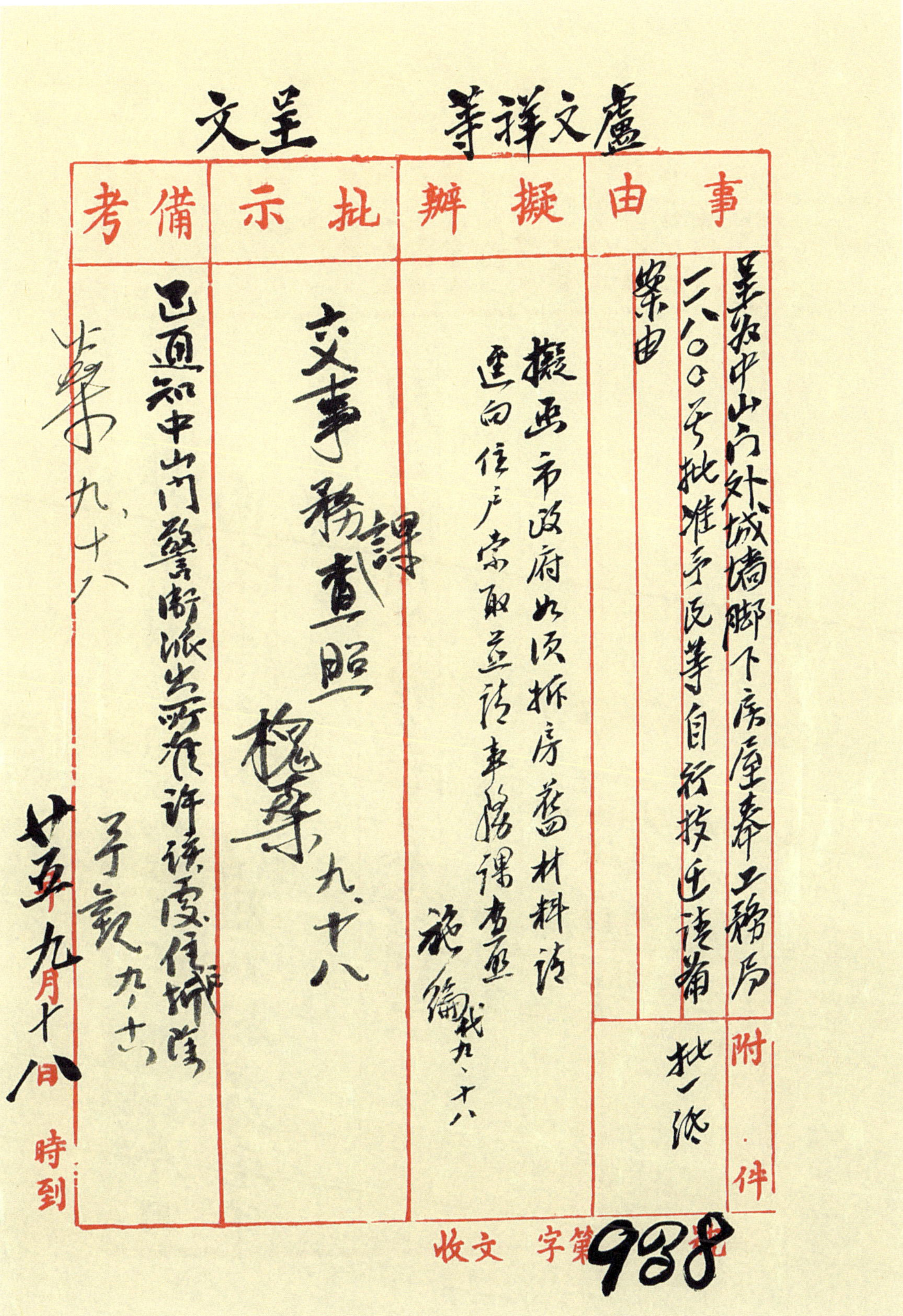

盧文祥等呈文

事由	擬辦	批示	備考
呈為中山門外城墻脚下房屋奉工務局二八〇〇號批准予民等自行拆遷請備案由 附件：批一紙	擬函市政府如須拆房舊材料請逕向住戶索取並請事務課查照 施綸 九、十八	交事務課查照 槐 九、十八	函通知中山門警衛派出所准許該處住戶拆運 子欽 九、十八 此案 九、十八

廿五年九月十八日 時到

收文 字第988號

總理遺囑

凡四十年其目的
在求中國之自由
平等積四十年之
經驗深知欲達到
此目的必須喚起
民眾及聯合世界
上以平等待我之
民族共同奮鬥
現在革命尚未成
功凡我同志務須
依照余所著建國
方略建國大綱三
民主義及第一次
全國代表大會
宣言繼續努力以求
貫徹最近主張開
國民會議及廢除
不平等條約尤須
於最短期間促其
實現是所至囑

報告首都園南村二舍李步云盧文祥等今日
南京市工務局通知拆房屋事
謹呈
總理陵園管理委員會 請示
李步雲十
陳長庚十
二舍 盧文祥十
尤羅氏十
謝作琴十

民國　年　月　日

南京市工務局批

第1140號

原具呈人李步雲等

廿年八月廿四日呈一件為中山門外城根瓦屋七間奉令遷讓請俯念民艱准予自行拆卸屋料以便轉運他處重蓋由、

呈悉。准予自行拆遷；唯應於拆遷完畢後報請復驗，仰遵照。此批。

中華民國二十五年九月十四日

局長 宋

僞中山陵園辦事處爲農民陳兆德申請承租琵琶洲城墻根水塘與僞市政府、僞市園林管理處往來文書

（一）僞中山陵園辦事處爲農民陳兆德申請承租琵琶洲城墻根水塘致僞市園林管理處呈文（一九四一年七月三十日）

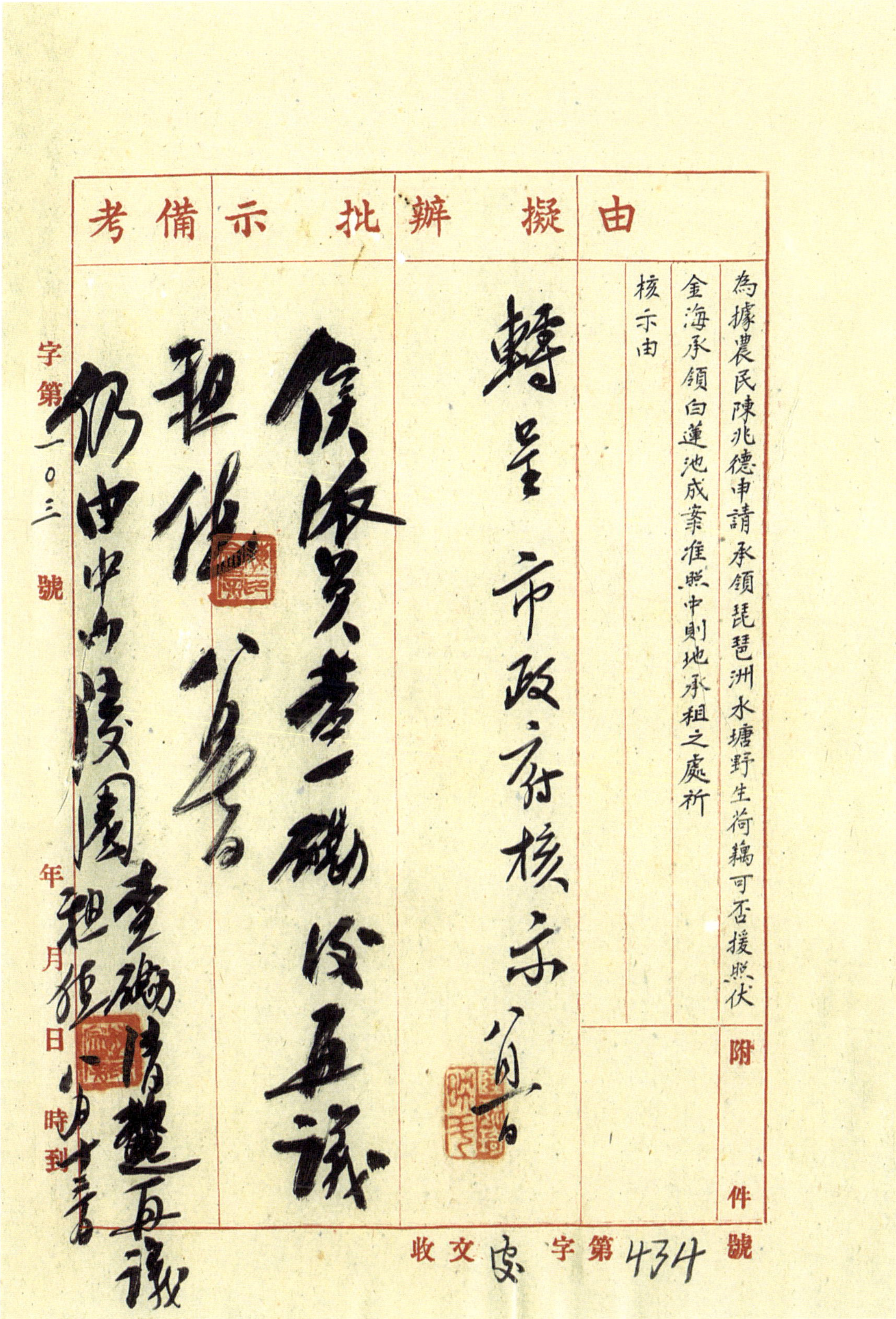

由：為據農民陳兆德申請承領琵琶洲水塘野生荷藕可否援照伏
金海承領白蓮池成案准照中則地承租之處祈
核示由

附件

擬辦：轉呈市政府核示

批示：候派員查勘後再議

字第一〇三號
年　月　日　時到

收文　字第434號

竊據居住陵區琵琶洲二號農民陳兆德來處申請承領琵琶洲城墻根水塘內野生荷藕以維生計等情據此查琵琶洲水塘在事變前原為水田嗣因城墻根出水涵洞阻塞山水不能流通致低窪處聚積成塘按其面積約計六畝現塘內長有野生荷藕惟為數不多茲據該民申請承領可否援照本年一月伏金海等承領白蓮池成案准照中則地承租之處除飭覓保填具申請書保證書租據隨文附呈外理合具文送請

鑒核仰祈

指令祇遵

謹呈

[illegible]長陳

處長蔣

附呈申請書保證書租據各一份 手續費六角

中山陵園辦事處管理員姚正雲

中華民國三十年七月三十日

（二）僞市園林管理處爲陳兆德申請承租琵琶洲水塘致僞中山陵園辦事處指令（一九四一年八月十七日）

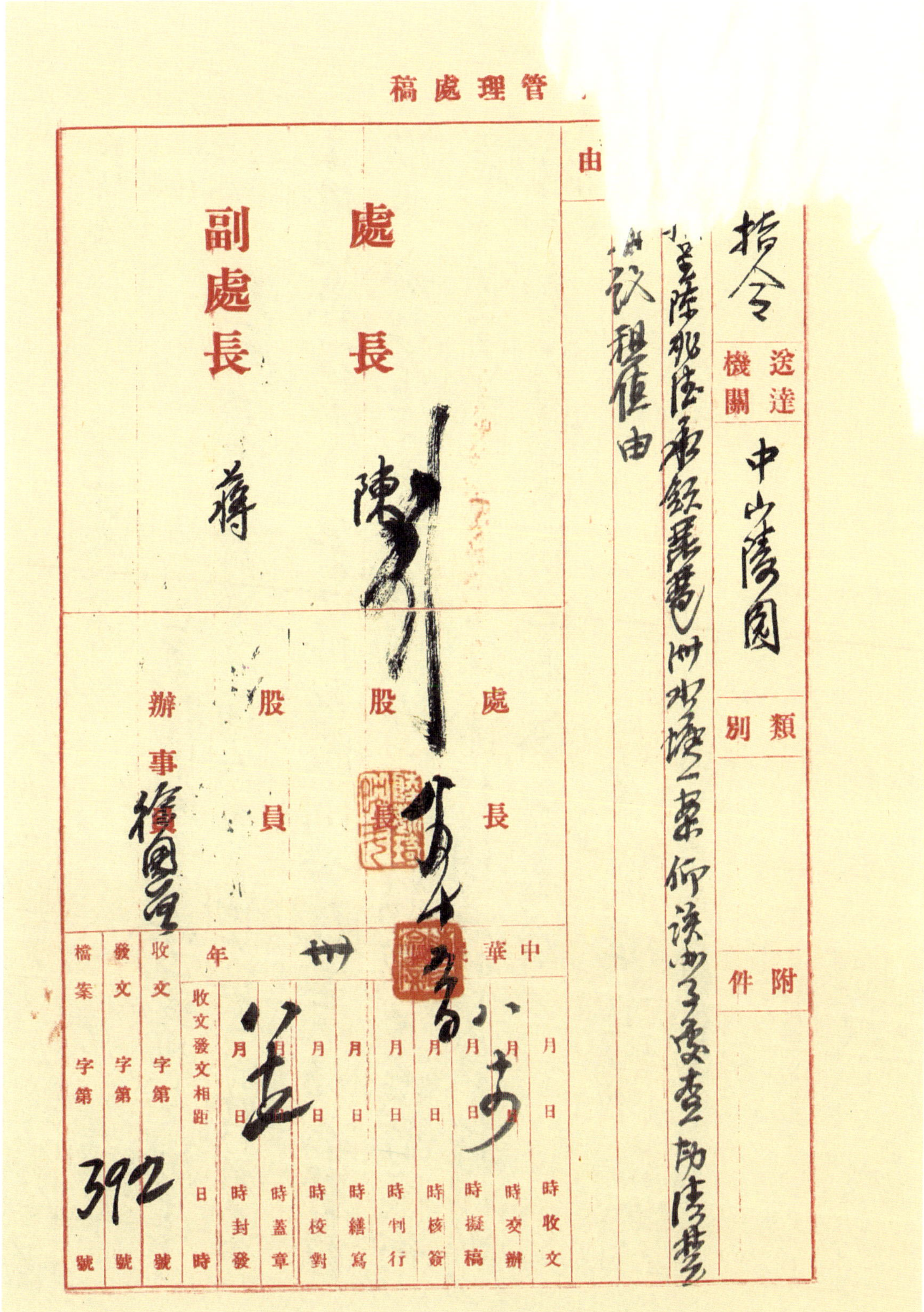
管理處稿

由

類別 指令

送達機關 中山陵園

附件

處長 陳

副處長 蔣

處長

股長

股員

辦事員

中華民國 年 月 日

收文 字第 號

發文 字第 392 號

檔案 字第 號

指令　字第　号

令中山陵園辦事處管理員姚[illegible]

呈一件　據農民陳飛達呈以承租琵琶洲水塘一案請核減由

呈件均悉。經派員查勘，據稱該洲面積甚大，約六畝有餘，

惟年繳租金十二元（旁注：未免），尚覺太少，所情據查，合行令仰

該辦事處查勘清楚，再議租值，並將查明情形

尅日具報，俾憑核奪，勿延。此令。件暫存

全銜陳[illegible]

副主任蔣[illegible]

中華民國 年 月 日

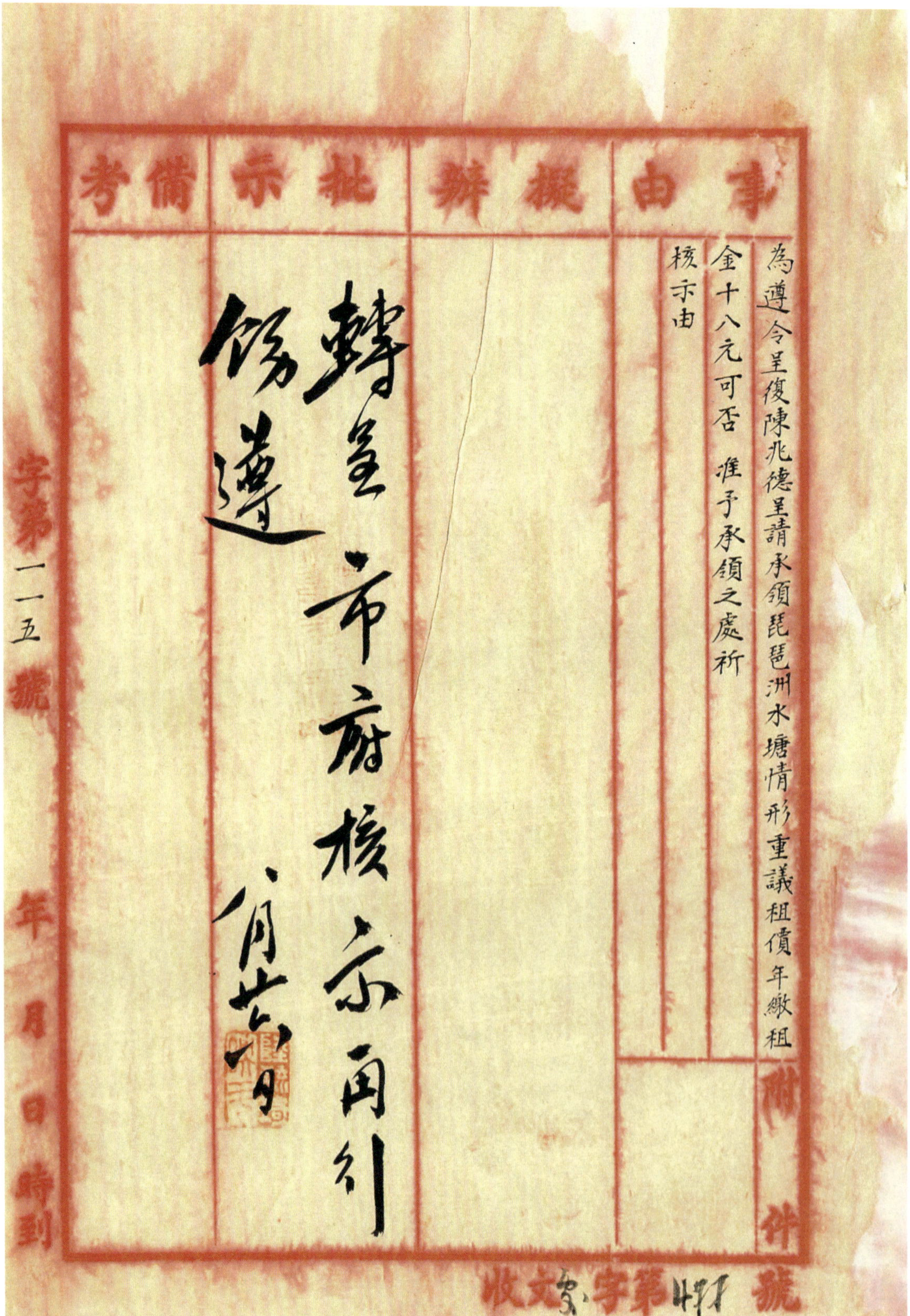

事由

為遵令呈復陳兆德呈請承領琵琶洲水塘情形重議租價年繳租金十八元可否准予承領之處祈核示由

附件

擬辦

批示

轉呈市府核示再行飭遵

八月廿六日

備考

字第一一五號 年 月 日 時到

收文 字第 號

（三）僞中山陵園辦事處爲陳兆德申請承租琵琶洲水塘重議年租致僞市園林管理處呈文（一九四一年八月二十三日）

案奉

鈞處處字第三九二號指令職處呈一件據農民陳兆德呈以承租琵琶洲水塘一案祈核示由內開：

「呈件均悉經派員查勘據稱該洲面積甚大約六畝有餘惟年繳租金十二元未免太少等情據此合行令仰該辦事處查勘清楚再議租值并將查明情形尅日具報候核勿延此令件暫存」

等因奉此遵查琵琶洲水塘估計面積實祗六畝塘內除野生荷藕外並無其他生產所有週圍荒地早經張前管理員放租鄉民承領領有耕作證因地處低窪迄今多未開墾以致蘆葦叢生奉令前因當將陳兆德傳喚來處重新議租該民以塘內生產有限至多按照上則地年繳租金十八元可否

准予承領之處理合遵令呈復仰祈

鑒核令遵

謹呈

處長陳

副處長蔣

中山陵園辦事處管理員姚正雲

中華民國三十八年八月二十三日

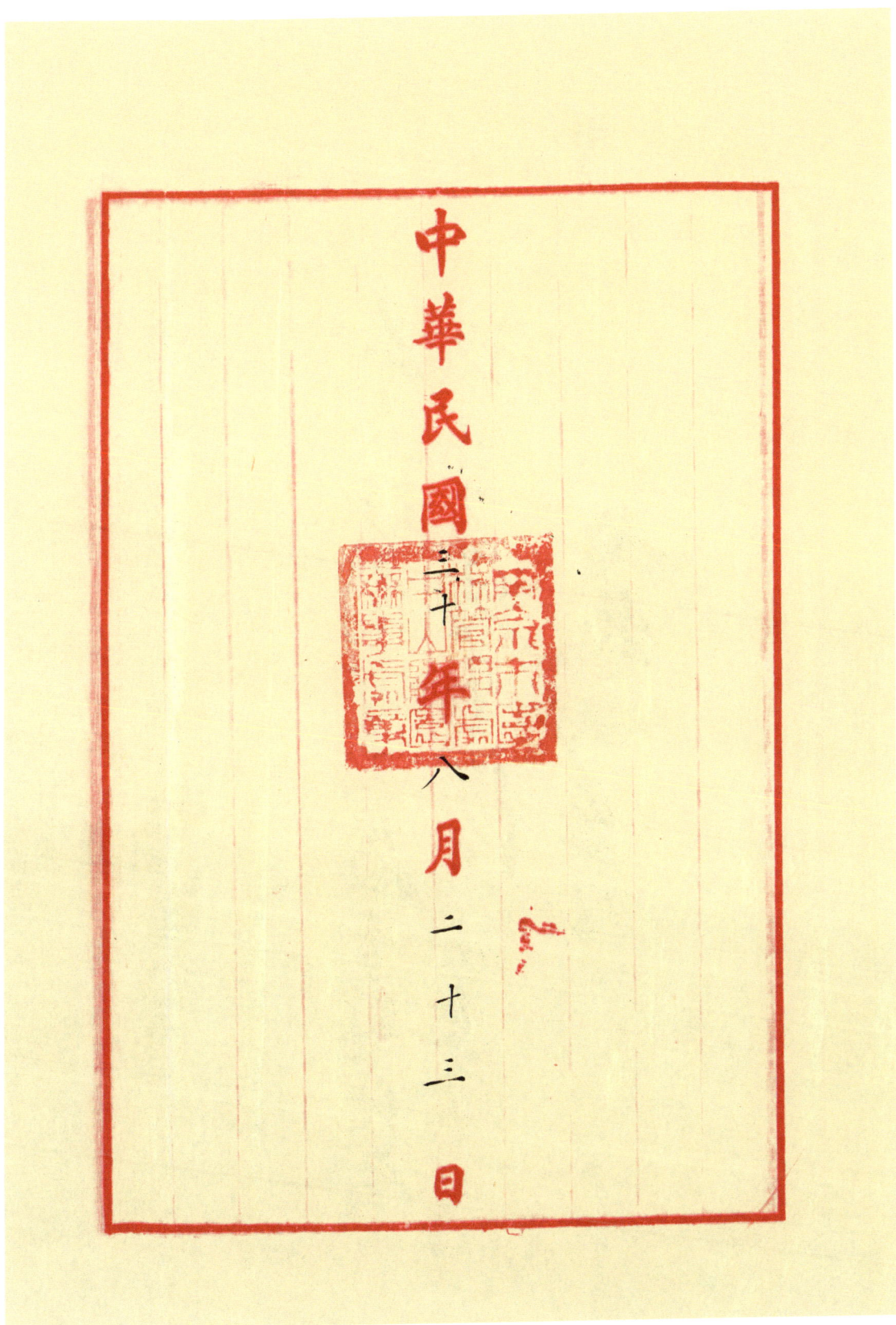

（四）僞市政府爲陳兆德申請承租琵琶洲水塘仍仰詳查繪圖具復致僞市園林管理處指令（一九四一年九月十八日）

南京特別市政府 指令

事由	擬辦	決定辦法	備考
據轉請陳兆德承租琵琶洲水塘情形仍仰該處詳查繪圖具復候奪由	令陵園管理處查勘繪圖詳細以憑呈復 九月十日	如擬 九月十四	
附件			

字第　　號　　年　　月　　日　　時到

收文 要 字第527號

南京特別市政府指令

財字第8174號

令園林管理處

呈一件為呈送陳兆德請租琵琶洲水塘申請書等並擬年租十八元可否准予承領祈核示由

呈暨附件均悉據報陳兆德請租琵琶洲水塘該塘坐落究在何處面積是否確實六畝並塘內生產物是否如陳兆德所稱仰該處詳切查勘繪具圖說一併剋日呈復以憑核辦此令來件姑存

中華民國三十年九月十八日

市長 吳 楨

監印 程峻峰

校對 高祖塘

（五）僞市園林管理處爲承租琵琶洲水塘仍仰詳查繪圖具復致僞中山陵園辦事處訓令（一九四一年九月二十四日）

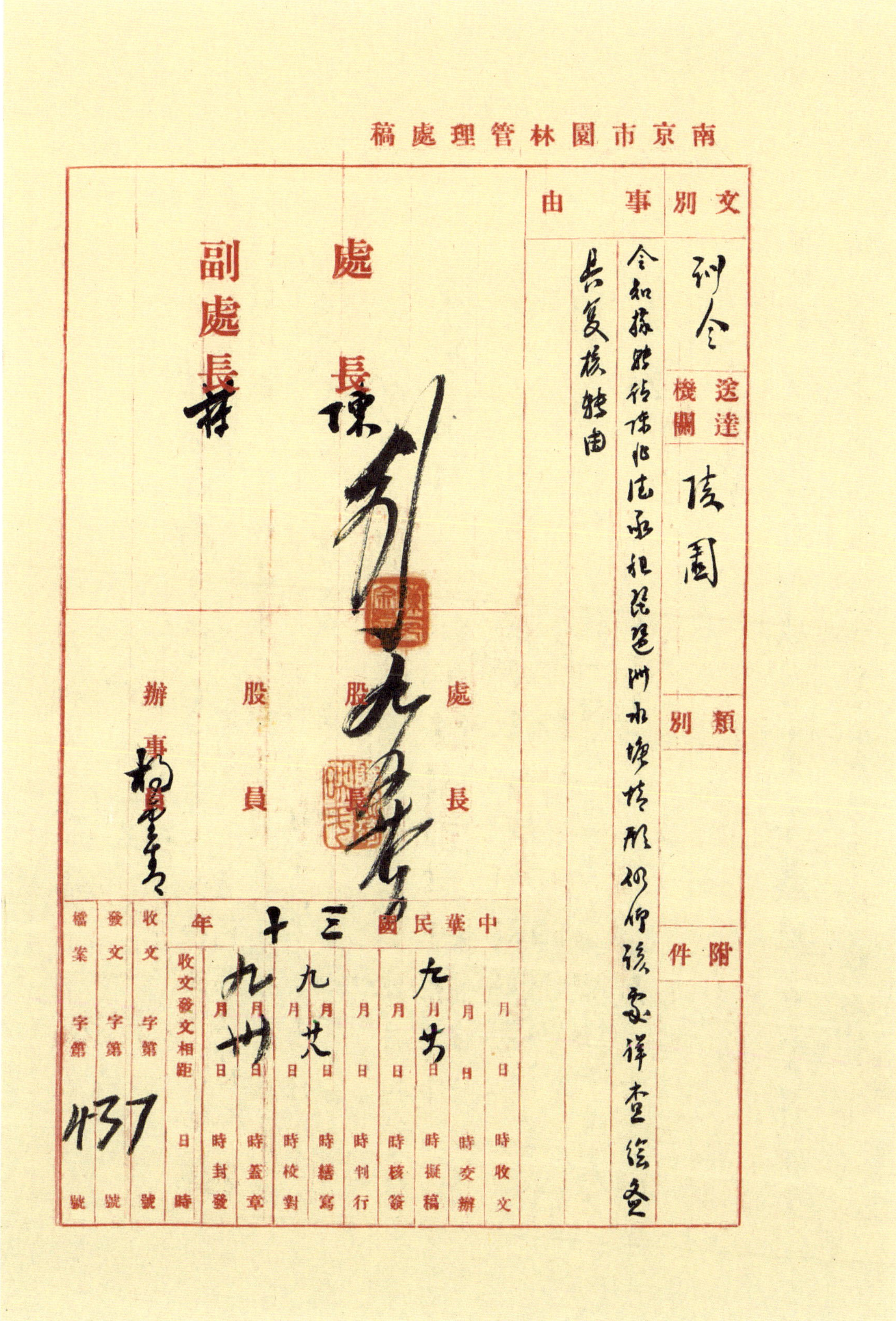

南京市園林管理處稿

文別：訓令

送達機關：陵園

類別：

附件：

事由：令知據路佑請北陵承租琵琶洲水塘情形仰該處詳查繪圖具復核轉由

處長 陳

副處長 林

處長

股長

股員

辦事 楊

中華民國三十年 九月廿日 九月廿日 九月廿四日

437

全

衔训令　字第　號

令中山陵園藝專家

案查該藝專家前呈爲送陳兆德續領琵

琶洲水塘中續來出呈擬年租十八元可否准予承

領一案當經轉奉　市府財字第八一七四號

指令內開呈暨附件均悉據報陳兆德續租琵琶

洲水塘坐落究在何處面積是否確實六畝並

塘內出產物是否如陳兆德所稱仰該家詳

切查勘繪具圖說一併剋日呈復以憑核辦此令

來件姑存

等因奉此合亟令仰該藝專家遵照前令詳切查

勘繪具圖說一併剋日呈復以憑核轉此令

等因奉此合行令仰該籌備處遵照前令詳切查
勘估具圖說一併尅日呈復以憑核轉此令

處長陳[illegible]

中華民國廿年九月廿四日

（六）僞中山陵園辦事處爲查明琵琶洲水塘生産情形檢同略圖致僞市園林管理處呈文（一九四一年十月二十三日）

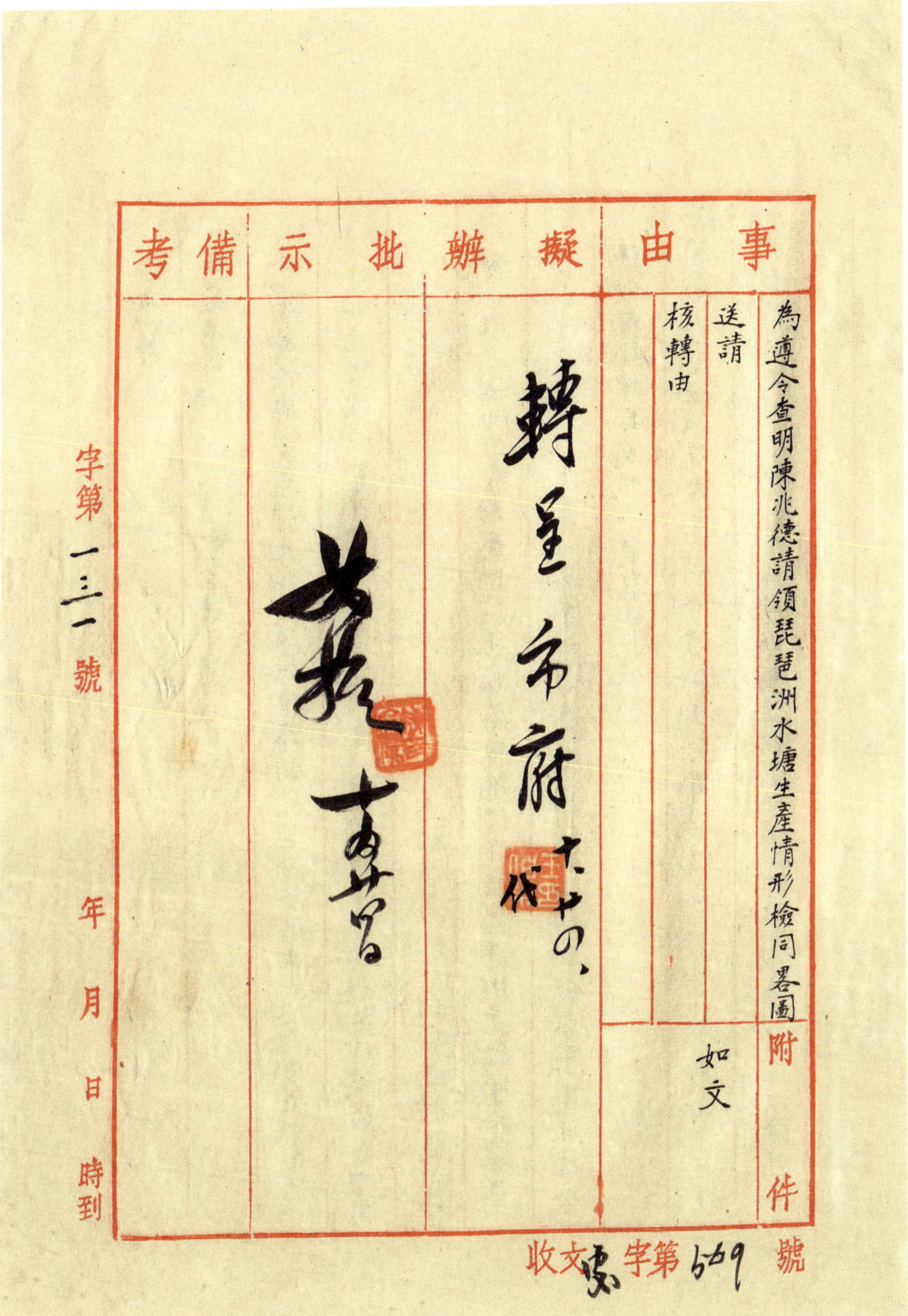

事由	擬辦	批示	備考
為遵令查明陳兆德請領琵琶洲水塘生產情形檢同畧圖 送請 核轉由	轉呈市府 代 十、廿四、	若飛 十月廿四日	字第一三一號 年 月 日 時到
附件：如文			

收文東字第509號

案奉

鈞處處字第四三七號訓令内開：

「案查該辦事處前呈為送陳兆德請領琵琶洲水塘申請書等並擬年租

十八元可否准予承領一案當經轉奉　市府財字第八一七四號指令内開

『呈暨附件均悉據報陳兆德請租琵琶洲水塘坐落究在何處面積是否確

實六畝並塘内生產物是否如陳兆德所稱仍仰該處詳切查勘繪具圖說一

併剋日呈復以憑核辦此令來件姑存』等因奉此合即令仰該處遵照府令

詳切查勘繪具圖說一併剋日呈復以憑核轉此令」

等因奉此遵經派辦事員闞錦湖前往查明該塘坐落龍脖子東南方琵琶

洲係該處地名塘内確如陳兆德所稱並無其他生產至該塘面積因四週積水

数寸致無法測勘惟查該處在事變前係屬水田三十八畝除已由徐成彬陳兆水陳兆德王清山陳起盛等五戶于二十八年十一月共領三十二畝五分外該塘面積實祇六畝奉令前因理合遵令繪具畧圖具文呈復仰祈

鑒核賜轉

謹呈

處長陳

附呈畧圖一份

中山陵園辦事處管理員姚正雲

中華民國三十年十月二十三日

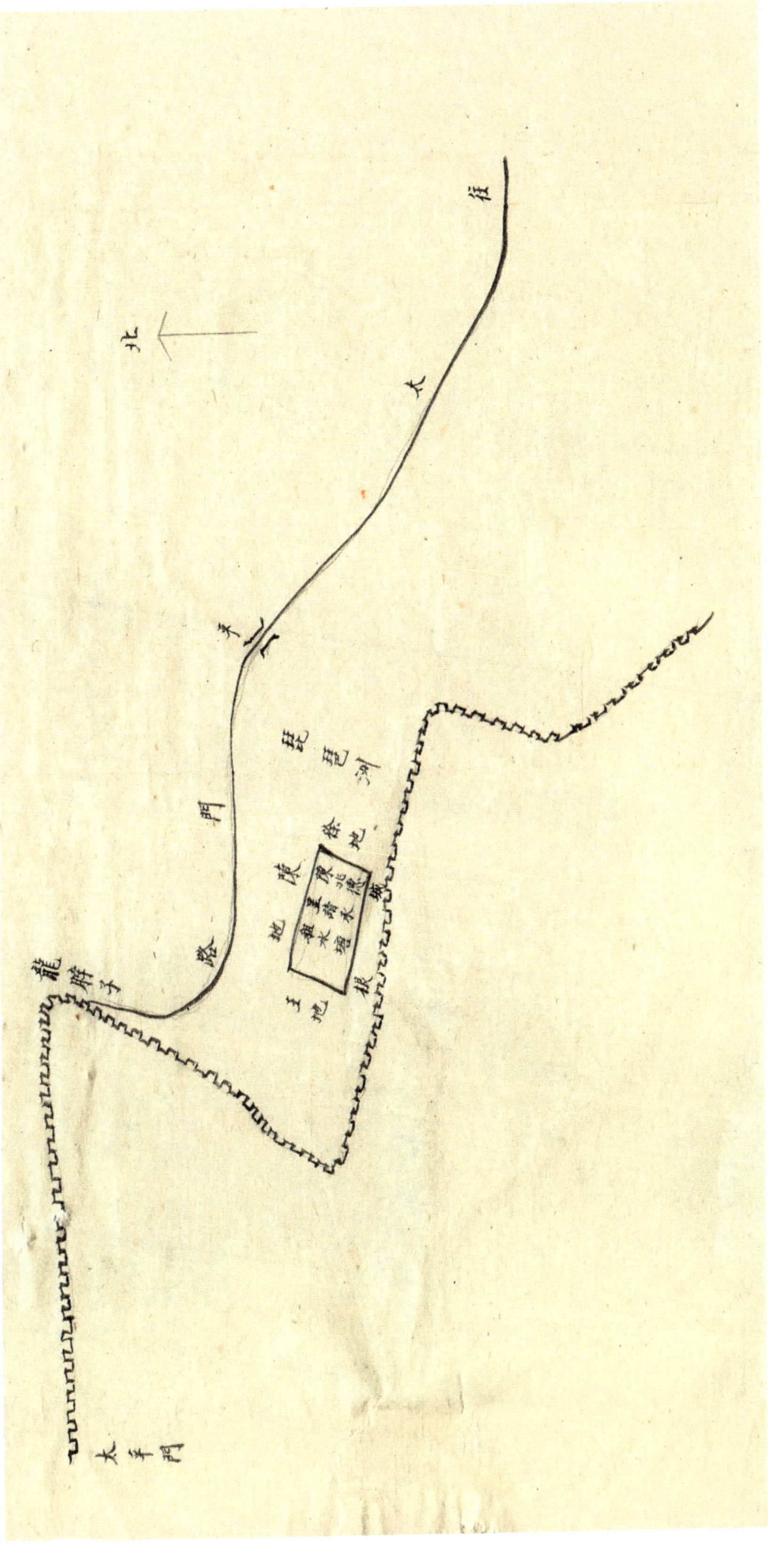
北
太平門
龍脖子
琵琶河
徐地
王地

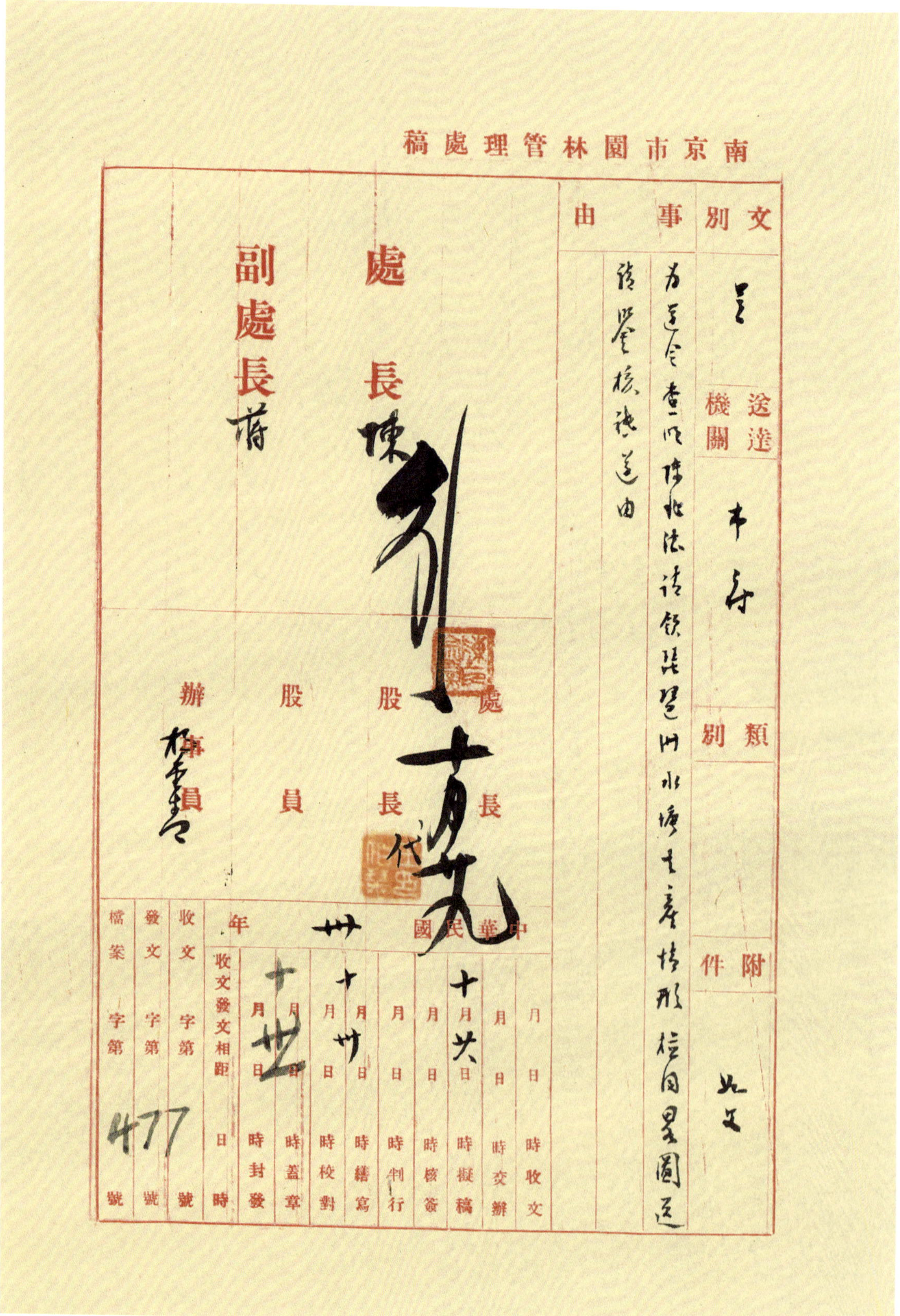

南京市園林管理處稿

文別	呈
送達機關	市府
類別	
附件	如文
事由	為遵令查明琵琶洲水塘生產情形檢同略圖送請鑒核由

處長 陳

副處長 蔣

處長 代

股長

股員

辦事員

中華民國卅年 十月廿八日 擬稿 十月卅日 繕寫 十一月廿一日 封發

檔案 字第477號

（七）僞市園林管理處爲查明琵琶洲水塘生産情形檢同略圖致僞市政府呈文（一九四一年十月三十一日）

稟奉
鈞府財字第八一七四號指令内開：
「呈暨附件均悉。據報陳兆法請租琵琶洲水塘坐
落玄武門外東面，核是否確實，又該塘内出產物
是否如陳兆法所稱，仍仰該處詳切查勘，繪具
圖說一併剋日呈復，以憑核辦。此令。附件存」
等因；奉此，合亟令仰該科長遵照前令詳切查勘
繪具圖說一併剋日呈復，以憑核轉。去後。茲據復稱「竊
職奉令當即偕派科員關錦湖前往查明該塘出產
能除了東南為琵琶洲附近乘坨在塘内確如陳兆法所稱

並令其他主管呈 仰祈鑒核施行」等情，附略圖一紙前來。據此，理合檢同該略圖一紙，具文呈復，仰祈

鑒核祗遵。○

謹呈

市長蔡

附呈圖說一紙

令 衛 陳

副參長 蔣

（要函稿內附存一份）

中華民國三十年十月廿一日

（八）僞市政府爲陳兆德申請承租琵琶洲水塘議租酌增一倍限期辦妥致僞市園林管理處指令（一九四一年十一月十一日）

南京特別市政府　指令

事由	擬辦	決定辦法	備考
據復查明陳兆德領琵琶洲情形，該處議租每畝三元太少，應酌增一倍方准承租，並飭重行換約，連同應繳租金一併限期辦妥具報由	轉飭遵照 十一月十一日	如擬 十一月十一日	

附件

字第　號　年　月　日　時到

收文　度　字第589號

南京特別市政府指令 財字第10042號

令園林管理處

呈一件為遵令查明陳兆德請領琵琶洲水塘生產情形檢同略圖送請核示由

呈圖均悉。查近來農品生產價格增高，塘租亦應隨之酌加。該處所擬前議訂租金以每畝三元計算，為數太少，應增一倍方准承租。仰即轉飭重行換立租約，連同應繳本年份租金，限本年月二十日以前一併妥速辦理具報，逾期另行招租。前送租約存候核還。此令。圖存。

中華民國三十年十一月　日

市長　吳國楨

監印　程峻峰

校[illegible]　祖培

（九）僞市園林管理處爲遵照府令妥速辦理陳兆德申請承租琵琶洲水塘致僞中山陵園辦事處訓令（一九四一年十一月二十五日）

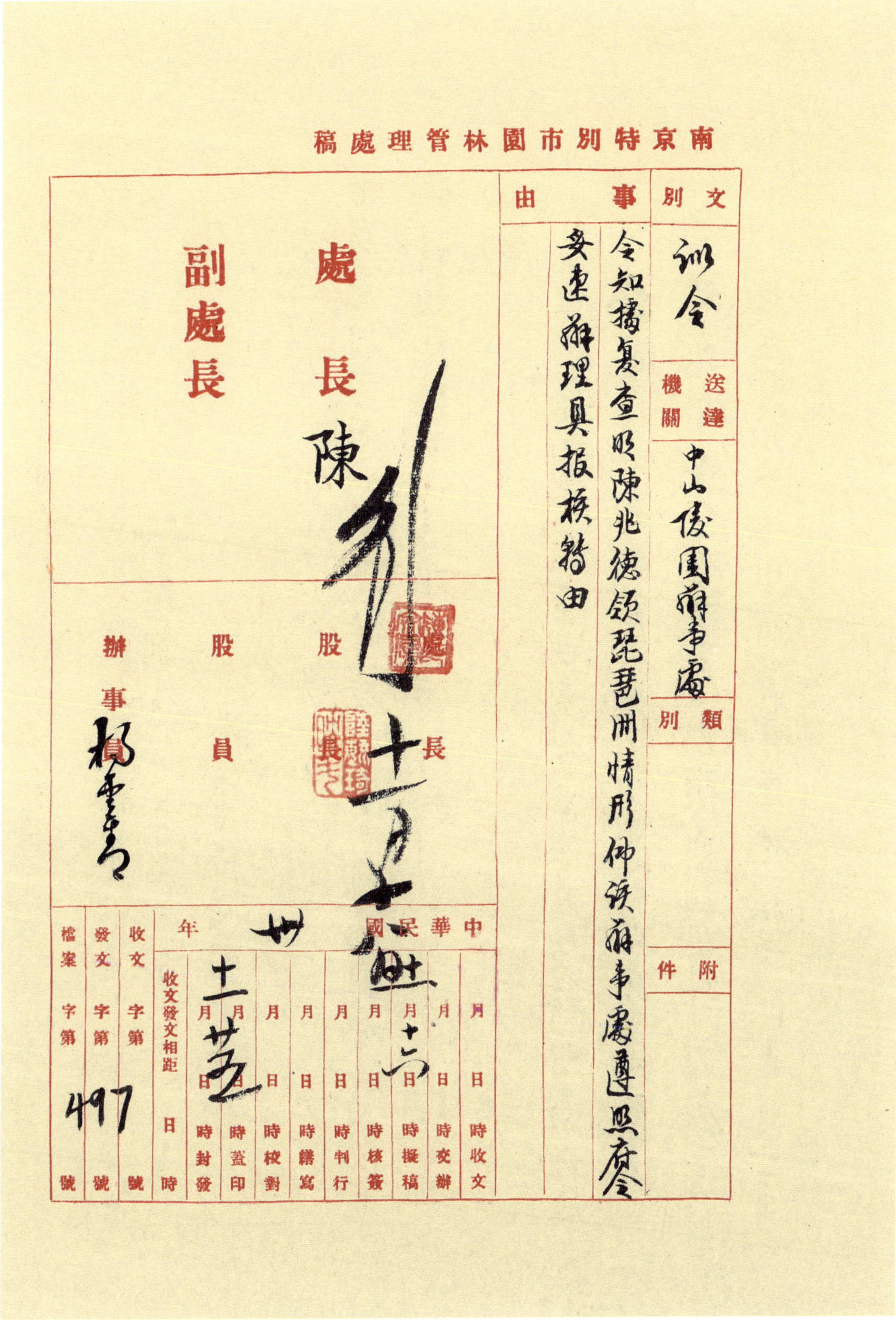
南京特別市園林管理處稿

文別：訓令

送達機關：中山陵園辦事處

類別：

附件：

事由：令知據復查明陳兆德領琵琶洲情形仰該辦事處遵照府令妥速辦理具報核辦由

處長 陳

副處長

股長

股員

辦事

中華民國卅年十一月十六日

十一月廿五

收文	交辦	擬稿	核簽	判行	繕寫	校對	蓋印	封發	收文發文相距
月 日 時	月 日 時	月 日 時	月 日 時	月 日 時	月 日 時	月 日 時	月 日 時	月 日 時	日 時

收文 字第 號

發文 字第 497 號

檔案 字第 號

全銜訓令　字第　號

令中山陵園辦事處

案奉

市政府財字第一〇〇四二號指令呈一件爲遵令查明陳兆德請領琵琶洲水塘生產情形檢同略圖送請核示由內開：

「呈圖均悉查近來農品生產價格增高塘租亦應隨之酌加該處從前議訂租金以每畝三元計算爲數太少應增一倍方准承租仰即轉飭遵行換立租約連同應繳本年份租金限本月二十日

以前一併妥速辦理具報逾期另行招租前送租約存處換送此令同存。

等因；奉此，合亟令仰該辦事處遵照限于本月十八日以前一併妥速辦理具報核轉勿延切切此令

處長陳○○

中華民國卅年十一月廿五日

（十）僞中山陵園辦事處爲送陳兆德承租琵琶洲水塘租約暨本年下期租金致僞市園林管理處呈文（一九四一年十二月十七日）

事由	擬辦	批示	備考
為遵令呈送陳兆德承租琵琶洲水塘租約暨應繳本年下期租金祈核轉由	轉呈市府	十二月十七	
附件：如文			

字第一四五號

年　月　日　時到

收文　字第652號

案奉

鈞處十一月二十五日處字第四九七號訓令內開：

「案奉 市政府財字第一〇〇四二號指令呈一件為遵令查明陳兆德請領琵琶洲水塘生產情形檢同略圖送請核示由內開：『呈圖均悉查近來農品生產價格增高塘租亦應隨之酌加該處從前議定租金以每畝三元計算為數太少應增一倍方准承租仰即轉飭重行換立租約連同應繳本年份租金限本月二十日以前一併妥速辦理具報逾期另行招租前送租約存候換還此令圖存』等因奉此合亟令仰該辦事處遵照限于本月十八日以前一併妥速辦理具報核轉勿延切切此令」

等因奉此遵經轉飭遵照去後茲據該民來處遵照府令重行訂立租據

并將應繳本年下期租金十八元如数完清除填發收據交由該民收執外

理合檢同租據租款一併具文呈報仰祈

鈞鑒核轉

謹呈

處長陳

計呈送

租據一份

法幣拾捌元

中山陵園辦事處管理員姚正雲

中華民國三十年十二月　日

（十一）僞市園林管理處爲送陳兆德承租琵琶洲水塘租約暨本年下期租金致僞市政府呈文（附件：租據）（一九四一年十二月十九日）

南京特別市園林管理處稿

文別：呈文

送達機關：市政府

類別：

附件：如文

事由：呈據中山陵園辦事處呈以爲遵令呈送陳兆德承租琵琶洲水塘租據暨本年下期租金祈 鑒核備查由

處長 陳

副處長

處長

股長

股員

辦事員 [illegible]

中華民國卅年 十二月十七日擬稿 十二月十九日蓋印

收文字第 號

發文字第 號

檔案字第 529 號

案據中山陵園辦事處管理員姚丕雲呈稱：「案奉鈞處十一月二十五日處字第四九七號訓令內開：『案奉市政府財字第一〇〇四二號指令呈一件為遵令查明陳兆德請領琵琶洲水塘生產情形檢同略圖送請核示由內開：「呈圖均悉。查近來農品生產價格增高，塘租亦應隨之酌加，該處從前議定租金以每畝三元計，殊云至，并將應繳本年下期租金十八元如數完清，除填發收據交由該民收執外，理合檢同租據租款一併具文呈報，仰祈鈞鑒核轉」等情，計附租據一紙暨租金十八元前來。據此，除將租金填具繳款書一紙逕送財政局查收存轉外，理合檢同原據一併具文呈報，仰祈

鑒核備查

謹呈

市長蔡

計附呈租摽一份

全 衔 除 ×

中華民國三十年十二月十九日

租據

立承租字據人陳兆德 今承租
南京特別市政府經管坐落 琵琶洲 水塘 東至陳地 南至城根
西至王地 北至李地 計水塘六 畝當日遵繳上則每畝保證金 0 元每年年租
言定每畝洋三 元分上下兩期清繳自承租之日起按照規定期限清繳不得
有拖延及欠租情事所有租佃農場田地辦法及本約附訂條件承租人自願遵
守不敢有違茲特立此承租字據以備存證
一 承租之地每畝繳租三 元全年共十捌元第一期自九月十五日起至九
月底止繳九 元
第二期自五月十五日起至五月底止繳九 元不得拖欠

一所用耕犁籽種由承租人自理

一按所租田地應在該田地內面積耕種不得侵佔及他人承租之地

一承租之地遵照承租辦法不得轉讓他人及賣佃押佃情事違則聽憑解約斥退

一租地如遇國家或地方公共使用及其有收回必要時不問期間之短長得定期收回並豁免最後之一期租金承租人不得阻碍並要求肥土情事

一除遵守上開各節外並遵守公署租佃農場場地辦法不得異議

立承租字據人陳兆德（印：陳兆德章）簽名蓋章

住址琵琶洲二号

中華民國三十年七月二十四日

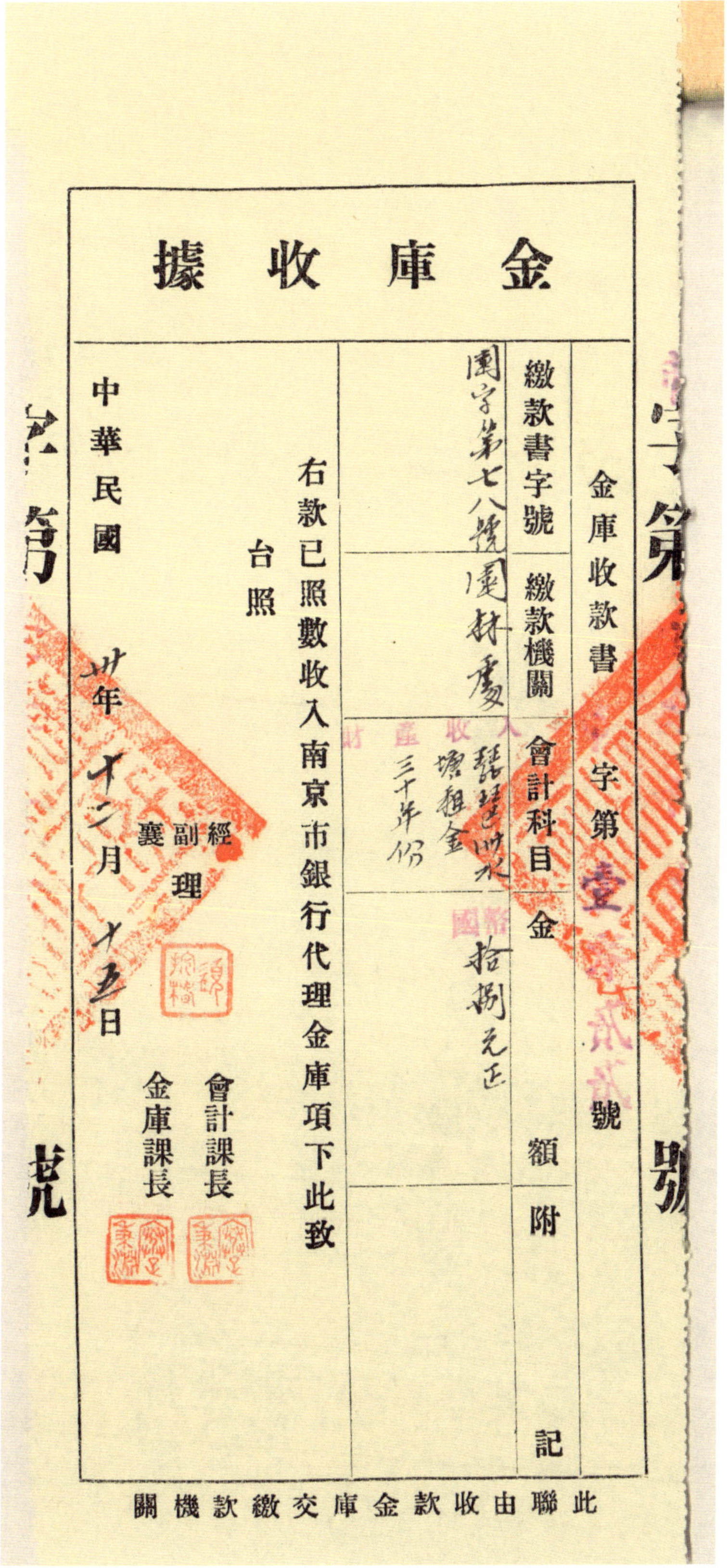

金庫收據

金庫收款書　字第壹[illegible]貳[illegible]號

繳款書字號　園字第七八號

繳款機關　園林處

會計科目　財產收入　琵琶湖城墻租金　三十年份

金額　國幣拾捌元正

附記

右款已照數收入南京市銀行代理金庫項下此致

台照

經理　副理　襄理

會計課長　金庫課長

中華民國卅年十二月十五日

此聯由收款金庫交繳款機關

（十二）偽市政府為據解送陳兆德承租琵琶洲水塘租約及租金應準備查致偽市園林管理處指令（一九四一年十二月三十日）

南京特別市政府指令

事由	擬辦	決定辦法	備考
據解送陳兆德租琵琶洲水塘租約及租金應准備查由	存 十二月卅日		
附件			

字第　號　年　月　日　時到

收文　字第670號

南京特別市政府指令

字第 11507 號

令園林管理處

呈一件為遵令呈送陳兆德租約琵琶洲水塘租據暨租金祈核備由

呈暨附件均悉。據送陳兆德承租琵琶洲水塘租約，並繳本年下期租金十八元，已經飭局分別核收登記矣，仰即知照。此令。件存，前送租據發還。

計發還前送租據一紙

華民國卅二年十二月卅日

市長蔡培

監印程峻峰

校對高祖培

僞市工務局爲金同麒承租張公橋至城墻根河道養魚一事簽呈及與僞財政局往來公函（一九四三年八月十日至九月二日）

26

簽呈　為奉諭查勘民人金同麒呈請承租張公橋至城墻根河道養魚一案簽注意見請祈核奪由

案據民人金同麒呈請承租張公橋至水西門城根一段河道養魚一案，奉已於九日下午二時偕同具呈人前往上述地點詳細勘查，謹將所得情形及意見簽請核奪。

一、查原呈所請承租地段乃秦淮支流，由張公橋向西經鐵窗櫺水閘出城之所，現時鐵窗櫺水閘毀壞，排水效用喪失，所有秦淮東來之水至此幾乎完全停滯，每伏汛已過水勢平穩後即成為河道盡頭，僅供洗滌灌溉外並無航運效用，以之養魚確屬適宜之生產利用辦法。

二、租用養魚期間以九月至六月無礙防汛工作為宜。

三、鐵窗櫺水閘本局方在計劃修築，無論在施工期間或在防水期間如有礙及養魚之處，其設備由養魚人自行負責，其水之範圍可酌量予以便利。

四、租費以及租用手續應比照本府其他公產出租

辦法辦理

謹呈

技正韓轉呈

局長陳

附原呈

既不妨碍水利，照玄武湖例似可出租，以增市庫收入。至租費多寡，應會商財局辦理。究竟可否之處，請鈞裁。

職楊豈仆謹呈 八、十、

宋 八、十、

如擬 蔡 八、十、

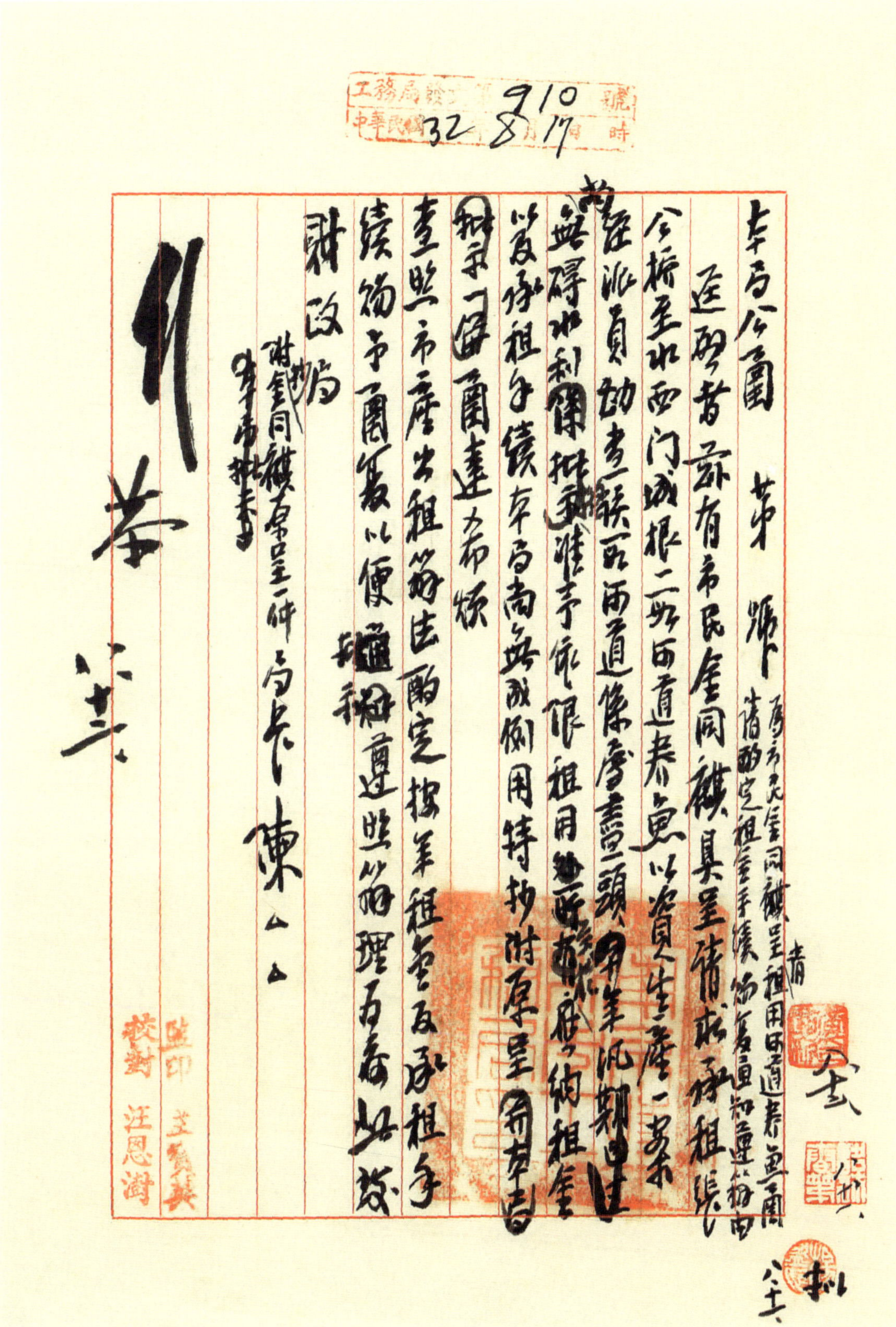

工務局發文 910 號
中華民國 32 年 8 月 17 日 時

本局公園第 號

逕啟者：茲有市民金同福具呈請求承租鳳儀門至北西門城根一段石道暨魚塘以資生產一案，經派員勘查該段石道係屬荒蕪，每年汛期□□，於無礙水利，擬准予依限租用，所有應納租金以資承租手續，本局尚無成例可用，特抄附原呈，函希查照市產出租辦法酌定按年租金及承租手續，函予園藝以便通知遵照辦理為荷。此致

財政局

附金同福原呈一件

局長 陳○○

屬市民金同福呈租用石道暨魚塘，請酌定租金手續函會園藝知遵照辦理 青

八廿六

擬 八廿六

行 八廿六

監印 芝儀

校對 汪恩澍

工務局收文第 1012 號
中華民國 32 年 8 月 30 日

事由	為准函金同祺請租張公橋出水西門城根河道養魚案函請將原呈移轉以便核辦由
擬辦	擬將原案移送財局併批飭金同麒知照
決定辦法	如擬
附件	

南京特別市財政局公函

文別：公函

財字第 2006 號

中華民國三十二年八月 日

案准

貴局工字第七一〇號公函略開以市民金同祺呈請租用張公橋出水西門城根一段河道養魚函請酌定承租手續以便通知遵辦等由

准此查本市〻產及各項公產出租係屬本局主管範圍歷經辦理

收文 字第 號

在案茲據金同旗呈請承租前項河道養魚自應仍歸本局辦理

以一事權准函前由相應函請

查照並希將原呈移轉以便核辦為荷

此致

工務局

局長譚友仲

1050
32 9 6

1049
32 9 6

本局工函 第 號 為准函移送金同麒請租陡門橋一段河道養魚原呈由

案准

貴局財字第二〇〇四號公函以准函為據金同麒呈請租用陡門橋至水西門城根一段河道養魚(無叙述)以一事權囑將原呈移轉以便核辦等由准此相應檢附原呈隨函移送即希

查照為荷

財政局

附原呈 金同麒原呈一件

本局批

具呈人金同麒

呈一件呈請租賃陡門橋至水西門城根一段河道養魚由

呈悉查本市公產出租係屬財政局主管範圍業將原呈移送財政局核辦外合行批仰知照

南京特別市政府工務局

監印 王 校對

市工務局爲拆除中華門外東西門之間靠近城墻房屋一案有關文書

（一）市工務局爲調查中華門外東西門之間靠近城墻房屋情況簽呈附調查表（一九四五年十二月二十九日）

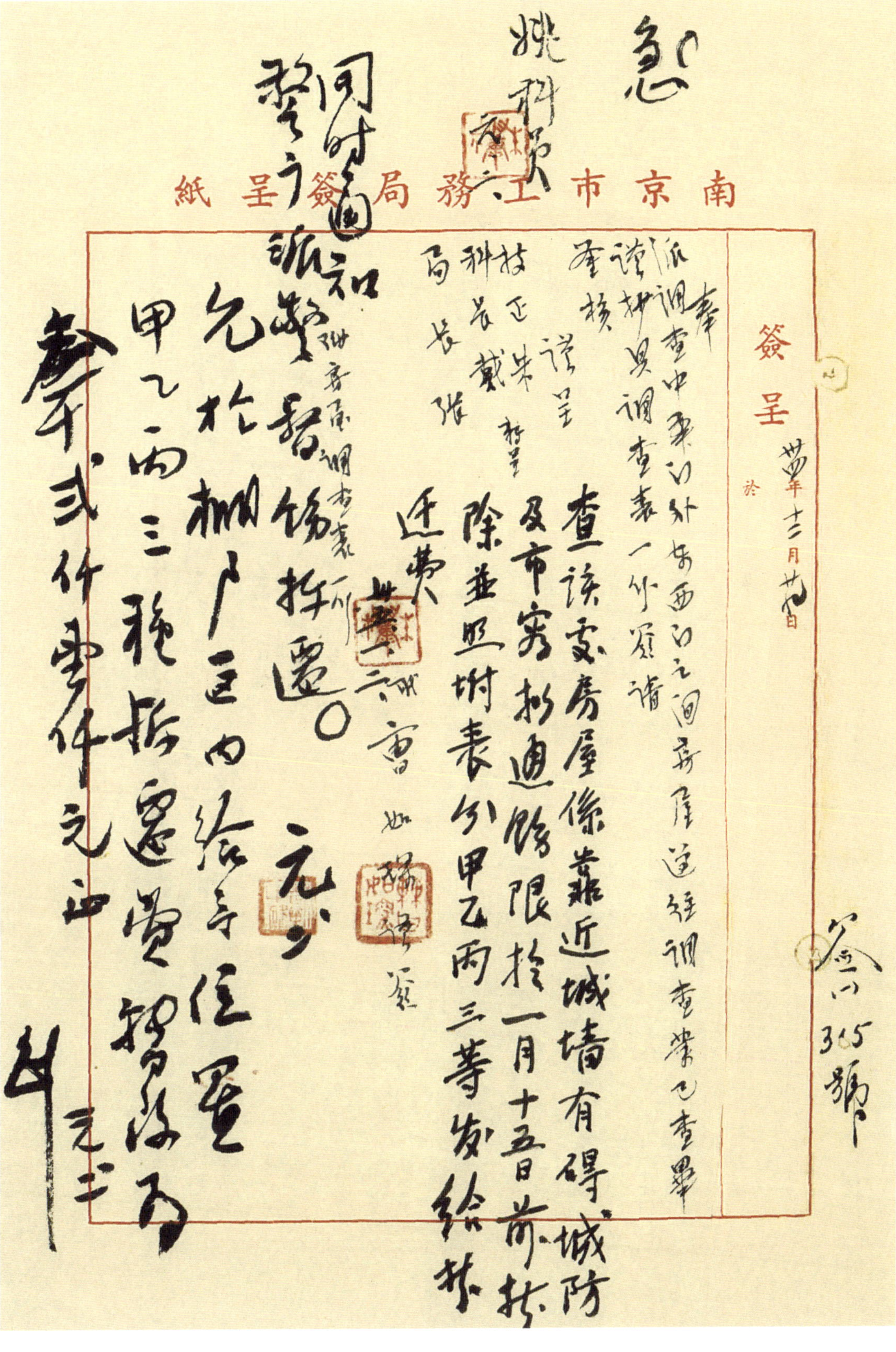

中華门外东西门之间靠近城墙房主调查表

房主	门牌	種類	间数	附註
胡義兴	六	草房	四	
龔培仁	六	草房	二	
陈鳳雲	六	草房	一	
陈福兴	七	草房	二	
王孫氏	七	草房	一	
王兆奎	八	草房	二	
于松海	九	草房	四	
曾锡九	十	白铁房	一	

曾錫九	十	草房	一	有擱樓
曾錫九	十一	草房	一	
曾錫九	十二	白鉄房	一	
曾錫九	十二	草房	二	
陳榮華	十三	瓦房	一	
陳亨鑫	十四	瓦房	一	有擱樓
胡建平	十五	瓦房	一	
陳思珍	十六 十七	瓦房	三	
陳思珍	十六 十七	瓦 草披	一 一	
葉平安	十八 十九	瓦房	三	

葉平安	十八 十九	瓦披	三
鍾紹松	二十	瓦房	一
鍾紹松	二十	草披	一
姜玉堂	二十一	瓦房	一
俞開福	二十二	瓦房	一
余開福	二十二	白鉄 草披	一一

共計十六户四十二间

中华门外东西门之间靠城墙房屋调查表

门牌	房主	种类	间数	房屋尺寸及构造	等级	附注
中华门6	胡义兴	草房	4	10'×12' 木架席墙	乙	
6'	龚培仁	〃	2	10'×16' 〃 〃	乙	
6'	陈凤云	〃	1	10'×16' 〃 〃	乙	
7	陈禄兴	〃	2	10'×10' 竹架席墙	丙	
7	王孙氏	〃	1	7'×12' 〃 〃	丙	
8	王兆奎	〃	2	8'×10' 木架板墙	乙	
9	刁松海	〃	4	12'×14' 木竹架 席墙	丙	
10	曾锡九	白铁房	1	12'×14' 木架板墙	甲	
〃	〃	草房	1	10'×12' 竹架板墙	乙	有洞楼
11	〃	〃	1	10'×24' 竹架席墙	乙	

12	〃	白铁房	1	12'×14'	木架板墙	甲	
〃	〃	草房	2	10'×14'	〃	乙	
13	陈荣华	瓦房	1	12'×20'	木架板墙	乙	
14	陈亨鑫	〃	1	12'×20'	〃	乙	有搁楼
15	胡建平	〃	1	12'×20'	〃	乙	
16, 17	陈思珍	〃	3	10'×16'	木架, 砖墙	甲	
〃	〃	瓦披 草披	1 1	8'×10'		乙	拟照1½间给费
18, 19	叶平安	瓦房	3	10'×16'	木架 砖墙	甲	
〃	〃	瓦披	3	8'×8'		乙	拟照2间给费
20	钟绍松	瓦房	1	12'×17'	木架 砖墙	甲	
〃	〃	草披	1	9'×12'		丙	拟照½间给费
21	姜玉堂	瓦房	1	12'×17'	木架 砖墙	甲	
22	余润禄	〃	1	12'×17'	〃 〃	甲	
〃	〃	白铁披 草披	1 1	6'×6' 4'×12'		乙	拟照一间给费
	共计16户42间						

改為
1000
2000
3000

中華门外城根房屋拆迁費

房屋等級	單位	拆迁費	數量	拆迁費總數	附註
甲	间	三,〇〇〇元	二一	五五,〇〇〇元	白鐵瓦頂木架板墻 磚
乙	间	二,〇〇〇元	二〇.五	六一,五〇〇元	瓦草頂木架席板墻
丙	间	一,〇〇〇元	七.五	一五,〇〇〇元	草頂竹架席板墻

合計 三九间

拆迁費 一三一,五〇〇元

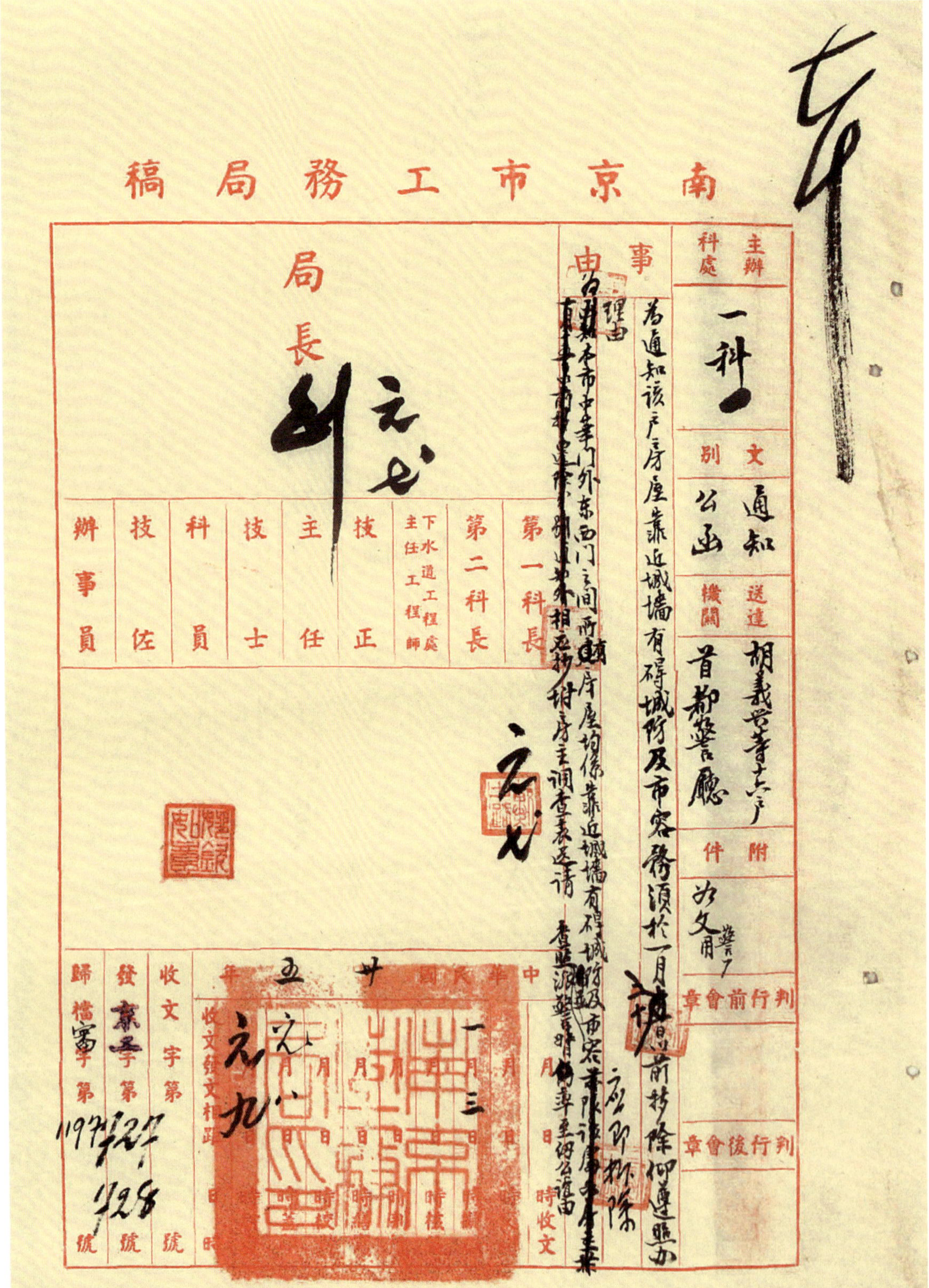

南京市工務局稿

主辦科處	一科
文別	通知 公函
送達機關	胡義興等十六户 首都警察廳
附件	如文
事由	爲通知該户等房屋靠近城墻有礙城防及市容務須於一月□日前拆除仰遵照辦

局長

第一科長　第二科長　下水道工程處主任工程師　技正　主任　技士　科員　技佐　辦事員

中華民國卅五年一月三日

收文字第　號　發文字第　號　歸檔字第　號

（二一）市工務局爲中華門外東西門之間房屋靠近城墻有礙城防及市容，限期予以拆除致市民胡義興等通知及致首都警察廳公函（一九四六年一月九日）

通知 字第 號

奉 ○ 諭

查該户所有房屋係靠近城墻殊有礙於城防及市容殊

及該地東東分房業經呈城府即行拆除合亟通知

仰於一月廿日以前拆除務須依限辦理毋延為要

印三送出 二十

要

公函 字第 號

右通知

胡義興	王孙氏	陳榮華	葉李安
龍書懷仁	王兆奎	陳亨鑫	鍾紹松
陳風雲	丁松海	胡建平	姜玉堂
陳福興	曹錫九	陳思珍	余開福

局長 ○○○

奉 諭

查本市中華門外東西門之間所有房屋均係靠近城墻殊有

該地東東分房林業建(?)屋城府即行拆除以便相(?)[illegible]

得礙於城防及市容茲為懲飭起見該房屋至於一月廿日以前拆除分別通知

校對 賈文傑

一律抄還除分別函知外相應抄附房主調查表一份送請

查照並派警督飭拆遷至紉公誼

此致

首都警察廳

計附送中華門外東西門之間房主調查表一份

[illegible]

[illegible]

校對賈文傑

（三）刁鬆海、胡義興等爲請求延期拆除靠近中華門城墻房屋與市工務局往來文書（一九四六年一月十五日至一月二十一日）

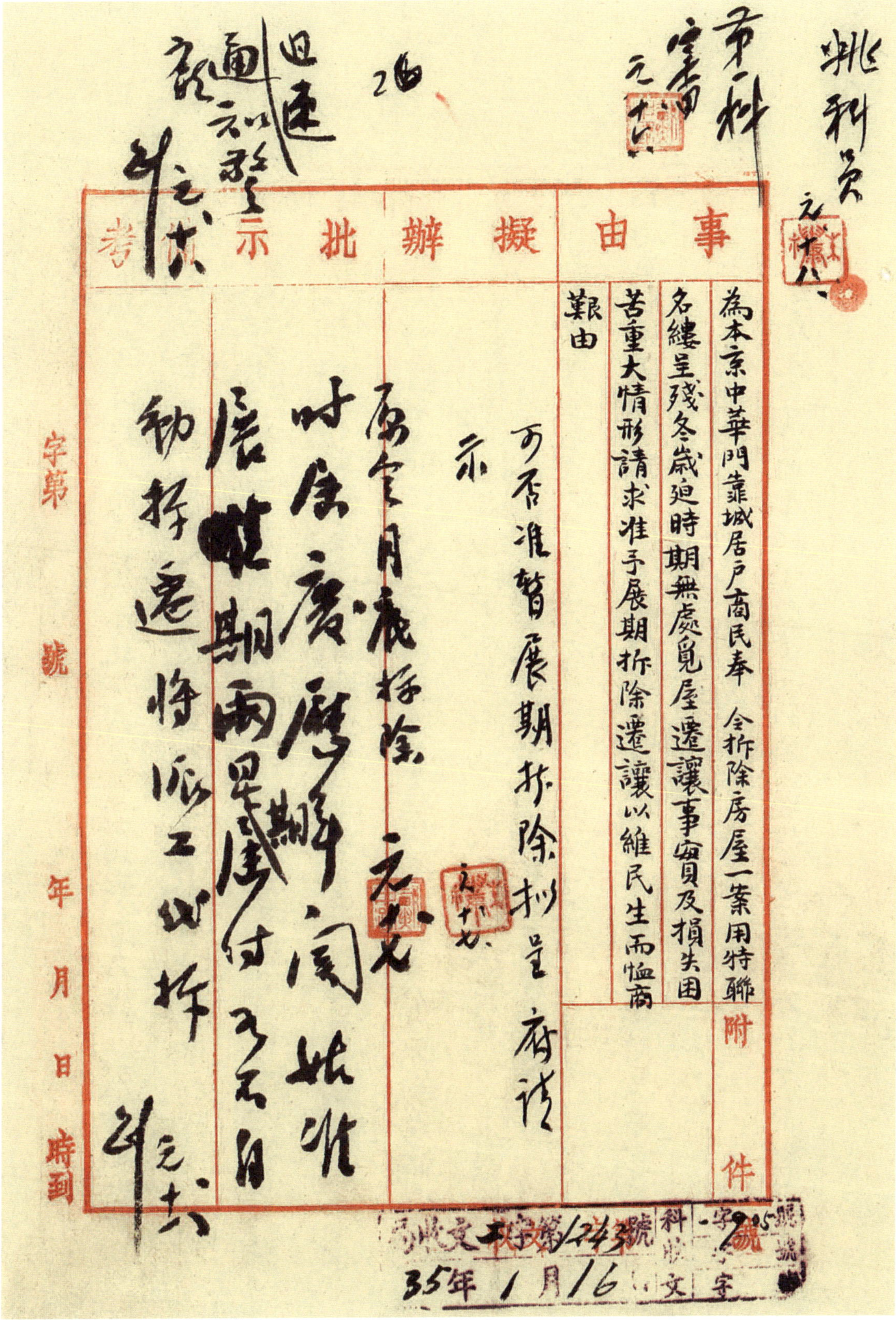

事由：爲本京中華門靠城居戶商民奉 令拆除房屋一案用特聯名縷呈殘冬歲迫時期無處覓屋遷讓事實及損失困苦重大情形請求准予展期拆除遷讓以維民生而恤商艱由

附件

擬辦：可否准暫展期拆除抄呈 府請 示

批示

35年 1月16

為本京中華門靠城居戶商民奉　令拆除房屋一案用特聯名縷呈殘冬歲迫時期無處覓屋遷讓事實及損失困苦重大情形請求准予展期拆除遷讓以維民生而恤商艱事緣民人等均係劫後餘生之難民於首都淪陷後既無法謀生又無棲身之所其困苦情形有非筆墨所可形容始而靠近城根搭蓋蘆棚暫避風雨並業小販以資餬口繼而重建茅屋設攤營業八年來艱苦備嘗始有今日之基業茲幸抗戰勝利日月重光民人等歡欣鼓舞莫可言宣以為從此可以安居樂業共享太平不意於本月十日接奉京工第七三七號鈞局通知內開「查該戶所有房屋靠近城墻殊屬有礙城防及市容奉諭該地帶原屬禁建區域應即拆除合亟通知仰即遵照於一月二十日以前拆除毋延為要」等因奉此民人等何敢有違理應遵　令拆除無如已屆殘

曆年終所謂殘冬歲迫於倉猝間僅有短短十日之限期實難覓屋遷讓
拆除否則即有流離失所失業之慘加之風雪瞬已臨門尤有饑寒凍餒之
虞當此終日翹盼勝利來臨之日自爲我
當局仁者所不忍見所不忍爲况民人等多係經營商業一年之季在於
冬令恃僅有之廢曆臘月一個月之時期博得蠅頭之微利以爲全年生活之
資復有平日鄉户所賒欠之帳款亦於此時清償設若此時將房屋拆除
不但居處無所而帳款亦無法受償外即一年之季在於冬之生意勢將
停業更不能補償春夏秋之虧耗如此損失之重大定有難於計算之
實情以上種種確係真實情形並非飾詞敷塞伏思惻隱之心人皆有
之迫不得已用特聯名仰乞我

局長體鑒民隱公私兩全恩准展期至廢曆二三月間俾民人等得以
從容覓屋遷讓拆除以維民生而恤商艱實為德便謹呈

南京市工務局

局　長　張

具呈人刁松海　住本京中華門九號
陳鳳雲　住本京中華門六號
葉平安　住本京中華門十九號
曾錫九　住本京中華門十號
胡義興　住本京中華門六號
龔培仁　住本京中華門六號

陳享鑫　住本京中華門十四號

陳思珍　住本京中華門十七號

余開福　住本京中華門二十二號

胡建平　住本京中華門十五號

姜玉堂　住本京中華門二十一號

陳榮華　住本京中華門十三號

鍾紹松　住本京中華門二十號

王兆奎　住本京中華門八號

王孫氏　住本京中華門七號

陳福興　住本京中華門七號

中華民國三十五年元月十五日

南京市工務局稿

主辦科處	文別	送達機關	附件
一科	批 公函	刁松海等 首都警察廳	

事由：

為批示該處所有房屋姑准展緩兩星期拆除仰知照由

為中華門外東西門之間所有房屋以時屆廢曆年關姑准展緩兩星期拆除相應函達希查照由

判行前會章

判行後會章

局長　元十八

第一科長	第二科長	下水道工程處主任工程師	技正	主任	技士	科員	技佐	辦事員
元十八			元十八					

中　月　日　時收文

收文　字第　號

發　京土字第883號

歸檔　字第　號

廿五　一　九　元廿一　一　六

局批　字第　號

具呈人刁松海等

為呈請奉令拆除中華門靠城一帶房屋時值廢曆年關請求准予展期容便覓屋於拆示由

三十五年一月十一日呈一件

呈悉。姑予展緩兩星期，倘逾期仍不自動拆除，當由本局派工代拆，並將料抵工，務須遵限辦理，毋得違延，仰即知照。

此批。

局長張〇〇

公函　字第　號

查本市中華門外東西門之間所有房屋均係靠近城墻殊有礙城防及市容自應拆除以便整理前經分別通知該房屋主限於一月二十日以前一律拆遷並函請

貴廳轉飭該管警局督率辦理在案兹據該房屋主呈稱以時值嚴冬年關難以覓屋請予展緩拆除等情業經

批飭姑准展期兩星期相應函達即希

查照并轉飭知照為荷

此致

首都警察廳

局長張○○

校對賈文傑

第一科
簽 二、六
李 二、五

事由	擬辦	批示	備考
爲中華門靠城居民等再陳困難仰乞恩施格外緩予拆除由 附件	查案批飭依限拆除 二、五	叶 二、五	

字第　號　年　月　日　時到

爲收文工字第1461號　35年2月4日
科收文　字第1085號

為中華門靠城居民等頃奉
鈞局京工字第883號批示內開「呈悉姑准展緩兩星期
如逾期不自動拆除當由本局派工代拆並將料抵工務
須遵限辦理毋得違延仰即遵照此批」
等因奉此民人等何敢抗違自應遵辦惟查
鈞局限期之日適逢廢曆年關之際工匠休業拆屋之
人且民人等全年營業賒欠賬款尚未全部清償一旦他
遷更無從着手既遭家破之慘更嘗賬款損失虧耗
之重無法計算而最近本京覓屋之難盡人皆知固無
庸多述反觀日寇僑民雖集中居住我 政府尚且為

之築屋而民人等一旦拆除居屋反不若日寇之優游也為

此不得已仍懇 寬限時日自當全體拆除以重觀瞻

仲乞

鈞長恩准實為德便謹呈

南京市工務局

局長張

具呈人 刁松海 胡義興

陳鳳雲 龔培仁

葉平安 陳享鑫

曾錫九 陳恩珍

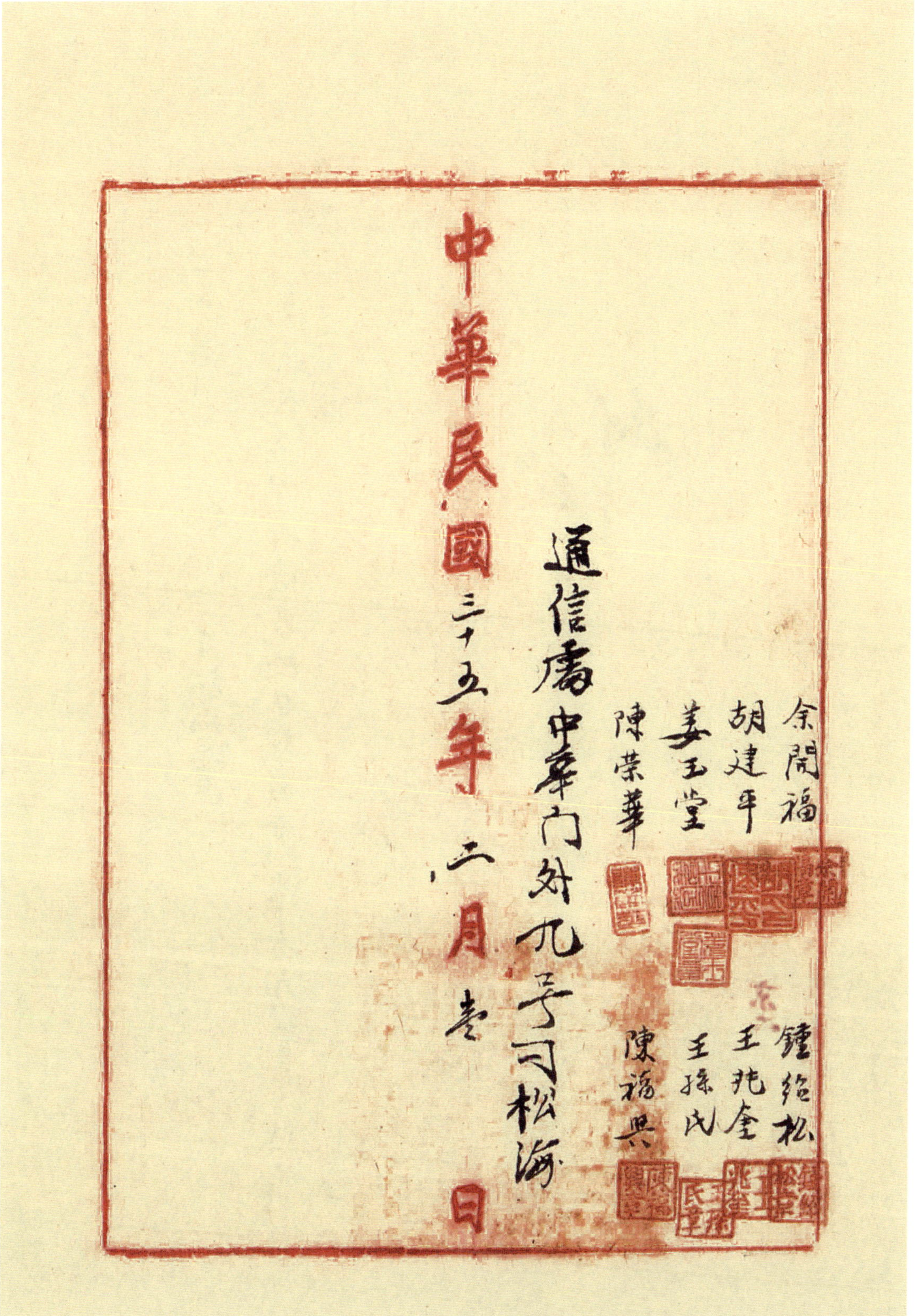

余開福
胡建平
姜玉堂
陳榮華

鍾紹松
王兆奎
王祿氏
陳福興

通信處 中華門外九号司松海

中華民國三十五年二月叁日

南京市工務局稿

主辦科處	一科
文別	批
送達機關	刁松海等
附件	
判行前會章	
判行後會章	

事由：為據請准予再緩拆除中華門[illegible][illegible]房屋一案批仰遵照由

局長 紆 二、八

第一科長	第二科長	下水道工程處主任工程師	技正	主任	技士	科員	技佐	辦事員

二、七 代

二、七

中華民國卅五年

收文 月 日 時
二月七日 時
月 日 時
月 日 時
月 日 時
月 日 時
二月九日 時

收文字第 號
發文 京六 字第 1060 號
歸檔字第 號

批

具呈人刁松海等

本月四日呈一件為再請展緩拆除中華門甕城房屋由

呈悉，查拆除該處房屋，業經展緩在案，茲已屆限期，且農曆年關又過，亟應趕自拆除，乃再請展，實屬不合，如再延誤，則派工強制執行，以料抵工，併仰遵照為要

此批

（五）首都警察廳、市工務局爲中華門内外靠近城墻房屋限期自行拆除的布告（一九四六年三月二十六日）

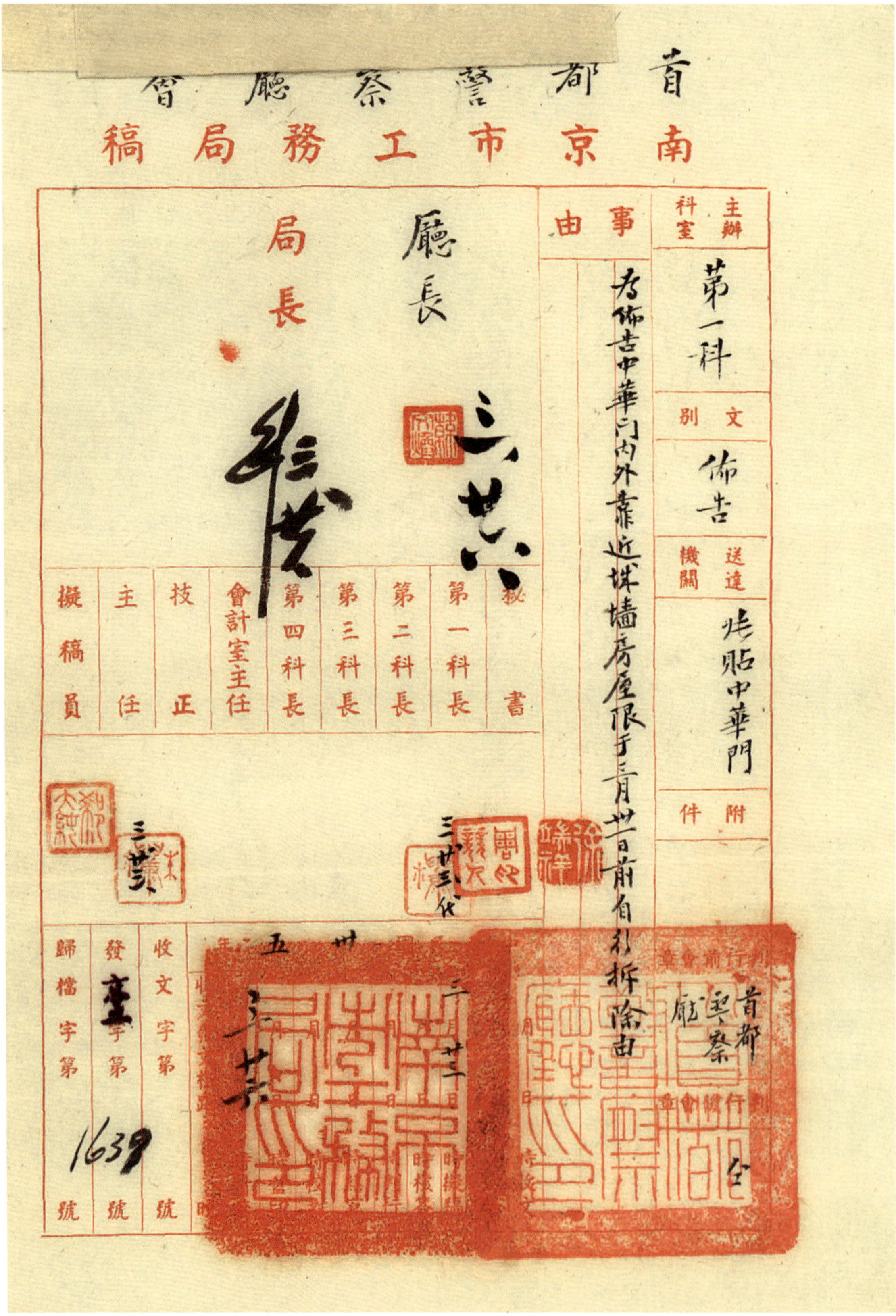

首都警察廳會

南京市工務局稿

主辦科室	第一科
文別	佈告
送達機關	張貼中華門
附件	

事由：爲佈告中華門内外靠近城墻房屋限于三月卅一日前自行拆除由

廳長

局長

秘書	第一科長	第二科長	第三科長	第四科長	會計室主任	技正	主任	擬稿員

收文字第　號

發工字第1639號

歸檔字第　號

首都警察廳
南京市工務局 佈告 字第 號

查中華門內外靠近城墻一帶原屬禁建區域乃查有民房叢集殊屬有礙城防前經拆除一部份在案其餘應拆房屋亦已派員調查户主姓名及房屋間數標明紅色拆字所有上項房屋統限於三月廿日前自行拆除凡業主並得向本工務局申請領取拆遷費合行佈告一體遵照此佈

廳長
局長

年 月 日

校對賈文傑

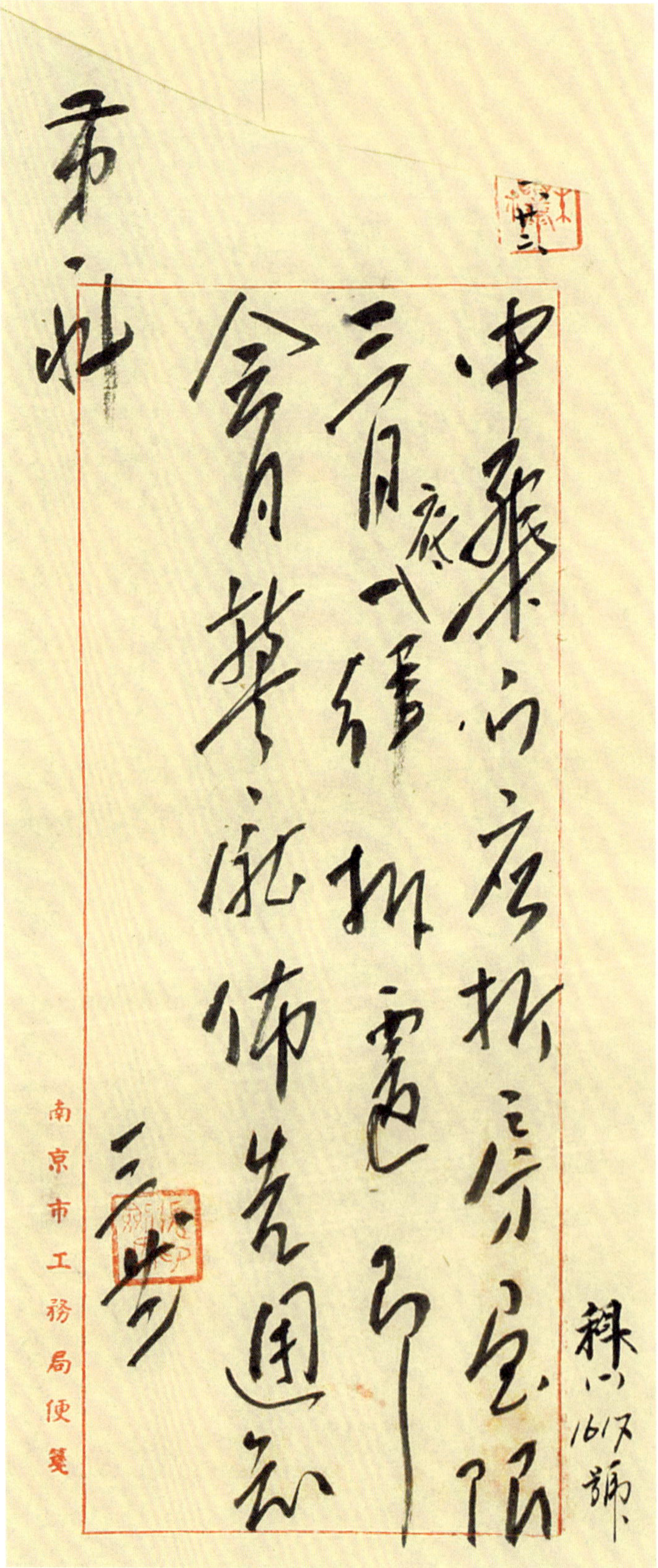
南京市工務局便箋

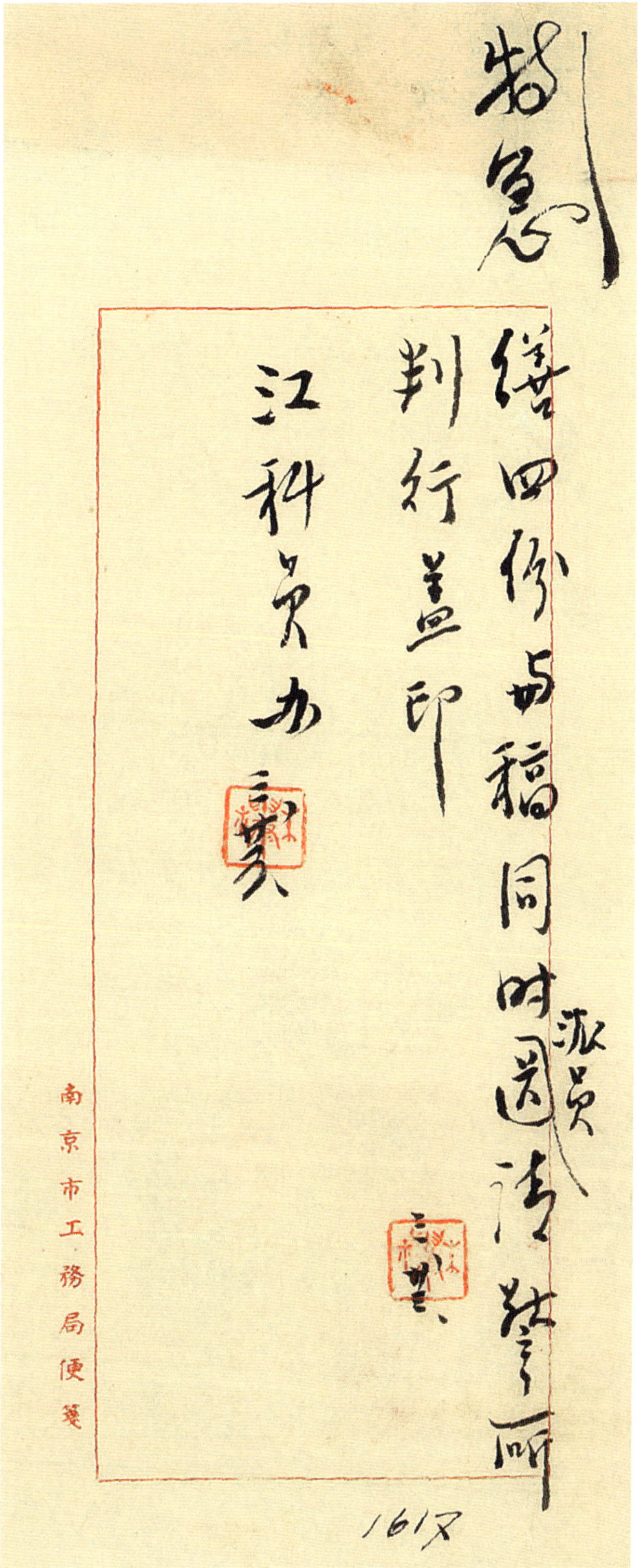

特急

缮四份与稿同时派员送请警所

判行盖印

江科员办

南京市工務局便箋

1617

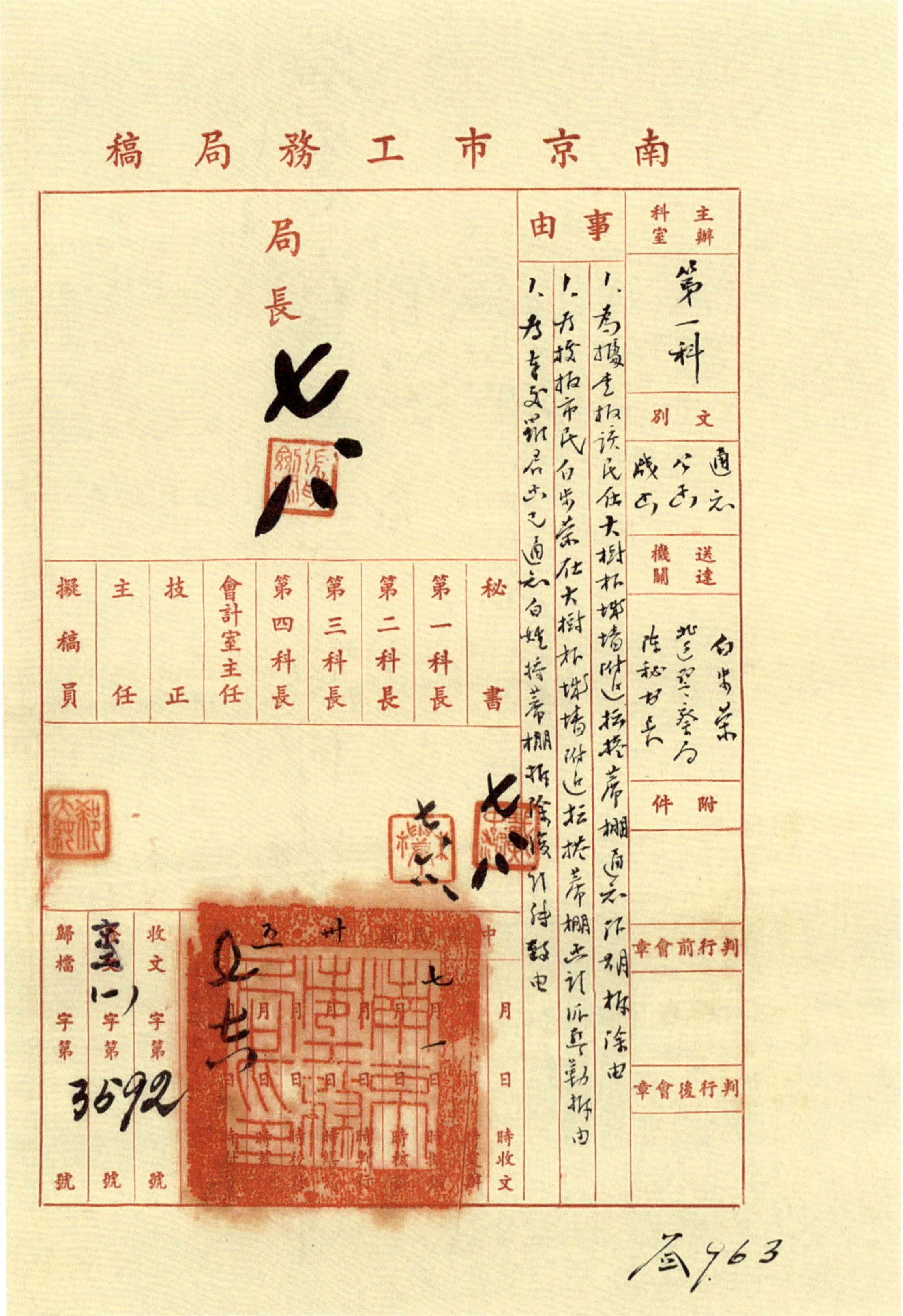

南京市工務局稿

主辦科室	第一科
文別	通知 公函 箋函
送達機關	白步榮 北區警察局 陳秘書長
附件	
判行前會章	
判行後會章	

事由

一、為據查報該民在大樹根城墻附近擅搭蘆棚通知限期拆除由

二、為據報市民白步榮在大樹根城墻附近擅搭蘆棚函請派警勒拆由

三、為專函報告並已通知白姓將蘆棚拆除請備詧由

局長 七、廿六

秘書 第一科長 第二科長 第三科長 第四科長 會計室主任 技正 主任 擬稿員

七、廿六

中華民國 年 七 月 廿五 日 時收文

收文 字第 號

歸檔 字第 3592 號

函 963

通知　字第　號

據查報稱該民在大樹根八十八號東面沿城墻之土坡上削平土地一塊擅搭蘆蓆房兩間業已完成復於南面削平一方有繼續搭蓋企圖甘情查該處係據城墻不論其為公私土地均屬不能東城建築取締草房應在早經明令布告之列周知擅自搭蓋尤屬不合違章合亟飭仰該民限於文到十日內自行拆除毋得違延切切特此通知

右通知白步荣

市長

公函 字第 號

據查報称市民白步荣在大樹林八十八號东

面沿城墙之土坡上削平土地搭芦蓆房

兩間業已完成復於南面削平一方有继续

搭蓋企图等情查該處係挨城墙不論其為

公私土地均係不准建築即草房亦在取

締之列該民擅自搭蓋尤屬違章除已通

知限於文到十日内自行拆除外相應函請

貴局查照，仰飭該管警所派員督令依限拆除，以儆效尤，至紉公誼。此致

北區警察局

局長

箋函復陳秘書長

衡夫秘書長吾兄勛右：昨奉

手書，附羅志希先生函一件，經已派員馳勘，以書面通知該白姓限期拆除，並函該管警局查照辦理之令飭該分局轉段為荷，敬頌

勛安

弟沈怡敬啓

校對 賈文傑

校對 賈文傑

陸軍第五十九旅爲營長李紹湯、陳森林在興中門城墻邊臨時搭屋請準予補辦手續一事與市工務局往來公函、簽呈（一九四六年十二月五日至一九四七年一月二十五日）

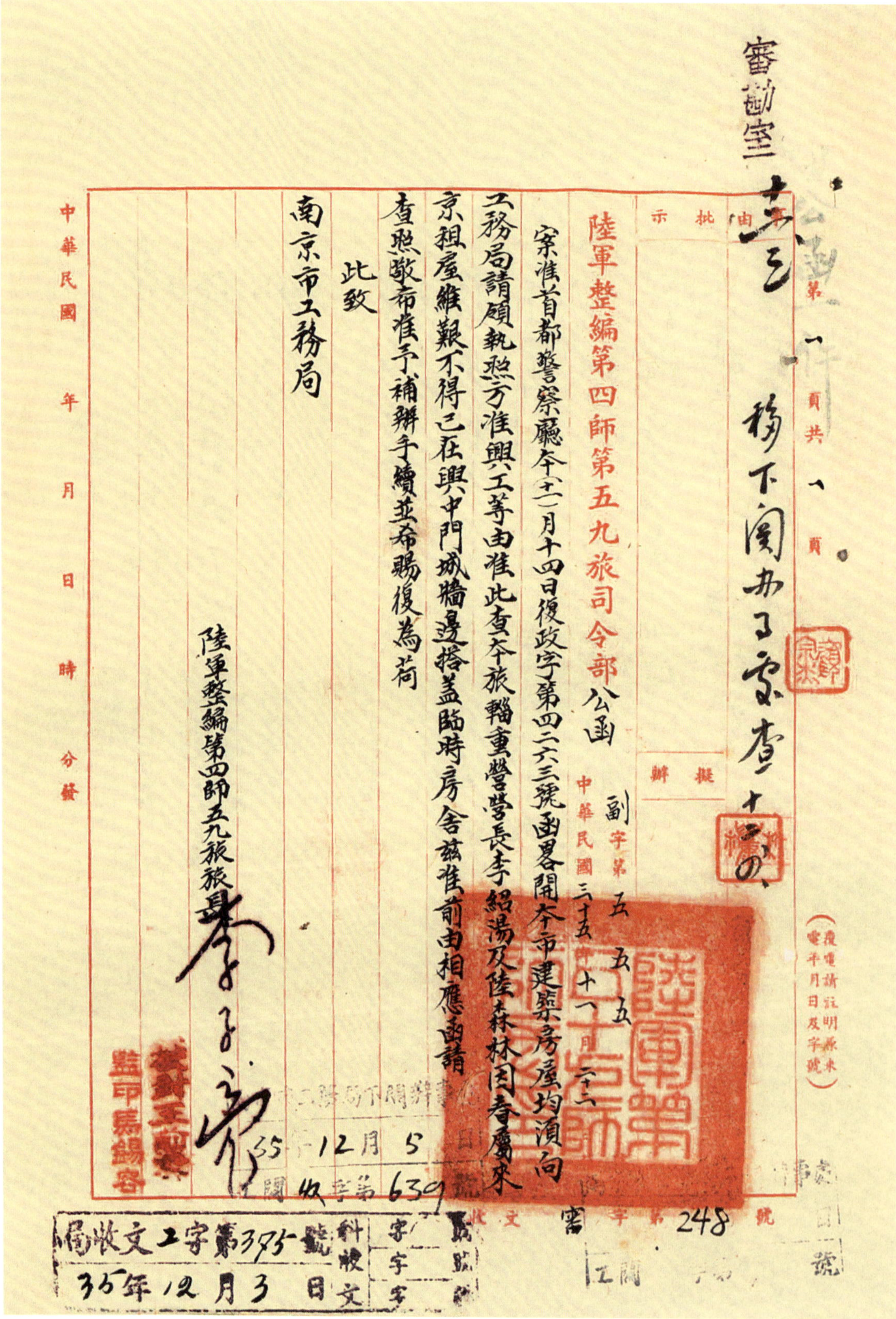

審勘室

陸軍整編第四師第五九旅司令部公函 副字第五五五號 中華民國三十五年十一月二十二日

案准首都警察廳本(十一)月十四日復政字第四二六三號函略開本市建築房屋均須向工務局請領執照方准興工等由准此查本旅輜重營營長李紹湯及陸森林因眷屬來京租屋維艱不得已在興中門城墻邊搭蓋臨時房舍茲准前由相應函請

查照敬希准予補辦手續並希賜復為荷

此致

南京市工務局

陸軍整編第四師五九旅旅長 李子亮

監印 吳錫容

局收文工字第3375號 35年12月3日

南京市工務局

啟

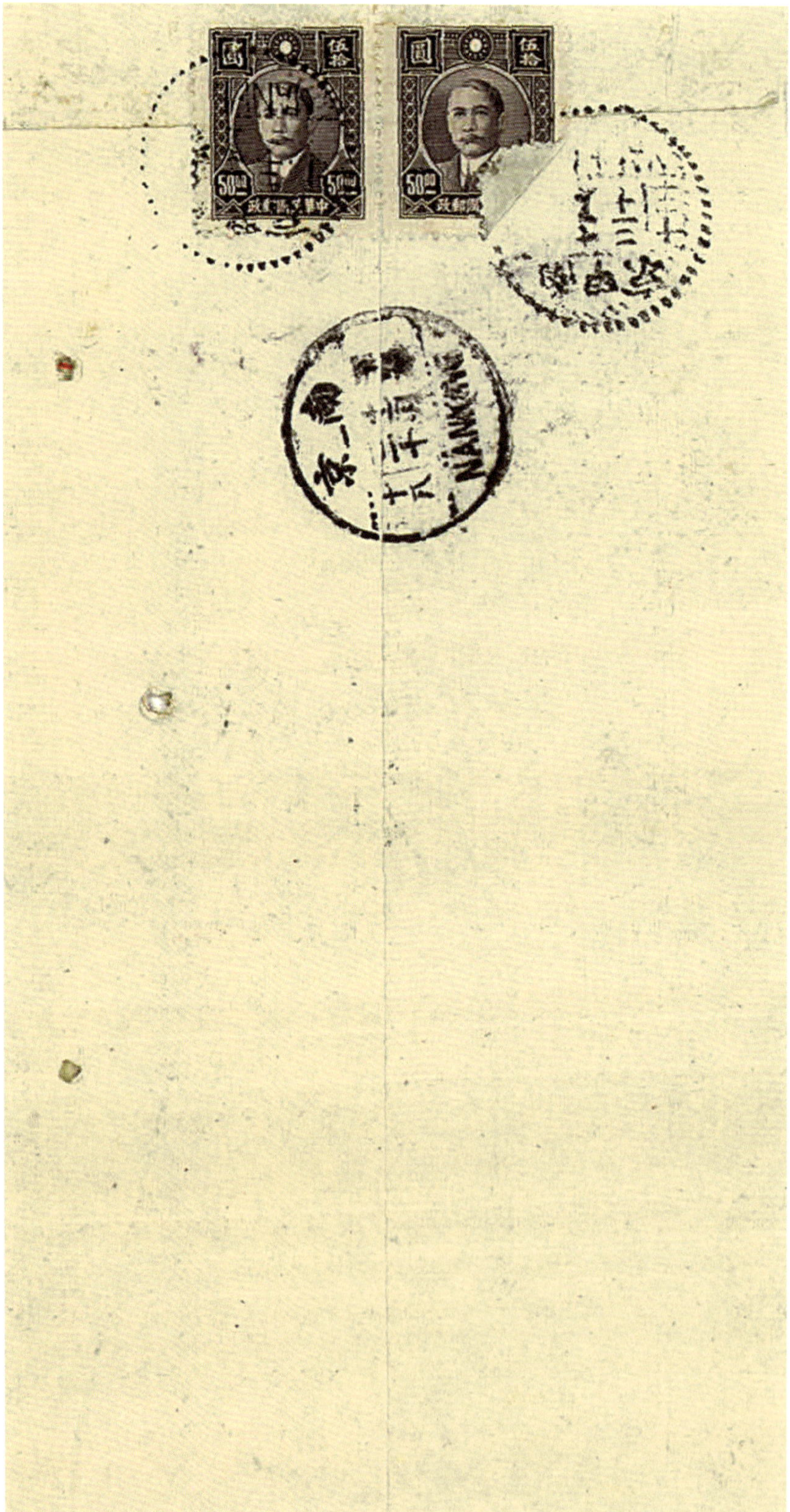
南京
NANKING

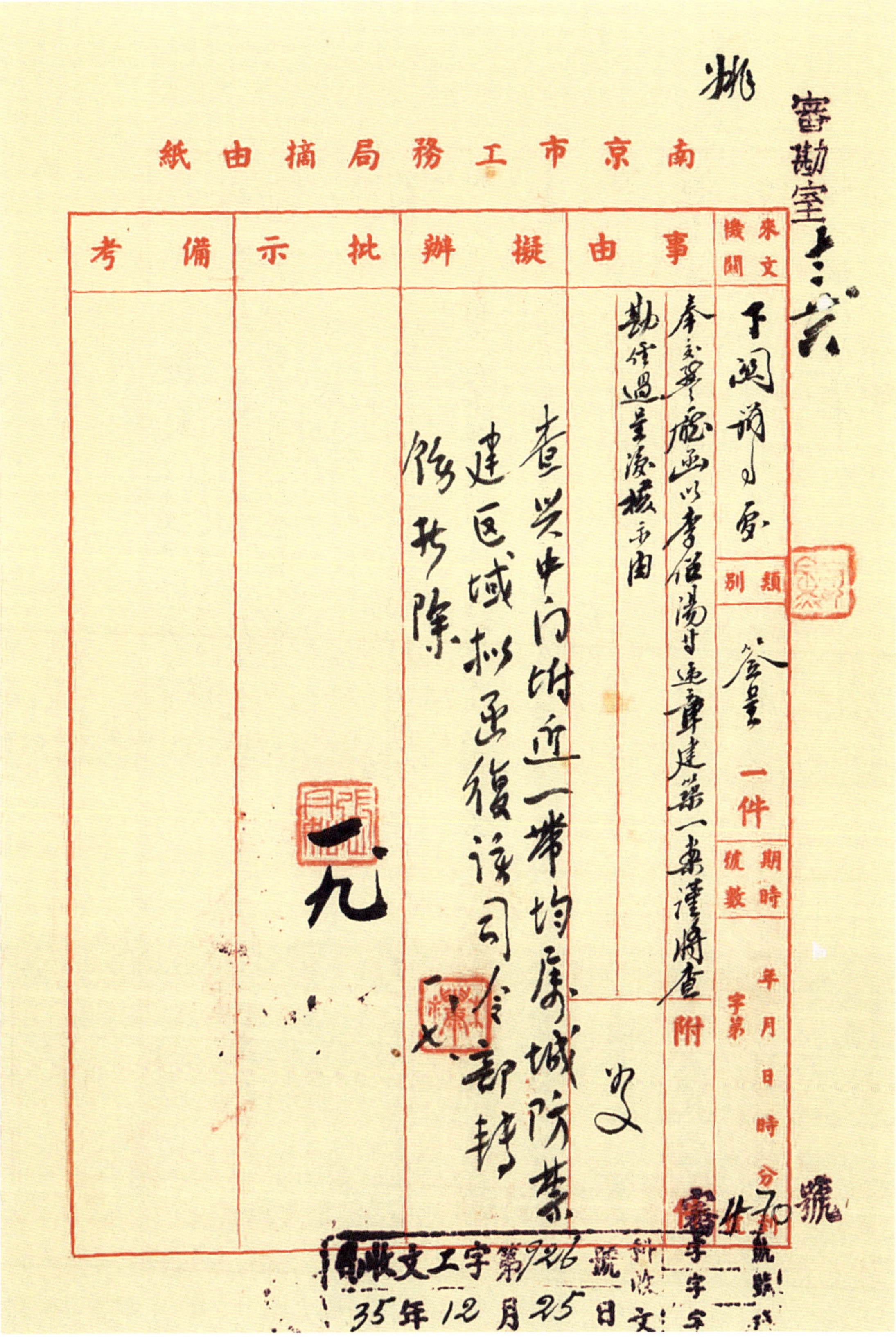

審勘室 十二 六

南京市工務局摘由紙

來文機關	下關站工務員
類別	簽呈 一件
時期 號數	年 月 日 時 分 字第 號
事由	奉交第一處函以李任湯等違章建築一案謹將查勘經過呈請核示由
附	
擬辦	查興中門附近一帶均屬城防禁建區域擬函復該司令部轉飭拆除
批示	一九
備考	

南收文工字第726號
35年12月25日

簽呈 三十五年十二月廿一日 關字第三五〇號

事由 為奉交首都警察廳函以陸軍五九旅營長李紹湯等違章建築函請核辦一案謹將查勘經過情形簽復核示由

案奉

鈞局交下首都警察廳復政營字第4265號公函一件：「為興中門内附近軍人違章建屋函請查照核辦由。奉批：「交下關辦事處查報」。等因：奉此。遵經派由技術員黃馨前往實地查勘後稱：「遵查該陸軍第五十九旅輜重兵第三營營長李紹湯確在興中門内南首沿城邊搭蓋竹笆墻瓦平房兩小間，汽車排長陸森林即在興中門大街十五號後進，私自搭蓋草房三間，均已完工。至於江寧要塞司令部第二區台炮兵炮長陳萬鵬搭蓋部份，因不知其搭蓋地點，無從查悉，經往詢該區台副台長方德榮面稱：「業已飭令拆除」云云。奉派前因，理合將查勘經過情形，簽復鑒核。」等情：正核辦間復奉

鈞局交下　陸軍整編第四師第五九旅司令部副字第555號公函一件，略以：「本旅輜重營營長李紹湯及陸森林因眷屬來京，租屋維艱，不得已在興中門城墻邊搭蓋臨時房舍，函請准予補辦手續賜覆由」，奉

批：「併交下關辦事處查報」。各等因，奉此。查該李紹湯等所搭臨時房舍，業已完工，既未能提出地產証件，而本處又未悉該基地屬於何人所有，准函請予補辦手續，似覺仍與定章未合。奉批前因，理合謹將派員查勘經過情形，備文簽復，究應如何辦理，仰祈

鑒核示遵。謹呈

秘書顧　轉呈

局長張

附呈繳　首都警察廳原公函一件

陸軍整編第四師五九旅司令部原公函一件

職　金聲

南京市工務局稿

主辦科室	審核室
文別	公函
送達機關	陸軍第四師第五九旅司令部
附件	
判行前會章	
判行後會章	

事由：准函為輜重營營長李伯湯等在中山門建築房屋請准予補辦手續一案復請查照由

局長　一廿

秘書	第一科長	第二科長	第三科長	第四科長	會計室主任	技正	主任	擬稿員
一廿							一卅	

收文	擬稿	核稿	判行	繕寫	校對	蓋印	收文發文相距
月 日 時	一 廿五 月 日 時	月 日 時	月 日 時	月 日 時	月 日 時	月 日 時	日 時

收文　字第　號

發文　審字第 828 號

歸檔　字第　號

民國卅六年正月廿五日發出

公函　字第　號

案准

貴司令部三十五年十二月三十日副字第五五五號公函以本旅輜重營營長李維湯及陸森林因眷屬來京租屋維艱不得已在興中門城牆邊搭蓋臨時房舍函請准予補辦手續見復等由准此查興中門一帶均係城防禁建區域未便照准希卽轉飭拆除相應復請

查照爲荷

此致

陸軍整編第四十師第五九旅司令部

代理局長

監印宋寄蓀

校對賈文傑

事由：准函為輜重營營長李绍湯等在興中门建築房屋請予補辦手續一案復請查照由

擬辦

批示

附件

年　月　日　午　時到

收文　字第　號

南京市工務局公函

（卅六）京工審字第828號

案准

貴司令部三十五年十二月二十二日副字第五五五號公函略以本旅輜重營營長李绍湯及陸森林因眷屬來京租屋維艱不得已在興中门城墙邊搭蓋臨時房舍函囑准予補辦手續見復等由

中華民國卅六年元月　日

准此查興中门一帶均屬城防禁建區域未便給照希即轉飭拆
除相應復請
查照為荷。
此致
陸軍整編第四師第五九旅司令部

代理局長　張丹如

校對賈文傑
監印宋寄藩

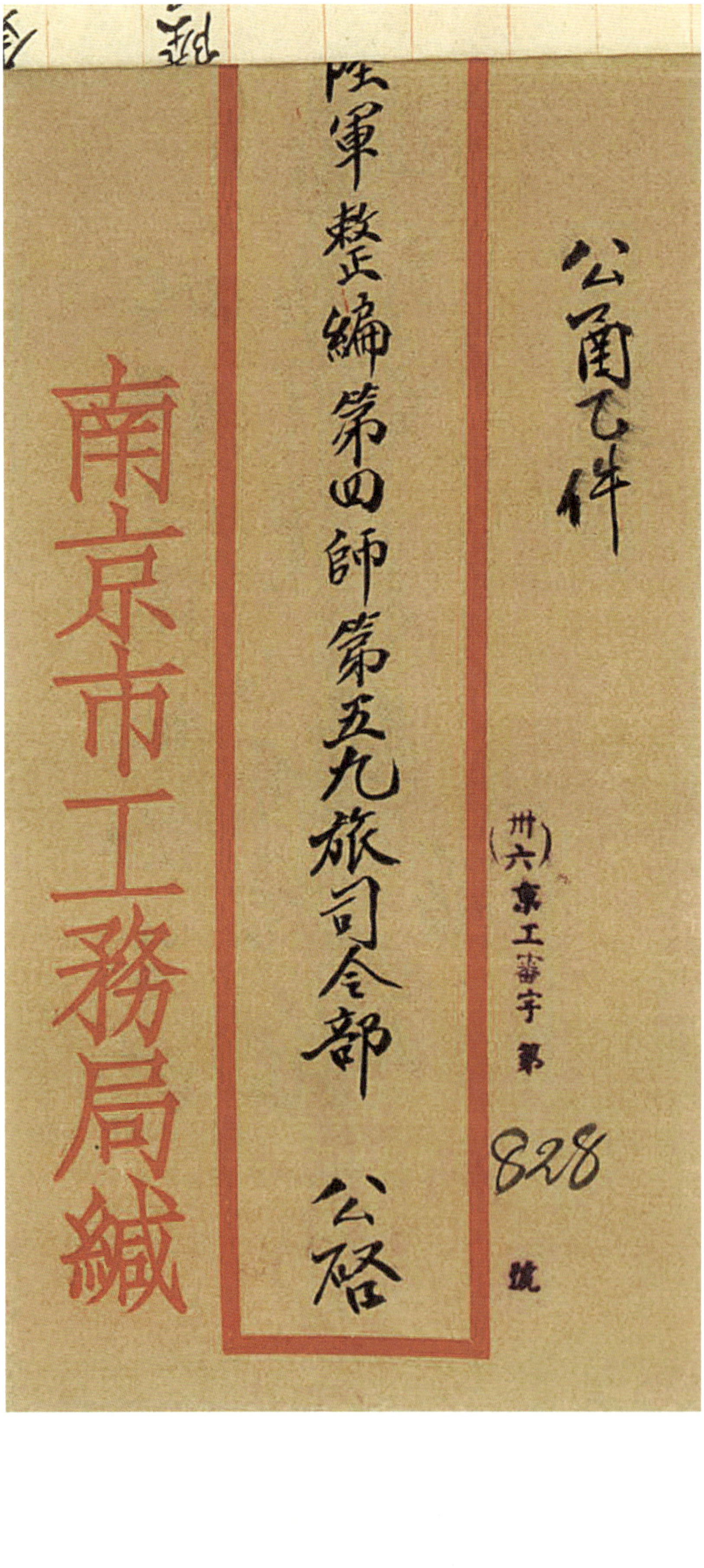
公函乙件

陸軍整編第四師第五九旅司令部　公啓

（卅六）京工審字第 828 號

南京市工務局緘

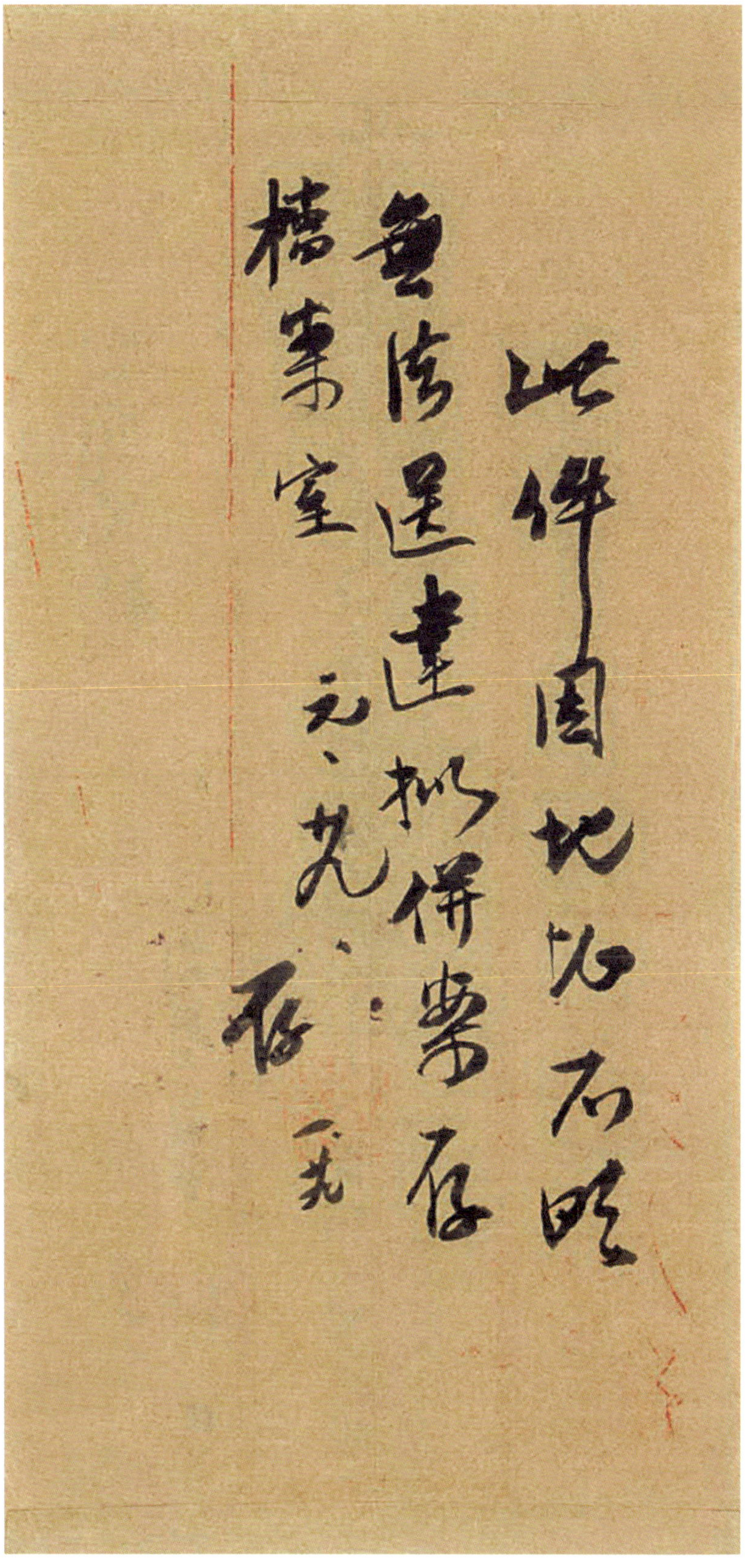
此件因地址不明
無須退還擬併案存
檔案室
元、光、存
一光

市工務局爲市民華少榮租賃鹽倉街地産接近城墻是否有礙致江寧要塞司令部公函（一九四六年十二月十日）

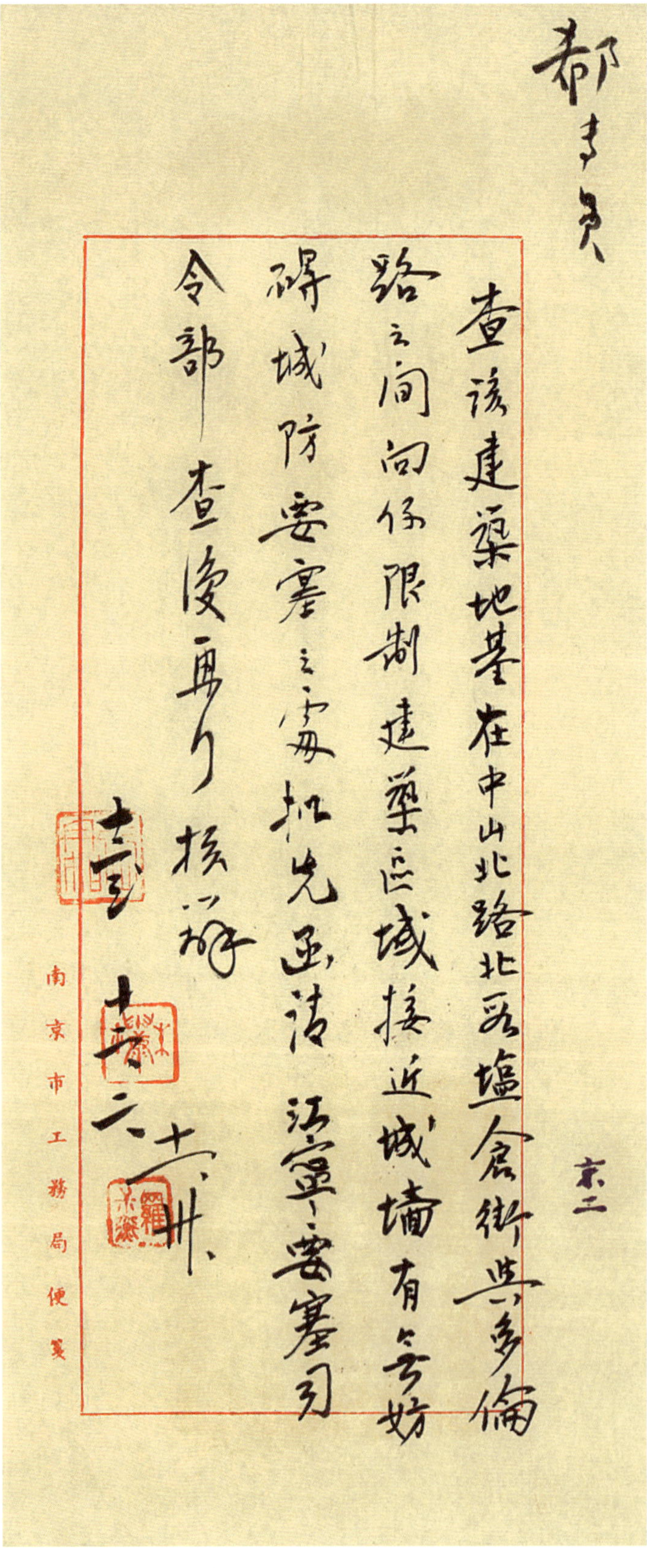
查該建築地基在中山北路北面鹽倉街與多倫路之間，向係限制建築區域，接近城墻，有無妨礙城防要塞之處，擬先函請江寧要塞司令部查復再行核辦

京二

南京市工務局便箋

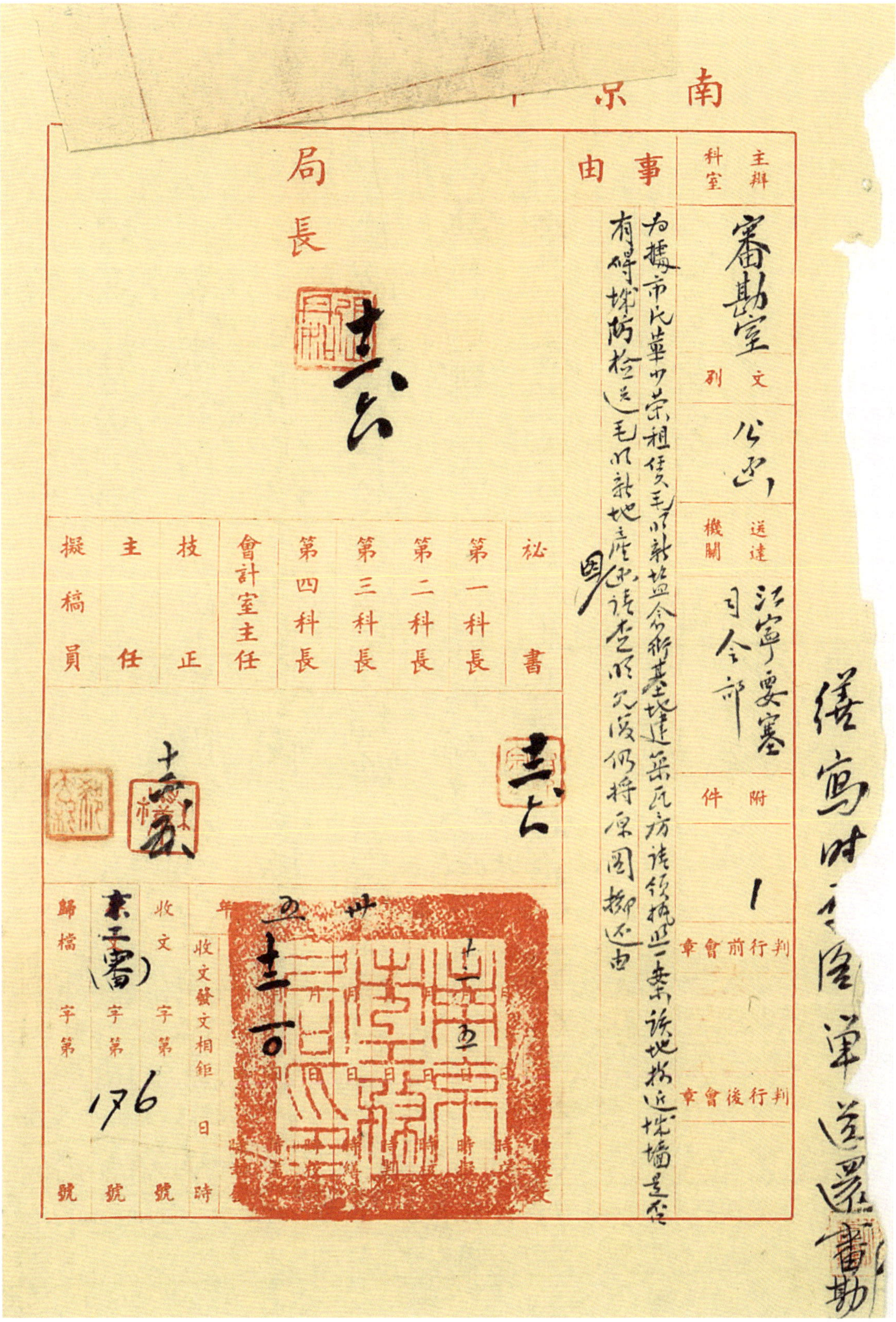

南京市

主辦科室：審勘室

文別：公函

送達機關：江寧要塞司令部

附件：1

判行前會章

判行後會章

事由：為據市民華少棠租賃毛以新基地公衍基地建築瓦房請領執照一案該地靠近城墻是否有礙城防檢送毛以新地產地圖請查照見復仍將原圖擲還由

局長

秘書

第一科長

第二科長

第三科長

第四科長

會計室主任

技正

主任

擬稿員

收文發文相距 日 時

收文 字第 號

歸檔 字第 號 176

繕寫 …… 單送還

公函　字第　號

案據市民華少榮呈報租賃毛旺之新地產擬建瓦房三間請予核發執照等情查該建築地基在中山北路北段鹽倉街與多倫路之間倘係限制建築區域據近城牆有無妨礙城防要塞之處相應函請（檢送毛旺之新中山北路地產圖暨建築圖各一份）

貴部查照迅予查明見復以憑核辦仍將原圖擲還為荷此致

江寧要塞司令部

附毛旺之新中山北路地產圖一份　建築圖一份

局長

監印宋寄蘇

校對賈文傑

市地政局爲清理中山路以東中央路以西城墻以南三角地帶土地訂期會商辦法請派員出席致市工務局公函

（一九四六年十二月十六日）

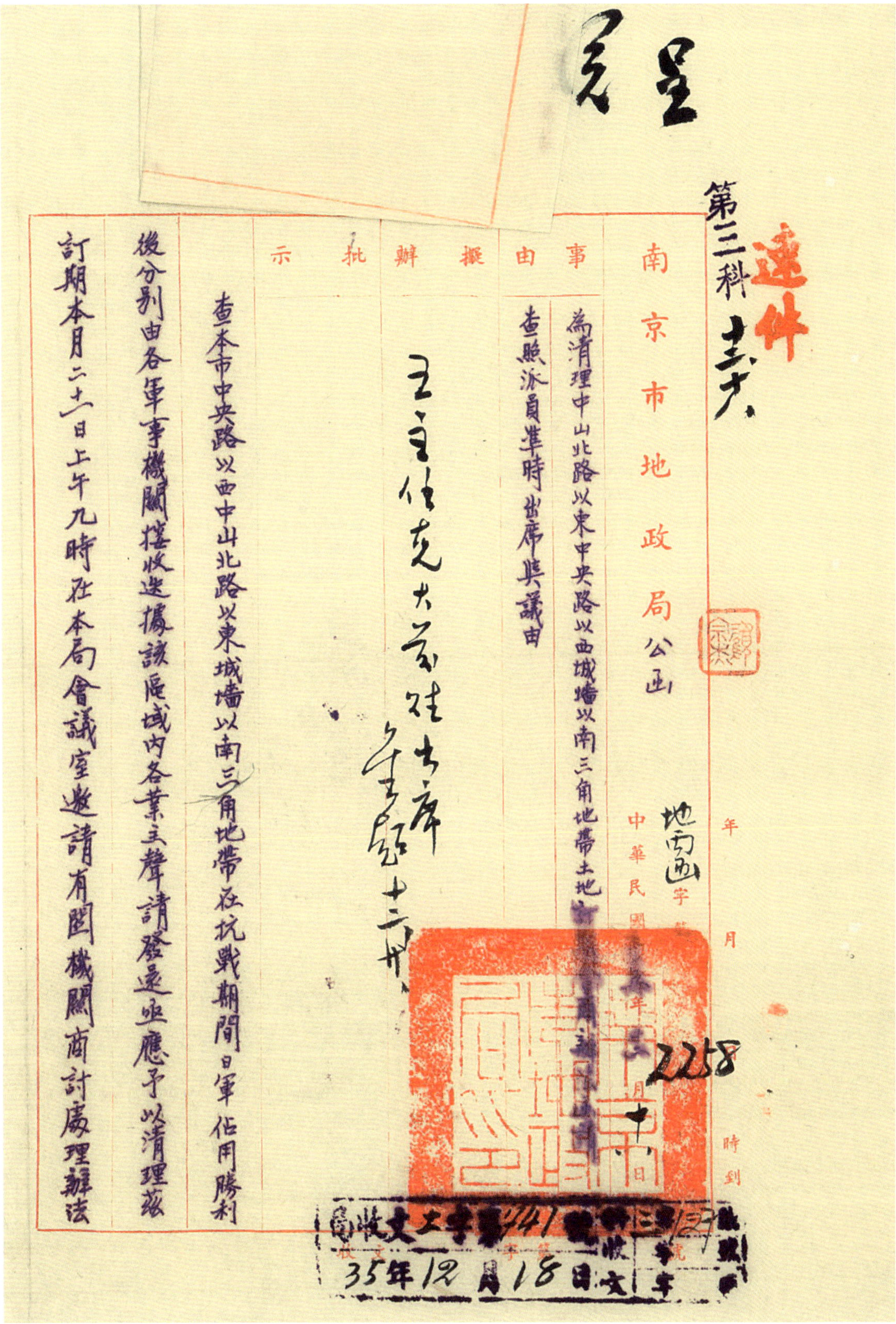

呈

第三科 速件

南京市地政局公函

地政函字第 號

中華民國卅五年十二月十六日

事由：爲清理中山北路以東中央路以西城墻以南三角地帶土地訂期會商辦法請查照派員準時出席與議由

查本市中央路以西中山北路以東城墻以南三角地帶在抗戰期間日軍佔用勝利後分別由各軍事機關接收迭據該區域內各業主聲請發還亟應予以清理茲訂期本月二十七日上午九時在本局會議室邀請有關機關商討處理辦法

王主任克大前往出席

2258

收文 工字第941號 35年12月18日

除分函外相應函請

查照派員準時出席與議爲荷

此致

工務局

局長周一夔

監印

校對

朱觀瀾

市地政局爲準函詢漢中門外城墻邊空地地籍一案致財政局的復函（一九四七年四月十五日）

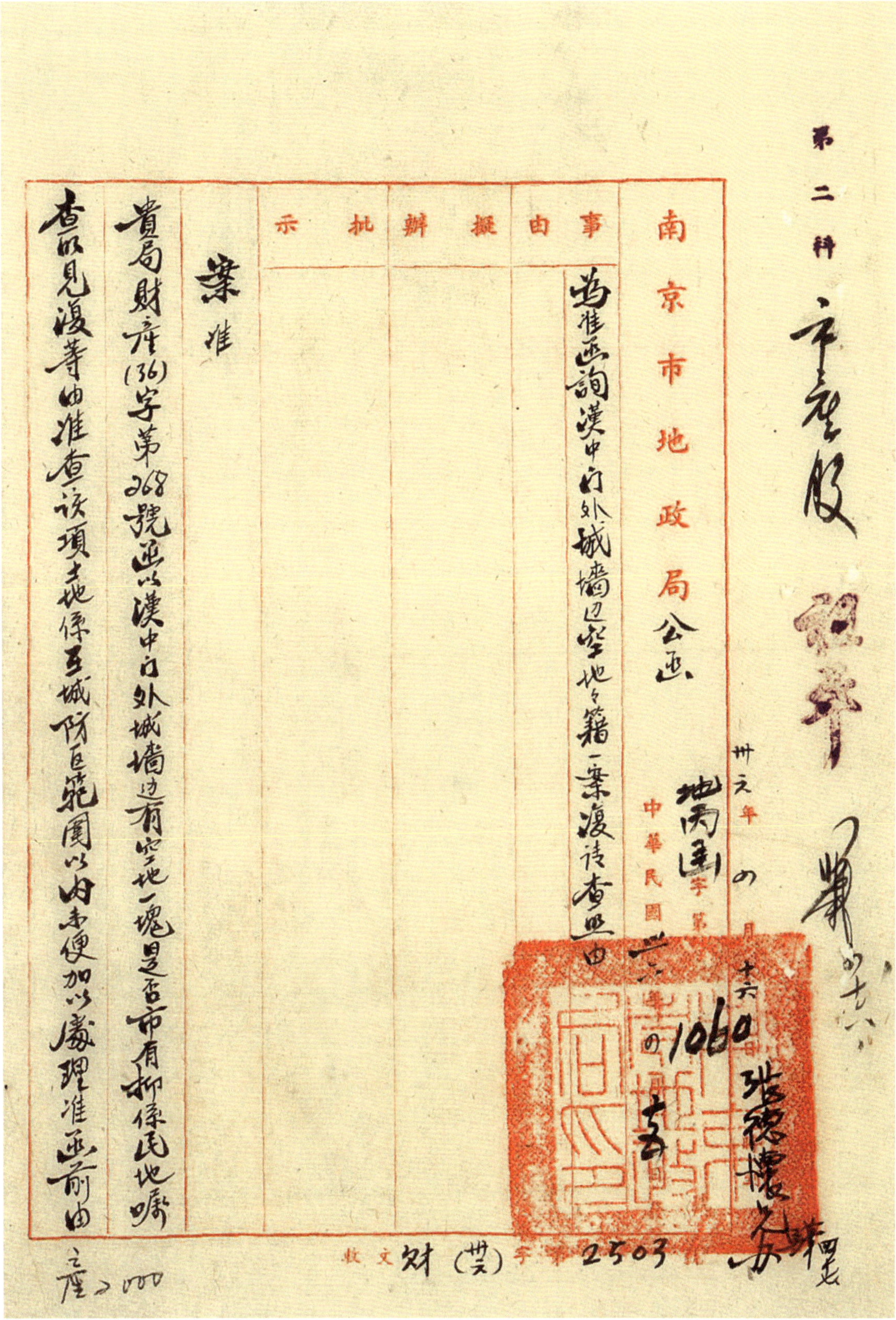

第二科

南京市地政局公函

事由：爲准函詢漢中門外城墻邊空地地籍一案復請查照由

擬辦

批示

案准

貴局財產(36)字第268號函以漢中門外城墻邊有空地一塊是否市有抑係民地囑查見復等由准查該項土地係在城防區範圍以内未便加以處理准函前由

中華民國卅六年四月十六日

地丙(三)字第1060號

收文財(卅六)字第2503號

相應復請
查照爲荷
此致
財政局

局長周一夔

監印 曾玗
校對 朱觀瀾

市財政局爲張鼎方請租漢中門外城墻邊空地案照準的批文（一九四七年四月十九日至五月九日）

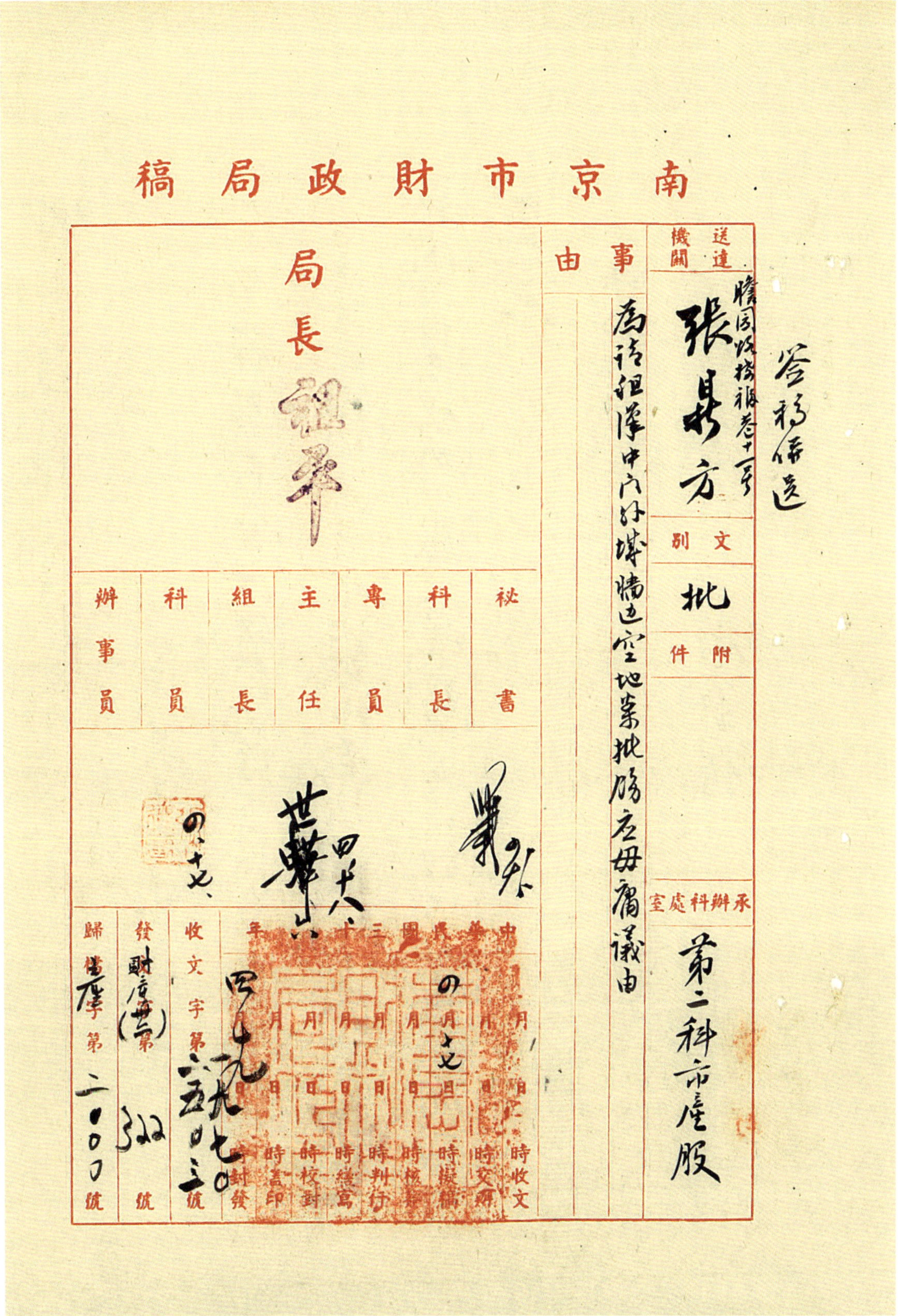
南京市財政局稿

送達機關：張鼎方

事由：爲請租漢中門外城墻邊空地案批飭應毋庸議由

文別：批

附件

承辦科處室：第二科市産股

局長 祖平

秘書 科長 專員 主任 組長 科員 辦事員

中華民國三十六年 月 日

收文字第 號 發財産字第 號 歸檔字第 號

批　字第　号

原具呈人張景方

呈件為呈請准予價領或租用澤中門外公地由

呈暨附圖均悉查該地段已查復以該項土地係在職防區範圍以內未便加以處理等由該民請租一節應毋庸議仰即知照

此批　附圖存

局長陳〇〇

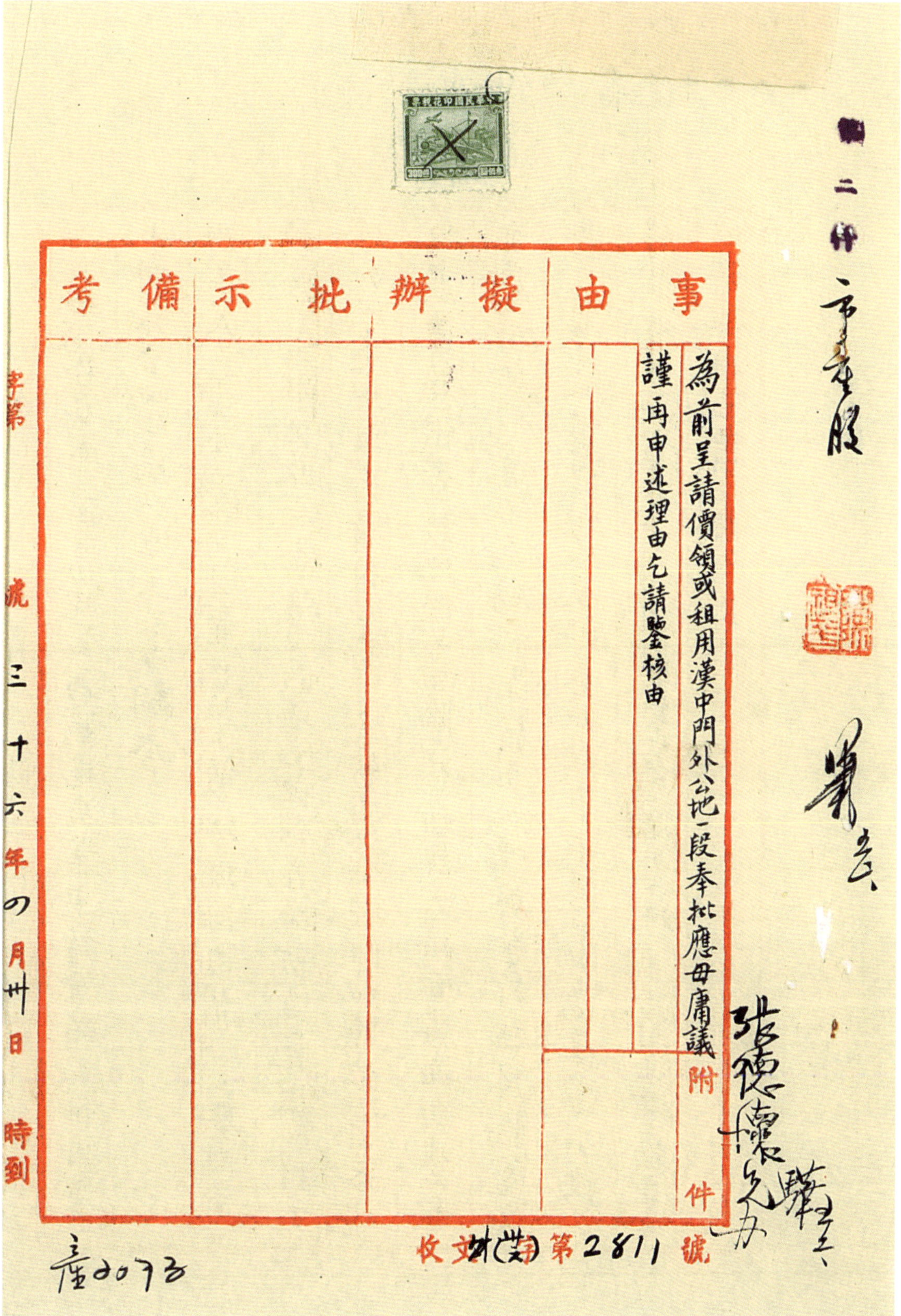

第二件

事由	擬辦	批示	備考
為前呈請價領或租用漢中門外公地一段奉批應毋庸議謹再申述理由乞請鑒核由			

附件

收文 第2811號

字第 號 三十六年四月卅日 時到

窃民於本年三月廿四日呈為編遣失業申請價領或租用漢
中門外公地一段以維生活由嗣奉
鈞局本年四月十九日財產(卅)字第322號批內開：呈暨附圖
均悉：：茲准地政局查復以該項土地係在城防區範圍以內未
便加以處理該民請租一節應毋庸議仰即知照等因奉此
自應遵照惟查該地係一面臨江一面與大路啣接而南北二面
亦屬公地現業已為福利柴行及沈鴻興柴行租用搭蓋房
屋(請參考附圖)似此段地基如租予民搭蓋房屋當不致有
碍城防且如市政方面因公務上之需要時民願隨時遷讓
以此謹再呈請

鈞局体念下情衆請

地政局查明後准予租用籍維生計感戴無涯是否可行

理合具文呈請

鑒核批示祇遵謹呈

財政局

民 張鼎方 呈

通信處：瞻園路接福巷十一号

中華民國卅六年四月三十日

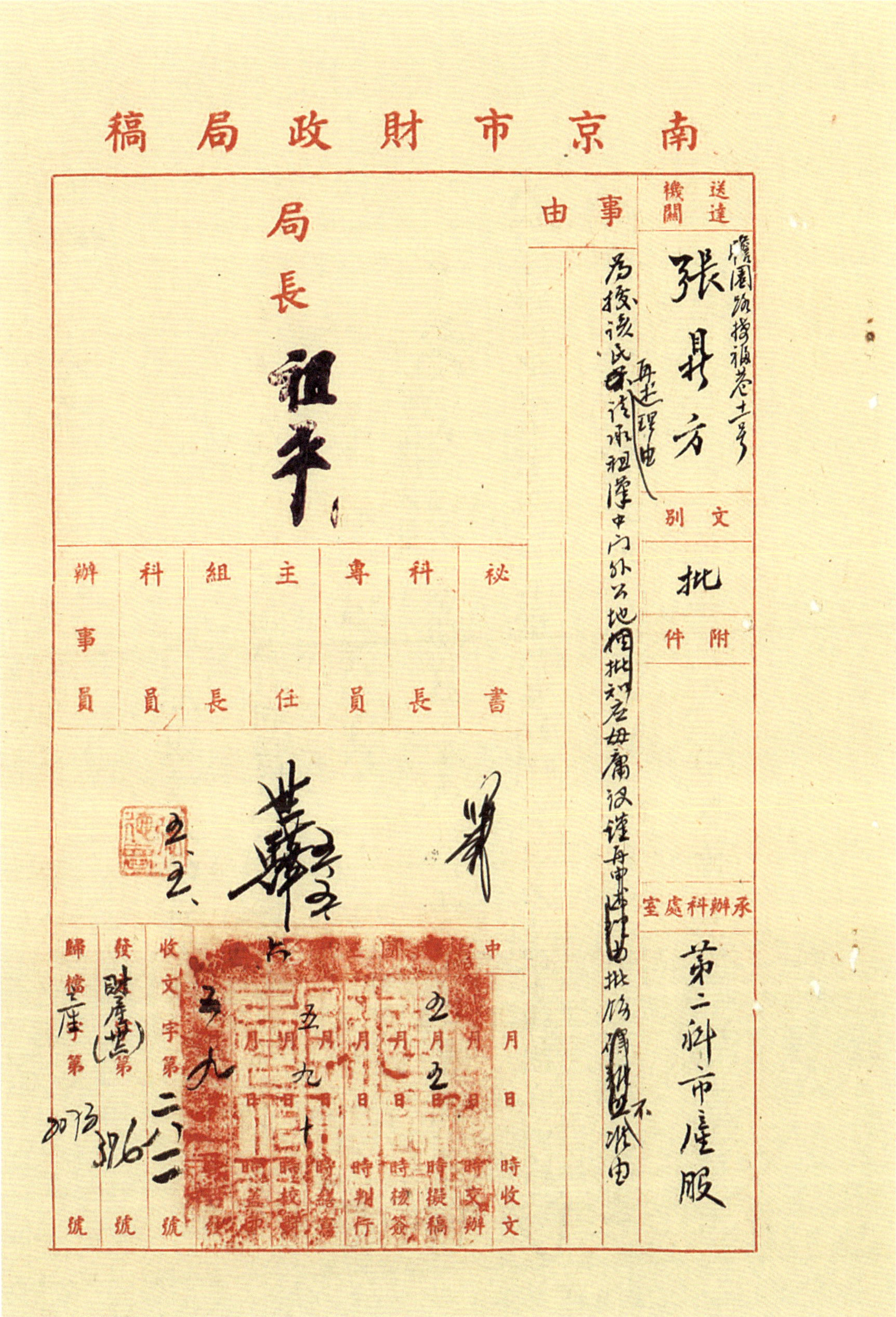

南京市財政局稿

送達機關：張貴方

事由：

文別：批

附件：

承辦科處室：第二科市産股

局長：祖平

秘書 | 科長 | 專員 | 主任 | 組長 | 科員 | 辦事員

中 月 日 時收文
月 日 時交辦
月 日 時擬稿
月 日 時核簽
月 日 時判行
月 日 時繕寫
月 日 時校對
月 日 時蓋印

收文字第 號
發 字第 號
歸檔 字第 號

批　字第　号

原具呈人張具方

呈一件為薪呈請價領或租用漢中南郊公地一頃等批應毋庸議謹

再申述理由已蒙簽核由

呈悉所請不准由該民請租該地薪稚地政局查復以該地係在城防區範圍以內未便

加以處理經批知在案該地既在城防區範圍以內自應未便出租該民所請

礙難照准仰即知照此批

局長陳〇〇

首都衛戍司令部爲取締軍民在靠城墻之營地建房與市工務局等機構往來公文

（一）首都衛戍司令部爲取締軍民在靠城墻之營地建房與市工務局的往來電文（一九四七年六月十九日至七月三日）

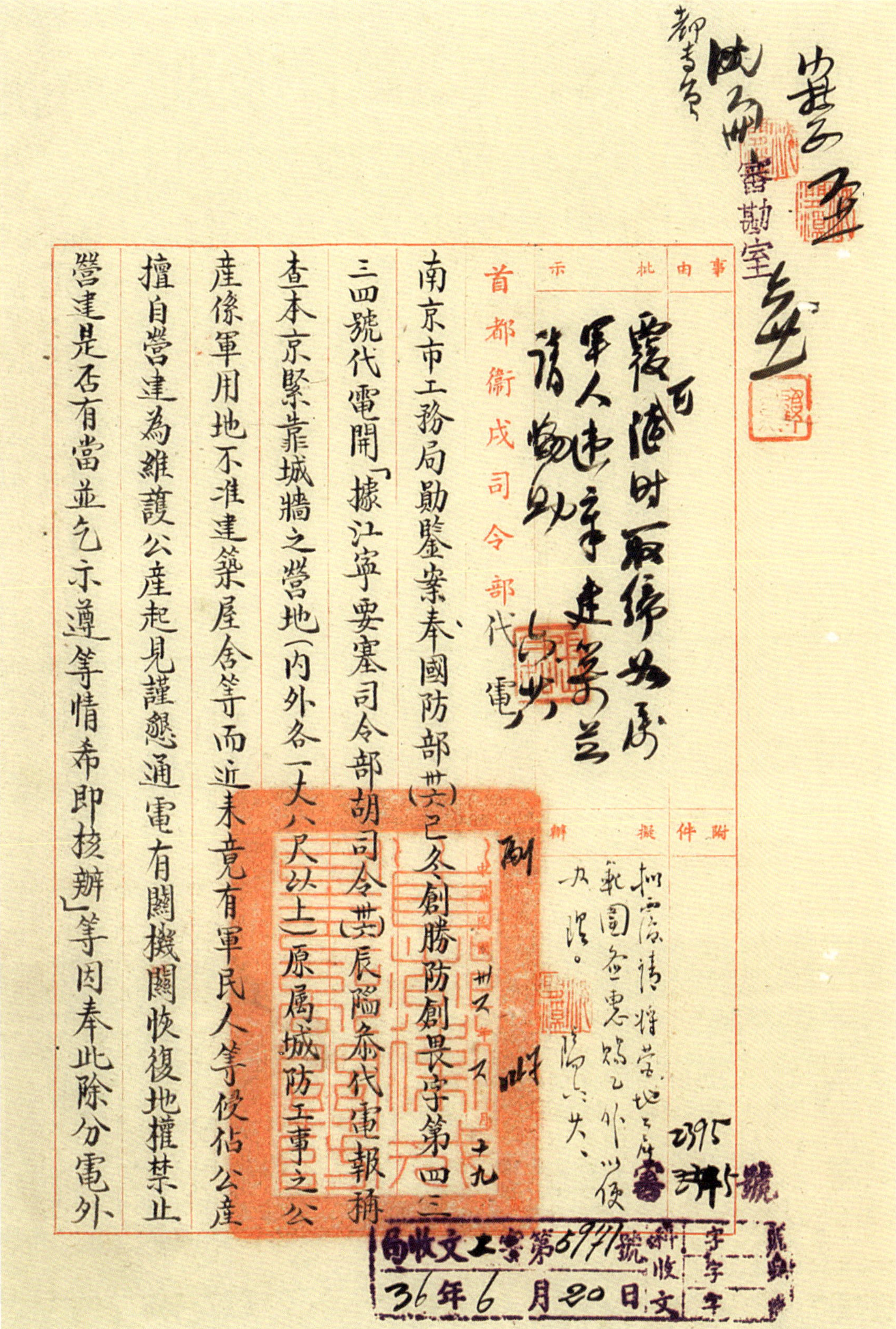
事由
批示
附件
擬辦
首都衛戍司令部代電
南京市工務局勛鑒案奉國防部卅六巳冬創勝防創畏字第四三
三四號代電開「據江寧要塞司令部胡司令卅六辰谿參代電報稱
查本京緊靠城牆之營地（内外各一丈八尺以上）原屬城防工事之公
產係軍用地不准建築屋舍等而近來竟有軍民人等侵佔公產
擅自營建為維護公產起見謹懇通電有關機關恢復地權禁止
營建是否有當並乞示遵等情希即核辦」等因奉此除分電外
收文工字第5971號
36年6月20日

即希查明取締見復為荷首都衛戍司令部副庚己〈皓〉

印張禮文
對劉義

南京市工務局稿

主辦科室	審勘室
文別	代電
送達機關	首都衛戍司令部
附件	
判行前會章	
判行後會章	
事由	為准電為取締軍民在本京城墻基地挖土蓋建一案復請查照由

局長

秘書	第一科長	第二科長	第三科長	第四科長	會計室主任	技正	主任	擬稿員
						陽 七、三		

收文 月 日 時	年 月 日 時 擬	月 日 時 核	月 日 時 判	月 日 時 繕	月 日 時 校	月 日 時 蓋印	收文發文相距 日 時	收文 字第 號	發文 審字第 4089 號	歸檔 字第 號
	七月三									

中華民國卅六年七月八日發出

代電　字第　號

首都衛戍司令部勛鑒：皓代電敬悉。查所稱城墻之內外營地原係禁建地區，本局對於市民在該地帶建築自可隨時取締，惟該有軍人違章建築，仍請協助，以利城防。特電奉復。

南京市工務局印

校對賈文儔

（二一）下關警察局爲會同取締緊靠城墻之營地擅自建築房舍與下關工管處往來公函（一九四七年七月十二日至七月十四日）

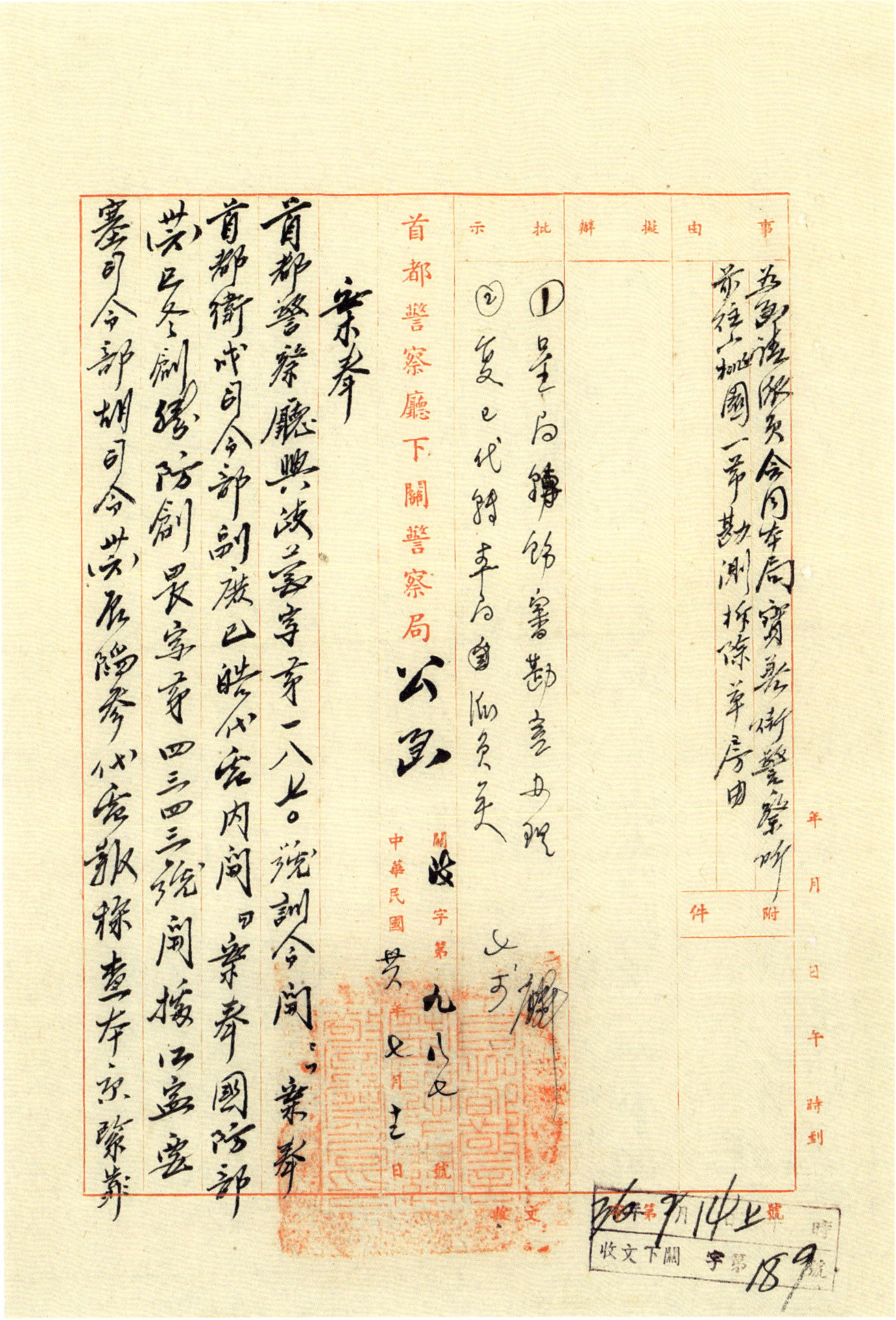

事由：爲函請派員會同本局寶塔衛警察所前往山城圍一帶勘測拆除草房由

附件

擬辦

批示：①呈局轉飭審勘呈核辦 ②復已代轉本局會派員矣

首都警察廳下關警察局公函

關設字第九八九號

中華民國卅六年七月十二日

案奉

首都警察廳興政三字第一八七〇號訓令開：「案奉

首都衛戍司令部副廣巳皓代電內開：『案奉國防部

卅六巳冬劃防劃畏字第四三四三號開：接江寧要

塞司令部胡司令卅六辰陽參代電報稱：查本京

收文下關字第189號

城牆之空地（內外各一丈八尺以上）原屬城防工事之
公產係軍用地不准建築房舍等而近來竟有軍民人
等侵佔公產擅自營建並經獲公產越見隱礙以通
宅有關拓開放地權禁止營建並召有商無之
示遵等情前即核辦等因奉此除分令所部查
明取締具報外前經等因奉此除分令外合行令仰
於文到旬日內遵照具報勿違為要等因奉此查本
局轄區以城圍興中空四所村等一帶緊靠城牆一
丈八尺每建築草棚者頗多雖經數次勸導拆除
均歸無效相應函請
查照派員會同本局警長偕四所村鮮魚巷三甲警長
察所前往勘測拆除以重功令而維市容為荷

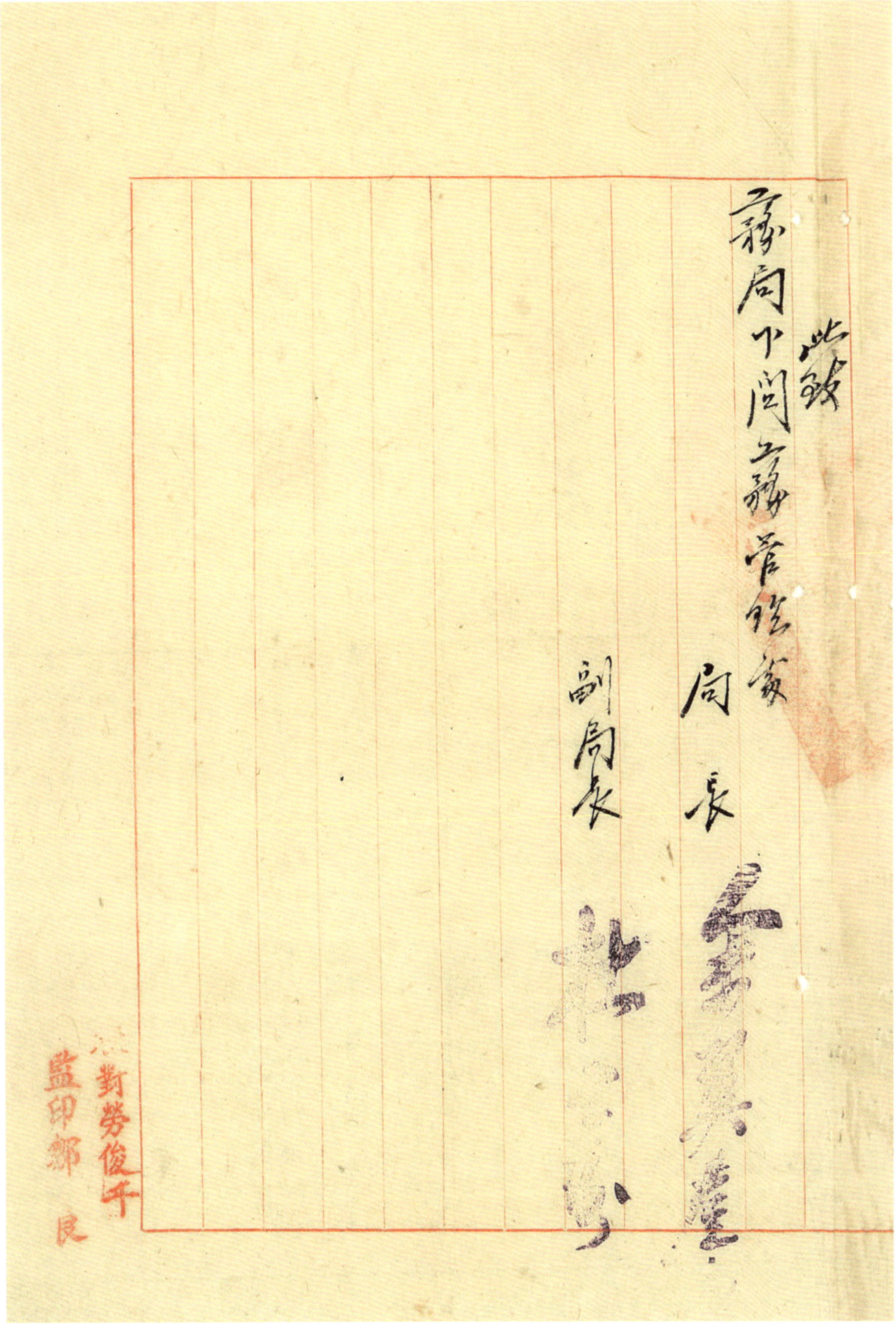

此致

工務局下關工務管理處

局長

副局長

監印鄒良

對勞俊千

南京市工務局稿

下關區工務管理處

主任

主辦科室	
事由	一、為准下關警察局函請派員會同取締軍民人等於緊靠城墻之營地擅自營建一案呈請鑒核迅飭審勘究辦理由 二、為准函囑派員會同取締四所村一帶緊靠城墻之營地軍民擅自營建一案復請查照由
文別	
送達機關	
附件	
判行前會章	
判行後會章	

秘書	第一科長	第二科長	第三科長	第四科長	會計室主任	技正	主任	擬稿員

中華民國卅六年

收文	交辦	擬稿	核簽	判行	繕寫	校對	蓋印	封發	收文發文相距
月 日 時	月 日 時	七月十四日 時	月 日 時	月 日 時	月 日 時	月 日 時	月 日 時	月 日 時	日 時

收文 字第 號

發文工字第一一三二、一一三三號

歸檔 字第 號

案准

首都警察廳下關警察局本年五月十三日關政字第九八五號公函略開：

「層奉　國防部代電飭知本京緊靠城墻之營

地內外各丈八尺以上原屬城防工事之公產係軍用地不准

建築房舍等因近來竟有軍民人等侵佔公產擅自營

建應即查明取締等因查本局轄區小桃園四平營四

所村帶緊靠城墻一丈八尺處建築草棚者頗多雖經

數次勸導拆除均歸無效相應函請貴處派員會同

本局室吾街、四所村、鮮魚巷、三燕西餐所前往勘測拆
除以重功令而符手續
等由，准此。查上開地段雖係本局轄境，然取締建築
事非主管事務，未便擅加處置，理合備文
報請
鑒核，特飭勘測員辦理函候
市長 謹呈
局長張
全銜 簽
函稿

據准

貴局內政字第九八號大函,略開:國防部以電令嚴禁軍民人等在緊靠城牆之營地(內外各一丈八尺處)擅自營建一案,內查有本市小桃園、興中營、四所村三地緊靠城牆處建築草棚者頗多,雖經數次勸導拆除,均歸無效,特將本處派員會同宝善街、四所村、鮮魚巷三警察所前往勘測拆除等由。准查上開地段雖係本處轄境,本處自應予取締建築,惟因非主管事務,本處執行殊多未便,越權處理。除呈報工務局迅飭會勘,迅予辦理外,准函前由,相應復請

查照為荷。此致

下關警察局

主任

（三一）下關工管處爲準下關警察局函請會同勘測拆除城墻營地擅自建築房舍情形的呈文（一九四七年七月十六日）

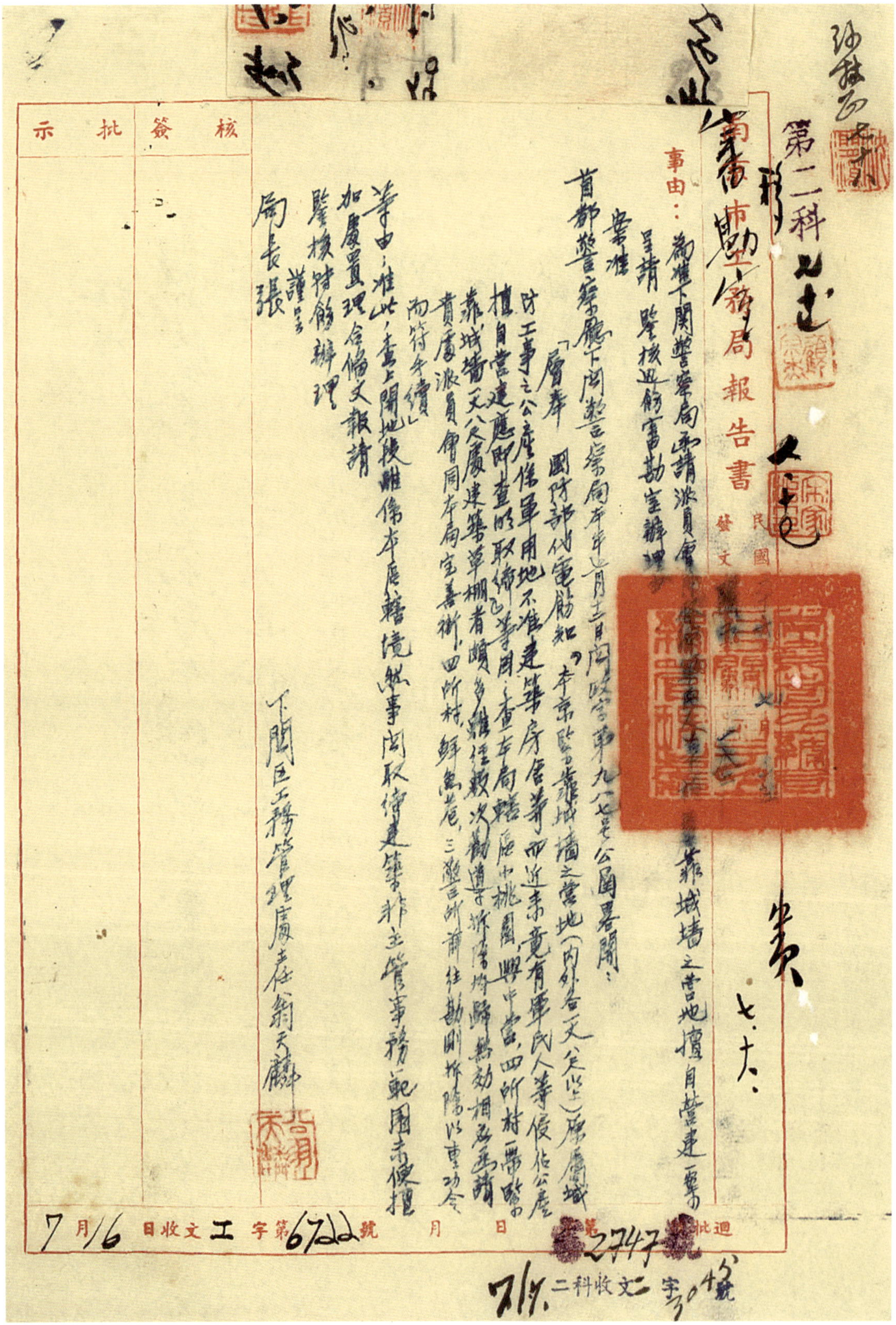
南京市工務局報告書

第二科

事由：為准下關警察局函請派員會同勘測菲城墻之營地擅自營建一案呈請鑒核迅飭富勘室辦理由

案准

首都警察廳下關警察局本年七月十二日關政字第九八七號公函略開：

「案奉 國防部代電飭知：本京沿菲城墻之營地（內外各丈尺以上）係屬城防工事之公產，係軍用地，不准建築房舍等，而近來竟有軍民人等侵佔公產擅自營建，應即查明取締，已等因。查本局轄區中桃園、興中當、四所村一帶臨菲城墻三丈以內之屋建築草棚者頗多，雖經數次勸導拆除，均歸無效，相應函請貴處派員會同本局室善街、四所村、鮮魚巷、三汊營所前往勘明拆除，以重功令而符手續」

等由，准此，查上開地段雖係本處轄境，然事關取締建築，非主管事務範圍，未便擅加處置，理合備文報請

鑒核，特飭辦理。

謹呈

局長張

下關區工務管理處主任 翁天麟

核	簽	批	示

7月16日收文工字第6722號

二科收文

鄒先生：

查沿城墻小桃園、吳中營、四所村一帶均有棚戶約三仟戶以上，緊靠城垣棚戶多數係戰後時期搭建。此查勘各地時，各棚戶多訴苦不已，倘強予執行拆除，因年來所忱若干適當善後之辦法，必生嚴重後果。綜合各種情形，思前慮後，擬請由局方會同警察廳先告示以上各地棚戶，嗣後不得再擅自搭建，違者勒令遷往指定棚戶區域，可奏效一時。當否之處，謹乞

裁奪

此上

王士文

七月廿二

南京市工務局便箋

市立農業職業學校爲請將武定門内城墻下平民住宅基地拔借爲該校實習農場的呈文及市教育局與財政局、地政局往來公函

（一）市立農業職業學校爲請將武定門内城墻下平民住宅基地拔借爲該校實習農場事致市教育局的呈文（一九四七年八月九日）

南京市教育局收文 教學字第10027號
36年8月11日

第一科

南京市立農業職業學校 呈

事由	擬辦	批示	備考
為請轉咨財政局將武定門内城牆脚下兩幢平民住宅基地全部撥借為本校實習農場由	擬准轉函財政局辦理 八月十三	如擬 八月十六	

附件

農文字第陸號 年 月 日 時刻

收文 字第 號

行

查本校實習農場前經前市立第一職業學校呈請前社會局將接收偽第一職業中學坐落武定門內城牆脚下市鐵路東附屬農場面積一〇二二五·五一平方市尺（約合一七畝）基地一方繕具地形圖轉呈市府飭知地政局將該項基地所有權狀暨藍圖發交該校使用一案奉前社會局卅五年五月廿七日社三字第四六二三號指令暨同年七月十五日社三字第五六五六號訓令略以奉　市府本年六月廿九日府總地（卅六）字第七二三一號指令以據地政局稱經查明該農場原係丙種平民住宅用地由財政局保管在未依法辦理轉移手續前未便照辦轉令知照等因茲查該項基地迄未使用而農業學校專業課程農場實習尤重於課室講授擬請俯准查案轉咨財政局將該項基地全部暫行撥借本校作為實習農場一俟將來新校址暨農場覓定遷往後即行歸還是否有當伏祈

核示祗遵

謹呈

教育局兼局長馬

南京市立農業職業學校校長王文湛 謹呈

中華民國卅六年八月九日

校對 吳蕙蘭
監印 王紅英

（二一）市教育局爲請撥借武定門内城墻下平民住宅基地爲市立農業職業學校實習農場與市財政局、地政局往來公函

（一九四七年九月二日至九月三十日）

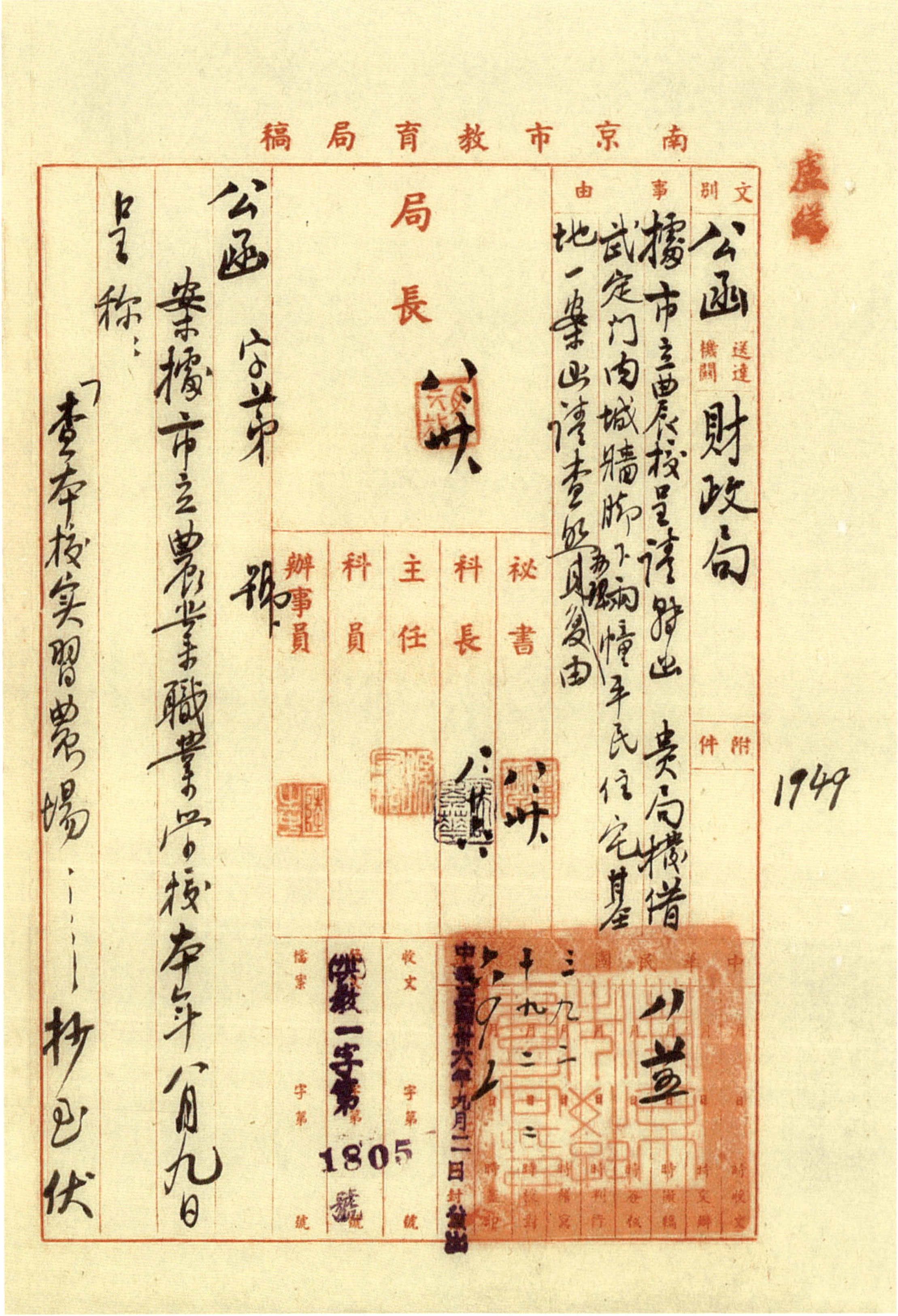

南京市教育局稿

文別：公函

送達機關：財政局

事由：據市立農校呈請撥出 貴局撥借武定門内城牆腳下兩幢平民住宅基地一案函請查照見復由

附件

局長

秘書　科長　主任　科員　辦事員

中華民國卅六年九月二日封發

（洪）教一字第1805號

公函　字第　號

案據市立農業職業學校本年八月九日呈稱：

「查本校實習農場……抄函伏

祈 核示祇遵」

等情。據此，查該校所呈尚屬實情，相應函

達，即希

查照辦理見復爲荷。

此致

財政局

兼局長馬超俊

南京市政府教育局
收文教字第11620號
36年9月23日

第一科

南京市地政局公函

地丙(一)字第2985號

中華民國三十六年九月廿三日

事由：為准函囑撥武定門原平民住宅區基地為農業職業學校為實驗農場一案復請查照由

擬辦：擬特函農職知照
九、廿四、

批示：如擬
九、廿六

案准

財政局移來

貴局教一字一八〇五號函據市立農業職業學校呈請轉函將武定門原平民住宅區基地全部暫撥為實習農場等由過局查該項土地

收文　字第　號

行政股

陆先生

前經簽奉 市府批准為棚户住宅區業經工務局設計完成開始准
許棚户遷建有案所囑歉難照辦准函前由相應復請
查照轉知為荷

此致

教育局

局長周一夔

監印
校封

南京市政府教育局稿

蘇繕

事由：准地政局函复武定门原平民住宅屋基地为该校实验农场一案仰知照由

局长 九廿七

秘书 科长 九廿六 主任 股长

送達機關：市立农校

文別：训令

承办单位：第一科

训令 字第 号

令市立农业职业学校

案准地政局本年九月二十三日地丙函字第二九八五号公函内开：

"案准财政局移来贵局教一字一八〇五号

(二)9204

中华民国卅六年九月三十日 2048

函開……抄至，復請查照轉知為荷
等由，准此。合行令仰知照。
此令。

兼局長 馬□

首都警察廳爲太平門銓叙部宿舍未領執照請核辦與市工務局往來公函（一九四七年八月十五日至八月二十一日）

事由：爲據報銓叙部建築宿舍未領執照函請核辦見復由

批示

擬辦

附件

中華民國　年　月　日收

首都警察廳公函

發文興政字第2446號

中華民國卅六年八月十五日發

案據本廳東區警察局呈稱：「案據本局太平門警察所八月六日呈稱「准銓叙部總務司函稱「逕啓者查本部部址北端（靠城牆腳下）興建職員宿舍刻已動工興建相應函達即希查照爲荷」等情查該部建築未取得工務局建築執照經職數次勒令停工無效理合具文報請鑒核」等情據此除逕函南京市工務局查照外理合轉報鑒核」等情據此除函請該部總務司迅即辦理手續領取建築

執照再行興工外相應函請
查照核辦見復爲荷
此致
南京市工務局

廳長 韓文煥

監印 丁正國
校對 韓學海

南京市工務局稿

主辦科室	審核室
文別	公函
送達機關	首都警察廳
附件	
事由	為函復銓敘部建築會一案因該項房屋靠近城墻上未請照已除去該部復稱可照原案申敘外希查照由
判行前會章	
判行後會章	

局長 ［簽押］

秘書	第一科長	第二科長	第三科長	第四科長	會計室主任	技正	主任	擬稿員
	［簽押］							［簽押］

中華民國 卅六 年 八 月 廿 日

收文	交辦	擬稿	核稿	判行	繕寫	校對	蓋印	收文發文相距
月 日 時	月 日 時	月 日 時	月 日 時	月 日 時	月 日 時	月 日 時	月 日 時	日 時

收文 字第 號
發文 字第 號
歸檔 審字第 5035 號

中華民國卅六年八月廿六日

公函　　字第　　號

案准

貴廳吳政晉字第二四四六號公函，以據報銓敘部建築宿舍，未領執照，請核辦見復，等由。查是案業經准予追認，當函同前由，茲以該項工程既未向本局請照，且靠城墻建築，江寧要塞司令部曾經函知應加以限制在案，除函銓敘部總務司迅予申報，以便核辦，否則應予取締外，相應復請

查照，為荷。　此致

首都警察廳

局長

校對賈文傑

首都衛戍司令部爲有軍民緊靠城墻搭屋請查明取締與市工務局往來代電（一九四七年十一月一日至十一月二十四日）

南京市政府摘由紙

姓名或機關	首都衛戍司令部
文別	代電
附件	
收文	卅六年十月九日九時
摘由	奉國防部電以據報本京緊靠城墻之營地（內外丈六尺以內）原屬城防工事之軍用地區不准建築屋舍，近有軍民侵佔公產擅自建築等情，除分電取締外，電請令知工務局對上開地區停止建築並一律停發許可，希見復由
擬辦	擬辦府稿
批示	

總收文字第13240號

府收文工字第9378號

36年10月13日

3935

工務局

892

事由

批示

附件

擬辦

首都衛戍司令部代電

南京市政府公鑒前奉國防部參謀總長陳(卅六)巳冬創勝畏字第四三三四號代電略開以據江寧要塞司令部胡司令報稱查本京緊靠城牆之營地(內外一丈八尺以上)原屬城防之軍用地區不准建築屋舍等而近來竟有軍民人等侵佔公產擅自營建為維護公產起見謹懇通電有關機關恢復地權禁止營建等情希核辦等因到部當以副庶巳皓一四七號代

電首都警察廳城郊區指揮部及工務局查明取締在案
嗣據首都警察廳呈送緊靠城牆建築名冊七份到部并
請示取締方法當經呈奉國防部(卅六)申巧創勝畏字第九
一六六號代電核示兩点(一)嗣後應嚴禁在上項軍用地區內修
建房屋(二)其已修建者一概不准再事修理等因除分電首
都警察廳城郊兩區指揮部及江寧要塞司令部切實執
行外特電請令知工務局對上開地區内修繕營建執照一
律停止發給并希見復為荷首都衛戍司令部戍信御酉
〈支〉

都市處 十六

查本市軍用地域違建案，本府一貫秉公處理，取得
江寧要塞司令部同意違建案證明後始予給
照，業則辦理。茲准衛戍司令部信(酉)(支)代
電，近有軍民侵佔公產擅自違建案情事，經於
本月十五日藉會同國防部等有關機關實地
會勘重劃軍用區之便，就近查悉，此等情事
均係無照違建案，現准電請轉告本國防部(咨)
申酉劍勝畏字第九一六六(四)號代電核示，此項
如法自當嚴辦，除重劃軍用區情形另案
報請
簽核外，本件擬請示覆首都衛戍司令部

當否乞示 擬辦 府稿要發 十七

奉
同時用府稿代電
首都警察廳

十七

十七

十八

南京市政府

送達機關	首都衛戍司令部
	首都 警察廳
文別	代電
承辦單位	工務局
事由	為准戍信所酉支電請飭令工務局停發軍用地區修建執照一案，查該地區…

市長 十一、廿五
副市長 十一、廿五

代電 字第 號

首都衛戍司令部公鑒：戍信所酉支代電敬悉。查工務局對於本市軍用地區建築，必須取得江寧要塞司令部同意證明後，始可發給執照，歷經秉此原則辦理在案。近

查悉有軍民在京靠城墻營地建築房屋均係無照要工情事
准電前由除飭該局遵照停發上開地區修繕營建執照
外特電復請查照為荷南京市政府　印

代電　字第　號

首都警察廳　准首都衛戍司令部戍信酉支代
電開「前奉國防部錄函見復」等由除飭工務局遵辦外
關於嗣後應嚴禁在上項軍用地區內修建房屋一案特電
希轉飭所屬局所隨時密切注意為要。印

市工務局爲唐郅平等在昆侖路城墻邊建築房屋與北區警察局、國防部測量局等往來文書

（一）北區警察局爲禁止唐郅平等在昆侖路城墻邊建築房屋與市工務局、江寧要塞司令部往來公函、代電

（一九四八年四月二十五日至五月一日）

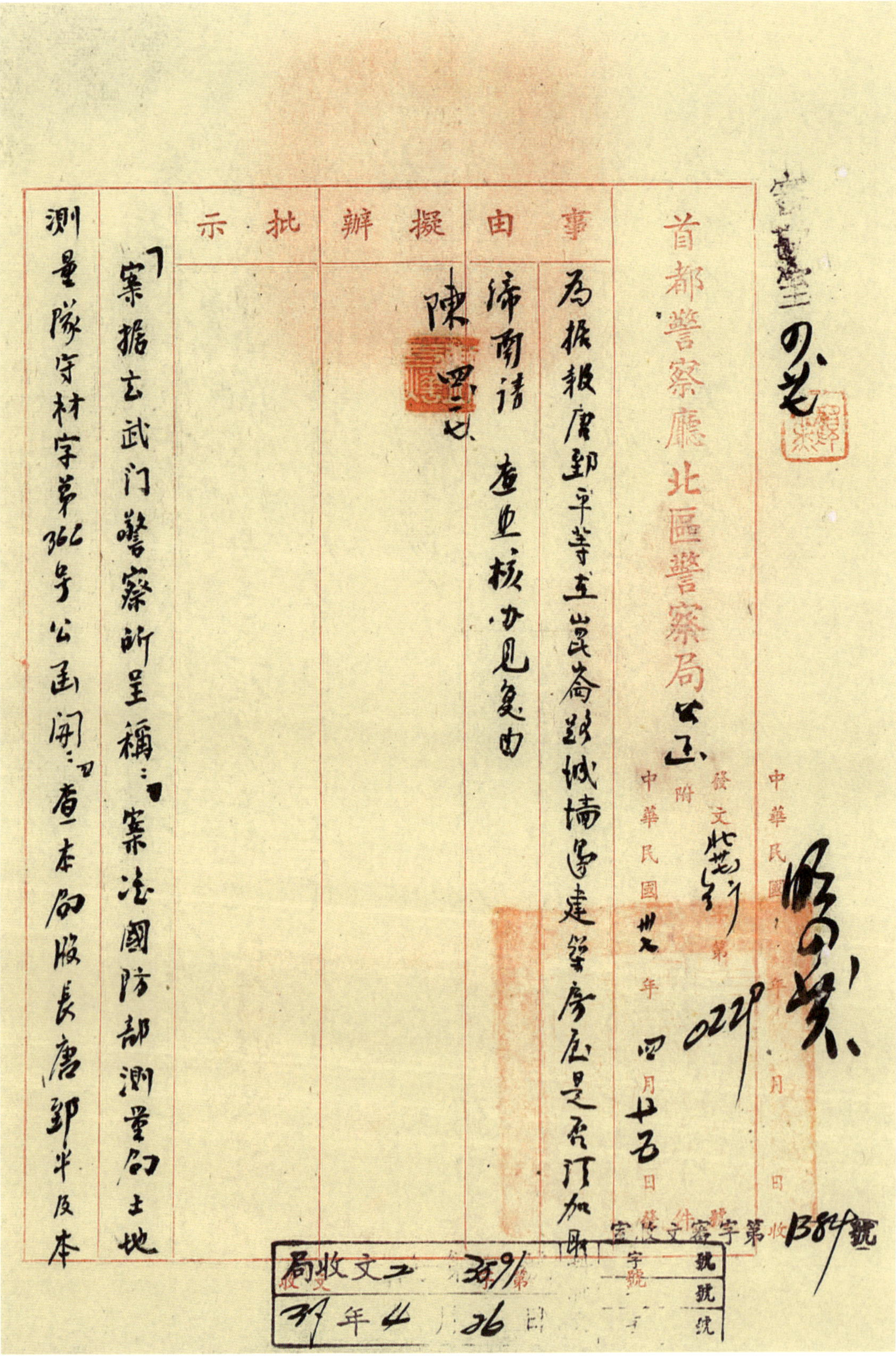

首都警察廳北區警察局公函

事由：爲據報唐郅平等在昆侖路城墻邊建築房屋是否准許加以……函請查照核辦見復由

擬辦

批示

案據玄武門警察所呈稱：「案准國防部測量局土地測量隊守衬字第366號公函開：『查本局股長唐郅平及本

發文北警行字第0229號

中華民國卅七年四月廿五日

局收文 3891

37年4月26日

隊副隊長周範以住宅需要擬在玄武門右崑崙路城墻邊營產範圍內建築平瓦房一幢，經向營產司洽妥法予租用，擬一面向工務局請領執照，一面先行動工，相應函請查照惠予審查等由，准此，理合具文報請鑒核等情前來。除函知江寧要塞司令部外，該隊所稱曾向 貴局申領建築執照是否屬實，抑係違章建築，須加取締，相應函請

查照核辦見復為荷。此致

南京市工務局

局長 [illegible]

監印

核對

南京市工務局摘由紙

姓名或機關	摘由	擬辦	批示
江寧要塞司令部	為營房範圍已佈告禁止建築抄請查照由	陳○舜	

審勘室○光

文別：抄代電

附件：

收文：年 月 日 時

號：

室收文審字第1437號

局收文工 3688
37年4月29日

昭○熙

副本送南京市工务局

江寧要塞司令部 代電

收文第（ ）號

號

事由	爲城墻附近營產範圍經卫戍總部佈告禁止建築由
受文者	北區警察局

發文	
附件	
日期	中華民國卅七年四月廿八日
字號	要參營字第5159號
駐地	南京挹江门

一、四月二十五日北警行字第六八九号公函嘱查玄武门右邊城墻以內營產範圍內之建築是否有碍城防一案敬悉

二、經查首都卫戍總部經以戍信字第285号佈告轉奉国防部申巧創勝恩字第9166号代电爲維護首都城防絕对禁止軍民人等在京市城墻內外之城根營地營建在案

三、該地既爲營產範圍，當在禁止之例，用特电復查照

四、本件已抄副本送南京市工务局及玄武门警察所

司令 胡雄

第 頁

監印 王避

校對 彭占歐

檔號

郝玉六

查該違章建築不僅位于城防區內，且有侵及崑崙路計劃路幅可能。現基地已由營產司出租（警所曾見證明文件），而江寧要塞司令部亦函知禁建、警所禁止動工無效，當如何辦理，乞

示。

職 陳鋒 謹 四、廿

已據准江寧部來文禁止

即測量局請轉告業主取得營產司正式允租文件暨江寧要塞部准許建築證件備函補具申報，在未取得執照以前不得動工。

覆警局請令飭制止 衡

南京市工務局簽註紙

（二一）國防部測量局爲唐郅平等在昆侖路城墻旁建屋請通融辦理一事與市工務局往來公函（一九四八年五月十八日至五月二十五日）

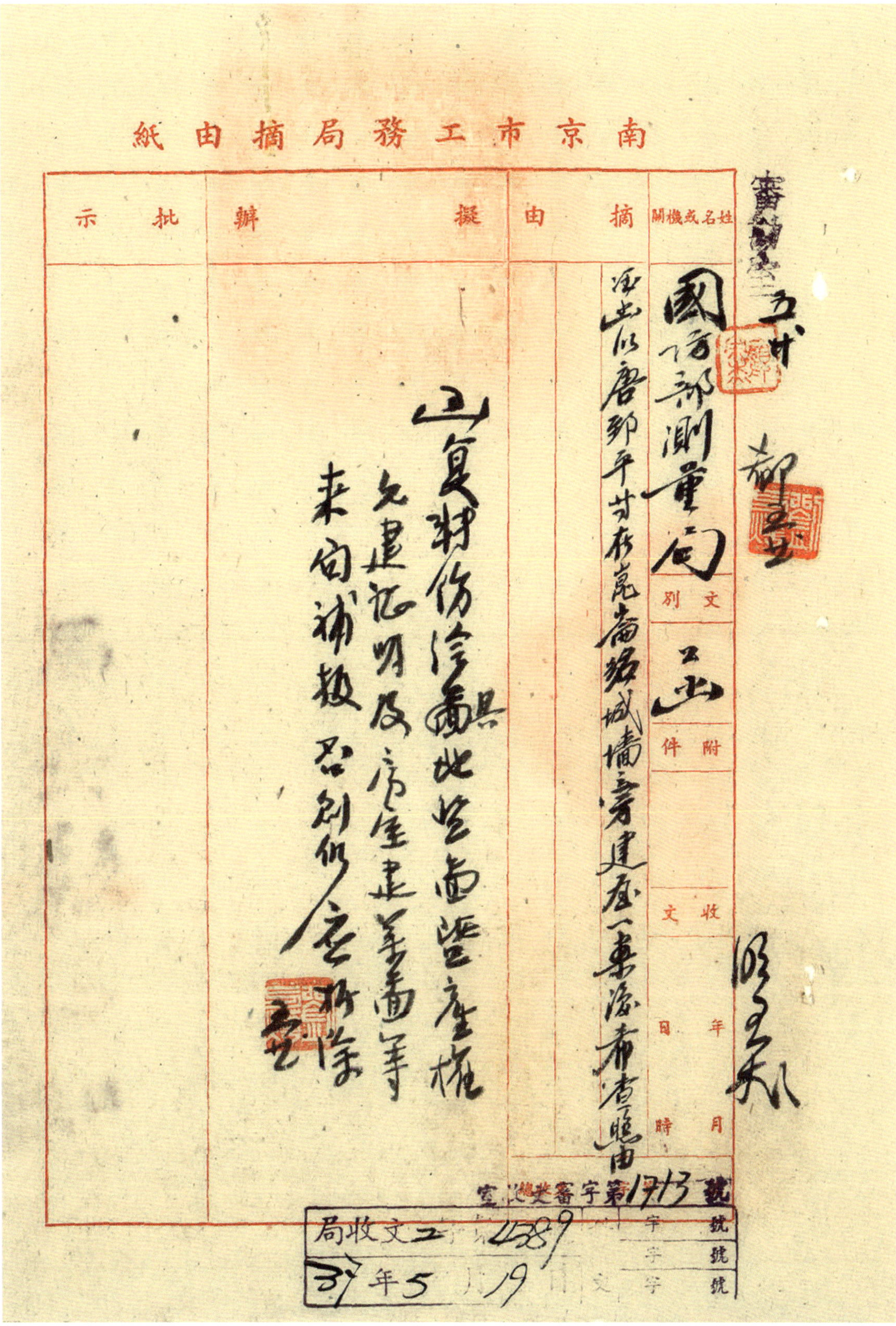

南京市工務局摘由紙

姓名或機關	國防部測量局
摘由	函以唐郅平等於昆侖路城墻旁建屋一案請查照由
文別	函
附件	
收文 年 月 日 時	
擬辦	函復對於該屋基地既屬公產權，應先具證明及房屋建築圖等來局補辦，否則仍應拆除
批示	

審字第1713號

局收文工字4389號

37年5月19日

收文第　　號

國防部測量局　（公函）

事由	受文者	發文	
准函以唐郅平等在崑崙路城牆旁建築房屋一案復請查照由	南京市工務局	附件	
		日期	國卅七年五月十八日發出
		字號	（卅七）興管2244
		駐地	

一、本年五月四日卅七京工審字第二九二七號公函及附件均敬悉

二、案經飭據唐郅平周範二員簽稱1、職等所建房屋事先向營產司及營產管理處面洽經請准以一面辦理手續一面先行動工2、建築地點係玄武門右崑崙路與城牆之間離城根四十五呎城外係玄武湖絕對城防無礙3、該房屋於四月廿日動工建築現已完工如停建或拆除在職等確爲一莫大損失更以處此房荒之今日實感無處棲身敬乞體念軍人生活清苦住宿困難懇請函商市工務局予以通融辦理免予停建等情

三、查該員等所稱情有可原用特據情函復至希查照辦理爲荷

此致

局長杜心如

3111—9

南京市……紙

局長	文別	事由
	公函	為准函復唐鄭平等在崑崙路城墻旁建屋請予通融辦理一案 復請查明見由

送達機關：國防部測量局

主辦科室：審勘室

判行前會章

判行後會章

中華民國卅七年五月廿五日

繕校 月 日　封發 月 日

附件

秘書 月 日　第一科長 月 日　第二科長 月 日　第三科長 月 日　第四科長 月 日　會計室主任 月 日　審勘室主任 月 日　技正 月 日　股長 月 日　擬稿員 五月廿一日

公函 字第 號

案准

貴局本年五月十八日測興管字第二三四四號公函以准函為唐鄭平等在崑崙路城墻旁建房一案復請查明一并由查

該建築基地果經事先洽准營產司及營產管理處並

統與城防無關自可[illegible]該等仍飭該員等繪具地（房屋建築圖樣連同）

盤圖營造圖樣先建請照來局補報以憑給照而符規章否

收文 字第 號　發文 字第 號

南京市工務局稿紙

則仍應拆除准照前由相應函請
查照為荷
此致
國防部測量局
代理局長原〇〇

校對賈文祿

第　頁

南京城墻檔案

城墻的保護與管理

伍
制止竊挖和破壞城墻

憲兵司令部爲新民門左側城墻沙土被挖一案與市工務局往來公函（一九四六年八月二十八日至九月十日）

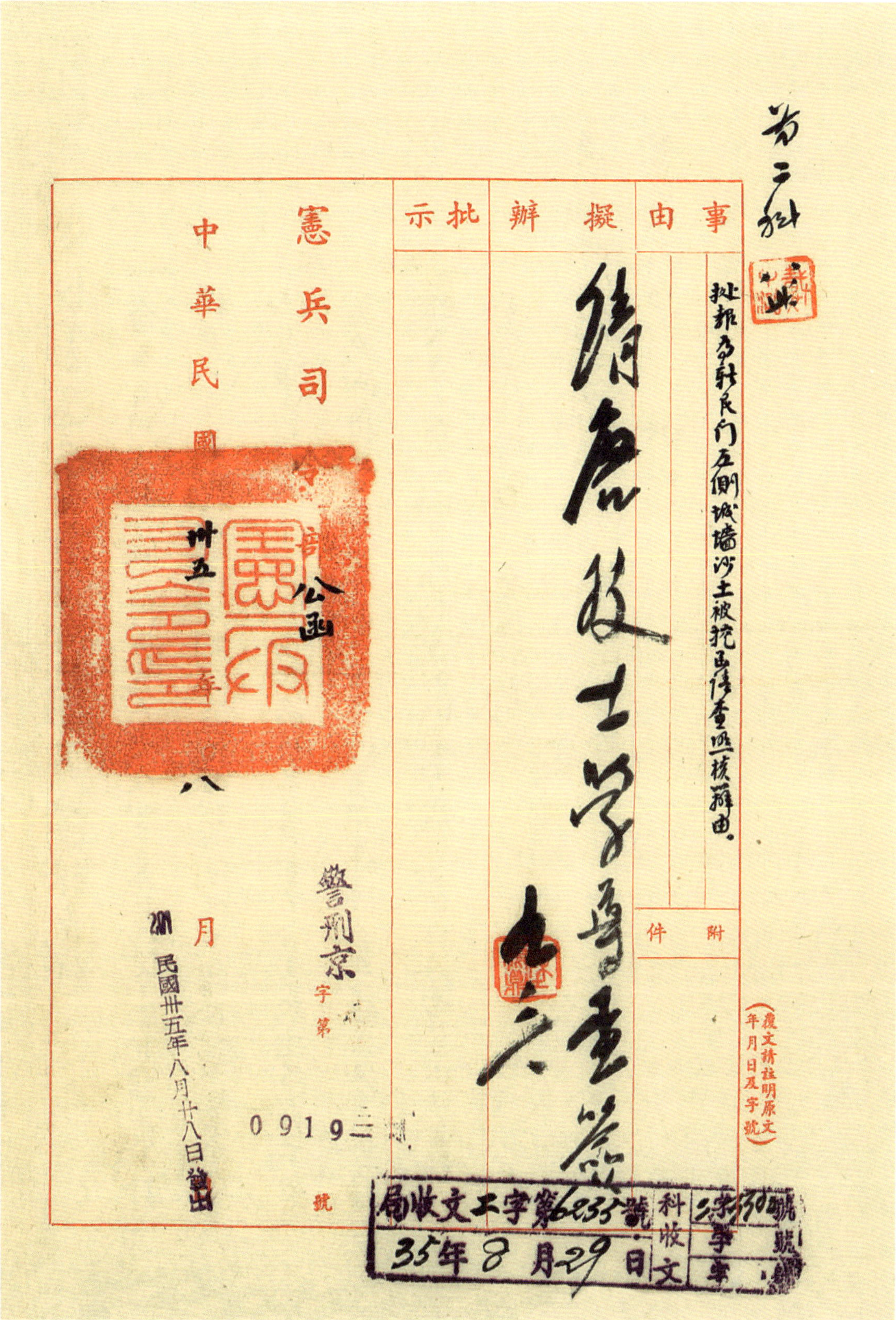

事由：據報本市新民門左側城墻沙土被挖函請查照核辦由。

擬辦

批示

附件

（復文請註明原文年月日及字號）

憲兵司令部公函

警刑京字第　號

中華民國卅五年八月　日

民國卅五年八月廿八日發出

0919

局收文工字第6235號

35年8月29日

案據本部憲兵第九團隊據該團第四連報告稱：

「查有互利運輸商行汽車五五五八及四二〇五號汽車二輛並工人十餘名於本（八）月七日在新民門左側挖取牆垣沙土運往下關，據駕駛李成生、陸永輝等稱：係南京市工務局科員黃金洪令其來挖運往下關大馬路後勤司令部第二倉庫修理之用等語。查該處沙土被挖現時雖無多大妨礙，倘繼續挖運則城基空虛，久必坍毀，應否禁止，理合報請

鑒核等情，理合據報鑒核示遵。」

等情據此，相應函達即希

查照核辦為荷！此致

南京市工務局

南京市工務局稿

主辦科室	二科
文別	函
送達機關	憲兵司令部
附件	
事由	為函復富稅本局科員亞利運輸商行司機李秀生等令其挖運新民左側墻垣砂土請查明嚴辦由

局長

秘書　第一科長　第二科長　第三科長　第四科長　會計室主任　技正　主任　擬稿員

九五　九四

判行前會章　判行後會章

收文　字第　號　4353
文字第　號
歸檔　字第　號

3300

案准

貴司令部警刑京字第九一九號公函内開：

「案據本部憲兵第九團特據該團第四連報告稱：查有互利運輸商行汽車五五五八及四二〇五號汽車二輛（照叙至）

相應函達，即希查照核辦」

等由，准此，查本局並無黄金浩其人，亦無僱用互利運輸商行汽車運土情事，該駕駛人李茂生等胆敢冒稱本局科長，令其挖運泥土，實屬不法已極。准函前由，相應函復，即請貴部派員查明、拘案法辦為荷。

此致

憲兵司令部

監印巫大昭

校對賈文傑

江寧要塞司令部爲請市工務局協助制止在玄武門城墻挖土的代電及市工務局致首都警察廳、城北區工務管理處等文書

（一）江寧要塞司令部爲請市工務局協助制止在玄武門城墻挖土的代電（一九四八年三月四日）

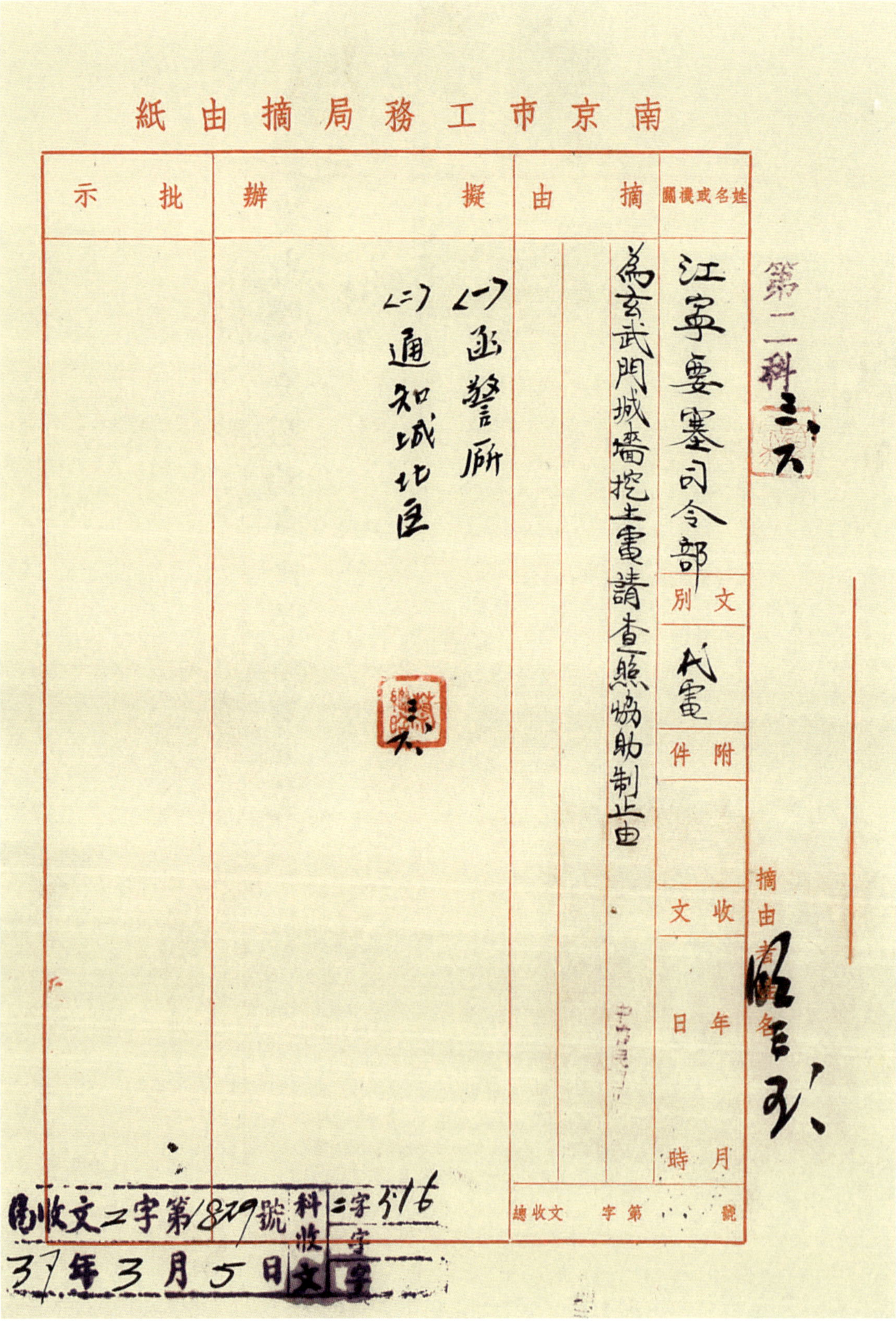
南京市工務局摘由紙

姓名或機關	江寧要塞司令部
文別	代電
附件	
收文年月日時	
摘由	為玄武門城墻挖土電請查照協助制止由
擬辦	（一）函警廳　（二）通知城北區
批示	
總收文 字第 號	

局收文二字第1829號　37年3月5日
科收文二字516
第二科　三、六
摘由者簽名

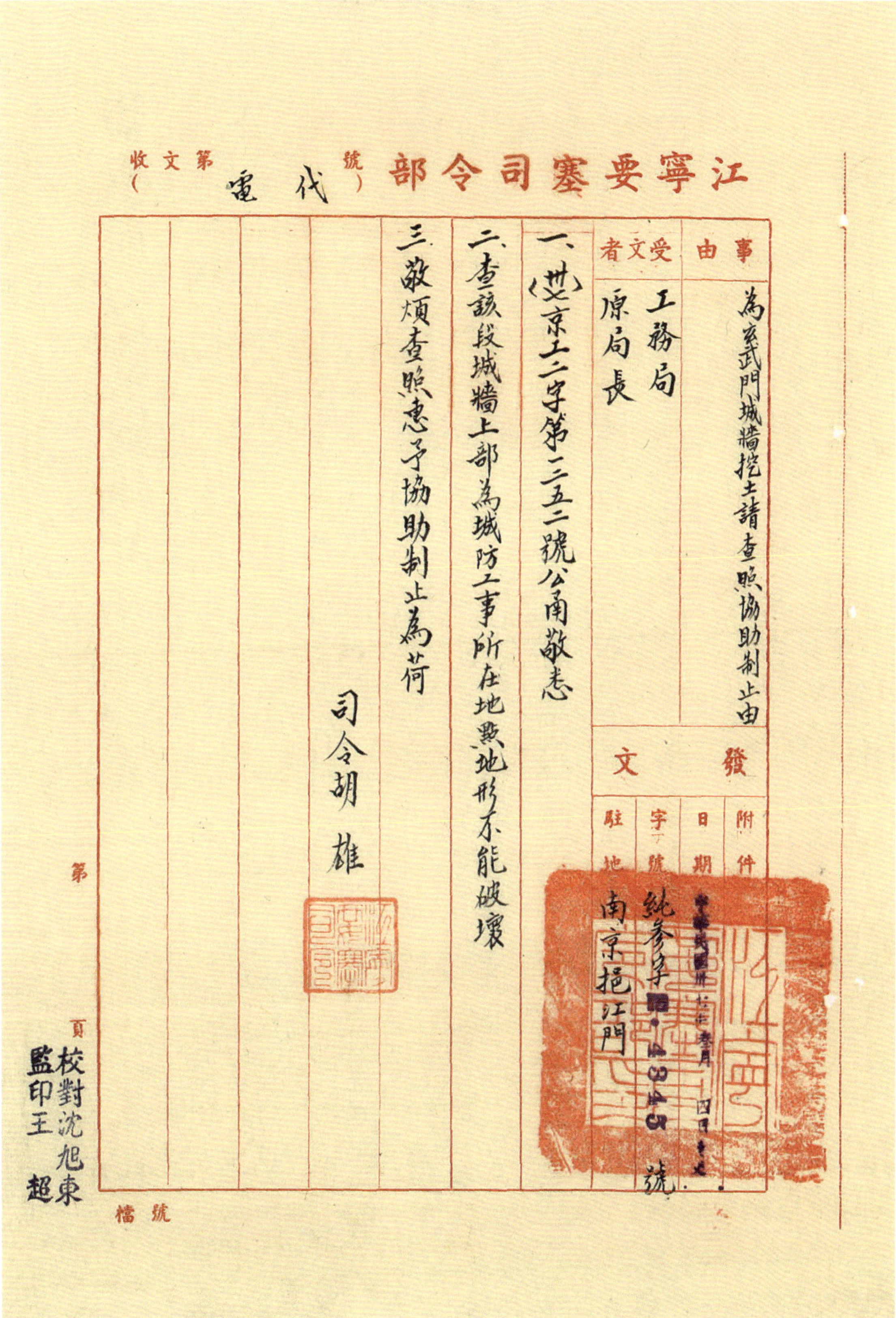

江寧要塞司令部 代電 收文第（ ）號

事由	為玄武門城牆挖土請查照協助制止由
受文者	工務局 原局長

一、(卅)京工二字第二五二號公函敬悉
二、查該段城牆上部為城防工事所在地點地形不能破壞
三、敬煩查照惠予協助制止為荷

司令胡雄

發文	
附件	
日期	中華民國卅七年叁月四日十七
字號	紀參字第1845號
駐地	南京挹江門

第 頁

校對沈旭東
監印王超

檔號

（二一）市工務局爲請派員制止在玄武門城墻脚下挖土一事致首都警察廳、城北區工務管理處、上海銀行的公函、訓令

（一九四八年三月十日）

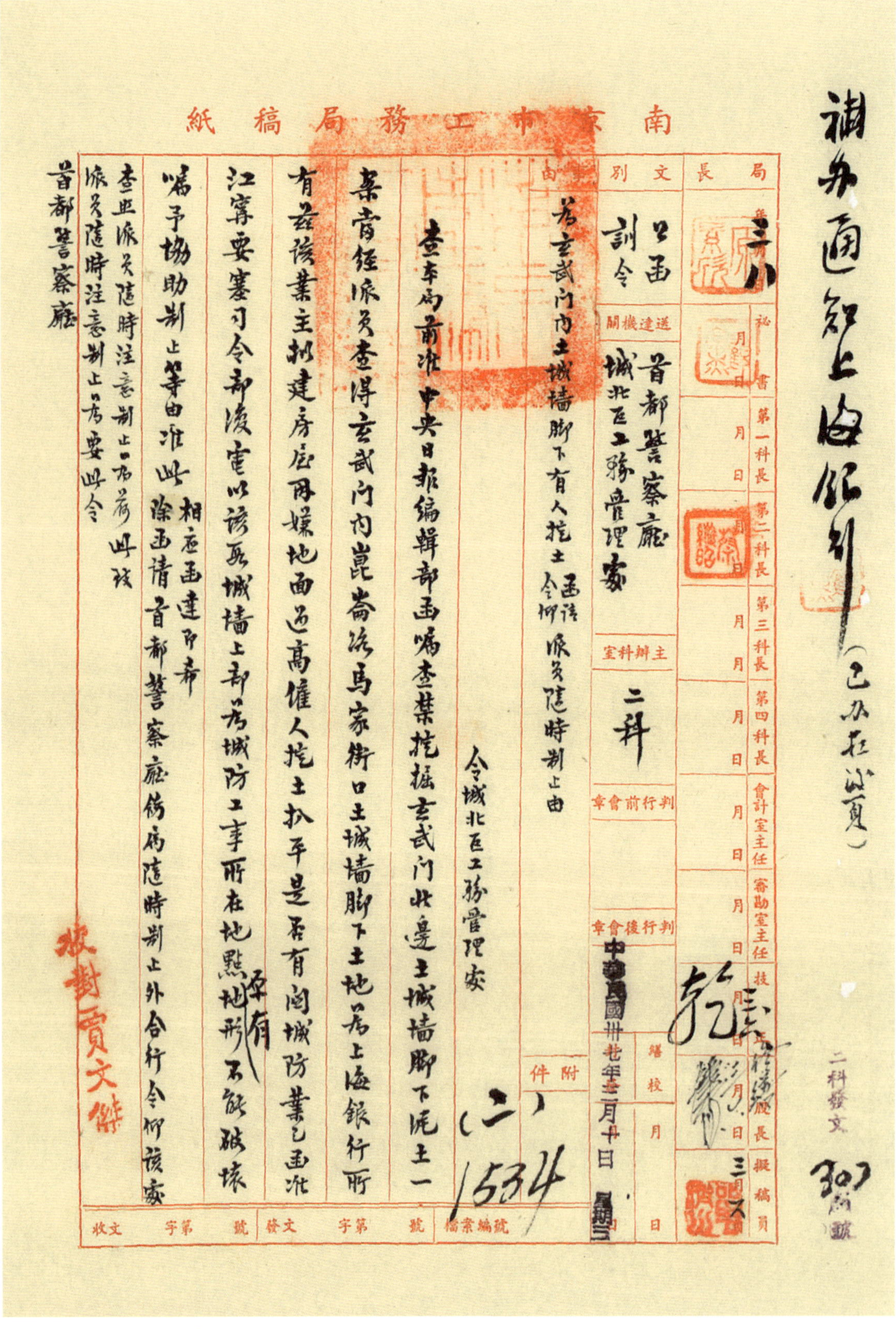

南京市工務局稿紙

補函通知上海銀行（已办在此頁）

局長

文別：公函 訓令

送達機關：首都警察廳 城北區工務管理處

主辦科室：二科

事由：爲玄武門內土城墻脚下有人挖土函請 令仰 派員隨時制止由

查本局前准中央日報編輯部函囑查禁挖掘玄武門北邊土城墻脚下泥土一案，當經派員查得玄武門內崑崙路馬家街口土城墻脚下土地爲上海銀行所有，該業主擬建房屋，因嫌地面過高，僱人挖土扒平。是否有関城防，業已函准江寧要塞司令部復電，以該段城墻上部爲城防工事所在地點，地形不能破壞，除有囑予協助制止等由，准此。相應函達，即希查照派員隨時注意制止爲荷。此致

首都警察廳

令城北區工務管理處

除函請首都警察廳飭屬隨時制止外，合行令仰該處查照派員隨時注意制止爲要。此令。

中華民國卅七年三月十日

二科發文

被對 賈文傑

南京市工務局稿紙

局長　秘書　第一科長　第二科長　第三科長　第四科長　會計室主任　審勘室主任　技正　總長　擬稿員 三月八日

文別：箋函

送達機關：上海銀行

主辦科室：二科

事由：爲函請停止挖掘崑崙路馬家街口土城墻脚下泥土由

查
貴行僱工在玄武門内崑崙路馬家街口土城墻脚下、挖掘泥土、前准
中央日報編輯部函請派員制止到局、當經函准江寧要塞司令部
復電以該段城墻上部、正爲城防工事所在地點、原有地形、不能破壞、囑
予協助制止等由、相應函達即希
查照即予停止挖掘爲荷。
上海銀行

局戳

校對賈文傑

（21）

1535

繕校：中華民國卅七年三月十日

附件

收文　號　發文　字第　號　檔案編號

北收463號

事由：為玄武門內城墻腳下有人挖土令仰派員隨時制止由

擬辦：

批示：張工程司告知馬家街二號之一挖土包工王寶青此後不准再挖如抗不遵逆命可報告聯勤總部工程署為營建司營產管理處派兵制止 三、十三

附件：

年 月 日 午 時到

收文 字第 號

南京市工務局訓令

（卅七）京工第二字第1534號

中華民國卅七年三月十日

令城北區工務管理處

查本局前據中央日報編輯部函囑查禁挖掘玄武門北邊大城墻腳下泥土一案當經派員查得玄武門內覽崙路馬家街口大城墻腳下土地為上海銀行所有前該行業已擬建房屋因該地面過高僱人挖大批土是否有關城防業已函

准江寧要塞司令部復電以該段城墻上部為城防工事所有地點原有地形不能破壞，礙予協助制止等由，准此，除函請首都警察廳飭屬隨時制止外，合令仰該處派員隨時注意制止為要！

此令。

代理局長 屋素波

監印 宋寄蘊
校對 貢文傑

往馬家街二號之一查詢並無王學青復到崑崙路挖土處見已無人在挖運、又該處通路挖斷如此判斷已停止挖運、並已通知本處外勤人員及路工隨時注意

閱 三十六

芝、三十六

國立中央研究院爲請嚴禁竊挖九華山城墻磚土與市政府、首都警察廳等的往來文書

（一）國立中央研究院爲請嚴禁竊挖九華山城墻磚土與市政府、首都警察廳的往來公函、代電、布告

（一九四八年三月五日至三月十五日）

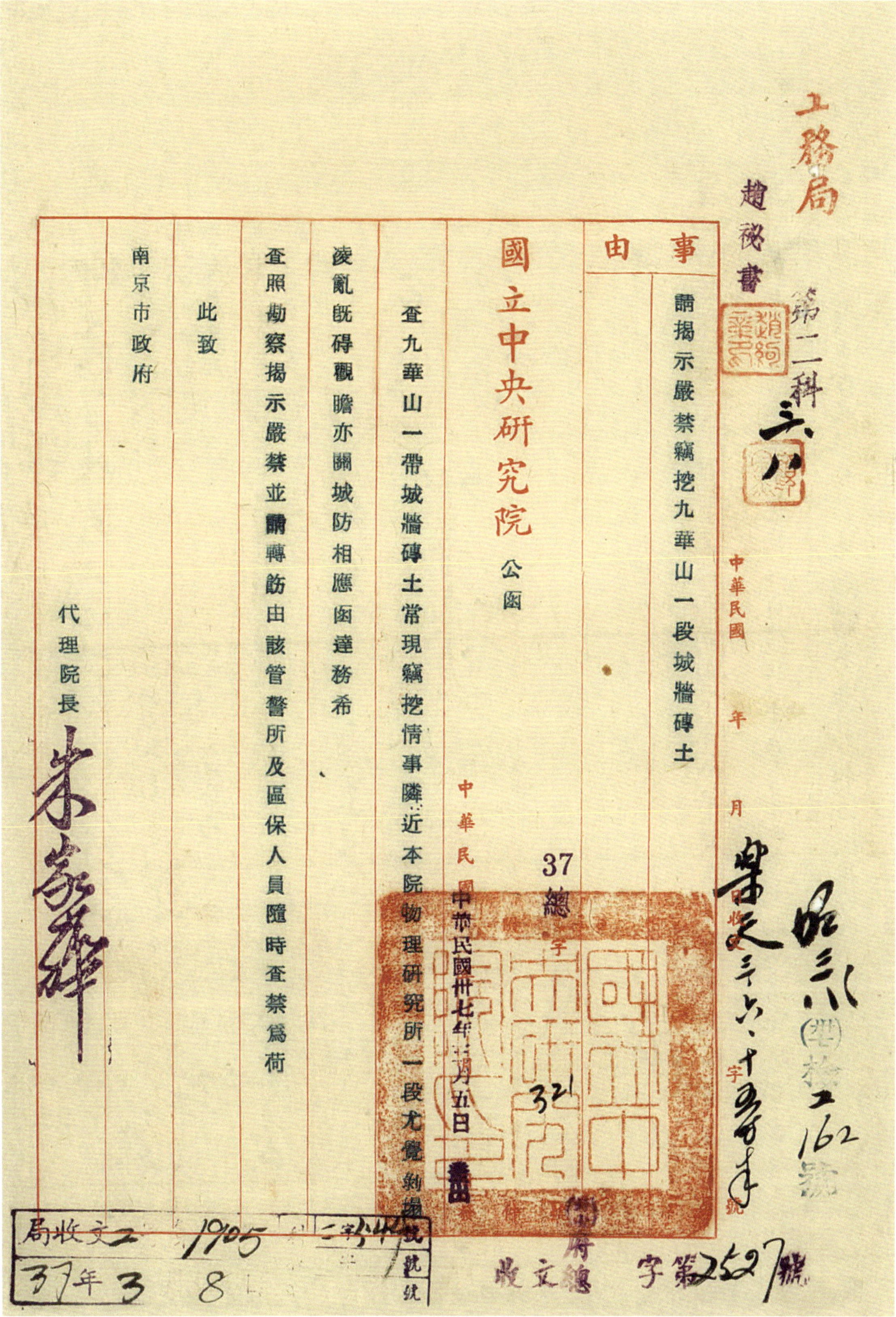

工務局
趙秘書
第二科

事由：請揭示嚴禁竊挖九華山一段城牆磚土

國立中央研究院公函

查九華山一帶城牆磚土常現竊挖情事鄰近本院物理研究所一段尤覺剝損凌亂既碍觀瞻亦關城防相應函達務希查照勘察揭示嚴禁並請轉飭由該管警所及區保人員隨時查禁爲荷

此致
南京市政府

代理院長 朱家驊

中華民國卅七年三月五日

37 總 字 321

局收文工 1905 號
37年 3 8

總收文 字第2527號

抄送编译室
布告十二帐送工务局一科

南京市政府

送達機關	國立中央研究院 首都警察廳
事由	為准函囑禁止窃挖城墙砖土一案復請查照由 為電希飭屬查禁窃挖城墻砖土由 為佈告禁止
文別	公函 代電 佈告
承辦單位	工務局
會簽單位	會民政局 並請分令有關各區

市長
副市長
秘書長　參事　秘書　科長　股長
擬稿
局長　秘書　科長　主任　股長
擬稿

案准

貴院(37)總字第三二一號函以九華山一帶城墻磚土常被窃挖情事囑予揭示嚴禁並飭警所及區保人員隨時查禁等由自應照辦除佈告暨電首都警察廳並令民政局飭屬查禁外相應復請

二科發文
322 號
2495
2496

查照為荷。

此致

國立中央研究院

市長沈○

代電

首都警察廳黃廳長鑒：茲准中央研究院函以九華山一帶城墻磚土時被竊挖情事，囑予揭示嚴禁，並飭警所及區保人員隨時查禁等由。查本京城墻磚土時常被奸民竊挖偷運，情形影響城防至鉅，自應嚴予查禁，除業由本府佈告並令民政局分飭有關各區公所隨時查禁外，特電希飭屬嚴禁偷挖為要。沈○寅（印）印　府總工印

佈告

查本京城墻磚土，常被人竊挖偷運，影響城防，亟應嚴予禁

止、而維治安、嗣後若有再敢竊挖城墻城磚或泥土者、一經查獲、定予依法嚴懲、除電首都警察廳、並飭民政局通飭所屬嚴禁偷挖外、合行佈告週知。

此佈

（二一）市民政局爲奉市政府交下國立中央研究院函飭屬查禁竊挖城墻磚土的訓令（一九四八年三月十三日）

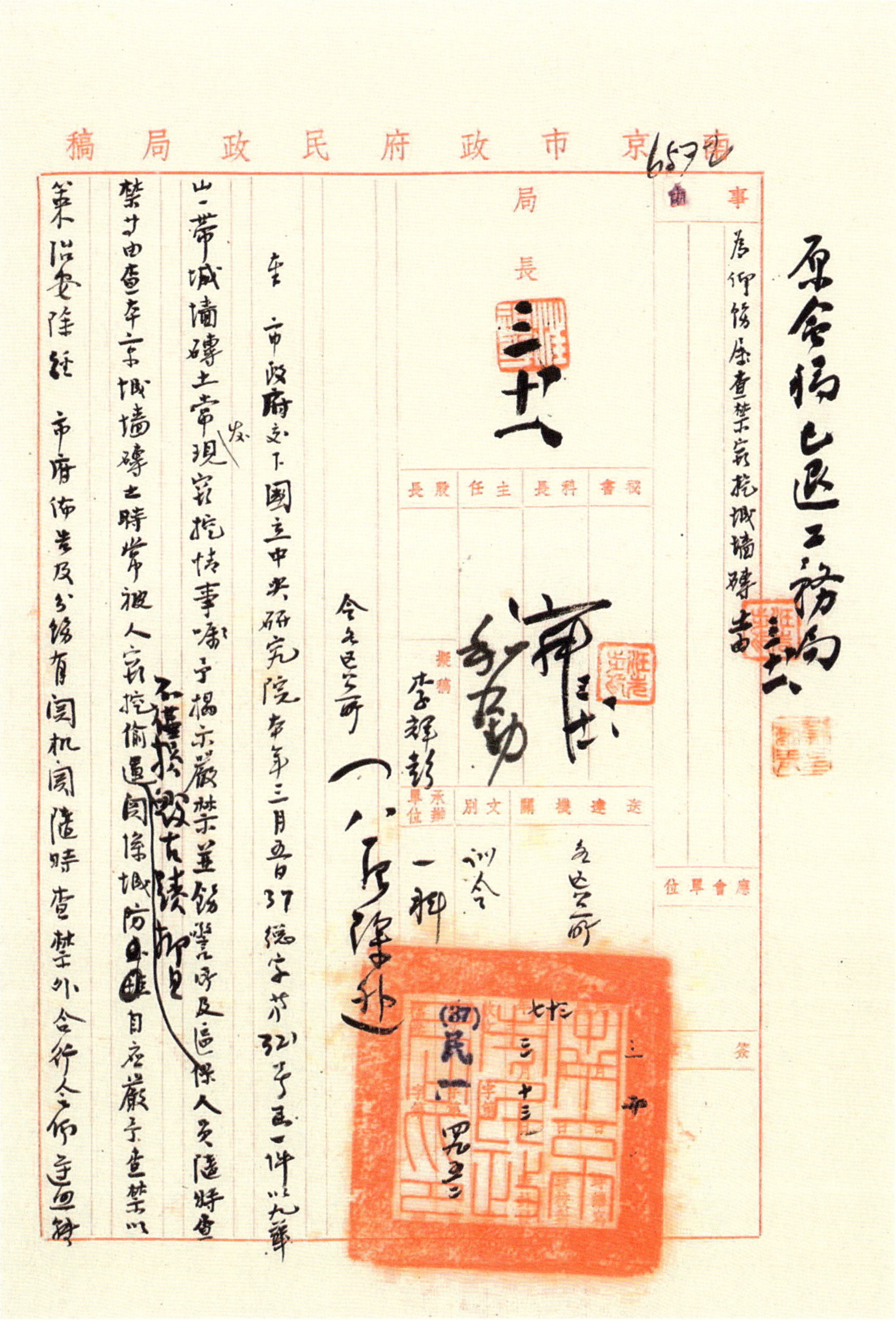

南京市政府民政局稿

事由：爲仰飭屬查禁竊挖城墻磚土由

原令稿已送工務局 三、十八

局長 三、十八

秘書 科長 主任 股長

擬稿 李輝彭

送達機關：各區公所

文別：訓令

承辦單位：一科

（37）民一 七七三 三月十三日

令各區公所（八區除外）

案奉市政府交下國立中央研究院本年三月五日37總字第321号函一件以九華山一帶城墻磚土常現竊挖情事屬予轉示嚴禁並飭警察及區保人員隨時查禁等由查本京城墻磚土時常被人竊挖偷運不僅損毀古蹟抑且關係城防自應嚴予查禁以

除經呈復市府佈告及分飭有關機關隨時查禁外合行令仰遵照辦

該所應隨時嚴密查禁為要！

此令。

局長汪○○

（三）首都警察廳爲查禁竊挖九華山城墻磚土情形致市政府呈文（一九四八年三月二十日）

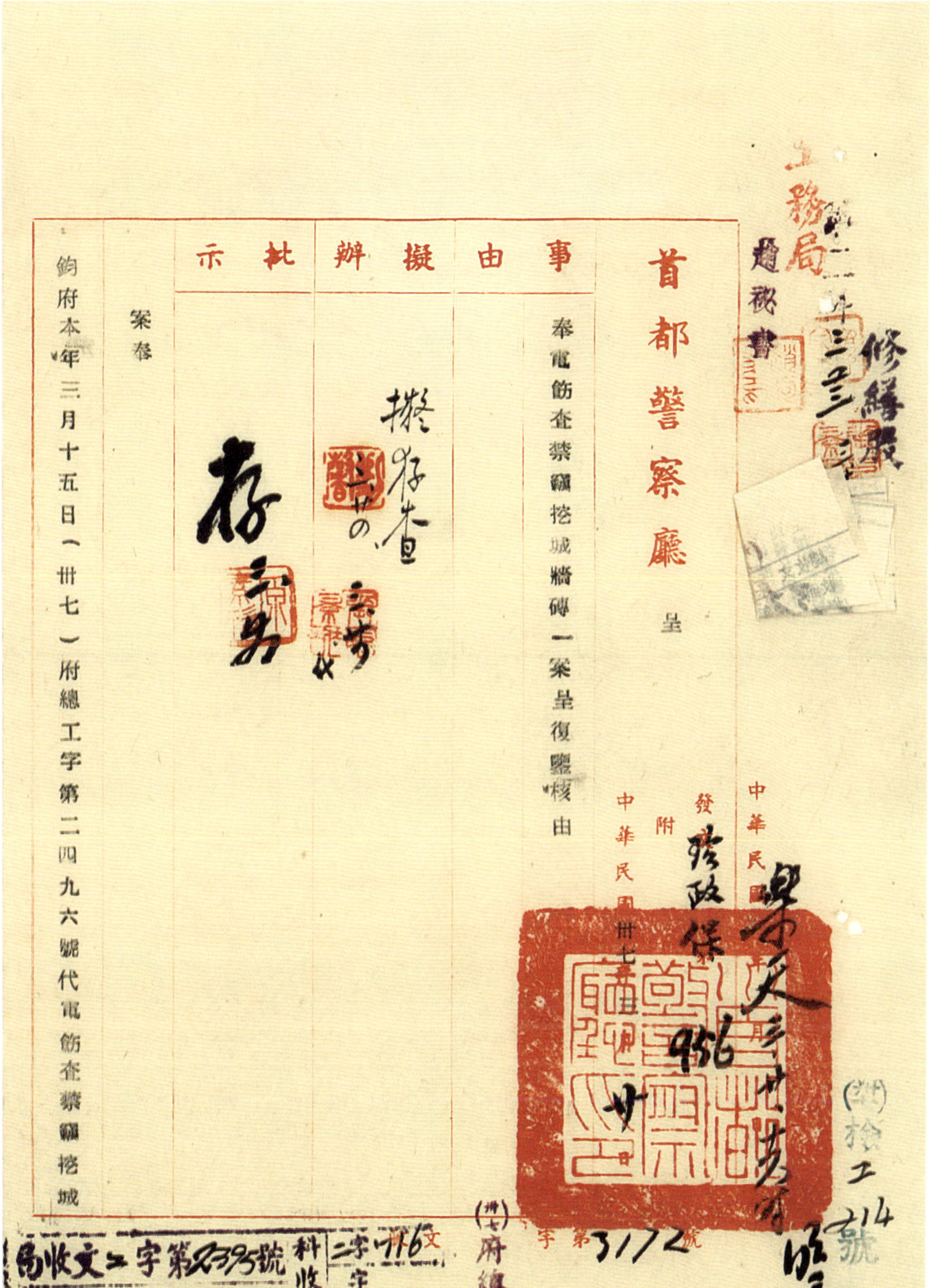

首都警察廳 呈

事由：奉電飭查禁竊挖城牆磚一案呈復鑒核由

擬辦：擬存查

批示：存

案奉

鈞府本年三月十五日（卅七）府總工字第二四九六號代電飭查禁竊挖城

中華民國卅七年三月廿日

發 字第3172號

附

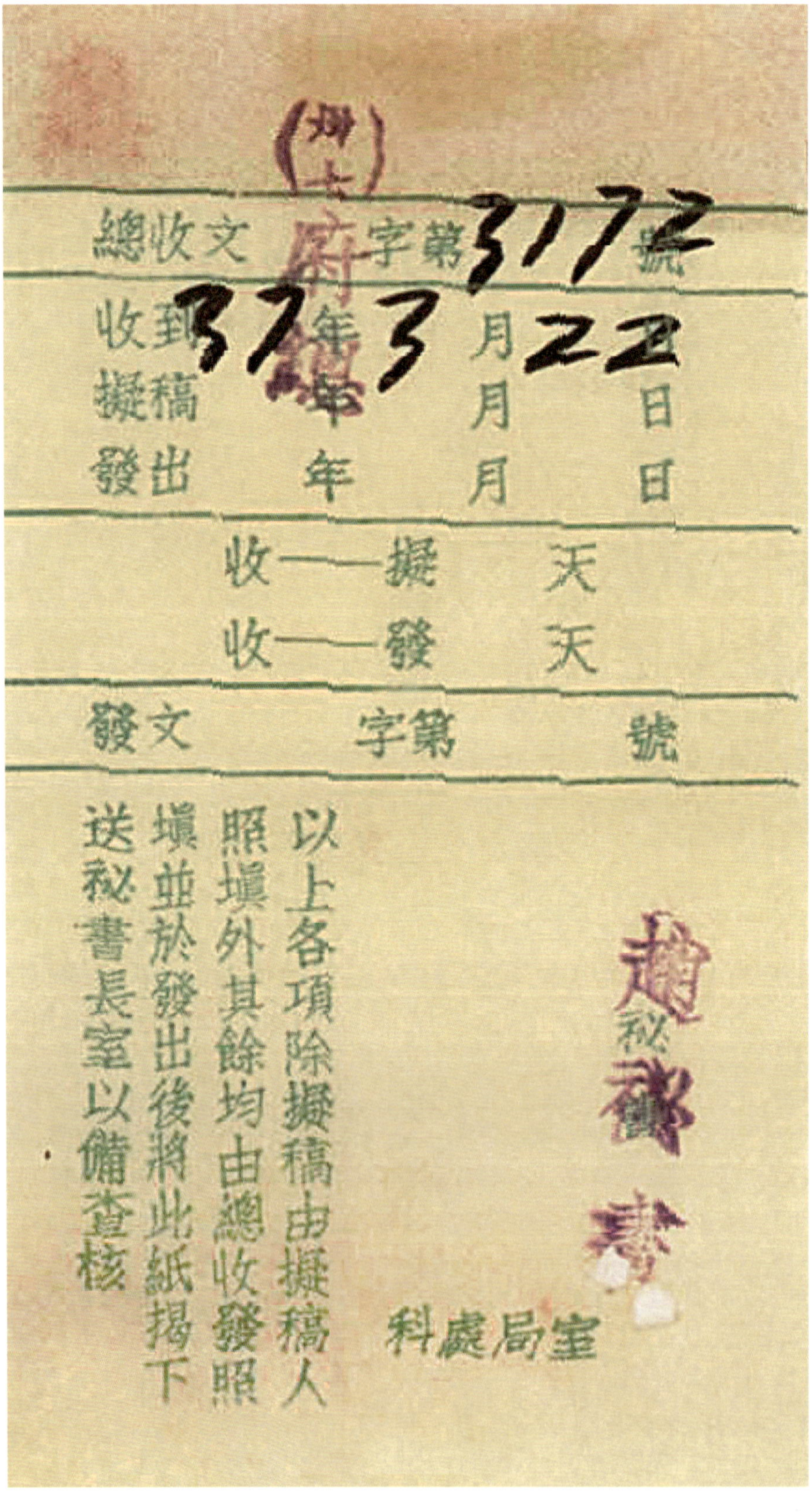

總收文 府 字第 3172 號

收到 37 年 3 月 22 日

擬稿 年 月 日

發出 年 月 日

收——擬 天

收——發 天

發文 字第 號

以上各項除擬稿由擬稿人照填外其餘均由總收發照填並於發出後將此紙揭下送秘書長室以備查核

室局處科

竊磚土一案查竊挖城磚早經令禁前准中央研究院以同一情形函囑取締又據本廳東區警察局呈報有軍人利用軍車竊運后宰門一帶城磚復准市工務局以同一情形函囑查禁均經分別呈報衛戍總司令部函憲兵司令部協助取締令飭該管警察局及刑事警察隊嚴予查禁并函復中央研究院各在案茲奉

前因理合呈復

鑒核

謹呈

南京市市長沈

首都警察廳廳長黃珍吾

監印
校對

市工務局爲請制止軍人挖掘薩家灣道房後面城墻泥土與江寧要塞司令部的往來公函、代電

（一九四八年九月十一日至九月十三日）

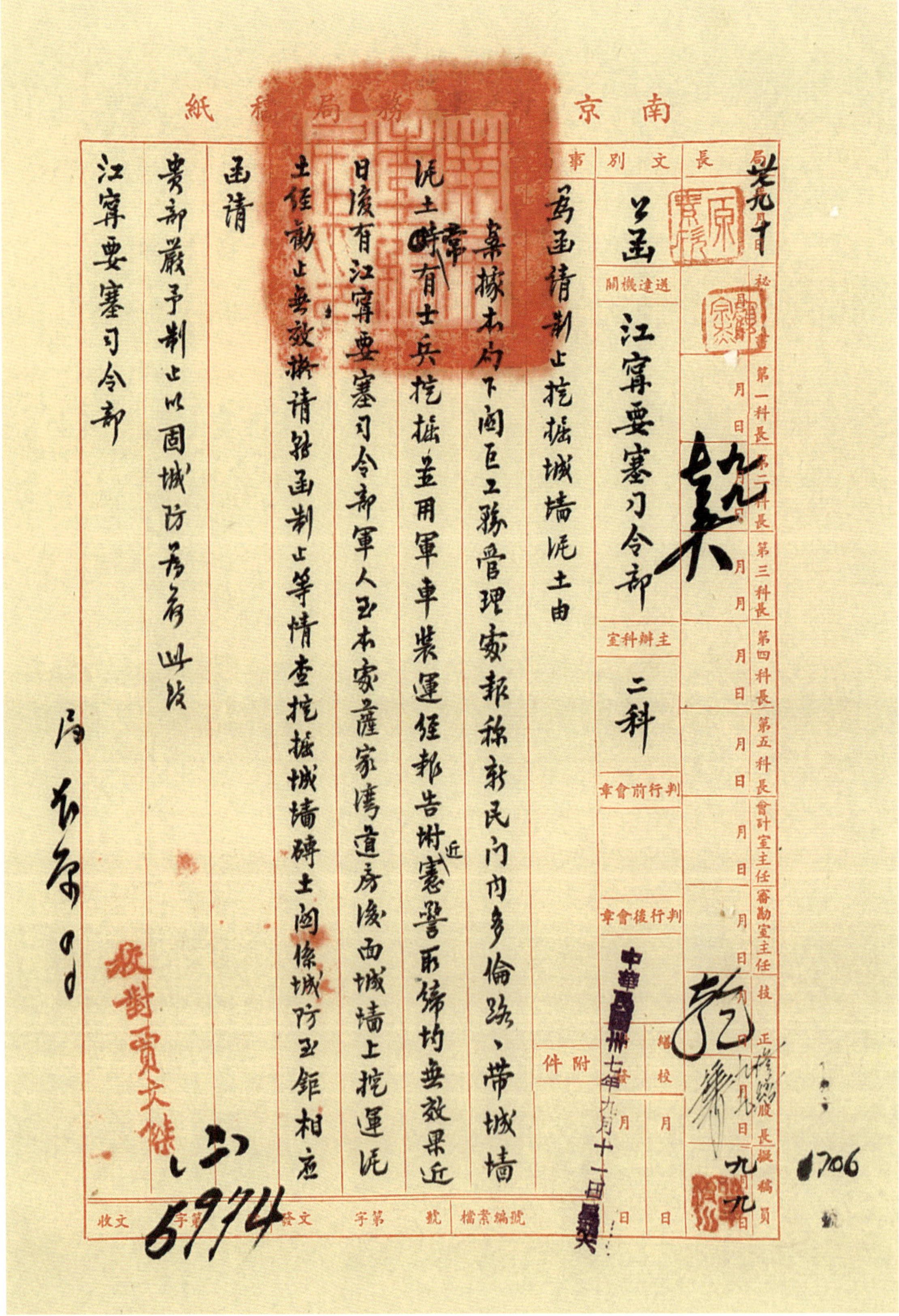

南京市工務局稿紙

文別：函

送達機關：江寧要塞司令部

主辦科室：二科

事由：爲函請制止挖掘城墻泥土由

案據本府下關區工務管理處報稱：新民門內多倫路一帶城墻泥土，時有士兵挖掘，並用軍車裝運，經報告附近憲警取締，均無效果。近日復有江寧要塞司令部軍人至本處薩家灣道房後面城墻上挖運泥土，經勸止無效，擬請轉函制止等情。查挖掘城墻磚土，關係城防至鉅，相應函請

貴部嚴予制止，以固城防爲荷。此致

江寧要塞司令部

局長

中華民國卅七年九月十一日

南京市工務局摘由紙

姓名或機關	摘由	擬辦	批示
江寧要塞司令部	派出修削山挖掘城墻泥土一案希查照由	擬存 九.十六.	
文別：代電			
附件：			
收文 年 月 日 時			

總收文 字第 號

第二一科九六 修繕股 九.十七

局收文 工字第8216號 37年9月16日

科 工字2888

江寧要塞司令部（箋）代電

（收文第　號）

事由	受文者
為復京二工字第五九七四號一案由	南京市工務局

發文			
附	日	字	駐
	中華民國卅七年七月拾□日發	總法字0047號	京楷江门

一、貴局（卅七）京工二字第（5974）號代電敬悉。

二、經飭本部副官主任賀繼勝查復，據稱奉令修建要塞砲台需用大批砂土，曾飭副官孫恆貴到城外取運，詎料該員即在就近薩家灣城根挖運拾担，兹查該員取土係供國防建設之用，並故違法令，殊屬非是，業已嚴予懲處在案。

第　頁

歸檔

三准函前由用特復請查照為荷！

司令 胡雄

第　頁

裝訂綫

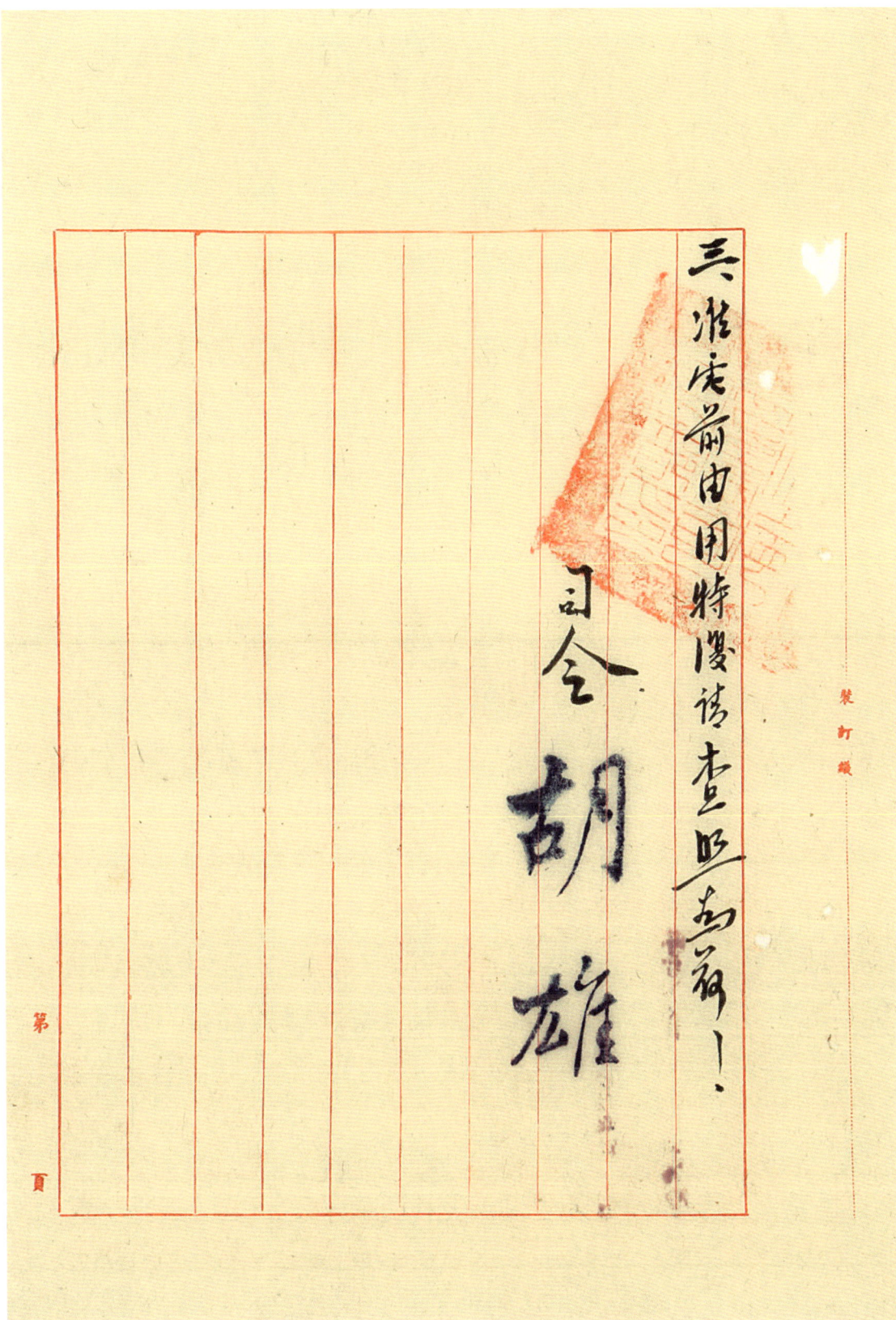

南京城墻檔案

城墻的保護與管理

陸

設崗徵税與查驗貨物

僞市工務局爲運送木料搬運入城請城門各憲警查驗放行與僞市社會局的往來文書（一九三八年十月二日）

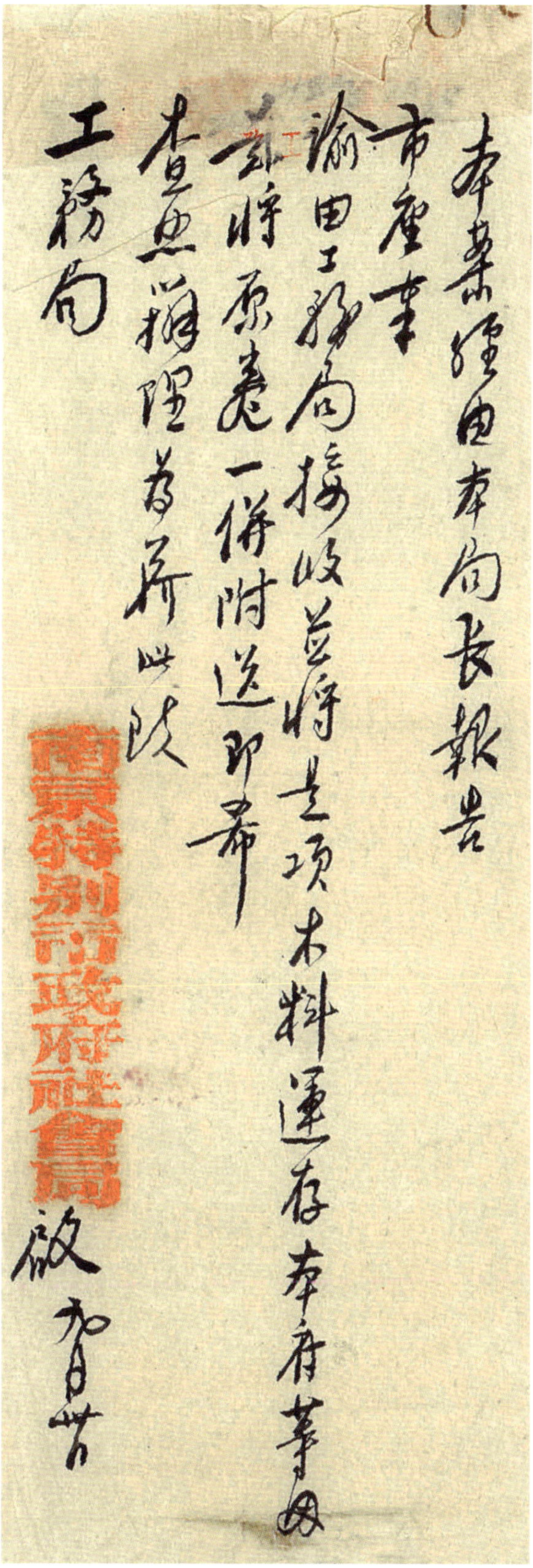
本案經由本局長報告
市座業
諭由工務局接收並將是項木料運存本府等因
並將原處一併附送即希
查照辦理爲荷此致
工務局
南京特別市政府社會局
啟 十月廿日

派王壽彭查明該項木料

設法運材料庫妥為保存具報

七月、廿日

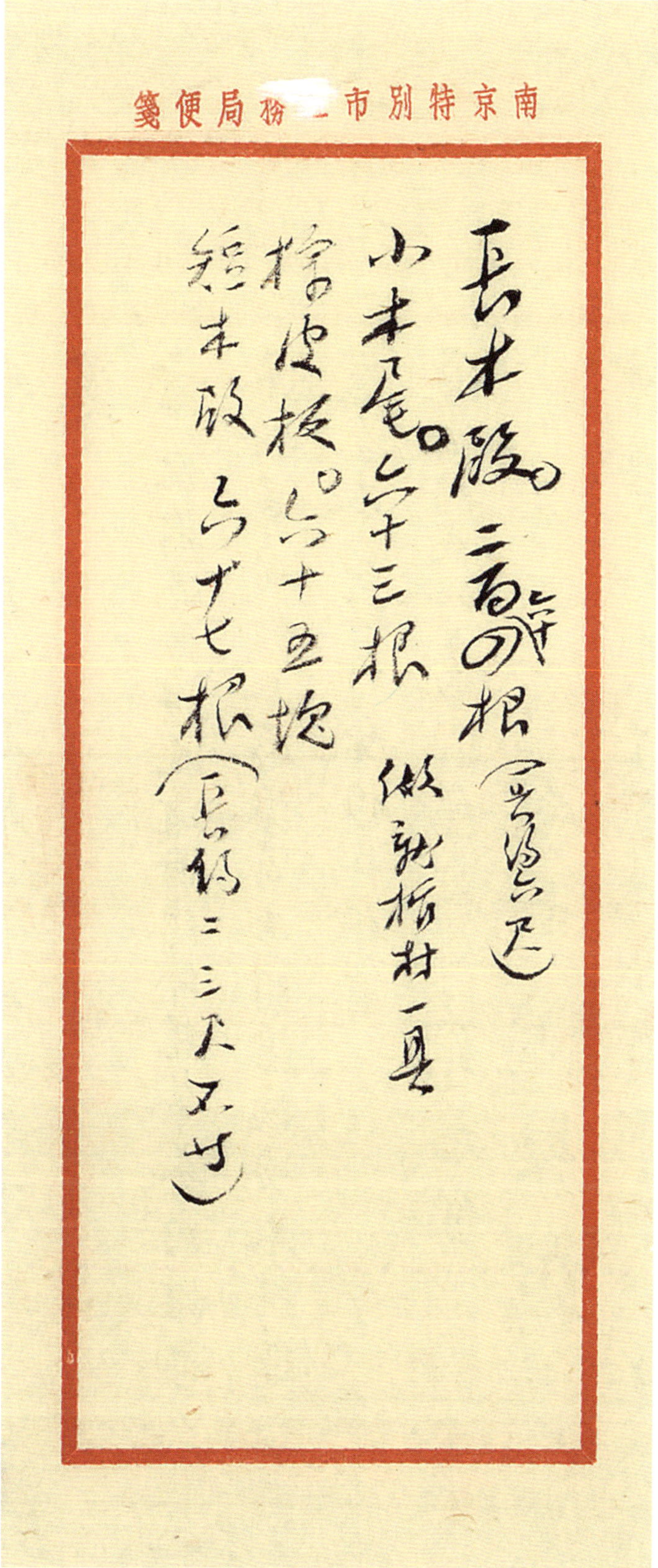

南京特別市工務局便箋

長木段二百六十四根（長約六尺）

小木段六十三根　做新橋材一具

橋便板六十五塊

短木段六十七根（長約二三尺不等）

南京特別市政府工務局用箋

南京特別市政府工務局證明書

奉

市長諭迅即接收通濟門外龍華菴內堆存

木料等因經本局派員查明將該項木料運

送至本局材料庫保存即請

通濟門城門口各憲警查驗放行為荷

局長 趙公謹

中華民國二十八年十月　日

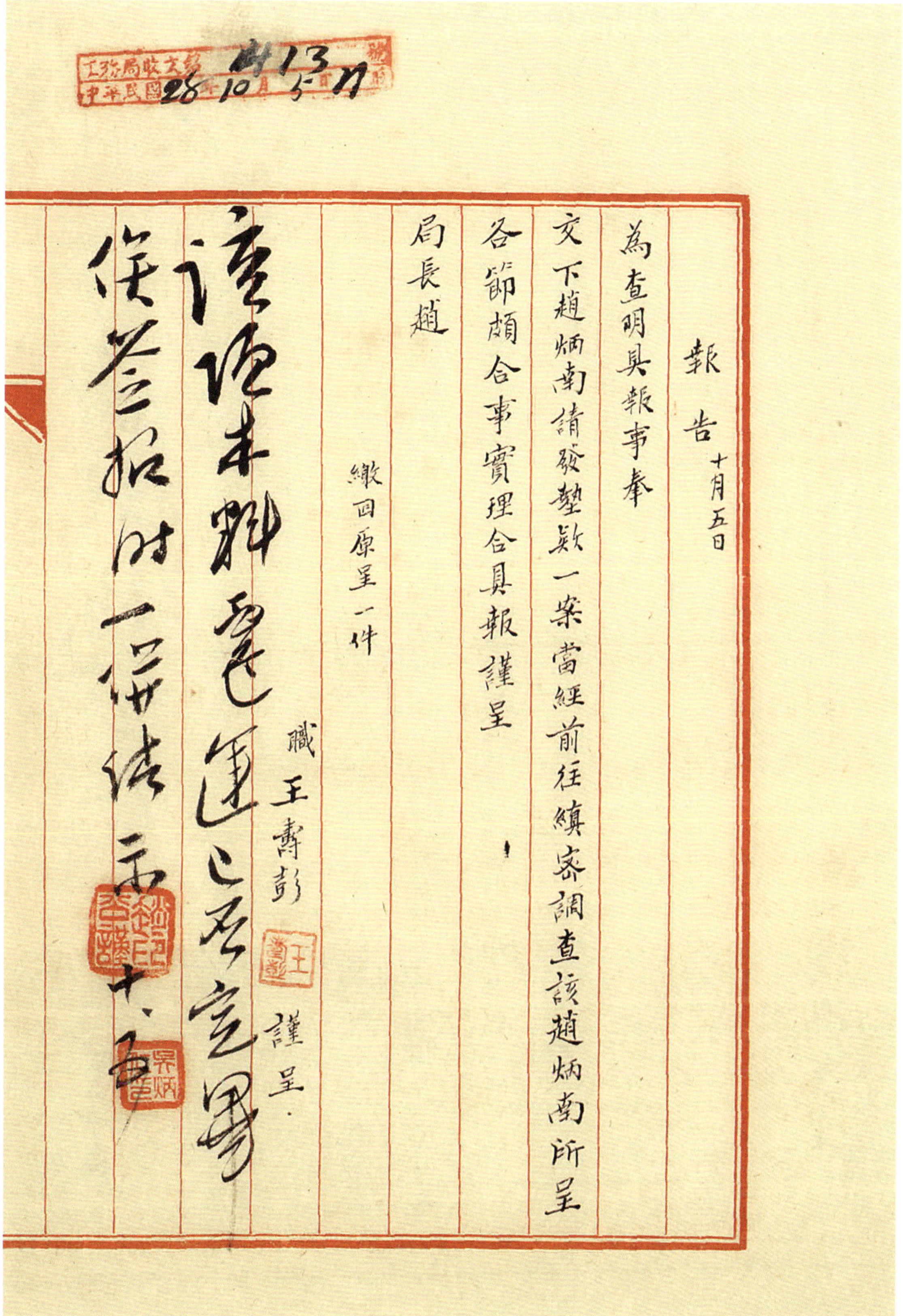

工務局收文 中華民國 28年10月5日

報告 十月五日

為查明具報事奉

文下趙炳南請發墊款一案當經前往鎮寧調查該趙炳南所呈

各節頗合事實理合具報謹呈

局長趙

繳回原呈一件

職 王壽彭 謹呈

該項木料需運已否完竣

候簽報時一併核示 十、六

函知社會局　十月廿日

報告　十月十一日

為查收具報事案奉
局座交下查明趙炳南木料設法運材料庫妥為保存具報各等
因遵即往查接收運庫保存惟所收數目與原呈數目稍有出入又
棺材難運仍存原處合將收到數目及原存情形具報
鑒核謹呈
局長趙

計開
長木段二六四根
小木梢四五根　又做成棺材一具　未便運庫　仍存原處　有趙炳南收条

短木段五五根　標皮板六十五塊

附繳原件

職王壽彭（印）謹呈

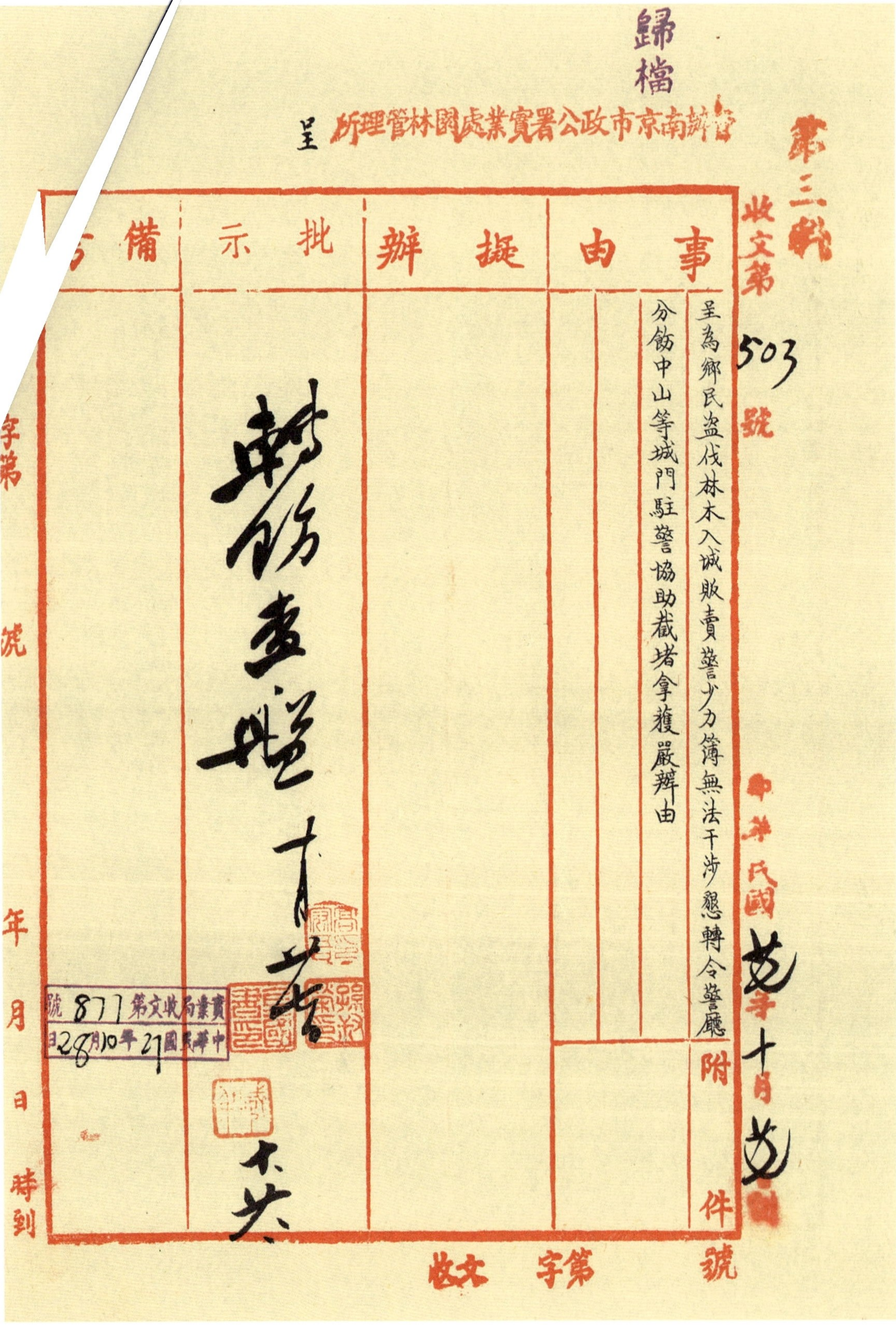
歸檔

督辦南京市政公署實業處園林管理所 呈

實三戰 收文第503號

事由：呈為鄉民盜伐林木入城販賣警少力簿無法干涉懇轉令警廳分飭中山等城門駐警協助截堵拿獲嚴辦由

附件

中華民國 十月

擬辦

批示：轉飭查照 十月廿六

大英

實業局收文第877號 中華民國27年10月28日

備考

收文 字第 號

僞實業處園林管理所爲鄉民盜伐林木入城販賣，請中山等城門駐警協助截堵與僞督辦市政公署的往來文書

（一九三八年十月二十六日）

為呈報事茲據中山陵園辦事處管理員趙世申呈稱竊查職處設於孝陵衛原為便利推行放租事宜復因辦事便利起見又在太平門外崗子村地方設立辦事分處置技佐一人警士四名茲據該分處警士姫泮澤報稱每日清晨四時太平門外龍脖等處有二三百人或一二百人不等結隊擔樹柴入太平門販買每遇園警查問即口出惡言握拳相向園警等因人少力薄無法干涉請示辦法等情前來旋即派警長卞寶慶查明此項樹柴之來源去後茲據覆稱此項樹柴逐日有數百擔入太平門求售實不自近日始始於六七月間其來源多係砍伐森林民間私山樹木實佔少數龍脖地方擔樹之人。係中山門外明陵後山一帶之人民。專伐明陵後山之森林。太平門外之擔柴人。係陵園西北鄉之人民。專伐陵園山後之森林。至確實砍伐自有樹木者實佔百之一二耳若以每日太平門進城求售之樹柴五百擔計經五月長久之時間則總柴量為七萬五千擔。附近私山之樹木實不能產生如此鉅大之數目以之證明此等擔樹柴之人回稱私山砍伐一語則不攻自破矣等情前來據此則此等所擔之樹柴大部份係砍伐公有森

林無疑矣爲此理合呈報鈞長鑒核此種樹柴應否截堵如此聚衆如何處置統請迅予指示方針
俾便遵循實爲公便等情據此查莠民盜伐陵園樹木雖一再嚴禁迄未能制止長此則林木將
遭芟夷罄盡之虞理合據情呈請
督辦令知警察廳分飭中山太平和平各城門駐警協助截堵林地内長川派警巡查遇有盜
伐林木者拿獲後從嚴究辦一二人庶盜伐之風或可消滅實爲公便謹呈
督辦南京市政高
兼園林管理所所長盧東林

中華民國二十七年十月二十六日

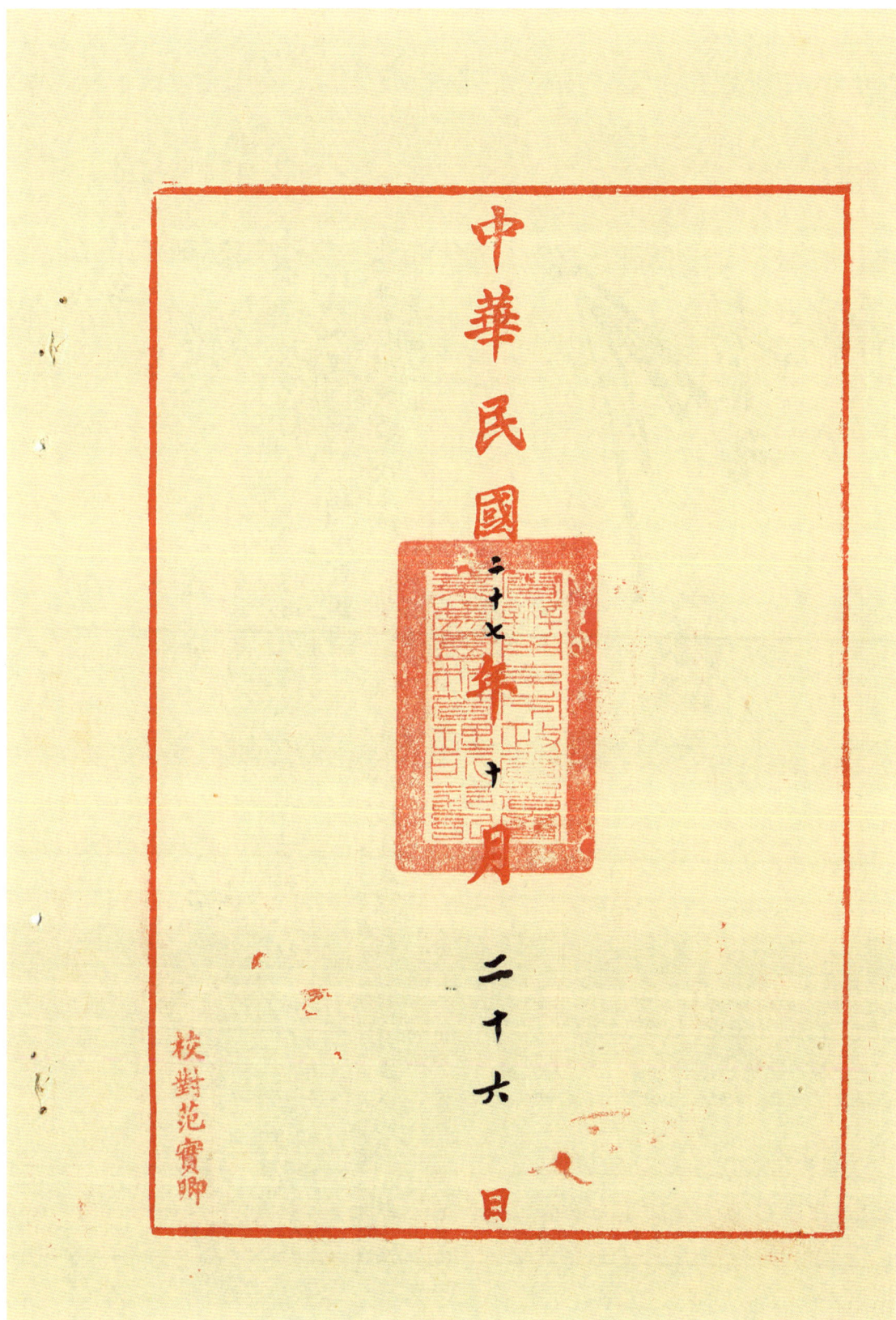

校對范實卿

督辦南京市政公署

歸檔

文別	訓令 指令
事由	為據園林管理所呈報鄉民每夜入山砍柴請令警局梭巡截堵新砍林木入城仰遵照辦理具報由
送達機關	警察廳 園林管理所
類別	稿 登第628號
附件	中華民國廿七年十二月四日發 939 940

為據園林管理所呈報鄉民每夜入山砍柴請令警局梭巡截堵新砍林木入城除令警廳……仰遵照辦理由

督辦 十二月二日

秘書處長

副秘書處長

秘書

幫辦秘書

實業局

局長　秘書　科長　科員　辦事員

中華民國二十七年	
收文	月 日 時
交辦	月 日 時
擬稿	十一月廿七日 時
核發	十一月卅一日 時
判行	月 日 時
繕寫	月 日 時
校對	十二月二日 時
蓋印	月 日 時
封發	十二月六日 時
收文發文相距	日 時

收文 字第 883 號

發文 實字第 1083 號

檔案 字第 1283 號

836

全衛訓令

字第　號

令警察廳

為訓令事。案據園林管理所所長盧東林呈：據中山陵園辦事處管理員趙世申呈稱：竊查私伐森林，法所嚴禁。云云。伏乞俯賜令飭警察廳飭令孝陵衛駐警隨時協助辦理，俾公家林木得以稍留生機，實為公便。

核閱又據該所所長盧東林據中山陵園辦事處管理員趙世申呈稱：竊查職處設於孝陵衛，原為便利推行放租事宜。云云。庶盜伐之風或可消滅，實為公便。各等情到署。據此，查太平门、中山门以外中山陵園、明孝陵、靈谷寺一帶林木，迭據報被莠民結隊砍伐，出售，經令飭該廳會同本公署派員前往查禁，究辦在案。

茲據呈報該義民等肥料燒盡，每日夜間入山砍伐，並將所砍之官有林木每日清晨挑運入城販賣，尤復胆敢不遵盤查，任意抵抗，殊堪痛恨。若不從嚴禁止，則所有林木勢必砍伐殆盡。據呈前情，除指令外，合再令仰該廳即便遵照，飭令該處警局隨時派警梭巡拏辦，並飭中山太平和平各城門崗警，如有義民挑送新砍林木入城，一律堵截扣留究辦，毋稍寬恕，切切。此令。

仝銜指令　字第　號

令園林管理所

呈二件為鄉民砍伐林木入城販賣，警少力單，無法干涉，義民對員警有不許以武力即任意譏謗，請令警廳從

飭中山等城門駐警協助堵截拏辦由　新收抄本

為指令事，兩呈均悉，已令飭警察廳轉令該處警局梭巡查拏，隨時實地具報，

中山等城門堵截拏辦，仰仍飭令各團警巡緝，毋稍懈，切

切此令。

中華民國二十七年十月　日

繕寫

校對監印朱啟華

監印校對李儀新

僞市園林管理所對各城門值崗園警祇有檢查公家林産及薪炭搬入許可證責任，但不得幹預地方警察應處理事致僞中山陵園辦事處的訓令（一九三九年一月一日）

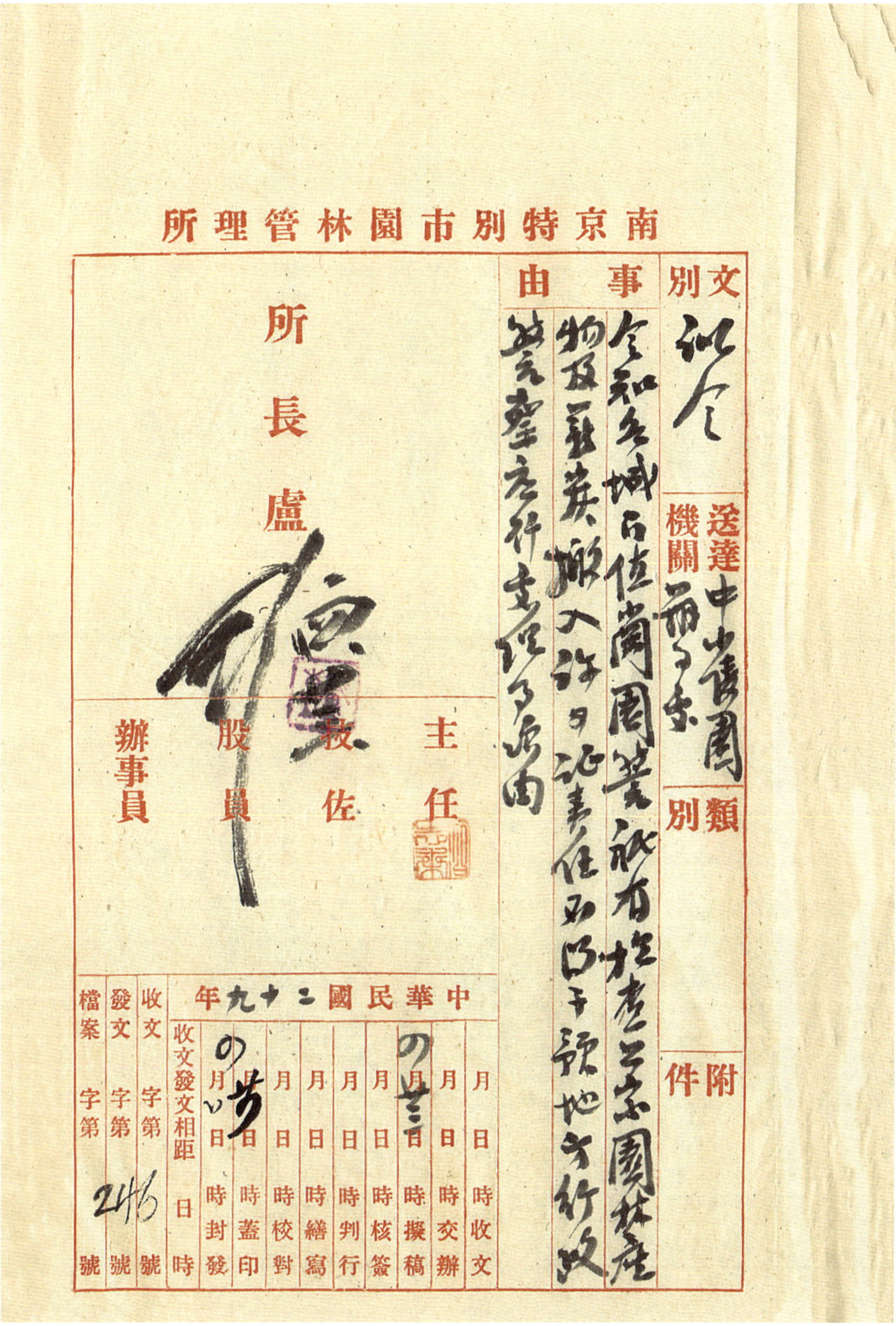
南京特別市園林管理所

文別：訓令

送達機關：中山陵園辦事處

類別

事由：令知各城門值崗園警祇有檢查公家園林産物及薪炭搬入許可証責任不得干預地方行政警察應行事件由

附件

所長盧

主任

佐

股員

辦事員

中華民國二十九年

月日時收文
月日時交辦
月日時擬稿
月日時核簽
月日時判行
月日時繕寫
月日時校對
月日時蓋印
月日時封發
收文發文相距日時

收文字第號
發文字第號
檔案字第號

训令第　　号

令中山陵园管理委员会

为训令事：查中山、太平二门外各城门设备

仍属简陋，园警之权限，祇有于查公家园林产

物进出及禁止搬入，许可证书，遇有与事

之关系，若情形甚为重要，亦应随时报告主管

长官，擅夺或据于自处理，已属于地方行政

警察职权管理，与陵园性质迥别，决不容

稍涉干预，致有不合，因相当整息，嗣后临时

推诿请托，为之处罚，前经本府传令之认识

識為日久殊失除分飭外合行令仰該處
轉飭各長警嚴密巡邏隨時派員查察毋
稍疏忽為要此令

中華民國二十九年四月二十三日

鼓樓[illegible]

僞市園林管理所爲中山陵園園警巡山請警備司令部通知各城門衛兵免予幹涉致僞保護森林委員會呈文（一九三九年一月三日）

督辦南京市政公署實業處園林管理所

文別：呈

事由：爲據情袒請保護森林委員會轉請警備司令部通知各城門衛兵所免予干涉並予協助由

送達機關：保護森林委員會

類別：

附件：

所長盧（簽名）代

主任　佐

股員

辦事員

中華民國廿七年

收文	月	日	時
交辦	十二月	廿日	時
擬稿	月	廿日	時
核簽	月	日	時
判行	月	日	時
繕寫	月	日	時
校對	月	日	時
蓋印	一月	三日	時
封發	月	日	時
收文發文相距		日	時

收文　字第　號

發文　字第　三　號

檔案　字第　號

為呈請事案據中山陵園辦事處管理員王茂槐呈称呈為呈报事案

據職處園警部福振等呈称園警等於本月二十六日下午三时許

巡山云云實為公便等情據此理合據情呈請

鈞会轉請

警備司令部通知中山门衛兵所并通告太平和平两门衛兵所免予干

涉並予協助以維禁令而保森林謹呈

保護森林委員会

全銜

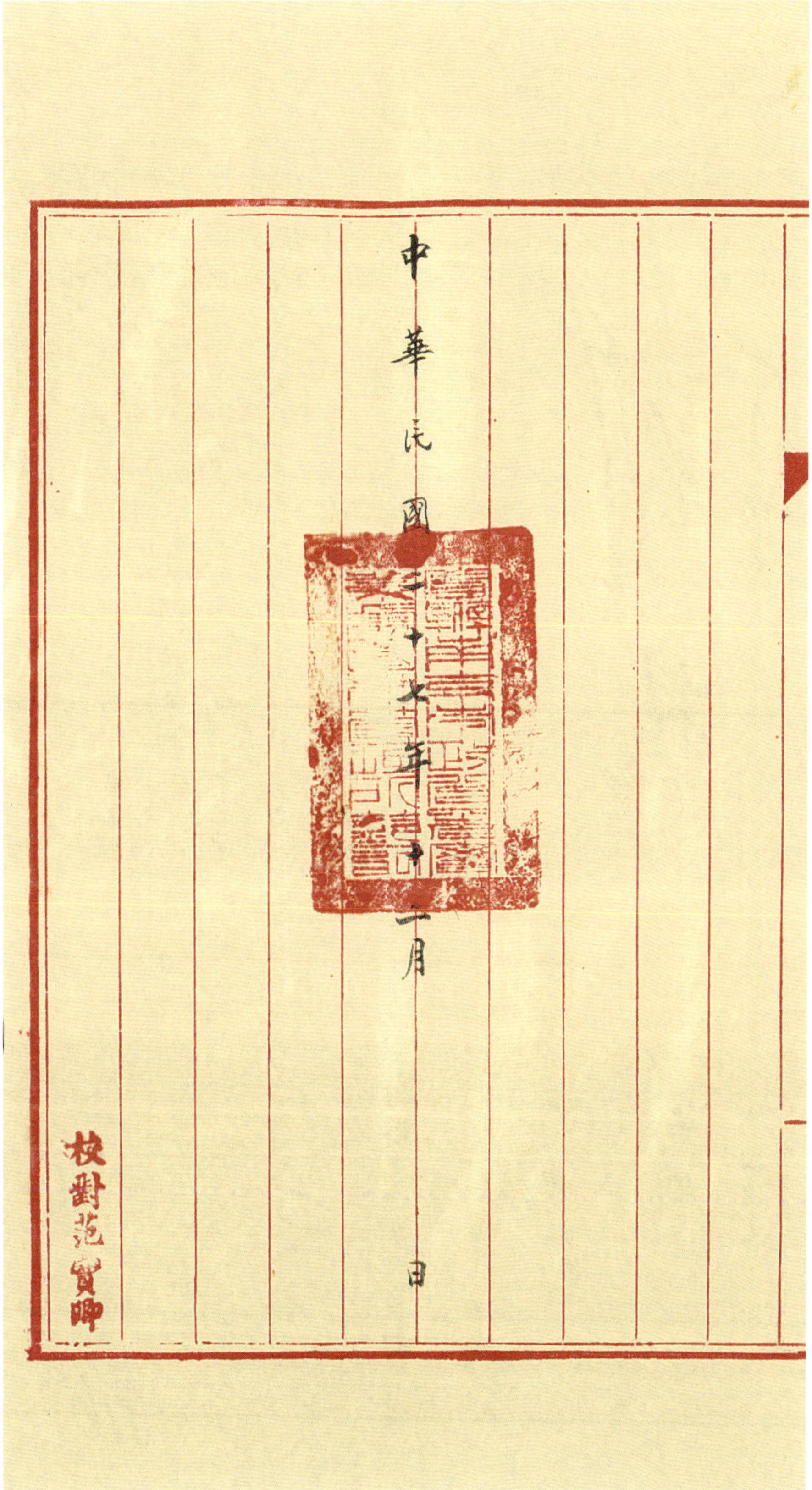

中華民國二十七年十一月　日

校對范賓卿

僞督辦市政公署爲請放行購運竹木材料人員致日軍南京特務機關的公函及致義泰和雜木行的批（一九三九年一月三十日）

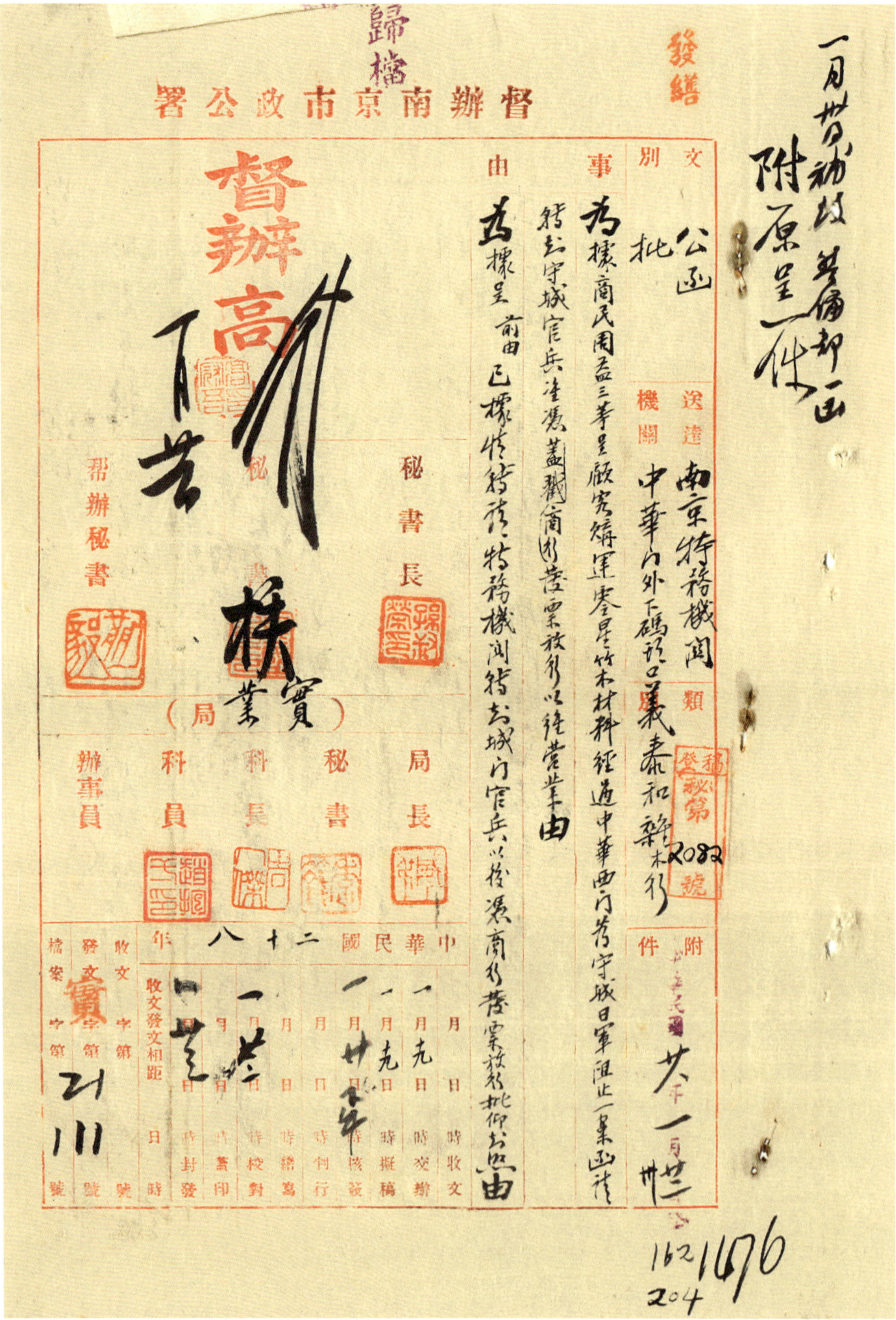

督辦南京市政公署

發繕

歸檔

一月廿九補發 並備部函 附原呈一件

文別：公函 批

送達機關：南京特務機關 中華門外下碼頭口義泰和雜木行

類：督秘第2082號

附件：

事由：為據商民周孟三等呈嚴家遲運零星竹木材料經過中華西門首守城日軍阻止一案函請轉知守城官兵准憑蓋戳商行發票放行以維營業由

由：為據呈前由已據情轉請特務機關轉知城門官兵以後憑商行發票放行批仰知照由

督辦 高冠吾

秘書長

幫辦秘書

（實業局）

局長 秘書 科長 科員 辦事員

中華民國二十八年 一月九日 一月廿九日 [illegible]

收文字第 號 發文字第 號 檔案字第 2111 號

署衔　一　公函　字第　号

迳启者，案据本市义泰和杂木行经理周益三等呈称，

窃商民等向为零星竹木材料之营业，云云，而维生

计。等情。据此，查该商民运货进城，[illegible]商号[illegible]

[illegible]除批示外，相应函达[illegible]

贵[illegible]照转知驻守城门官兵，遇该商民等运零星竹木

材料经过城门时，如与该商行盖戳发票相符，即予放行，

[illegible]为荷。此致

南京特务机关

批　字第　號

具呈商民義泰和雜材行經理人周益三等

呈一件　為販賣零星竹木材料經過中華西門為守城日軍阻止懇轉請特務機關准予持有行家營業票驗照放行以維營業由

呈悉。已據情函請特務機關轉知該守城門官兵，凡遇商民販運零星竹木材料經過城門時，如呈驗商會蓋戳營業票相符，即准予放行，以維營業而利建設。仰即知照。此批。

本案仍候復函再行飭知

中華民國廿八年一月廿日

繕寫
校對
監印

監印朱啟基
校對李伯新

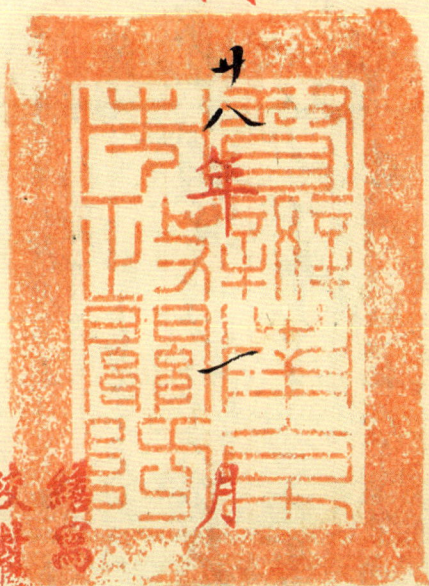

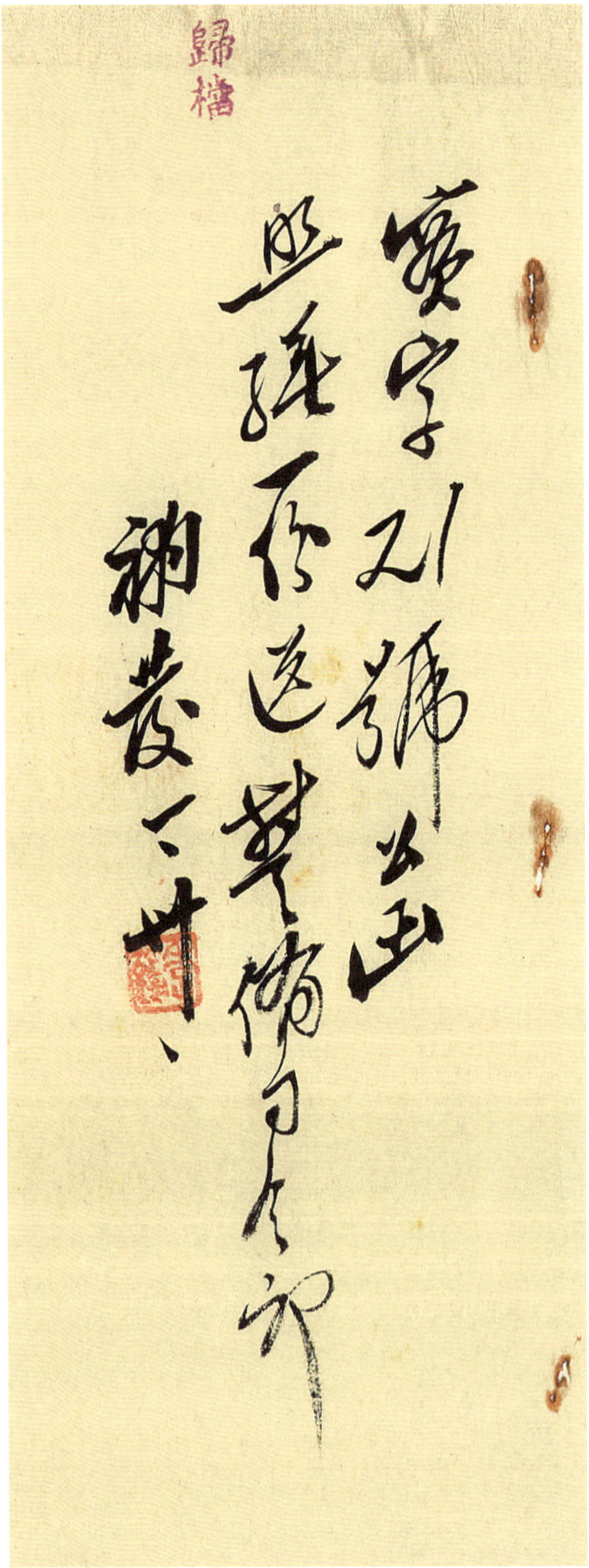
歸檔

僞實業處園林管理所爲持有薪炭搬入許可證的居民應按指定城門入城致僞中山陵園辦事處訓令（一九三九年一月三十一日）

收文63号

南京市政府實業處園林管理所訓令 林字第67號

二月三日

令中山陵園辦事處

為令遵事案准 南京保護森林委員會訓令內開為訓令事
案查燕子磯區公所填發民有樹枝木柴入城通行証辦法
第二條經過和平門時由區公所查明屬實民有拆戶拆件填發
搬入許可証等語所有燕子磯範圍內民有薪炭應指定專由
和平門入城不得通行其他城門此外不屬於燕子磯區公所
界址以內民有薪炭統由園林管理所查明填發許可証入中
山太平玄武等門并由園林管理所燕子磯區公所於許可
証上加蓋戳記以資區別而免淆混除分函外合行令仰該
所即便遵照辦理此令準奉 南京保護森林委員會函開
逕啓者案據本委員會一月二十日第三次常務會議決事

遵辦 二六

項業經會議紀錄在卷自應印刷分送以資照辦除分函

外相應檢同紀錄函請　貴所查照希即按照原議決案

有關各條辦理具報為荷各等因計附送第三次會議紀

錄一份奉此合行節錄原議決案有關各條一併令仰該所

遵照辦理具報此令

附節錄護林會第三次原議決案一份

中華民國二十八年一月廿一日

所長　雷[illegible]

校對范寶卿

節錄護林会第三次常会原議決案

提議事項　園林管理提案

一、護林會發給薪炭搬入許可證鄉區坊公所不得另製印發提請　公決案

決議　薪炭入太平中山和平玄武等城門時須由本委員会填發搬入許可證至坊公所另製許可證即行禁止并函鄉區公所遵照

二、擬請護林會規定請領薪炭搬入許可證手續俾有遵循案

議決　長有薪炭須經各鄉保甲長申請證明由園林管理所及燕子磯區公所查明後填發搬入許可證方准入城

三、擬請護林會函請憲警各機關對于行道樹統予保護案

決議　由本委員会函請各機關保護

四、本所捕獲盜伐森林人犯法院處罰極輕應如何補救案

決議　1. 函請江寧地方法院擬保護森林苗木暫行辦法從重嚴辦

2. 凡鄉民外裹乾柴草封內實木柴蒙混入城者應由警廳派警

注意檢查

五、堯化門外事聯絡所發出油印薪炭搬入許可證仿造本會式樣應如何查禁究辦案

決議　此項許可證應絕對禁止發給薪子者出一面通知各城門所運木柴以本年本委員會所發薪炭搬入許可證一律扣留不准通行

警備司令部臨時動議　以無搬入許可證蒙混入城之薪炭應如何處置案

決議　此項薪炭扣留充公以儆效尤並由警察廳園林管理所會同執行變價其價款撥同造冊彙繳本委員會作為經費

僞南京警察廳爲在城門車站等處設置女檢查與僞市政府往來文書（一九三九年三月二十五日）

收文第1753號

送文簿股

公函

存查 五月廿日

五、廿六

中華民國廿八年五月廿日 收到

南京警察廳公函

總字第一三〇號

逕啓者查本廳前爲檢查城門車站往來婦女分別在中華門、京滬車站、挹江門、水西門、中山門、通濟門、等處設置女檢查前往服務業經函達

查照在案茲准第三區公所函略開玄武門乃敝坊市民入城買賣必由之路婦女出入無女警檢查殊多不便自中央門停止通行以來燕子磯區鄉民多數由玄武門出入其中良莠不齊若不檢查難保無奸人混入等由准經飭據該管第三警察局查核議復據稱玄武門確屬需要設置女檢查等情據此當經遴派女檢查三名前往玄武門服務擔

任檢查事宜除令飭該管第三警察局知照及分函外相應函達即希

查照爲荷此致

市政府

廳長

徐仲仁

中華民國二十八年五月十九日

校對張大慶
監印戴以勝

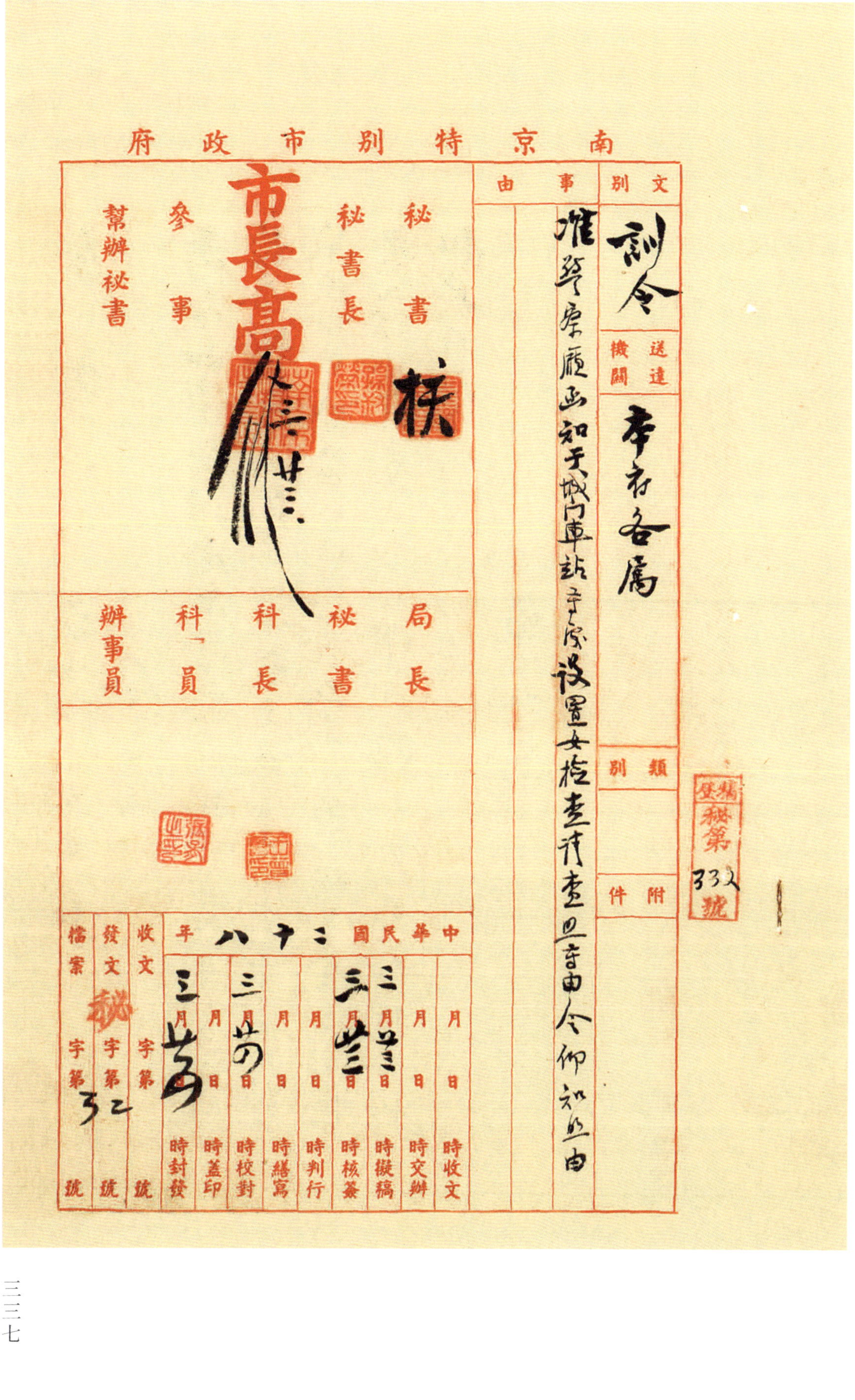

南京特別市政府

文別：訓令

送達機關：本府各屬

事由：准警察廳函知于城門車站等處設置女檢查請查照等由令仰知照由

類別

附件

市長高

秘書長 秘書 參事 幫辦秘書

局長 秘書 科長 科員 辦事員

中華民國十八年

收文 月 日 時
文辦 月 日 時
擬稿 三月廿三日 時
核簽 三月廿三日 時
判行 月 日 時
繕寫 月 日 時
校對 三月廿四日 時
蓋印 月 日 時
封發 三月廿五日 時

收文 字第 號

發文 秘字第 32 號

檔案 字第 號

秘第 332 號

全銜　訓令　字第　號

令各屬

為令知事案准南京警察廳總字第七一號公函開以檢查城門車站往來婦女起見設置女檢查三十名分別派往中華挹江中山通濟各門及京滬車站等處專司檢查工作函請查照等由准此除分令外合行令仰知照此令

市長高○○

中華民國二十八年三月二十三日

監印朱啟燊
校對李佑新

[illegible]字第 91 號
[illegible]科 年 3 月 22 日 時

送[illegible]書[illegible]

收文第 373 號

公函

[illegible]館長勛鑒

三月廿[illegible]

中華民國廿八年三月廿一到

南京市警察廳公函

總字第七一號

逕啟者查本廳茲為檢查城門車站往來之婦女設置女檢查並經招考錄取女檢查三十名分別派往中華門六名京滬車站挹江門中山門各五名通濟門四名專司上項檢查工作茲訂定女檢查服務規則一份以資遵守除呈報并分別函令外相應檢同該項規則函達

查照為荷此致

市政府

附送女檢查服務規則一份

廳長徐仲仁

中華民國二十八年三月二十日

監印戴以勝
校對張夫慶

偽市政府爲請轉函警備司令部憲兵隊本部飭令各城門駐軍憑石炭搬入許可證查驗放行致日軍南京特務機關的函
（附件：石炭搬入許可證暫行辦法和分運單）（一九三九年五月十七日）

南京特別市政府公函

社字第123號

逕啓者案查前因本市煤量缺乏曾經函准
貴機關長發給石炭搬入許可證以便各煤商領往各地採辦
運京銷售歷經辦理在案上月間本市煤炭評價委員會第
十次常會時據出席人煤業公會陳清文臨時提議以商人所
領石炭搬入許可證每多未能按照原證數量一次運送入城應
請發給分運單據通知各城門軍警查驗放行等語查該分
會提議請發分運單一節係為便利煤商將運到石炭零運
入城銷售核尚可行茲經擬訂分運單並石炭搬入許
可證暫行辦法各一種除分函並令南京市商會通知各煤

號遵照外相應檢同分運單式樣及發給石炭搬入許可證

暫行辦法函達

貴機關長查照仍請轉函警備司令部憲兵隊本部飭令各城門駐軍查驗

放行實深公感此致

南京特務機關

計函送發給石炭搬入許可證暫行辦法一份

石炭搬入分運單式樣一紙

市長高冠吾

中華民國卅五年五月十七日

監印朱沆鑾
校對李佐□

南京特别市政府發給石炭搬入許可證暫行辦法

第一條　凡本市煤號商人自赴産煤區域或鄰近礦區採購煤觔運京銷售請領石炭搬入許可證者應依照本辦法辦理之

第二條　請領許可證以曾向本府申請登記之煤商領有營業執照者爲限

第三條　請領前項許可證須具申請書邀同鋪保蓋章先期申請並應註明後開各款

一品目石炭　數量

二通行區域　由某處運至本市某城門内　街銷售

三期間

四運輸方法

第四條　領證時保人應聯帶具結蓋章其保結式樣另定之

第五條　所運之煤到埠時須先報明聽候派員查驗數量是否相符如有假借許可證名義將所辦煤觔任意轉運及中途銷售情事

40

查明從嚴處罰

第六條　凡憑許可証運輸到埠煤觔如須分批入城應另具申請書呈請發給分運單（前項許可証分運單概不收取何項費用）

第七條　所運煤觔如有夾帶違禁物品情事從嚴懲辦

第八條　如有未盡事宜得隨時呈請修正之

城內通過
下開意見

石炭搬入分運單

茲有　　　　煤號前經覓保呈由本府核發
南京特務機關　　字第　　號由　　地方採辦石炭
噸運至南京搬入許可証在案茲據該號填具申請書以原辦
數量未能一次入城請求發給分運單前來應予照准合行發
給分運單希駐在城門軍警查驗放行如有夾帶違禁
物品情事即呈報依法嚴辦此單

商號	地址	搬入數量	入何城門	方法	商店加章店主簽名蓋章	日期	備考

南京特別市政府

中華民國二十八年　月　日

煤字第　號

石炭搬入分運單存根

茲有
煤號前經覓保呈由本府轉發
南京特務機關　字第　號由　地方採辦石灰　噸運
至南京搬入許可證在案茲據該號填具申請書以原辦數量未能
一次入城請求發給分運單前來除給單外並外特留存根備查

商號地址	搬入數量	入何城門	方法	商店加蓋店主簽名蓋章	日期	備考

中華民國二十八年　月　日

公函

僞市財政局爲撤消各城門查驗所呈文

（一）僞市財政局爲奉令撤消各城門查驗所、呈繳戳記、停付房租的呈文、報告（一九四〇年八月二十四日至八月二十六日）

為呈報事奉　令撤消各城門查驗所職等調往捐稅徵收所服
務遵即於是日到差所有各查驗所租賃房屋租金均結至
八月終為止租之日前領
鈞局頒發戳記理合一併呈繳即祈
科長華　轉呈
局長蹇　鑒核
附呈
太平門驗訖戳　壹個　　光華門驗訖戳　壹個
通濟門驗訖戳　壹個　　中山門驗訖戳　壹個
中華門驗訖戳　壹個　　水西門驗訖戳　壹個

漢中門驗訖戳　壹個　挹江門驗訖戳　壹個

龍江橋驗訖戳　壹個

中華民國二十九年八月二十四日呈

濮昌期　曹鍾武

稽查員朱雨三　劉長齡

費紹武　鄧劭謙

報告　八月二十六日

竊奉

鈞諭各城門查驗所應即取銷各城門查驗所房租着發至本月底止仰該稽查主任遵照辦理具報等因奉此主任遵即持諭報告本局三一科科長停付房租并通知各稽查遵照結束在案茲准挹江門兼龍江橋查驗所稽查朱雨三、漢中門查驗所稽查曹鐘武、光華門查驗所稽查濮昌期、水西門查驗所稽查劉長齡、通濟門兼太平門查驗所稽查鄧紉謙、中華門查驗所稽查費繩武先後面稱、業經遵令到捐稅徵收所服務、所有各查驗所均已結束并將用物開單報乞轉報等因、准此奉令前因理合將各查驗所用物數目分別開單具文呈報仰祈

鑒核俯賜察收謹呈

[illegible]

科長翁轉呈

局長蹇

附呈一件本戳九個

稽查主任李捷三

轉呈市長岑賓戳

祈飭銷燬為禱

有吉

（二一）僞市財政局爲奉令撤消各城門查驗所致僞市政府呈文（一九四〇年九月二日）

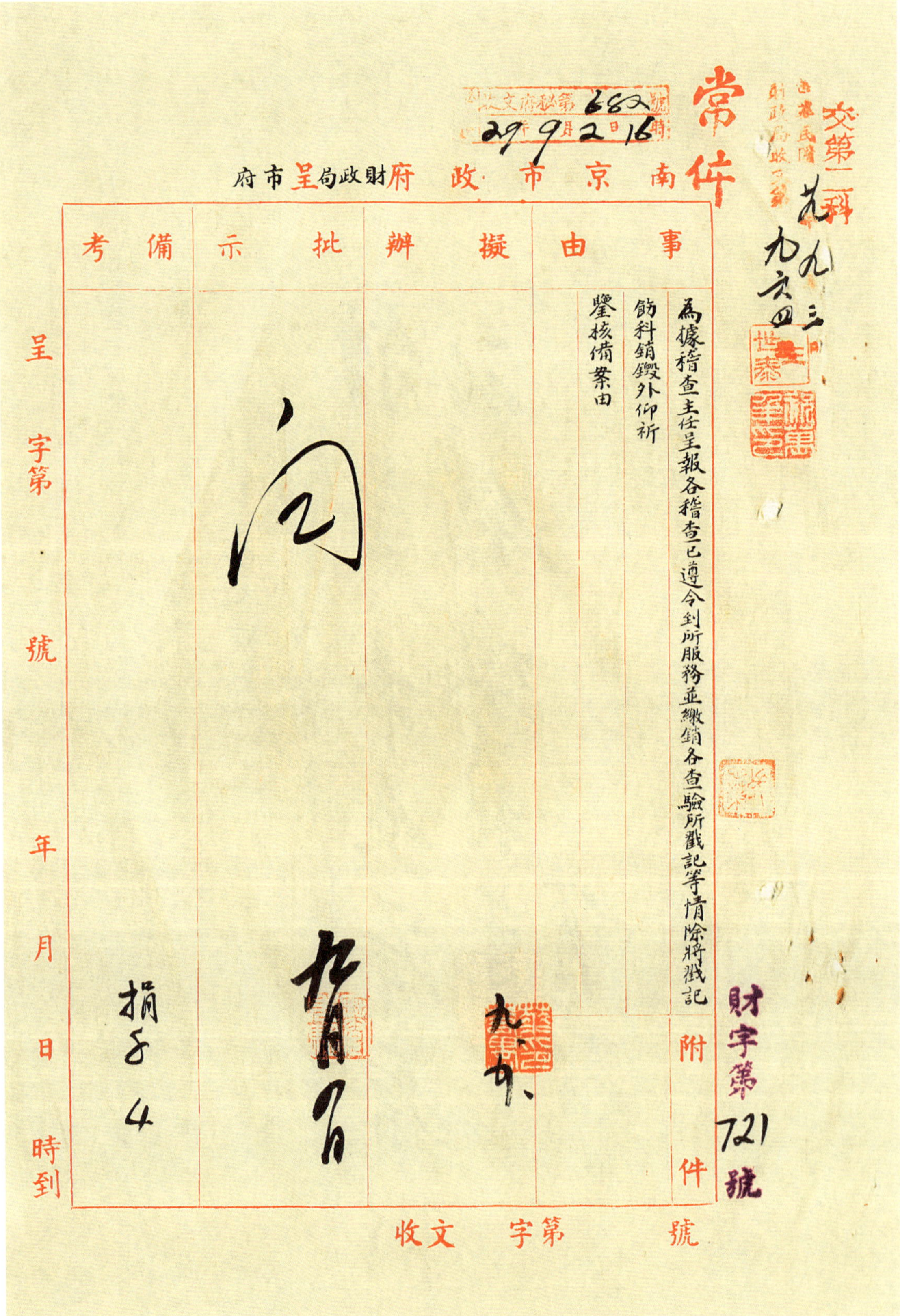

常件

南京市政府秘書處文書科收文第682號 29年9月2日16時

南京市政府 財政局呈市府

事由：爲據稽查主任呈報各稽查已遵令到所服務並繳銷各查驗所戳記等情除將戳記飭科銷毀外仰祈鑒核備案由

附件

擬辦

批示：閱

備考

財字第721號

呈　字第　號　年　月　日　時到

收文　字第　號

為呈報事查職局稽查朱雨三曹鍾武漢昌期劉長齡鄧劭謙費繩武等六人奉令調派捐稅徵收所服務各城門查驗所應即取消等因業經轉飭遵照在案茲據稽查主任李掟三報告該稽查等已遵令前往捐稅徵收所服務所有各查驗所前領頒發戳記呈報繳銷等情並附木戳九枚據此除將戳記飭科銷燬外理合報乞

鑒核備案實為公便謹呈

市長蔡

財政局局長蹇先騘

中華民國二十九年九月二日

暫印

僞捐稅徵收所爲所屬七處城門添設稅警七名所需津貼作正開支的呈文及僞市政府的指令（一九四一年三月一日）

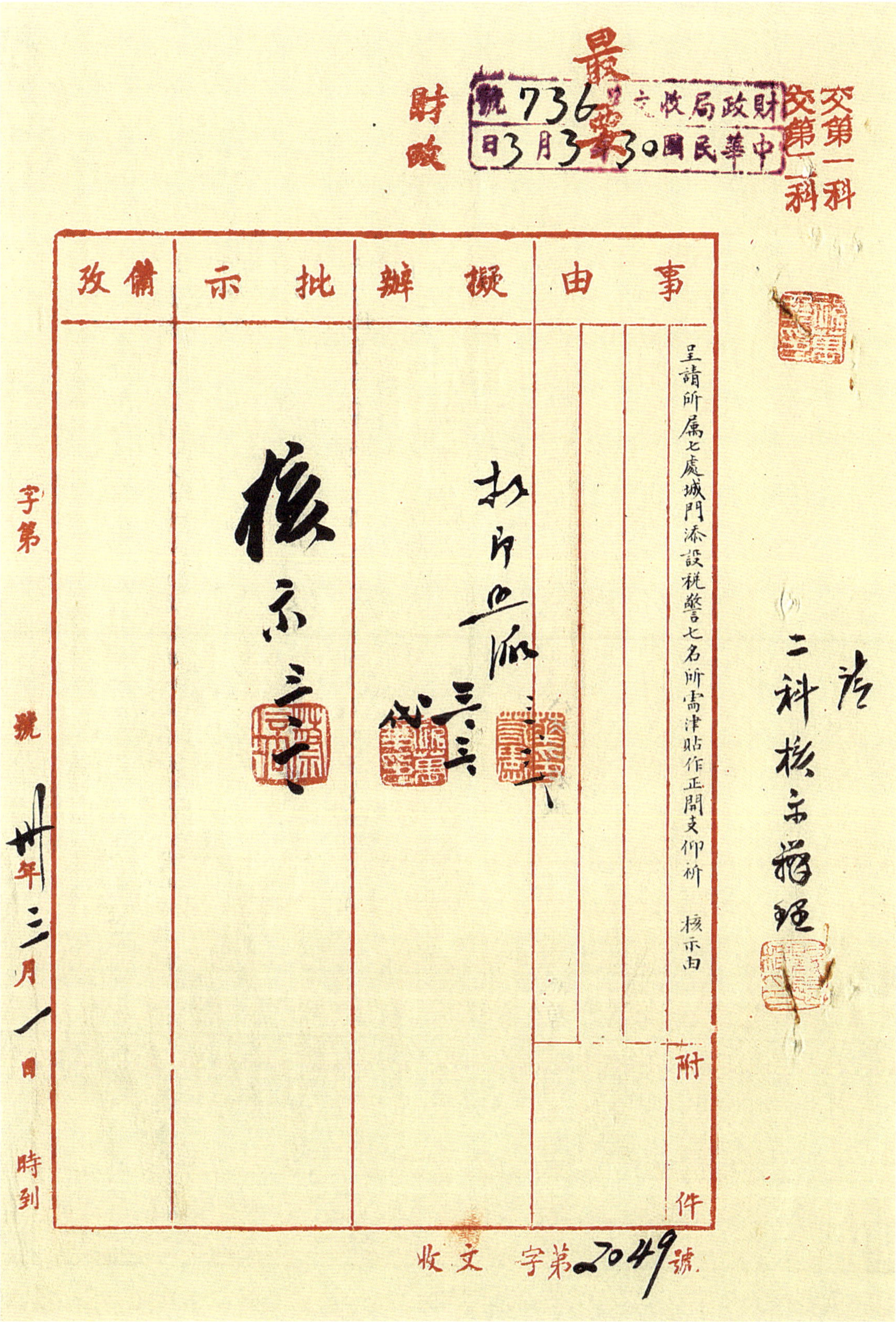
最要

財政局收文 第736號

中華民國30年3月3日

交第一科

財政

事由	擬辦	批示	備攷
呈請所屬七處城門添設稅警七名所需津貼作正開支仰祈核示由	擬予照派 三·三	核示 三·一	

字第 號 卅年三月一日 時到

附件

收文 字第2049號

二科核示辦理

查本所所屬通濟、漢中、光華、中山、太平、中華、江東、各城門七處稽徵所前因事務清簡額設徵收員一人而事實上各該徵收員有私自託人臨時照顧情事此中流弊甚多除嚴行令飭革除外惟各稽徵所額僅一人既屬照顧難周且每逢解款日期及抽調漏稅等情似難分身及此若添派員司經費有限勢又不可茲擬各該稽徵所添派稅警一人常駐看守似覺稍爲妥善所需稅警七名津貼作正開支列入預算所擬是否有當理合呈請

鈞長鑒核示遵謹呈

南京市市長蔡

代理捐稅徵收所所長李熙曾

中華民國二十年六月二十七日

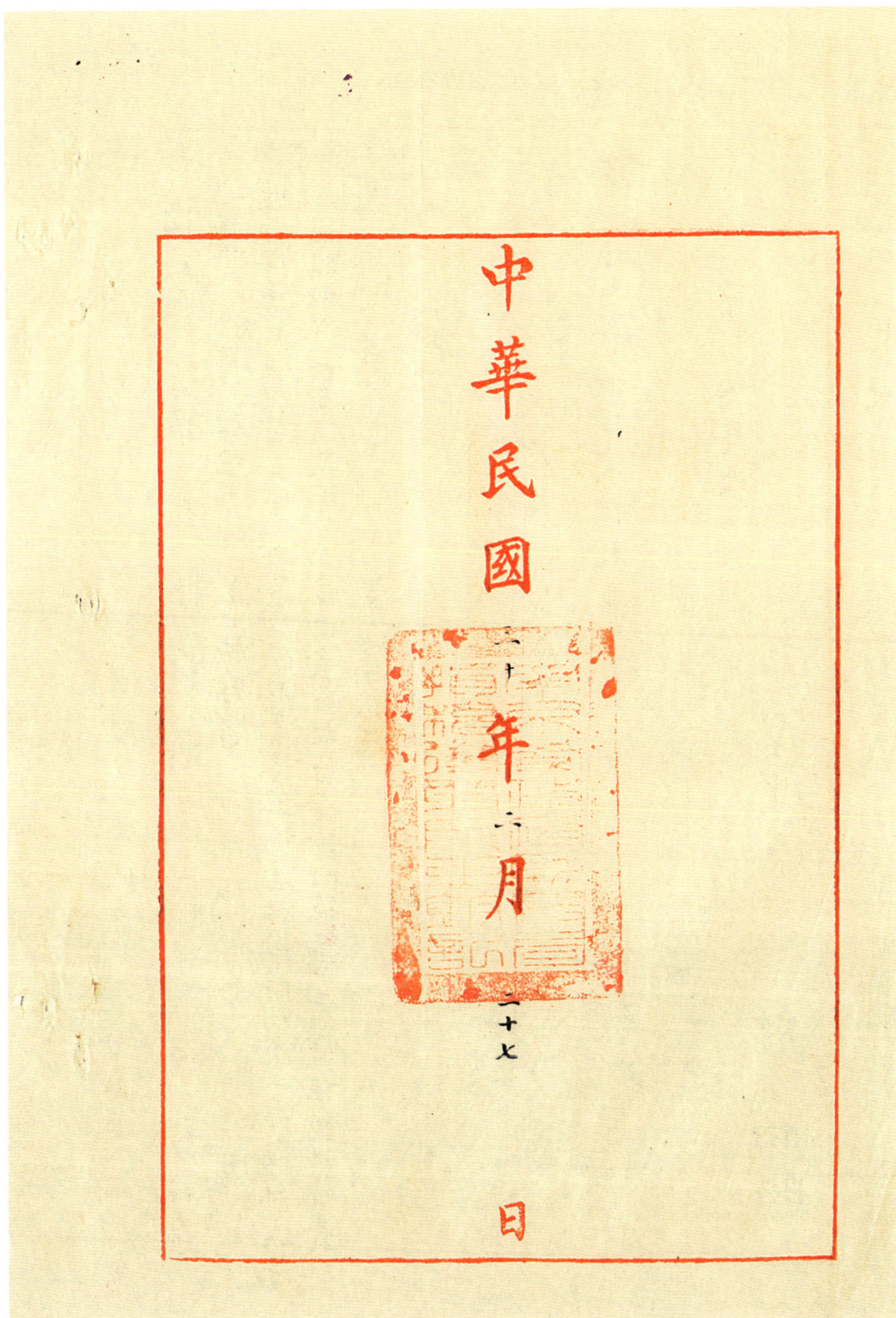

南京市政府

文別	指令 諭
送達機關	捐稅征收所 稅警隊隊長施琳賢
類別	
附件	

收稿第1547號 30年3月6日

事由：據該所請撥派稅警七名常川駐守各城門看守業務稅警隊照派至所需津貼准予列入預算呈核由
為據捐稅征收所呈請撥派稅警七名常川駐守各城門稽征所看守諭仰該隊長
剋日調派稅警七名前往該所聽候分別派遣由

財字第675號

檔 50/1

市長蔡 三六

秘書長 三六

秘書

參事

秘書處幫辦 三六

局長	秘書	科長	技正	技士	科員	擬稿員
	三六	三六				戴劍秋

中華民國三十年三月 日

收文	交辦	擬稿	核發	判行	繕寫	校對	封發
月 日 時	月 日 時	三月五日 時	月 日 時	月 日 時	月 日 時	十三八	三八

中華民國三十年叁月八日發出

收文 字第 號

發文 附字第1954 1956號

檔 唐/1字第 號

府指令　字第　号

令捐稅征收所

呈一件為呈請該屬七處城門添派稅警七名所需津貼作正開支祈核示由

呈悉。察核所陳尚係實情。據請撥派稅警七名常川駐守各城門協助看守一節，業經令飭稅警隊派警七名前往該所聽候分別派遣矣。至所需津貼准予列入預算呈核。仰即知照。此令。

府諭

案據捐稅征收所呈以該屬各城門七處稽征所類

設徵收員一人，唯事務紛繁，每月照例雖周遍，每逢解款日期及抽查稅等，姑難分身，擬請添派稅警七名，常川駐守各城門，稽徵兼看守，似覺妥善等情。據此，除指令照派外，合行諭仰該隊長尅日調派稅警七名前往該所，聽候分別派遣，並將派往日期暨該警姓名具報備查為要，此諭。

右諭知稅警隊隊長施叔賢准此

中華民國卅年三月日

南京市政府印

校對

監印

監印程燮峰

校對伍尚鑒

僞市財政局爲請轉函警察廳及憲兵隊轉飭城門守衛凡遇私運出城之棉麻猪鬃而無查驗憑照者請協助扣留的呈文
（一九四一年五月八日）

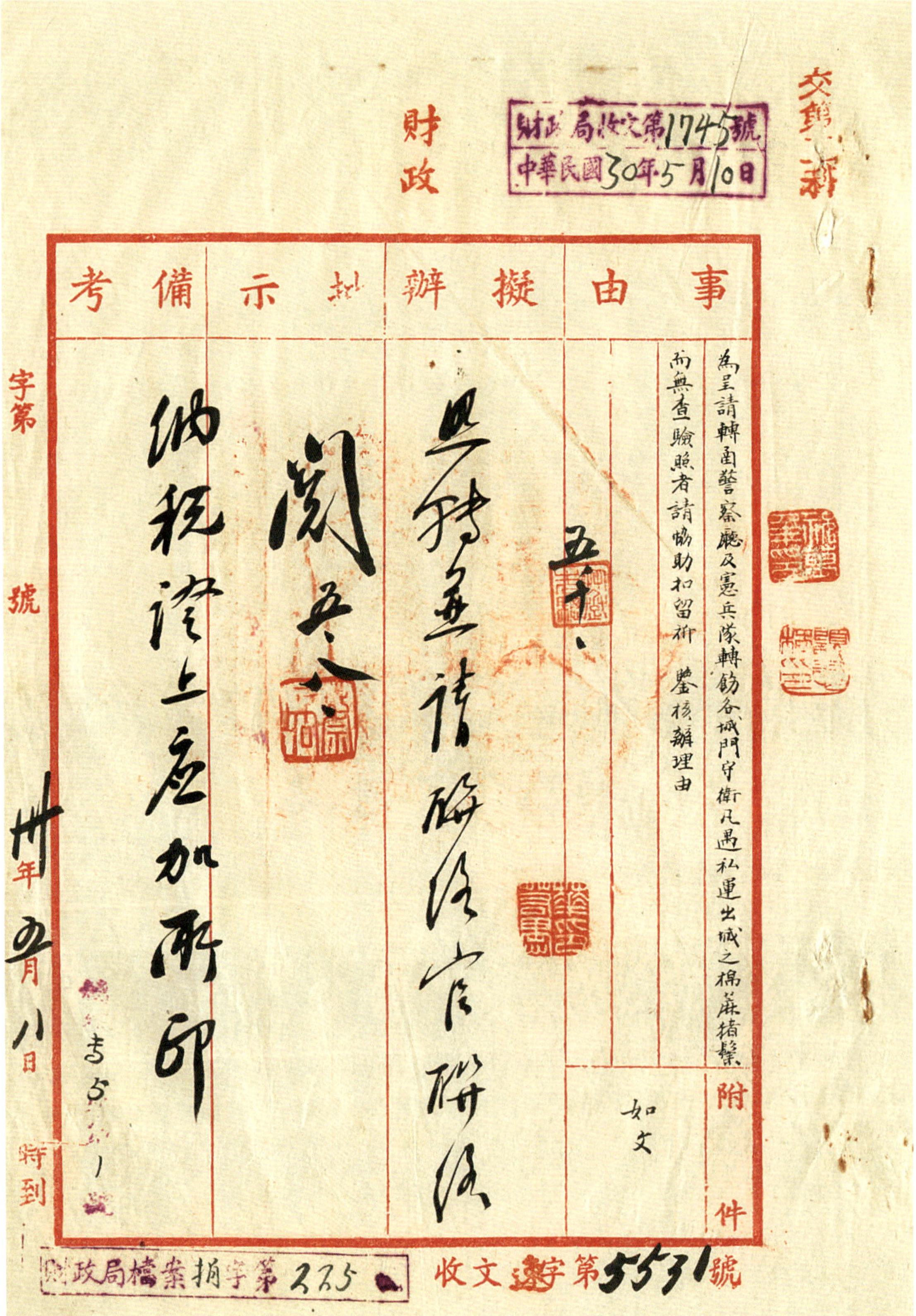

財政局收文第1745號
中華民國30年5月10日

財政

事由	擬辦	批示	備考
為呈請轉函警察廳及憲兵隊轉飭各城門守衛凡遇私運出城之棉麻猪鬃而無查驗照者請協助扣留祈　鑒核辦理由	照轉並請聯絡官聯絡　五十、	閱　五八	納税證上應加蓋印
附件：如文			

字第　號
卅年五月八日到

財政局稽查捐字第225

收文字第5531號

查本局辦理棉蔴猪鬃等營業專稅業經次第推行實行徵收凡對于已經納稅者除填發稅票外並發給納訖憑照貼于貨物件數上藉以識別惟京市地面遼濶本局人員無多平時稽察或有不及偷漏之事在所難免竊查猪鬃一項都用木箱裝運箱外均套蔴袋並貼有三星商會商標但無納訖憑照者均係漏稅茲為防止偷漏起見謹呈送棉蔴猪鬃納訖憑照式樣各二十張請轉函首都警察廳及中外憲兵隊分飭所屬各城門守衛凡遇裝運出城之棉蔴猪鬃如無上項憑照者請予協助扣留事關稅收理合備文呈請

鈞府鑒核辦理實為公便謹呈

南京特別市市長蔡

財政局局長蹇

附呈棉蔴猪鬃納訖憑照式樣各二十紙

棉麻猪鬃營業專稅稽徵局局長李熙曾

中華民國三十年五月八日

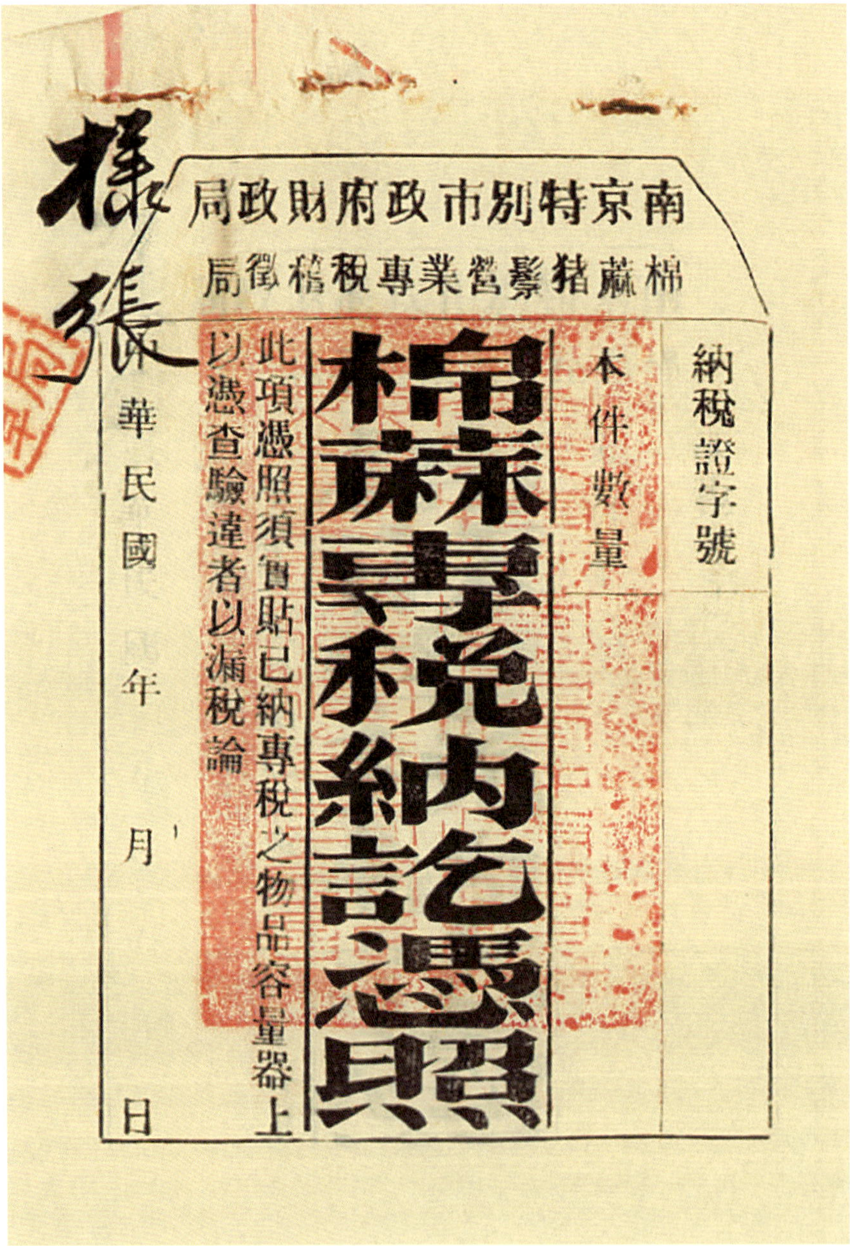

樣張

南京特別市政府財政局

棉蔴猪豢營業專稅稽徵局

納稅證字號

本件數量

棉蔴專稅納訖憑照

此項憑照須貼已納專稅之物品容量器上

以憑查驗違者以漏稅論

中華民國　年　月　日

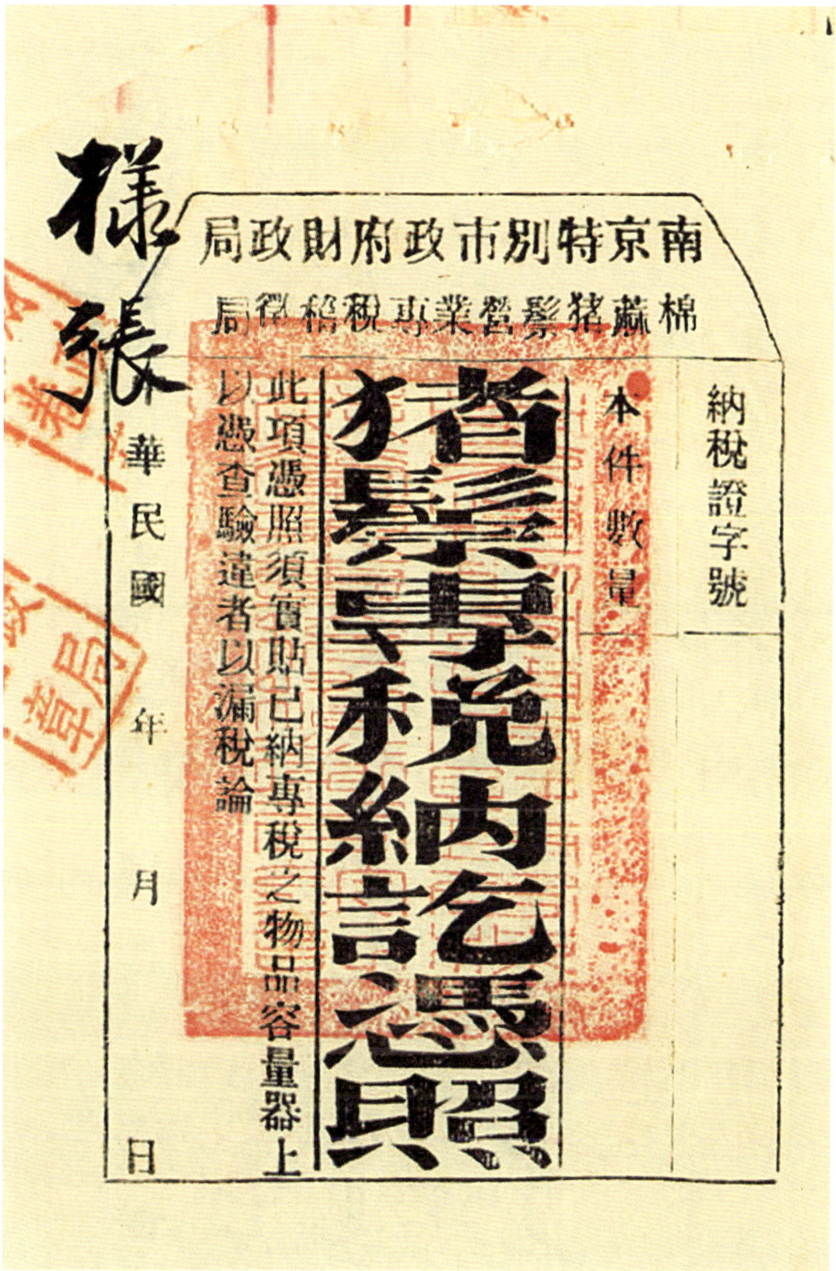

樣張

南京特別市政府財政局

棉蔴猪鬃營業專稅稽徵局

納稅證字號

本件數量

猪鬃專税納訖憑照

此項憑照須實貼已納專稅之物品容量器上
以憑查驗違者以漏稅論

中華民國　年　月　日

棉、麻、猪鬃纳税凭照样张，已各取四纸，
由局函内附送秘书处矣。所余除函送英
所各陆纸及特税机关各陆纸外，每种
应留四纸附卷备查。

捐税股
三、十七、

僞市政府爲請協助查扣私運出城之棉麻猪鬃致僞棉麻猪鬃專稅局、僞警察所、特務機構、秘書處的指令和公函

（一九四一年五月十九日）

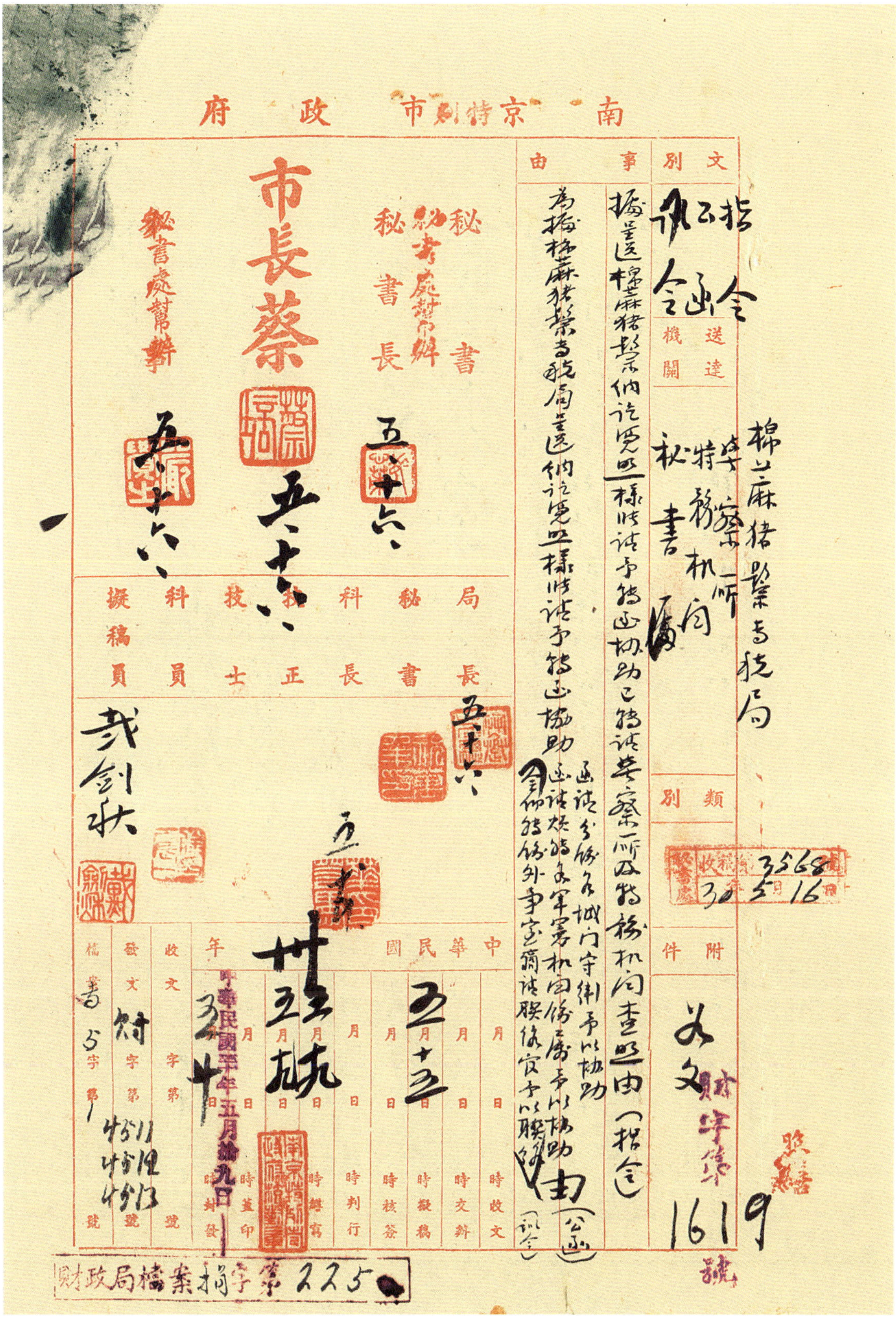

府指令　字第　號

令棉麻猪鬃營業稅稽征局局長李熙曾

呈一件　為呈請轉函警察所及憲兵隊轉飭各城門守衛凡遇私運出城之棉麻猪鬃而無查驗照者請協助扣留并核由

呈件均悉。既已據情轉函首都警察所及特務機關查照矣。仰即知照。此令。　件存轉

府　公函　字第　號

案據棉麻猪鬃營業稅稽征局局長李熙曾呈稱：

「查本局辦理棉麻猪鬃等營業稅　云云照敍至

並核辦理。等情，附呈棉麻豬鬃納稅憑照樣張各弍十紙。據此，查該局局長所稱自係實情。除指令外，相應檢附棉麻豬鬃納稅憑照樣張各陸張，函請貴所/機關查照，即煩通飭該局各埠局轉飭各城門守衛，並煩轉飭各軍憲機關分飭該局各城門守衛，凡遇裝運出城之棉麻豬鬃，如無上項憑照者，予以協助扣留，實紉公誼。此致

首都警察所

特務機關

計附棉麻豬鬃納稅憑照樣張各陸紙

市長蔡○

收用局
函多
秘交外
事宜

府代令　字第　号

令秘书处

案据棉麻猪鬃营业专税稽征局局长李
照曾呈称：
「查本局办理棉麻猪鬃等营业专税，云云，照录至
鉴核办理」
等情，附呈棉麻猪鬃纳税凭照样张式十纸，据
此。查该局长所称自属实情，除指令并分函首
都警察厅及特务机关随时协助外，合行检发
棉麻猪鬃纳税凭照样张各一纸，令仰该处

轉飭外事室迅即商請聯絡官予以聯絡是

為要。此令。

計發標語揭照納說明照樣張各一紙

中華民國　　月　　日

校對

監印

監印羅象峰

校對[illegible]鑑

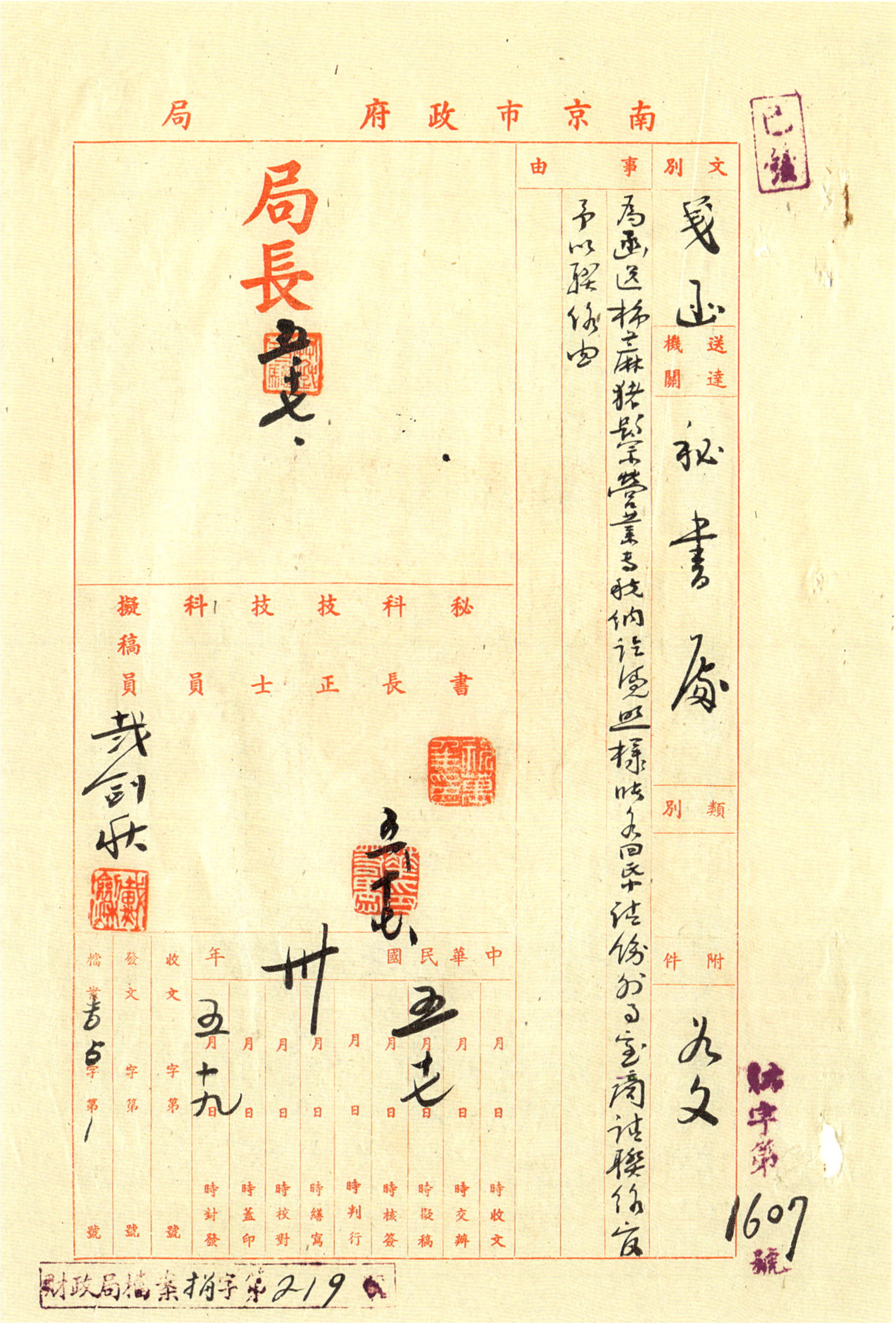

南京市政府　　局

文別：箋函

送達機關：秘書處

事由：為函送揚子麻袋股營業者繳納證照照標收文回條請轉飭分局查照請核辦予以照辦由

附件：另文

局長 [signature]

秘書　科長　技正　技士　科員　擬稿員 錢劍秋

中華民國 卅五年 月 日

收文 字第 號　發文 字第 號　檔案 書占字第1號

收文　交辦　擬稿　核簽　判行　繕寫　校對　蓋印　封發（五月十九日）

財政局檔案捐字第219號

秘字第1607號

已辦

局箋函

案奉

市長交下棉麻猪鬃營業者稅稽征局局長李照曾呈稱為本局辦理棉麻猪鬃營業者稅為防止偷漏起見謹呈送棉麻猪鬃納稅憑照式樣各式十張請轉函首都警察廳及中外憲兵隊分飭所屬各城門守衛凡遇裝運出城之棉麻猪鬃如無上項憑照者予以協助扣留呈請鑒核辦理等情奉

批照轉並請聯絡官聯絡等因除由府指令

知照、並分函首都警察廳、及特務机関、隨時協助外、相宜檢樹棉蕪麻猪鬃納說優照樣張各一份、函請

查照轉飭外事室、商請聯絡官、予以聯絡是爲至荷。此致

秘書處

計附樹棉蕪麻猪鬃納說優照樣張各一份

局戳印

中華民國 年 月 日

校對 校對王光宅

監印 監印何藕如

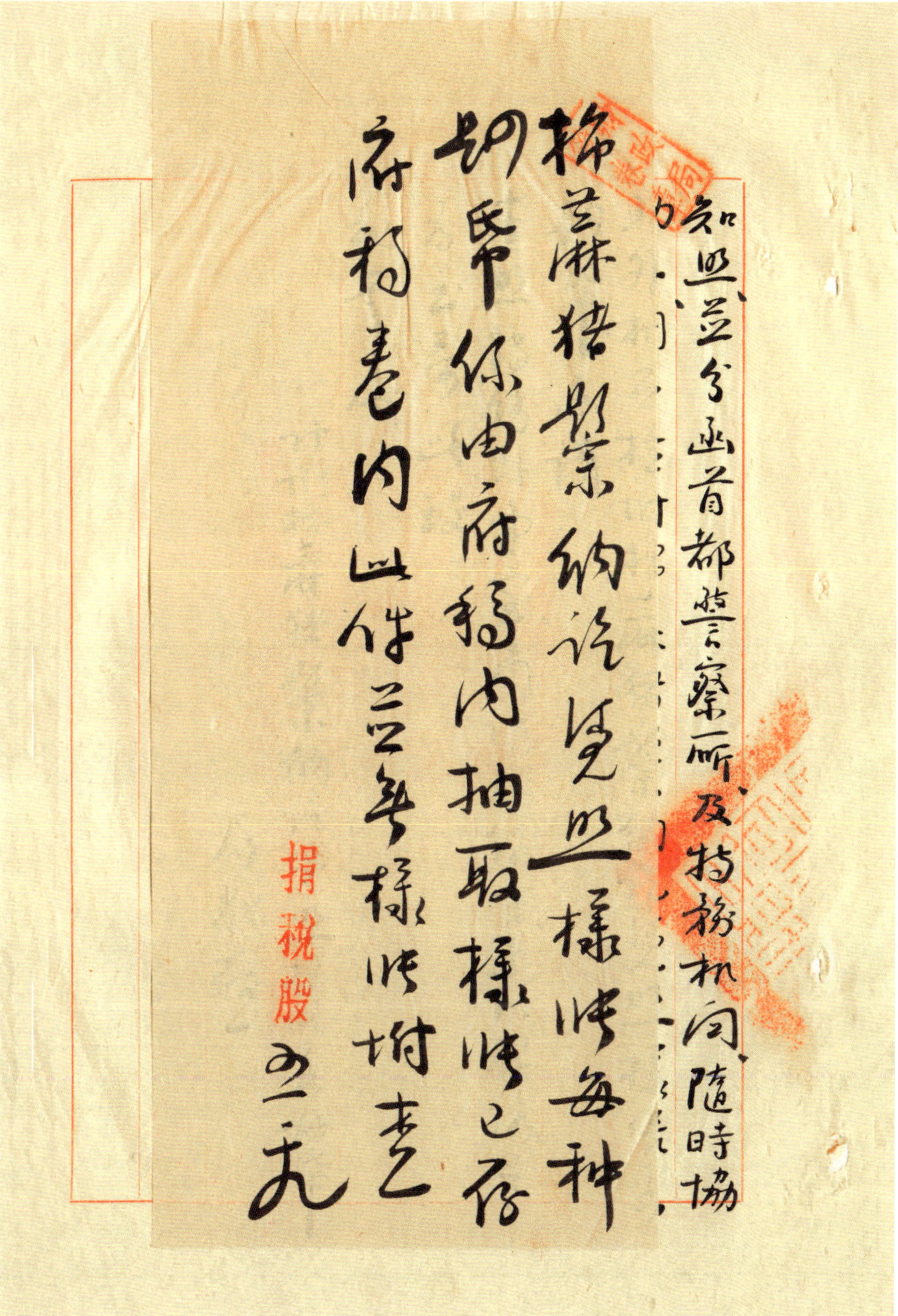

知照，並分函首都警察廳及特務機關，隨時協緝。並林據票納訖免照，樣張每種切實係由府稿內抽取樣張，已存府稿卷內，以備二三年樣張附查。

捐稅股

四二、五

僞中山陵園辦事處爲奉僞警察總監署令太平門入城柴草許可證應由城門警收繳致僞國父陵園管理委員會報告（一九四二年十月十九日）

摘由單

欄目	內容
來文機關	警衛組張大鵬
編號	
附件	
日期	三十一年十月二十一日
事由	為奉警察総監署令ゝ太平門入城柴草許可証應由城門警收繳ゝ由本月十二日起已開始實行理合備文呈請鑒核由
擬辦	擬交園藝股（印）十、廿二、
批辦	閱
備註	

報告 三〇、十、十九 于警衛組

竊職據陵園警衛隊分隊長彭湘泉轉呈太平門派出班警長馬成興報告稱

「竊班奉派駐太平門原為維護陵園之紫金山後方一帶之園林茅草並管理太平門入城柴草許可證歷月辦理以來尚稱適當惟現有東區警察局太平城門檢查所警長樊捷三來函稱以奉　警察總監署命令市民賣草單據應由城門警收繳等詞因經于本月十二日起所有柴草證交由該檢查所查收」

等情轉呈前來據此查該東區警察局駐太平門檢查所查收柴草入城證依手續應經

鈞會接洽後方合今既交接辦理矣理合備文報告

收文會字第46號

鑒核實為公便

謹呈

國父陵園管理委員會總幹事戴　轉呈

主任委員褚

警衛組組長張大鵬

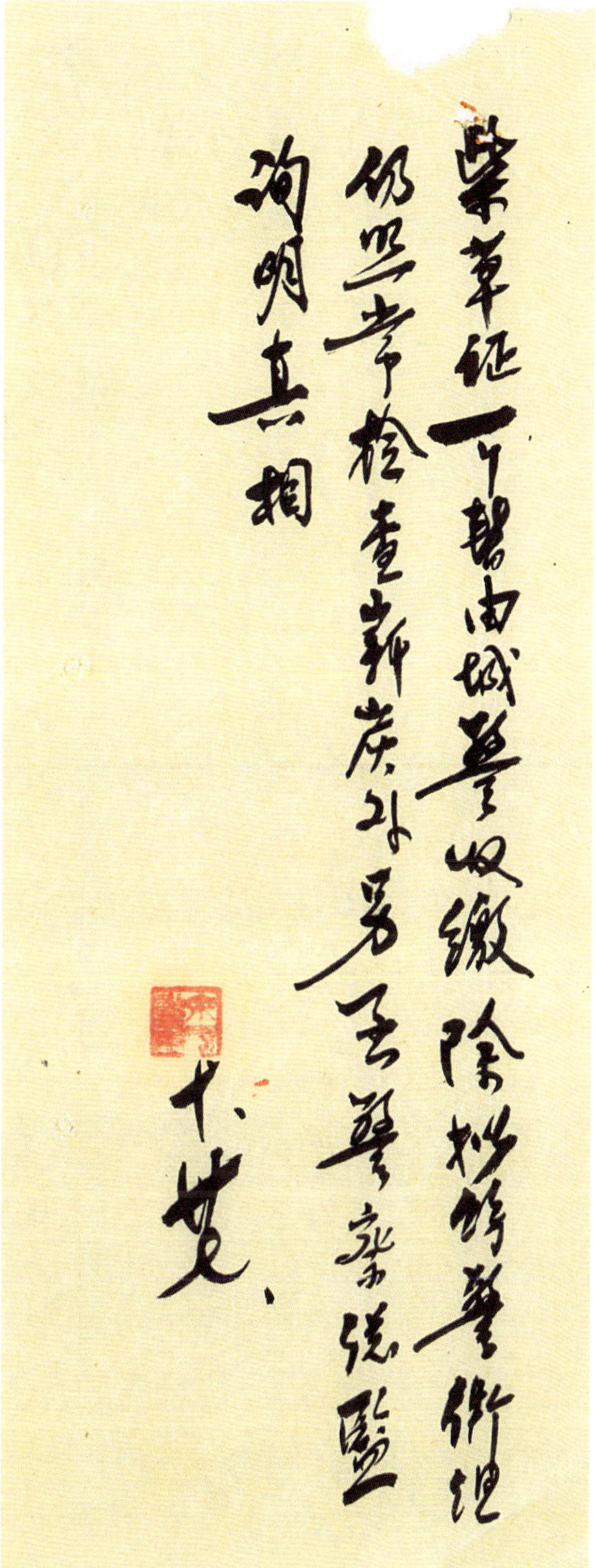
紫草[illegible]一帶暫由城[illegible]收繳除[illegible]修[illegible]衛地
仍照常檢查薪炭外另呈[illegible]案張監
詢明真相
[illegible]

僞行政院爲改善車站、碼頭及城門等之檢查事宜一案的訓令及僞市政府抄發訓令飭屬遵照的訓令

（一九四三年十二月三十日至一九四四年一月七日）

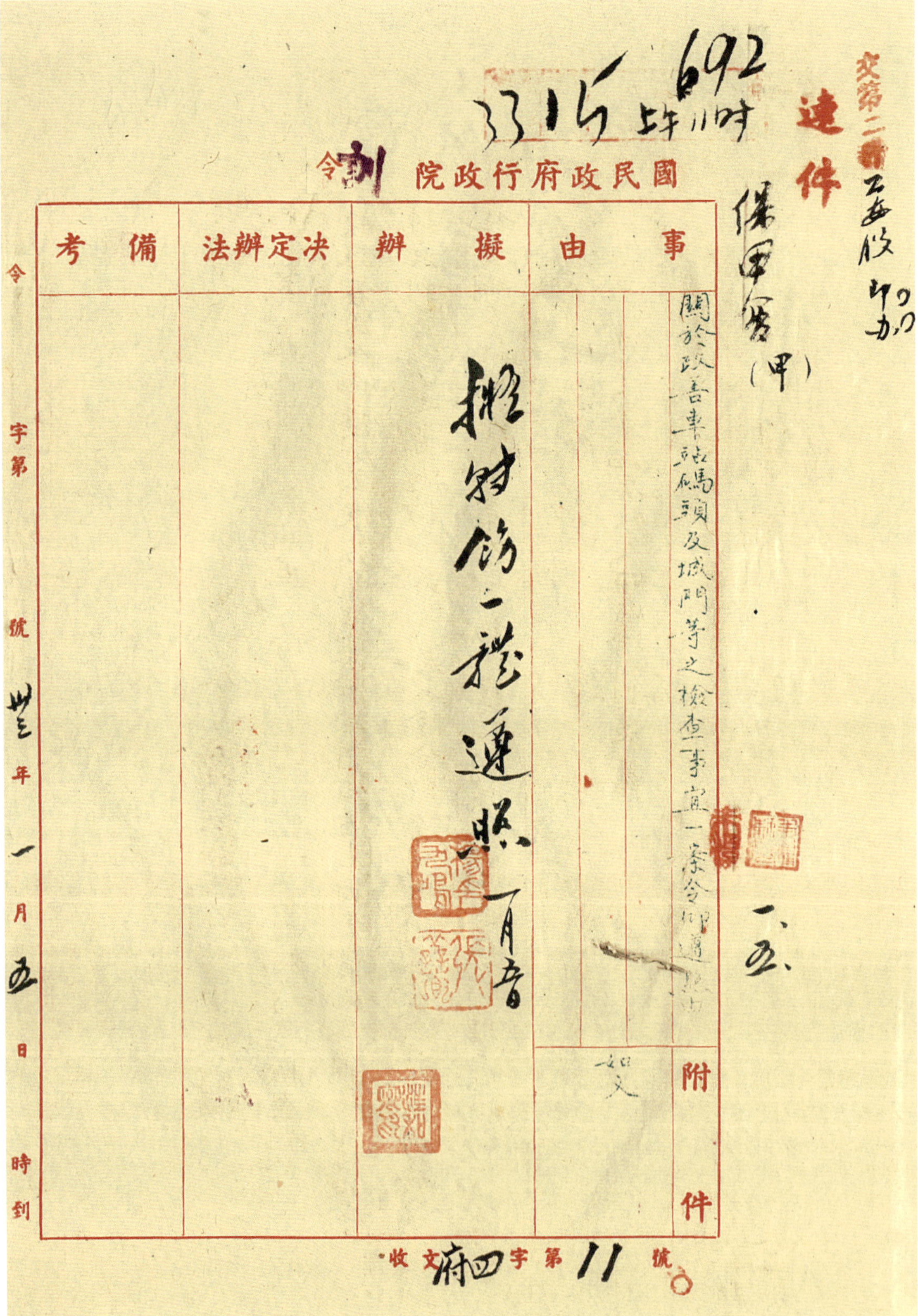
692
3315 上午11時
速件
國民政府行政院訓令

事由	擬辦	決定辦法	備考
關於改善車站碼頭及城門等之檢查事宜一案令仰遵照	擬轉飭一體遵照 一月六日		
附件：如文			

令　字第　號　卅三年一月五日　時到

收文府四字第11號

保甲會（甲）

一、五

國民政府行政院 訓令 院字第3593號

令 南京特別市政府

案查車站碼頭及城門等之檢查事宜向由軍警實施普遍檢查，對於一般旅客及人民殊感不便，茲為改善檢查辦法起見，訂定實施要領及確保治安對策，對於以前之普遍檢查即予廢止，除分飭有關機關遵照外，合行抄發實施要領及確保治安對策，令仰該市府轉飭關係機關遵照辦理！

此令。

附抄發實施要領及確保治安對策一紙

實施要領

一、車站碼頭及城門之普遍檢查概予廢止

二、為保障治安必須檢查時則指定期間並僅就認為有必要者施行抽查

三、關於統制物資移動之取締除有特別明令者外不行檢查

四、自三十三年一月一日起先由京滬沿線及津浦線（至蚌埠）各要地實施逐漸普及各地區

確保治安對策

一、特高警察等之擴充強化及服務能力之提高

二、保甲制度之強化與治安責任制之確立（保甲聯坐責任自擔之澈底對於取締軍警人員故意違反之嚴罰旅館業者之報告勵行等

三、居住證之發給及檢驗方法周密并從速促進其組織機能之整備

四、重要資源所在地及民衆娛樂場所等公衆集合之要注意警防

中華民國三十二年拾貳月　日

中華民國卅二年十二月卅日

院長汪兆銘

南京特别市政府稿

最要件

事由：為奉行政院令關於改善車站碼頭及城門等之檢查事宜一案令仰遵照由（並飭局遵照）

市長周（押）

秘書長（印）

參事

主任委員 副主任委員 秘書 科長 主任 擬稿員

訓令　字第　號

令本府各局處會、城鄉各區公所（分繕）

案奉

行政院　字第三五九三號訓令內開

中華民國三十三年一月五日十六時擬稿　月　日　時判行　月　日　時繕寫　一月　七日　時校對　月　日　時蓋印　元月　九日十七時封發

收文　字第　號

發文　府總甲字第5號

檔案　字第　號

交第二科 速件 工安股

甲）

一、五

案查車站碼頭及城門等之檢查事宜之整

令仰該市府轉飭關係機關遵照辦理」

等因，附抄發實施要領、及確保治安對策一紙 到二府

奉此，自應遵照辦理，除分令外，合行附抄發

因施要領及確保治安對策各一紙 原件 令仰該局處

會 區公所 遵照辦理 並飭屬一体遵照 為要

此令

附抄發實施要領、及確保治安對策一紙

南京特別市政府訓令保甲字第5號

令保甲委員會

案奉

行政院院字第三五九三號訓令內開

「案查車站碼頭及城門等之檢查事宜向由軍警實施普遍檢查對於一般旅客及人民殊感不便茲為改善檢查辦法起見訂定實施要領及確保治安對策對於以前之普遍檢查即予廢止除分飭有關機關遵照外合行抄發實施要綱及確保治安對策令仰該市府轉飭關係機關遵照辦理」等因附抄發實施要領及確保治安對策一紙到府奉此自應遵照辦理除分令外合行抄發原件令仰該會遵照並飭屬一體遵照

此令

附抄發實施要領及確保治安對策一紙

中華民國三十三年一月　日

存查 六、

市長周學昌

實施要領

一、車站碼頭及城門之普遍嚴查（檢）嚴予遣去（廢）

二、為保障治安必須檢查旅館指定期間或遇認為（有）必要者施行抽查

三、關於統制物資移動之取締除有特殊命令外不行（檢）查

四、自三十三年一月一日起先由京滬沿線之津浦線（至蚌埠止）各要地實施逐漸普及各地區

確保治安對策

一、特高警察等之護處強化及服務能力之提高

二、保甲制度之強化與治安責任制之確立（保甲聯坐責任連保之徹底對於取締策謀人員故意違背之嚴罰獎勵密告之報告勵行等）

三、居住證之發給及檢驗力謀周密並從速促進其組織機能之整備

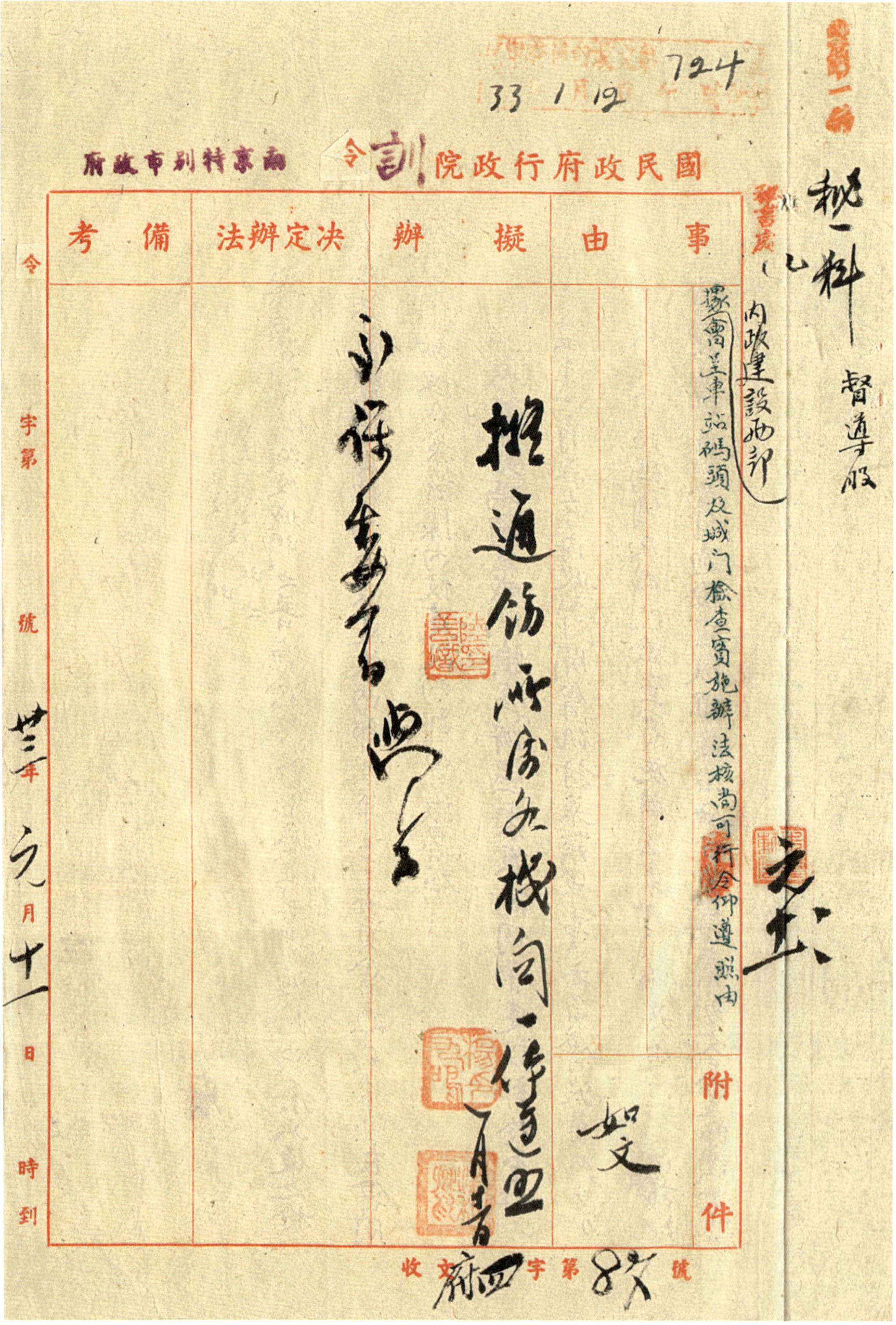

僞行政院爲抄發車站、碼頭及城門檢查實施辦法的訓令及僞市政府令飭屬遵照的訓令（一九四四年一月十日至一月三十一日）

國民政府行政院訓令

院字第3721號

令南京特別市政府

案查東站碼頭及城門之普遍檢查業已廢止至普遍檢查廢止後之檢查辦法前經飭處轉函內政建設兩部及軍事委員會總參謀長會同擬訂呈核辦理在案茲據內政建設兩部會復略稱：

「擬訂東站碼頭及城門檢查辦法一案經商同本建設部於本月三十日上午十時在本內政部開會研討並請軍事委員會派員參加經擬定東站碼頭及城門檢查實施辦法草案一份是否可行除會議紀錄暨擬定廢止普遍檢查後確保治安方策草案另文呈送外理合繕

同該辦法草案呈請鑒核示遵」。

等情前來查核所擬辦法尚屬可行除指令「准予備案」並分行各有關機關遵照辦理外合行抄發車站碼頭及城門檢查實施辦法一份令仰該府遵照並轉飭有關機關遵照辦理。

此令

附抄發車站碼頭及城門檢查實施辦法一份

車站碼頭及城門檢查實施辦法

一、車站碼頭及城門普遍檢查一律廢止

二、人民攜帶行李等物遇有下列情形時須受檢查

(1)凡遇紀念期日或官署得有密報認為有妨害治安之虞時得由主管官署協同命令檢查之

(2)執行檢查職務之憲警認為行跡可疑者或臨時發生變故時得實施檢查

三、統制物資移動之取締除有明令規定者外不行檢查

人民攜帶物資不違反統制物資締法令之規定不行檢查但認有檢查時得施行抽查但不得稍有留難

車站碼頭城門等處須豎立木牌標明統制物資移動之物品名稱數量以資遵守

本辦法由各主管機關分別嚴令所屬遵照辦理

院長　汪兆銘

中華民國三十三年一月　日

中華民國卅三年一月拾日

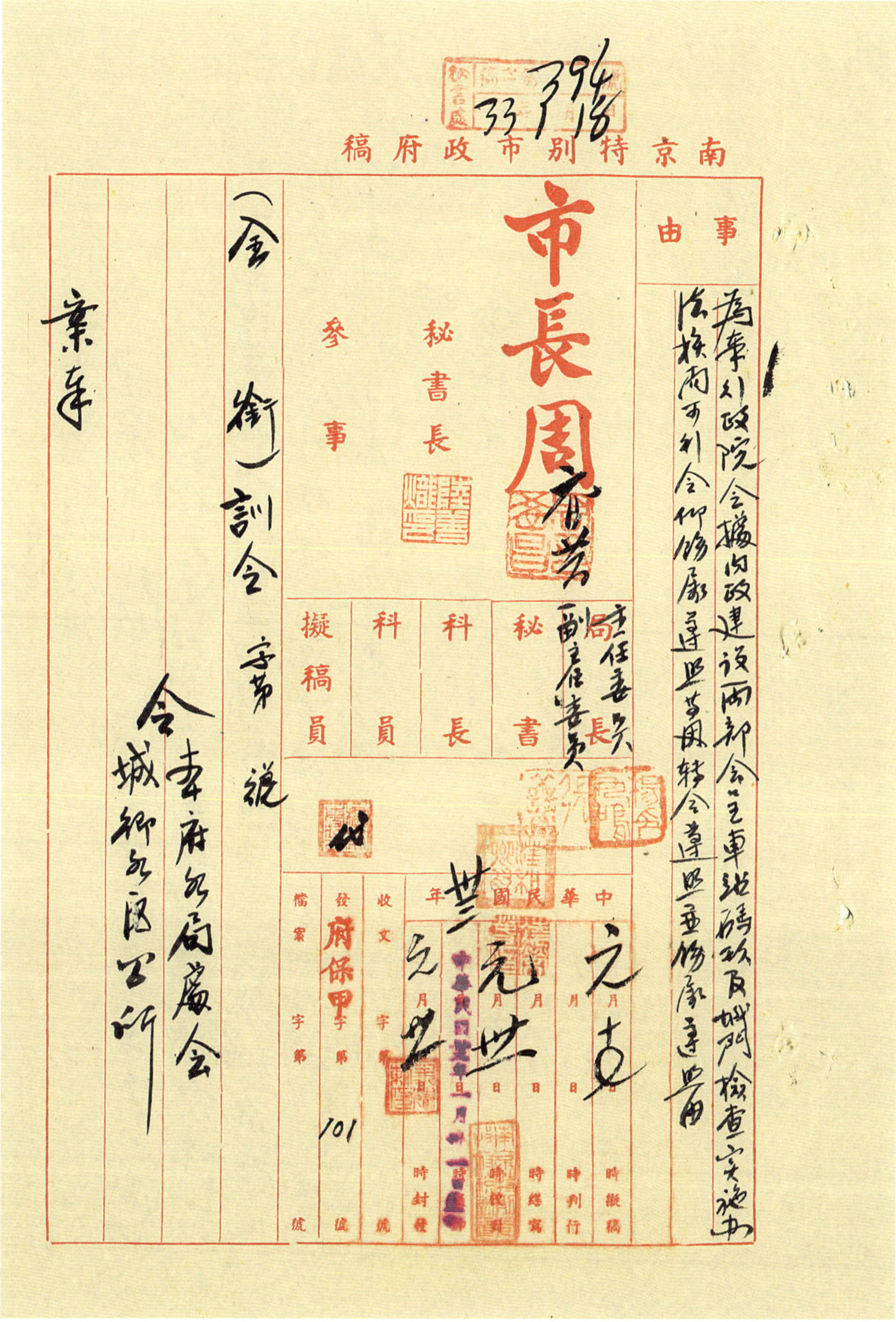

南京特別市政府稿

事由：為奉行政院令據內政建設兩部會呈車站碼頭及城門檢查實施辦法條兩項外令仰飭屬遵照等因轉令遵照並飭屬遵照由

市長周 學昌

秘書長

參事

秘書　主任委員　副主任委員

科長

科員

擬稿員

(令)衔　訓令　字第　號

令本府各局處會
城郊各區公所

案奉

中華民國卅三年 元月十五日 時擬稿
月 日 時判行
元月卅日 時繕寫
月 日 時校對
元月卅日 時封發

中華民國卅三年 月 日 時

收文 字第 號

發 府保甲字第101號

檔案 字第 號

124

秘一科　督導股

秘書處

內政建設兩部

國事

據呈車站碼頭及城門檢查實施辦法核尚可行令仰遵照由

附件

號

行政院○字第三六二號訓令開：

「案查車站碼頭及城門之普遍檢查業已廢止

……照抄原文……並轉飭有關機關遵照並理」

等因，並附發車站碼頭及城門檢查實施辦法到府，奉此。

除分令外，合行抄發上項實施辦法，令仰該局處區遵照辦

理並轉飭所屬一律遵照辦理。

此令。

附抄發車站碼頭及城門檢查實施辦法乙份

市長　周○○

市財政局爲派員駐守城門嚴密稽查白肉入城與市政府往來公文

（一）市財政局爲派員駐守城門嚴密稽查白肉入城以杜偷漏而維税收的函、訓令（一九四五年十一月二十一日至十一月二十二日）

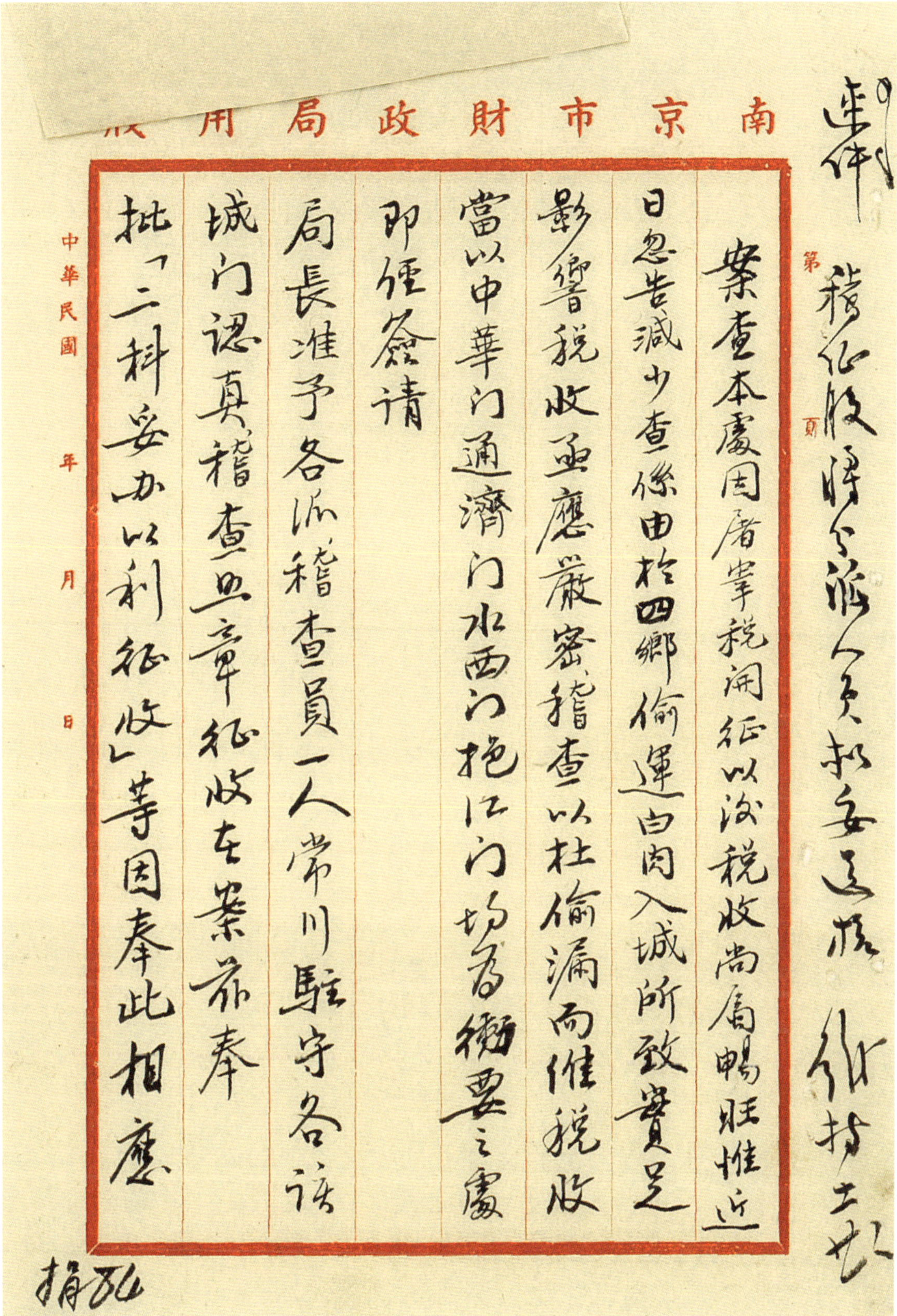

南京市財政局用箋

衛

稽征股將今派人員擬妥送核

案查本處因屠宰税開征以後税收尚屬暢旺惟近
日忽告減少查係由於四鄉偷運白肉入城所致實足
影響税收亟應嚴密稽查以杜偷漏而維税收
當以中華門通濟門水西門挹江門均爲衝要之處
即便簽請
局長准予各派稽查員一人常川駐守各該
城門認真稽查並章征收在案前奉
批「二科妥办以利征收」等因奉此相應

中華民國　年　月　日

第　頁

南京市財政局用牋

第　頁

函請

查照辦理此致

第二科

稅捐徵收處　啓　十一月廿六

中華民國　年　月　日

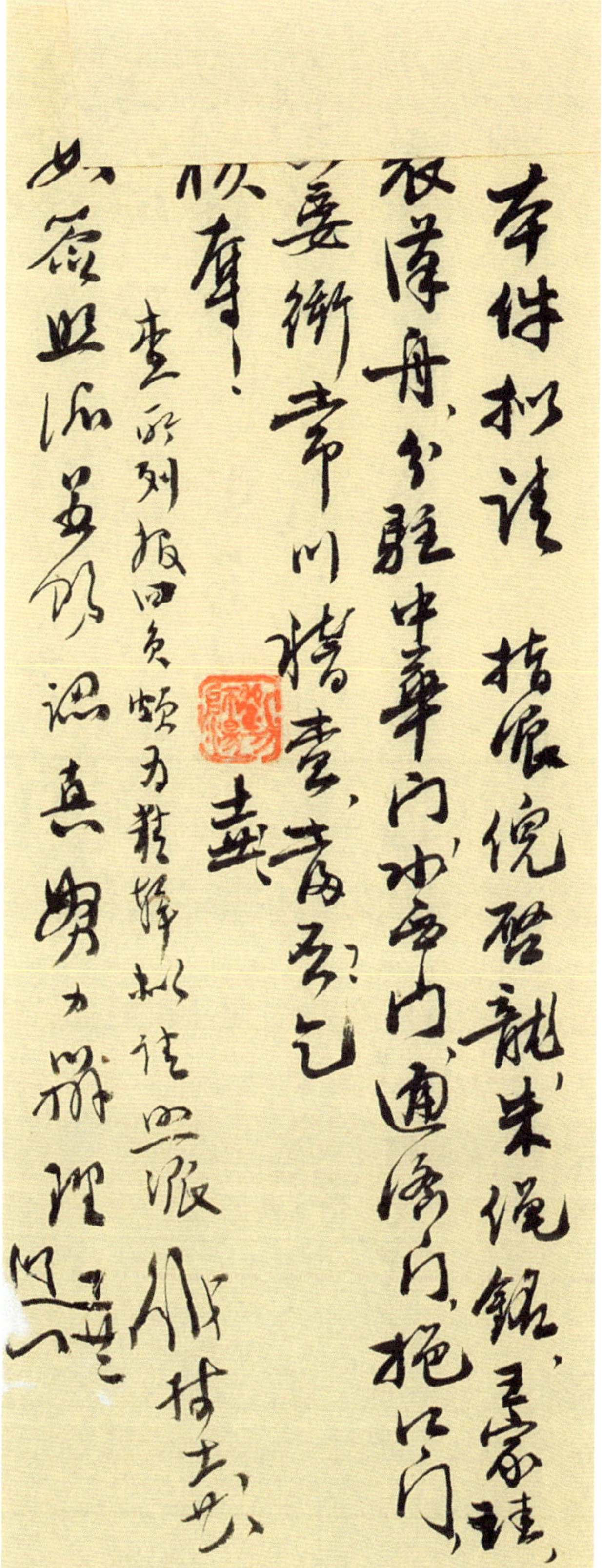
本件擬請 指派倪礎龍、朱倪銘、王家璉、
張祥舟分駐中華門、水西門、通濟門、挹江門，
以資衛常川稽查，當否，乞
核奪！ [illegible]

查所列報四員頗力發揮，擬請照派 [illegible] 十一、廿六

如蒙照派，並須認真努力辦理 [illegible]誌

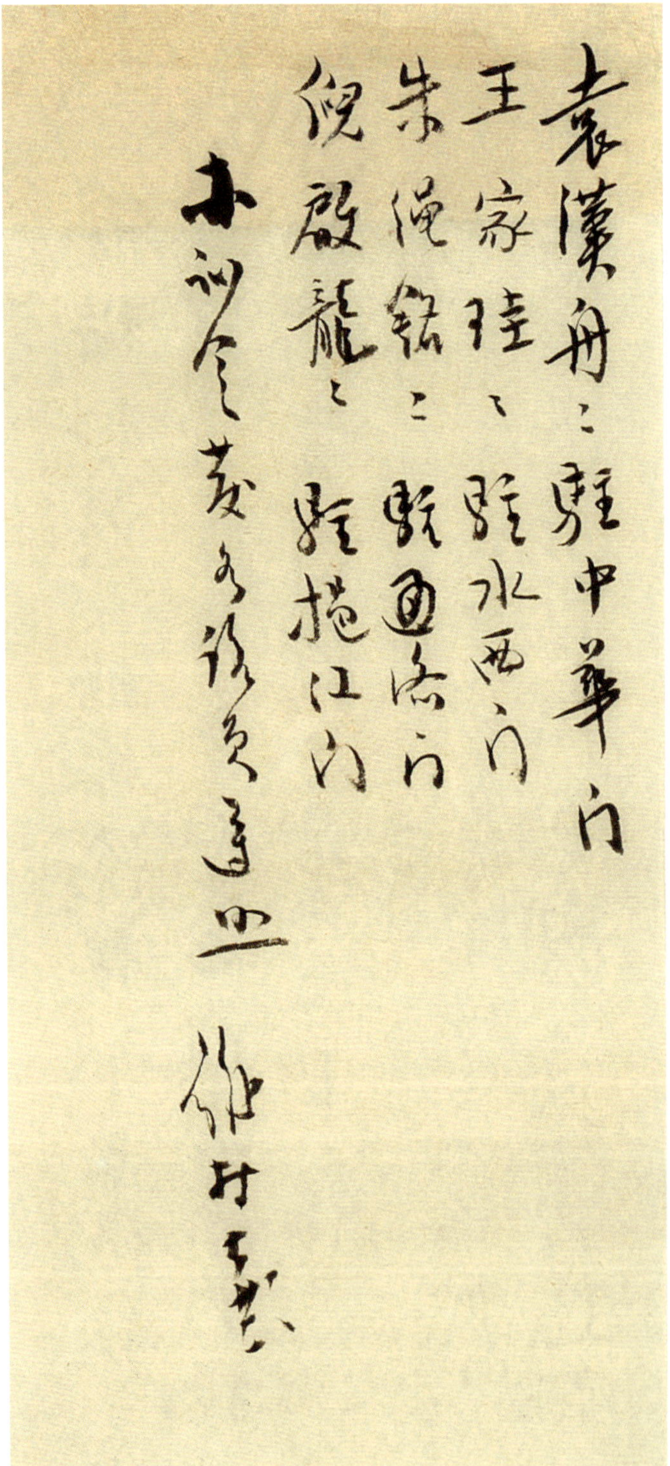
袁漢舟〻駐中華門
王家珪〻駐水西門
朱繩銘〻駐通濟門
倪啟龍〻駐挹江門
本部令茲各部隊遵照
維材手啟

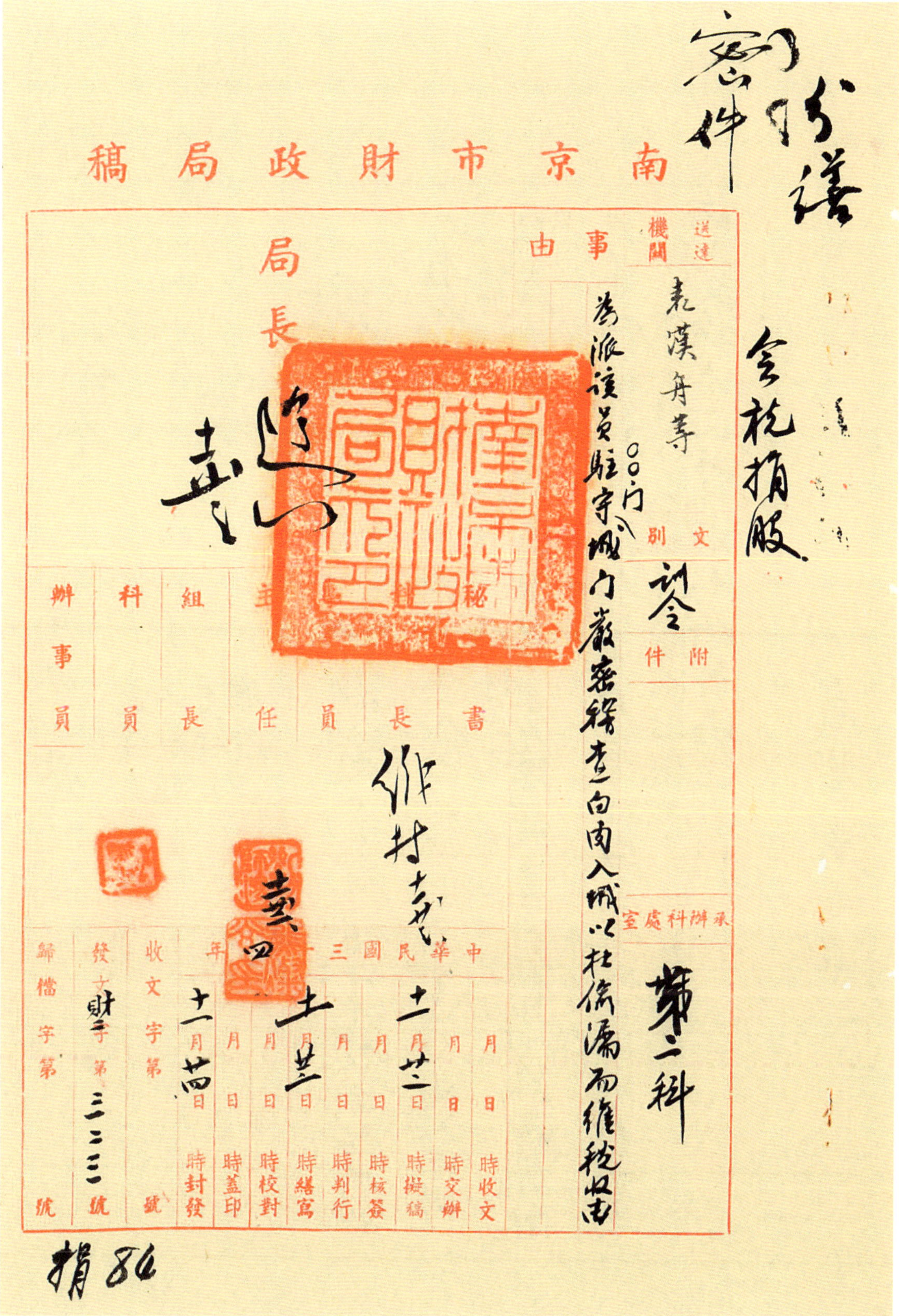

密件 劉 代譜

令杭捐股

南京市財政局稿

送達機關：袁漢舟等

事由：為派該員駐守○○門城門嚴密稽查自南入城以杜偷漏而維稅收由

文別：訓令

附件：

承辦科處室：第二科

局長 趙

秘書

主任

組長

科長

科員

辦事員

維材 十一月廿三

壽

中華民國三十四年

收文 月 日 時

交辦 月 日 時

擬稿 十一月廿二日 時

核簽 月 日 時

判行 月 日 時

繕寫 十一月廿三日 時

校對 月 日 時

蓋印 月 日 時

封發 十一月廿四日 時

收文字第 號

發文財字第三二二三號

歸檔字第 號

捐 84

訓令　　字第　　號

令　袁漢舟
　　王家璉
　　朱繼銘
　　倪啓鈐

案據本局稅務征收處呈稱：「屠宰稅開征以來，稅收尚旺，惟近日忽告減少，查係由於四鄉偷宰，向內入城所致，擬請派稽查員分駐各城門嚴密稽查，以杜偷漏而維稅收」等情。據此，茲派該員等常川駐守中華門、水西門、通濟門、挹江門城門，認真切實稽查，努力辦理，以重稅收。仰即遵照，並將辦理情形隨時具報。

此令

局長　石〇〇

（二）市財政局爲派員駐守各城門稽查漏稅并函請首都警察廳及憲兵司令部予以協助辦理致市政府的呈文（一九四五年十一月二十七日）

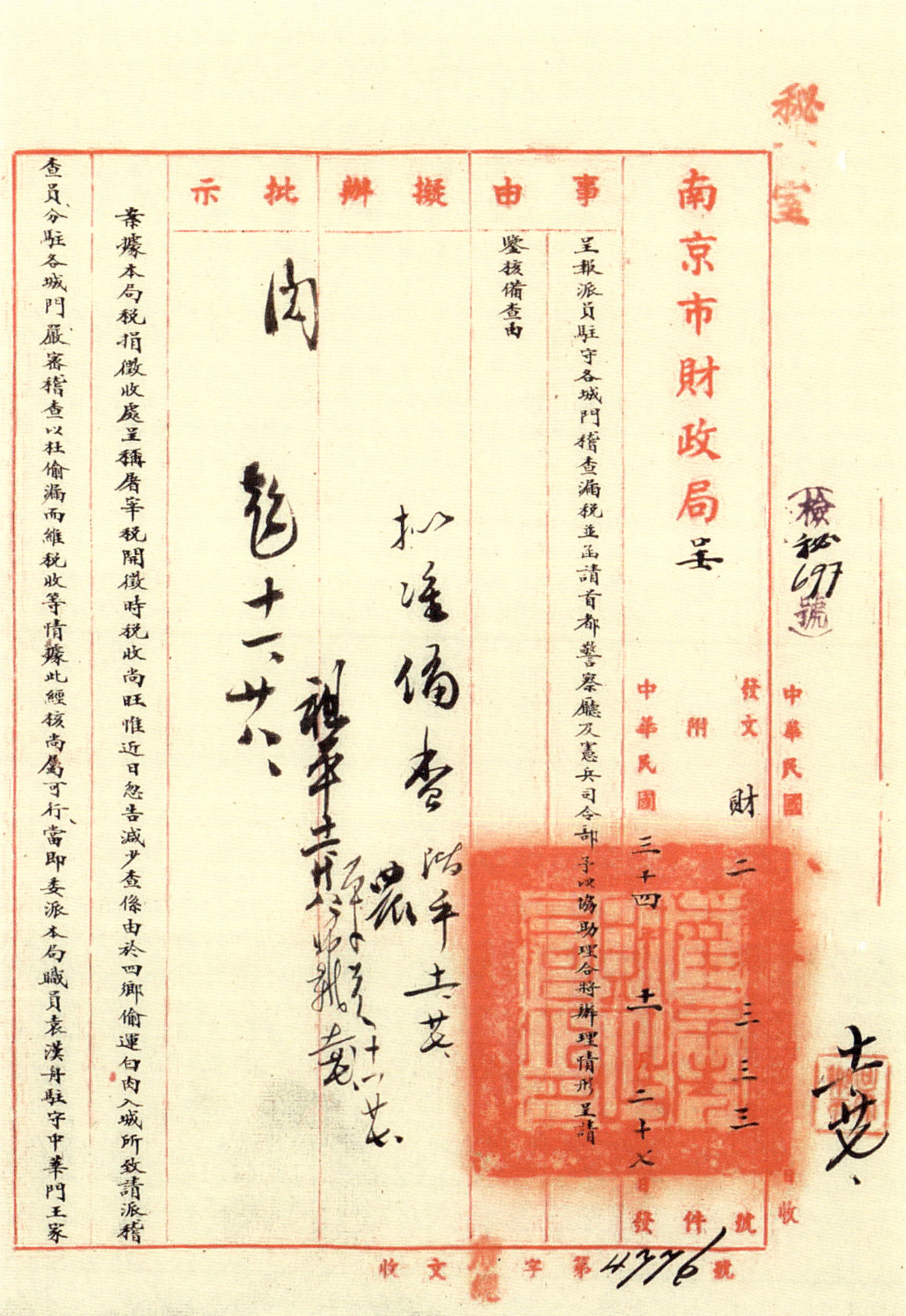

秘室

南京市財政局呈

檢秘697號

中華民國　年　月　日收

發文財二三三三號

附件

中華民國三十四年十一月二十七日發

事由：呈報派員駐守各城門稽查漏稅並函請首都警察廳及憲兵司令部予以協助理合將辦理情形呈請鑒核備查由

擬辦：擬准備查

批示：

案據本局稅捐徵收處呈稱屠宰稅開徵時稅收尚旺惟近日忽告減少查係由於四鄉偷運白肉入城所致請派稽查員分駐各城門嚴密稽查以杜偷漏而維稅收等情據此經核尚屬可行當即委派本局職員袁漢舟駐守中華門王家

收文　字第4276號

珪駐守水西門朱繩銘駐守通濟門倪啟龍駐守挹江門分別常川駐守各城門認真稽查努力辦理以裕稅收除分函首

都警察廳暨憲兵司令部請飭屬隨時協助外理合將辦理情形呈請

鈞長鑒核備查實為公便

謹呈

市長馬

副市長馬

南京市財政局局長石道伊

監印向羽儀

校對居松雲

（三）市財政局爲派員駐守各城門執行稽查税收職務請隨時協助事致首都警察廳、憲兵司令部公函（一九四五年十一月二十四日）

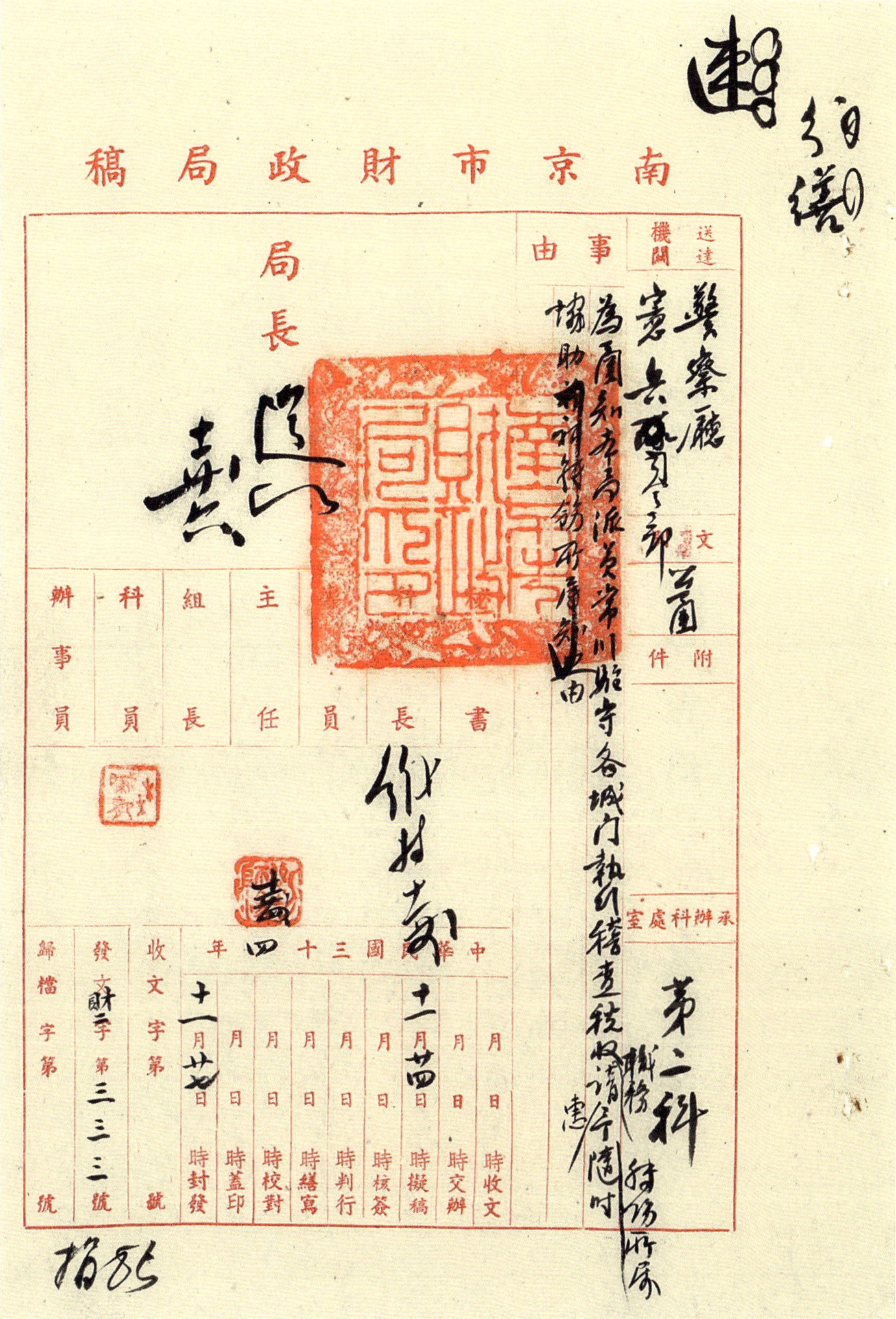

南京市財政局稿

送達機關：警察廳 憲兵司令部

文：公函

事由：爲函知本局派員常川駐守各城門執行稽查税收請飭所屬予以協助由

局長

秘書 科長 科員 主任 組長 科員 辦事員

承辦科處室：第二科

中華民國三十四年

收文 月 日 時

交辦 月 日 時

擬稿 十一月廿四日 時

核簽 月 日 時

判行 月 日 時

繕寫 月 日 時

校對 月 日 時

蓋印 月 日 時

封發 十一月廿七日 時

收文 字第 號

發文 財字第三三三號

歸檔 字第 號

公函　財字第　號

案准[redacted]市府稅捐征收處函，以屠宰稅開征時稅收尚旺，惟近日忽告減少，查係由於四鄉偷運白肉入城所致，請派稽查員分駐各城門嚴密稽查，以杜偷漏而維稅收等情，[redacted]此，[redacted]（除令准照辦，並經委派）袁漢舟駐守中華門，王家桂駐守水西門，朱從銘駐守通濟門，倪履乾駐守挹江門執行稽查[redacted]務（分別常川認真協力辦理，除呈報市政府分令相應）[redacted]，函請

貴部（廳）[redacted]轉飭所[redacted]（屬一體隨時協助辦理，以裕稅收，至級）[redacted]為荷。

此致

首都警察廳

憲兵司令部

市長石○○

（四）市政府爲據呈報派員駐守各城門稽查漏税并函請首都警察廳及憲兵司令部予以協助致市財政局指令（一九四五年十二月三日）

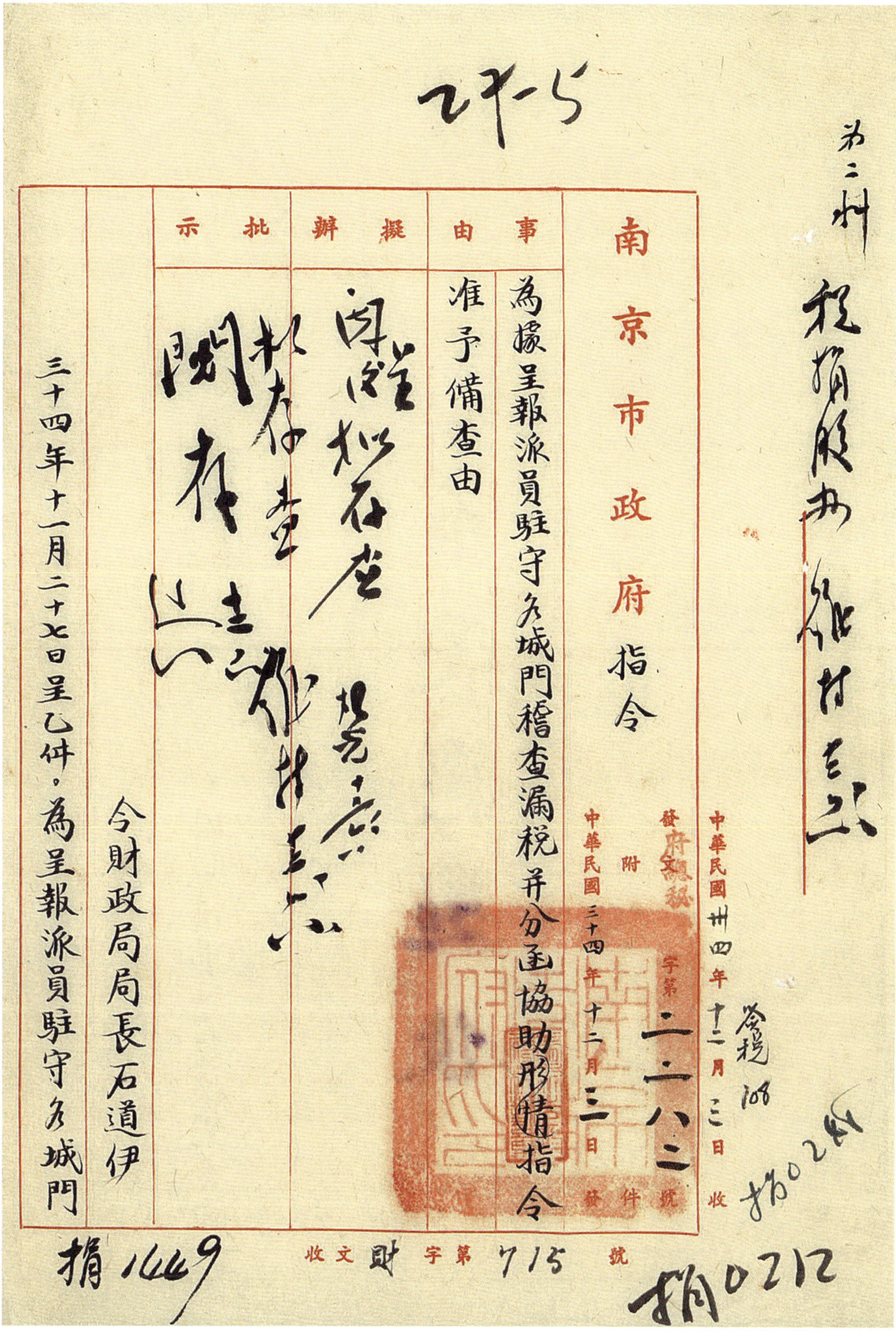

南京市政府指令

發文府秘字第二二八二號

中華民國卅四年十二月三日收

中華民國三十四年十二月三日發

附件

事由：為據呈報派員駐守各城門稽查漏税并分函協助形情指令

准予備查由

擬辦

批示

令財政局局長石道伊

三十四年十一月二十七日呈乙件，為呈報派員駐守各城門

財收文字第715號

稽查漏稅並函請首都警
察廳及憲兵司令部予以
協助情形請鑒核備查由

呈悉。准予備查。

此令。

市長馬超俊

監印

校對

校對…官

市園林管理處爲工務局在玄武門外填鋪煤渣卡車出入城門請查照放行致玄武門憲兵隊、警察所的函

（一九四七年五月二十九日至六月五日）

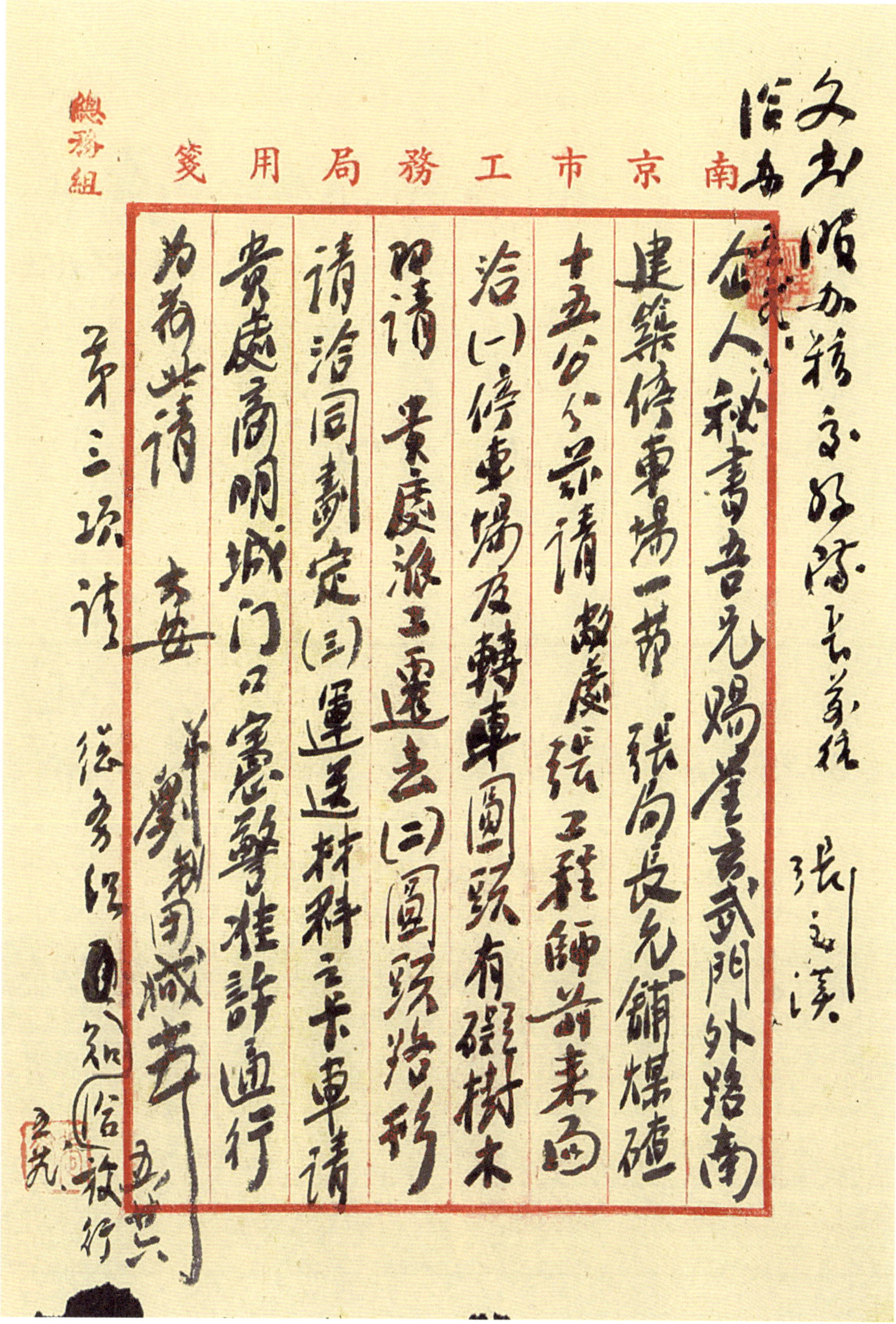

南京市工務局用箋

總務組

文書股辦稿復張局長蒙修 張劍漢

洽辦

敝人秘書吾先賜墅玄武門外路南建築停車場一節，張局長允鋪煤渣十五公分，並請貴處派工程師前來面洽：（一）停車場及轉車圖説有礙樹木，即請貴處派工還去；（二）圖説路形，請洽同劃定；（三）運送材料之卡車，請貴處商明城門口憲警准許通行。爲荷此請

大安

弟劉國城 井

第三項請總務組通知洽放行

南京市園林管理處稿

速件

明日送判

請交孫隊長前往洽辦

送達機關	玄武門警察所 憲兵隊
文別	函
附件	
承辦單位	
事由	為工務局在玄武門外湖南填鋪煤渣卡車運料出入城門請查照放行由
處長	六.六
秘書	傅
主任	
技正	
擬稿	張東光
中華民國 卅六 年	六月五日時擬稿
	六月六日時核簽
	月日時繕寫
	月日時封發
發文	處總字第五九五號
收文	字第號
檔卷	字第號
會稿	
應會單位簽章	

查本處玄武公園翠虹堤路面及停車場,茲准工務局即日派工修築,所有該局運送材料卡車每日出入玄武門,希查照准予放行,以利工務為荷。

此致

玄武门警察所
憲兵队

（會銜）啓

年 月 日

首都衛戍司令部爲轉飭守城門警憲對民食調配處的配米查驗放行致首都警察廳、各警備區的代電（一九四九年三月十二日）

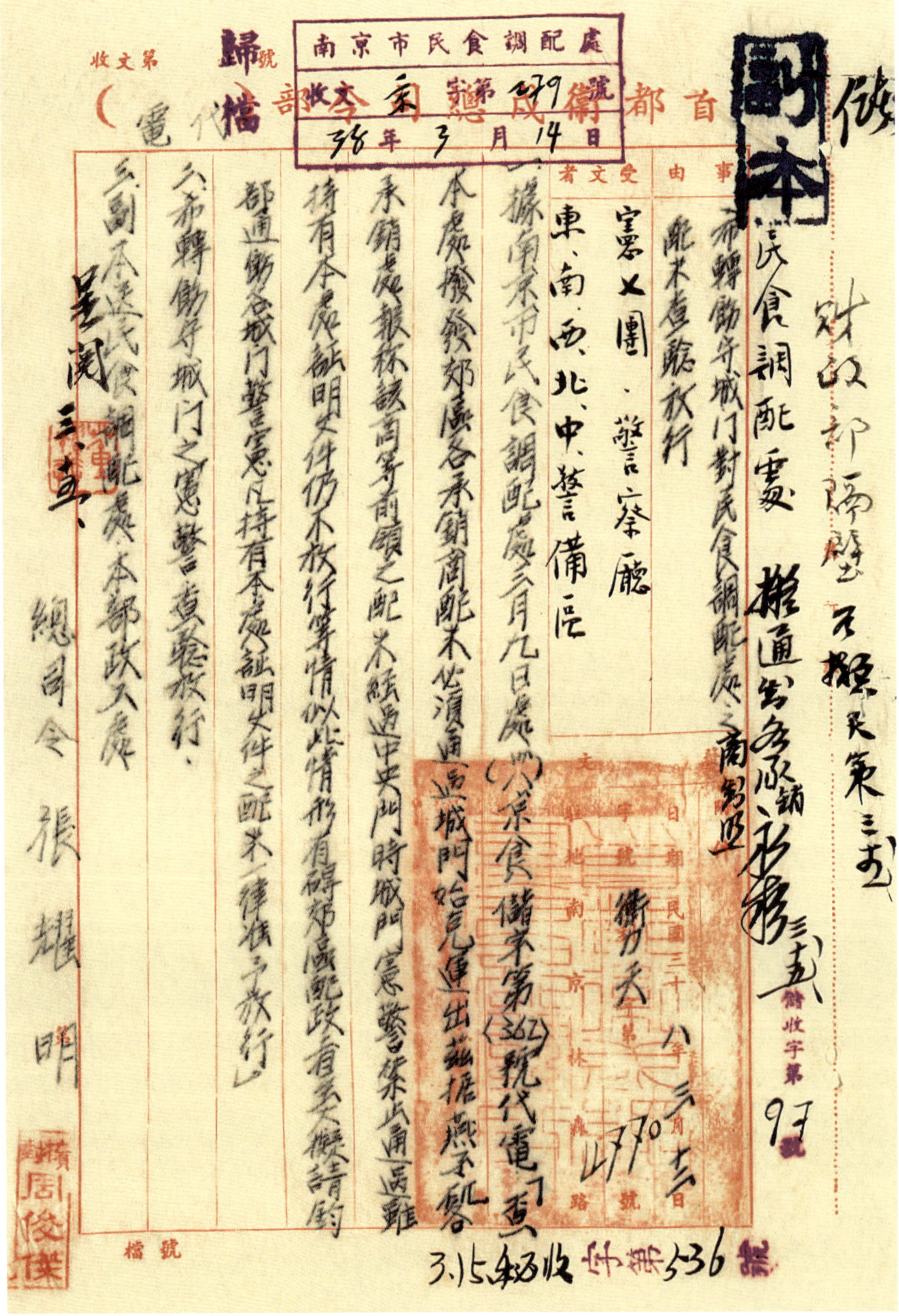

首都衛戍司令部（代電）

收文第　號　歸檔

南京市民食調配處　收文字第 279 號　38 年 3 月 14 日

副本

事由：希轉飭守城門對民食調配處之配米查驗放行

受文者：憲兵團、警察廳　東、南、西、北、中警備區

據南京市民食調配處三月九日處（卅八）京食備米第〈362〉號代電開：「本處撥發郊區各承銷商配米，必須通過城門始克運出，茲據承銷處報稱該商等前領之配米經過中央門時城門憲警第一崗雖持有本處証明文件仍不放行等情，似此情形有碍郊區配政者至大，擬請鈞部通飭各城門警憲凡持有本處証明文件之配米一律准予放行」

又希轉飭守城門之憲警查驗放行、

又副本送民食調配處、本部政五處

呈閱　三、十五、

總司令　張耀明

民國三十八年三月十二日　衛戍字第 4770 號

民食調配處　擬通知各承銷商知照　三、十五

3.15 紹收　536

南京城墻檔案

城墻的保護與管理

柒
軍事管制和演習

市工務局爲舉行汽車隊演習請將挹江等城門提前于十日上午四時半前開啓放行事致南京警備司令部的密函

（一九三七年五月九日）

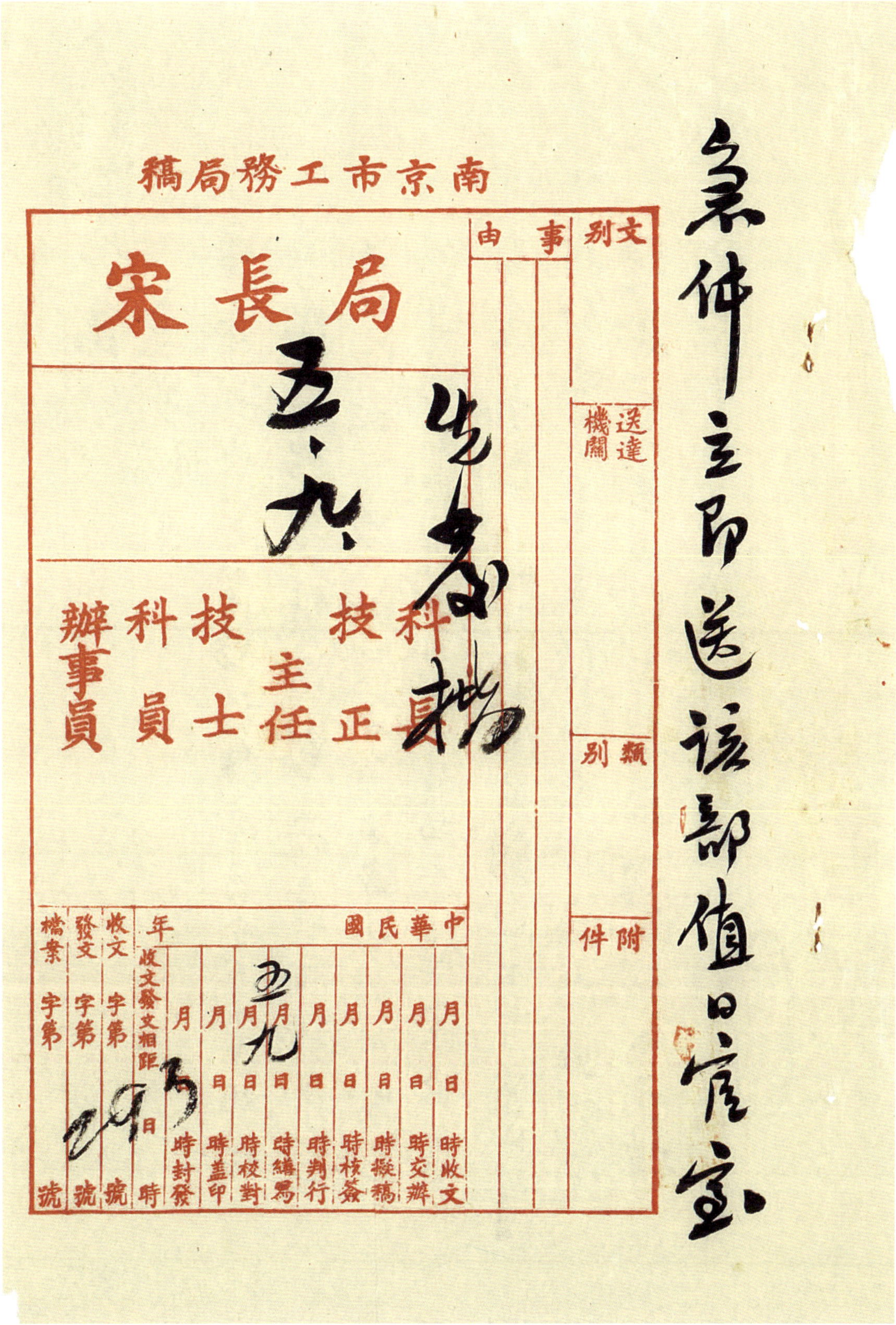

南京市工務局稿

局長宋

五、九

科長

技正

主任

技士

科員

辦事員

文別

事由

送達機關

類別

附件

中華民國 年 五月九日 時收文 月 日 時交辦 月 日 時擬稿 月 日 時核簽 月 日 時判行 月 日 時繕寫 月 日 時校對 月 日 時蓋印 月 日 時封發

收文發文相距 日 時

收文 字第 號

發文 字第 號

檔案 字第 號

急件 立即送該部值日官室

八、工務局
汽車總隊密函

查本隊局案

軍事委員會令飭於[redacted]本月十五日舉行汽車隊遊行業經通飭各車主務必將參加遊行之車輛於十日上午五時以前至公園路公共體育場集合候令出發在案茲據挹江[redacted]中央[redacted]中華中山等門外各車主聲稱以各該城門照規定須至上午五時始行啟門[redacted]恐不及按時趕到集合等情據此為特函請

附參考

貴部查照賜予即刻通飭各城門將上列孫提早
於十日上午四時半以前[redacted]開[redacted]俾免
貽誤[redacted]時刻事關緊急要啟放行公
至乞
協助實紉
公誼
此致
南京警備司令部
局長兼稽隊長寧○○
副稽隊長梁○

監印章筱英

校對閻伯[illegible]

憲兵司令部警務處爲東關頭閘洞開通氣孔及中華門之五洞準由人民避難致南京市防護團公函（一九三七年十月二十日）

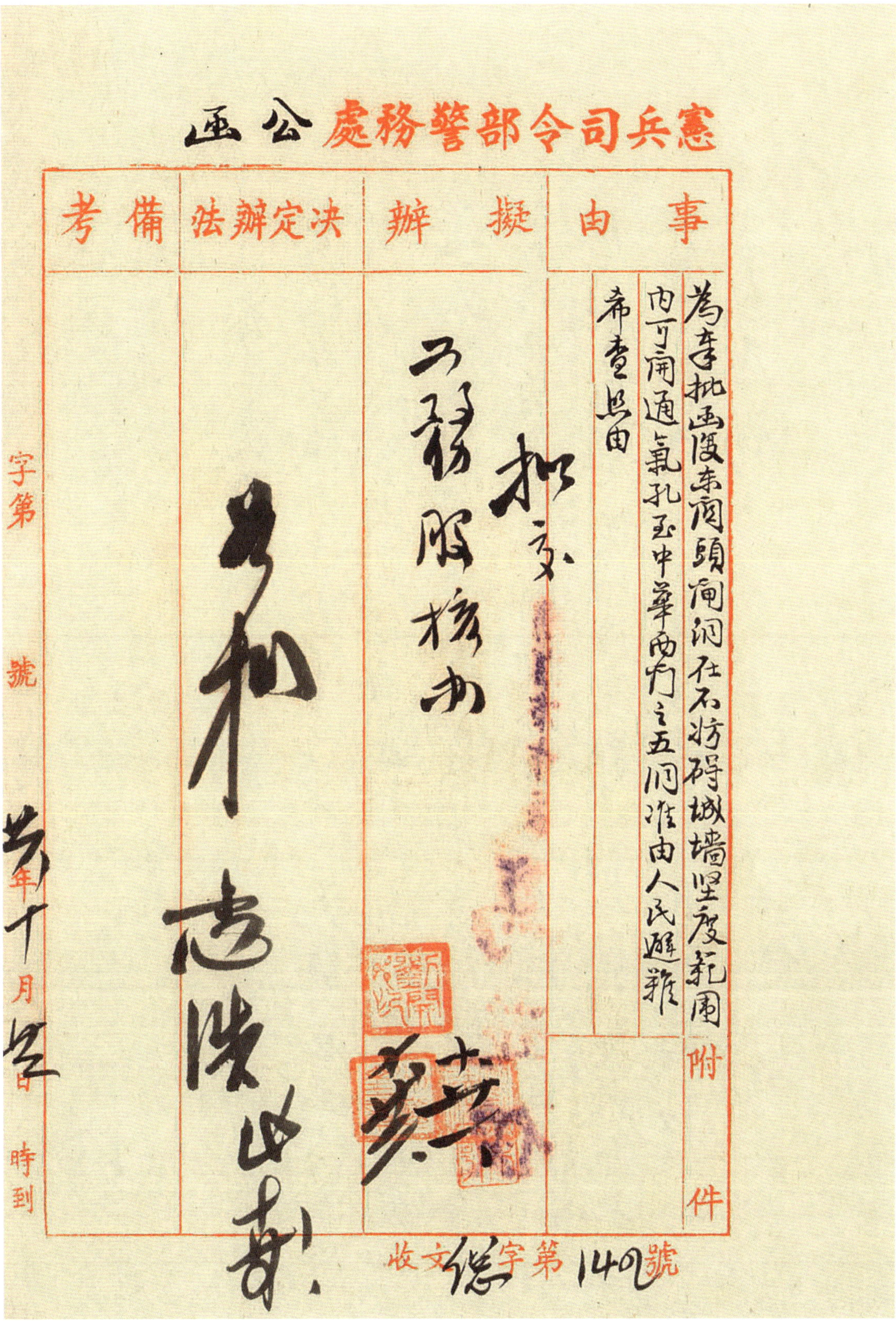

憲兵司令部警務處公函

事由	擬辦	決定辦法	備考
為奉批函復東關頭閘洞在不妨碍城墻堅度範圍內可開通氣孔至中華西門之五洞准由人民避難希查照由	擬交 工務股核辦	[illegible]	

附件

字第 號 廿六年十月廿日 時到

收文總字第1402號

憲兵司令部警務處公函

警字第1863號

奉　交下
貴團本年十月十六日函字第一二九號公函，以東關頭道洞，擬改作公共避難室，并於各洞開鑿通氣孔道，又中華門西邊亦有五洞，可資利用，亦擬如法改善。惟是否與城防有碍，希查照見復等由，准此。查擬之「在不妨碍城墻堅度範圍內，可開鑿通氣孔」，至中華西門之五洞，准由人民避難，相應函復，請
查照爲荷！

發

南京市防護團

中華民國二十六年十月二十日

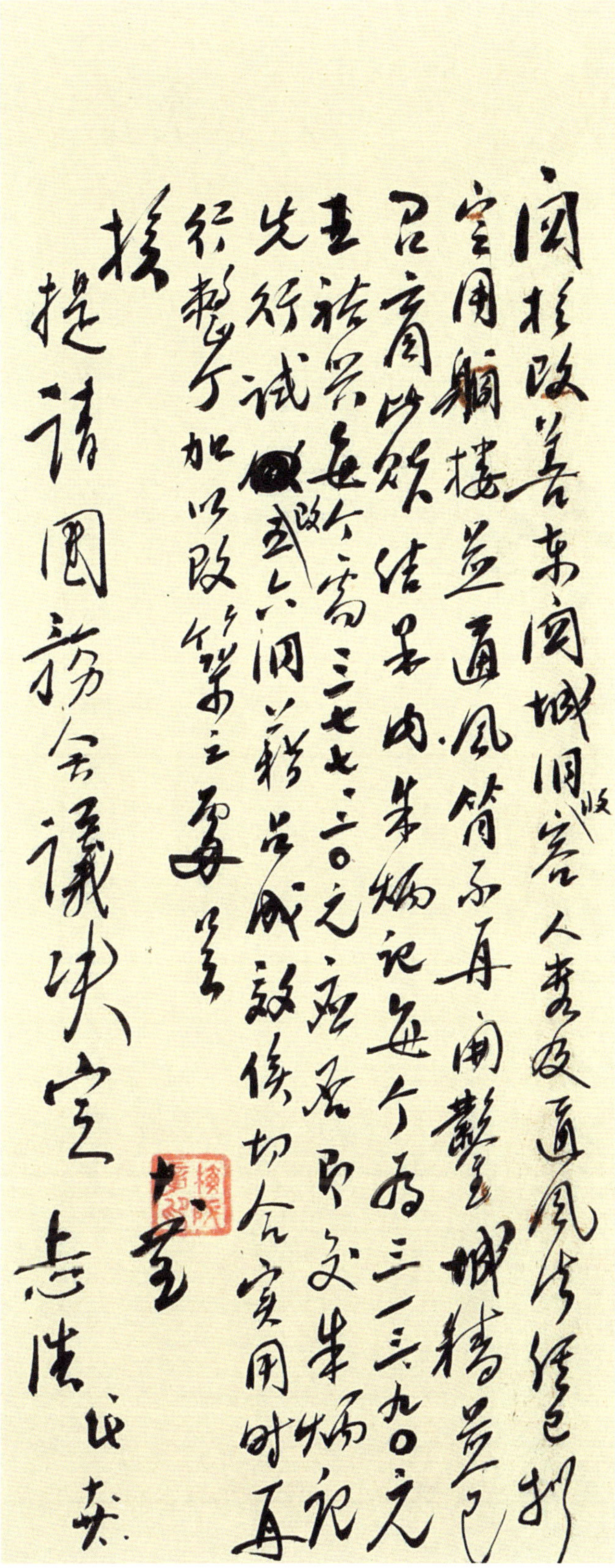
関於改善東関城洞收容人車交通風管經已擬定用洞樓道通風管不再用鑿城牆並已召商比價結果由朱炳記每个為三一三九〇元孟記營每个需三七七·二〇元現商朱炳記先行試改六個以觀其成效俟切合實用時再行整个加以改築之處妥否

核

提請團務會議決定

大奎

志洪 代奕

僞市警察廳爲準南京警備司令部通知各城門定期打鐘爲軍隊集合演習信號事致僞督辦市政公署公函

（一九三八年十二月十八日）

督辦秘書處 收文督秘第986號 27年12月18日13時

南京市警察廳公函 督辦公署秘書處

事由：為准南京警備部通知各城門定期打鐘為軍隊集合演習之信號等由函請查照由

擬辦：

批示：速函知有關機關

備考：

附件：

公函政字第三一一號

年　月　日　時到

收文　字第　號

南京市警察廳公函

政字第叁壹壹號

逕啟者案准
南京警備司令部通知定於本月十九日午後六時起（中國時間）本京各城門同時發警鐘三次（約五分鐘）為軍隊集合演習之信號請轉知各機關知照以免誤會等由自應照辦除分別函令外相應函請
查照為荷此致
督辦公署秘書處

廳長徐仲仁

中華民國二十七年十二月十八日

監印 戴以勝
校對 孫大慶

郵速件 十分辦出

機要秘字第67號

逕啟
逕啟者茲承
貴處擬另函開案件遵函請查並予由行
此項公函外相應函達
查照並希
轉飭所屬一體遵照為荷此致
無直公所
校傳處
圖書館

楊士琦

十一月九日

示遵

僞督辦市政公署爲本月十九日起本市各城門同時發警鐘三次爲軍隊集合演習信號請轉知各機關函（一九三八年十二月十九日）

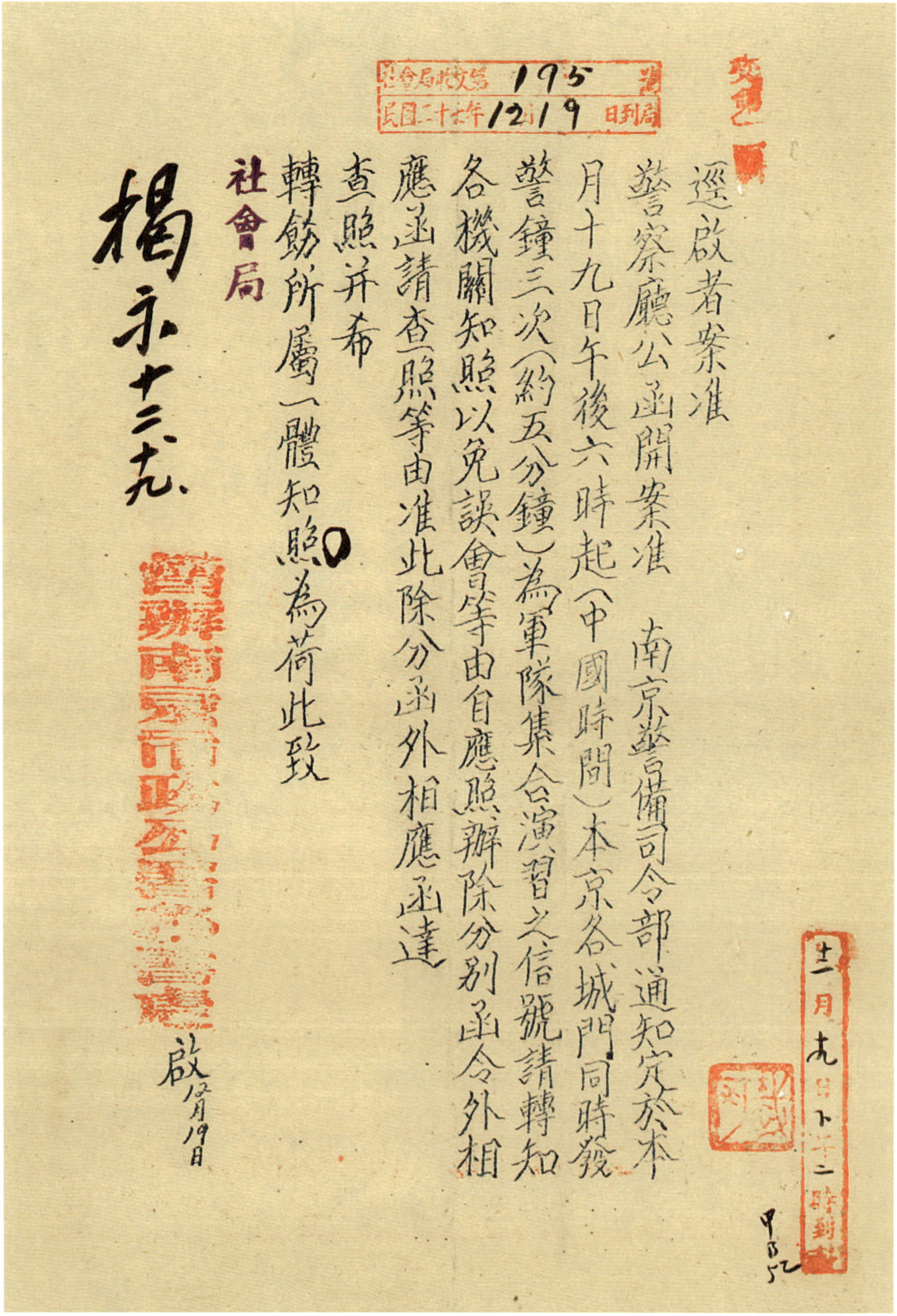
社會局收文第195號
民國二十七年12月19日到局

逕啟者案准
警察廳公函開案准　南京警備司令部通知定於本月十九日午後六時起（中國時間）本京各城門同時發警鐘三次（約五分鐘）為軍隊集合演習之信號請轉知各機關知照以免誤會等由自應照辦除分別函令外相應函請查照等由准此除分函外相應函達
查照并希
轉飭所屬一體知照為荷此致
社會局

督辦南京市政公署秘書處啟 12月19日

揭示 十二、九

十二月十九日下午二時到

偽市政府爲日軍特務機關通知本月五日起至九日止每日下午十時至上午五時各城門禁止通行的訓令（一九三九年七月五日）

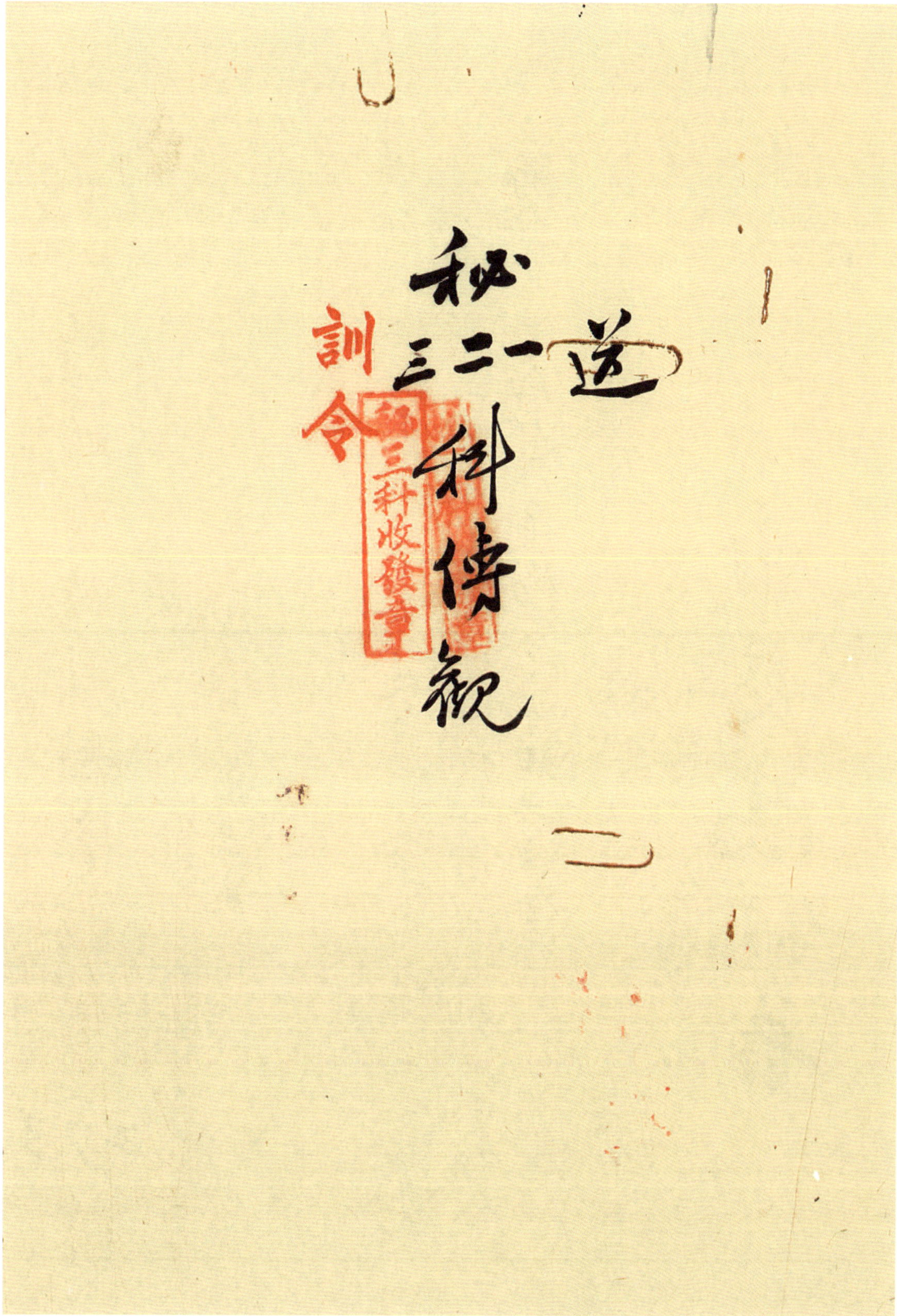

南京特別市政府訓令　秘字第273號

訓令　秘書處

為訓令事頃准

特務機關通知本月五日起至九日止每日下午十時至上午五時止各城門禁止通行等由除分別函令外合行令仰該處知照并飭属一体知照此令

市長　高冠吾

中華民國二十八年七月五日

監印朱啟華
校對李怡新

首都警備司令部爲檢奉各城門開關時間表的代電及市政府抄發所屬各單位的訓令（一九四六年六月二十九日至七月六日）

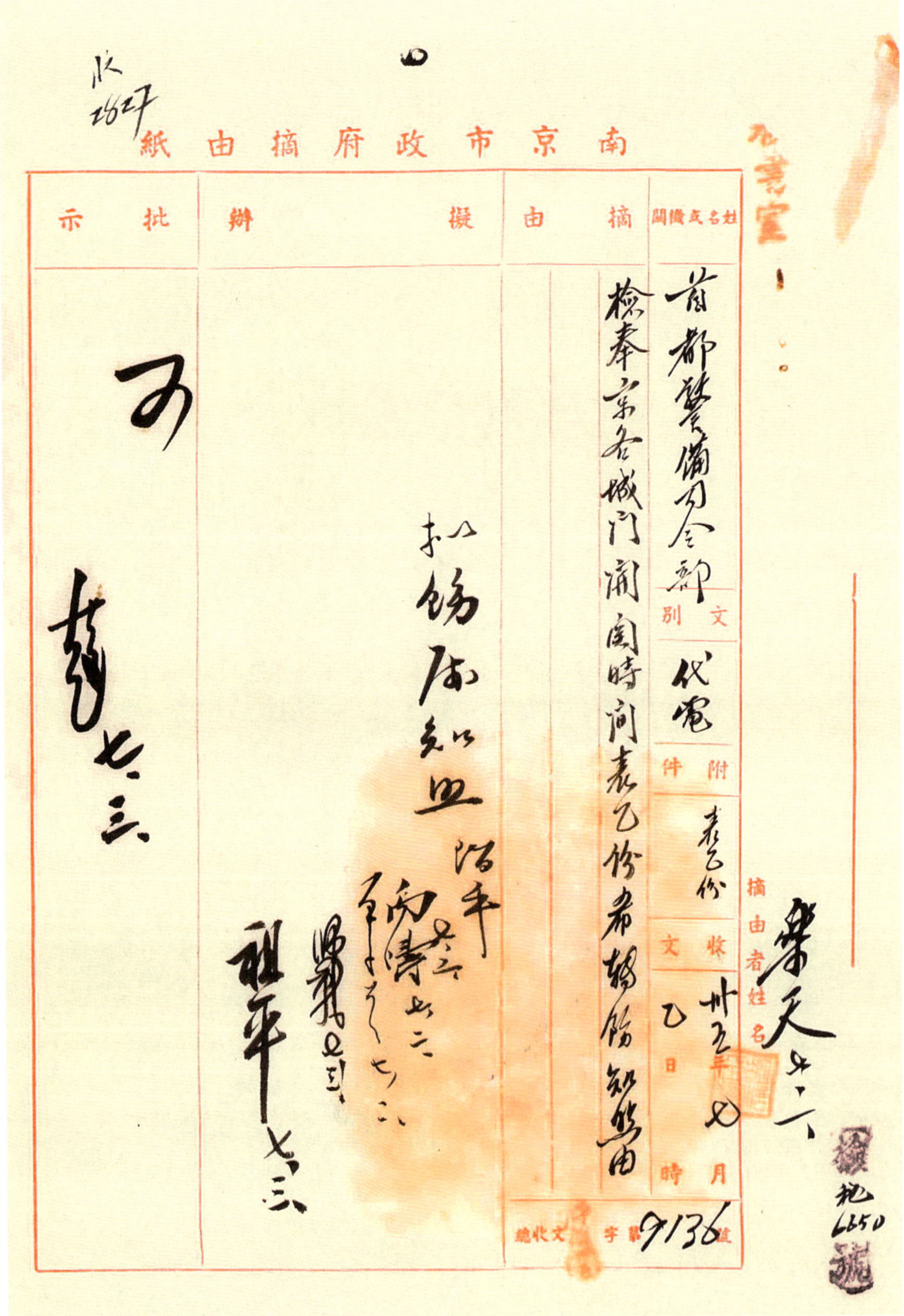
南京市政府摘由紙

姓名或機關	文別	附件	收文	摘由	擬辦	批示
首都警備司令部	代電	表乙份	卅五年七月乙日 時	檢奉京市各城門開閉時間表乙份希轉飭知照由	擬抄飭所屬知照	可

總收文 字第9136號

首都警備司令部代電

南京市政府公鑒：茲自七月五日起將京市各城門開關時間改定如附表，敬希轉飭所屬知照為禱。首都警備司令部巳歌參五

參五字第659號
中華民國三十五年七月五日

京市各城門開關時間表

名稱	開放時間	關閉時間	備攷
通濟門	晨五時三十分	晚十二時	
光華門	晨五時三十分	晚十二時	
太平門	晨五時三十分	晚十時	
中山門	晨五時	晚十二時	
中華門	晨五時	晚十二時	
水西門	晨五時	晚十二時	
漢中門	晨五時	晚十二時	
玄武門	晨五時	晨一時	
凱旋門	晨五時	晨一時	

附記：
一、本表自七月五日起實施
二、在關閉城門時間內出入城門須預先向首都警察廳督察處請領出入證

發
2646

南京市政府稿

送達機關	所屬各單位
事由	抄發京市各城門開閉時間表一份令仰知照由
文別	訓令
附件	表一份
承辦單位	秘二

市長 [illegible]

副市長 元啟

秘書長 [illegible]

參事

秘書 [illegible]

科長 [illegible]

擬稿 [illegible]

會稿 應會單位 簽章

訓令

令所屬各單位

案准首都警備司令部三十五年六月廿九日秦□字

京市各城門開閉

中華民國三十五年七月九日收

第六五九號代電稿

前准自七月五日起將京市各城門開閉時間

改定並附表敬希轉飭所屬知照

等由附京市各城門開閉時間表一份准此除分行外合

行抄發原表令仰知照

此令

附抄發京市各城門開閉時間表一份

市長馬〇〇

逕啟者邇來奸匪每于夜間潛入市區擾亂治安
爲維護安寧起見上峯特定開閉城門之時間
午夜十一時閉城至日晨五時開城本隊負有城防之
責故特函請
貴站通知機司由明（廿五）日起夜間十一時出城之單
機及日晨五時入城之單機均于距城門五十公尺處鳴
笛停車並請機司協助本隊憲兵將拒馬撤
開後又再開駛以保安全並城門附近道旁之路
燈已壞亦請
貴站安置數盞電燈以便隨時查看勿使奸

匪破壞，此請西節希於明日協办日三荷

此致

京市鐵路三牌樓東站

金川門憲兵分隊

啟

民國卅六年三月廿九日

每日早晚單機駛距金川門五十公尺處鳴笛停車，派員在墻下車協助憲兵搬移鐵絲網。

交機務員於五日令司機遵办。原章送回。

三、卅一

交總處 35. 8. 240.000

又
發 三、廿六

侯處長擬 三、廿五

中華民國卅四年三月廿六日發出

發文總字第1297號

字第 號

箋函

案據三牌樓站站長呈送

貴分隊政訓站箋函，事件來文關於本路每日早晚進出金川門機車經飭如嚀轉各司機人於駛距城門五十公尺處鳴笛停車並派司爐下車協助搬移鐵絲網並已至路燈亦已轉飭電匠前注意隨時修理在案相應函復

即請

查照為荷

此致

金川門憲兵分隊

中美紙號製

覆表 六日

首都衛戍司令部爲實施冬防期間各城門開放及關閉時間表致市政府代電及市民政局抄發時間表的訓令

（一九四七年十二月二十四日至十二月二十九日）

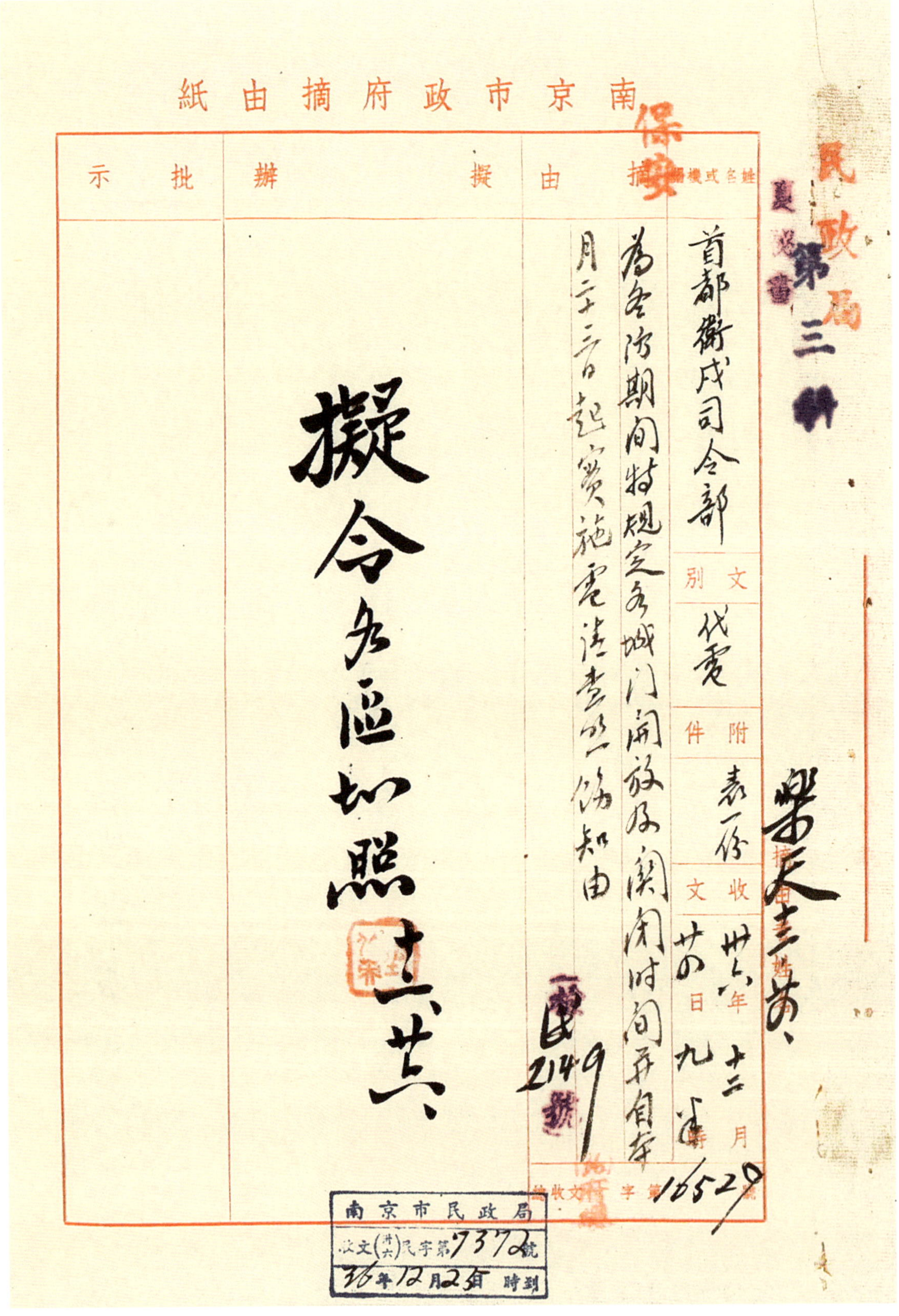

南京市政府摘由紙

姓名或機關	首都衛戍司令部
文別	代電
附件	表一份
收文	卅六年十二月廿四日九時
摘由	爲冬防期間特規定各城門開放及關閉時間并自本月二十三日起實施電請查照一飭知由
擬辦	擬令各區切照 十二、廿六
批示	

收文 字第16529號

民2149號

南京市民政局 收文（卅六）民字第7372號 36年12月26日 時到

首都衛戍司令部代電　戍仁嫂志字第　號

南京市政府　中華民國三十六年十二月廿五日　錄

公鑒：查本市各城門啟閉時間，業經本部于卅六年九月智定寓叭歸沛示並分電有關軍警機關在案。茲值冬防時期，該項關閉各城門時間自不適用，特規定本市各城門除交通要道之挹江門、光華門、中山門應滿夜開放以利通行外，其餘各城門規定每晚十二時關閉，自三十六年十二月廿三日起實施。除呈報國防部備查并佈告及分電有關軍警機關外，特電請查照并轉飭所屬知照為荷。首都衛戍司令部亥元戍仁嫂志印。附京市各城門啟閉時間表乙份。

1167

京市各城門冬令開關時間表

名稱	開放時間	關閉時間	備考
通濟門	晨五時	晚十二時	
光華門	漏夜開放		
太平門	晨五時	晚十二時	
中山門	漏夜開放		
中華門	晨五時	晚十二時	
水西門	晨五時	晚十二時	
漢中門	晨五時	晚十二時	
玄武門	晨五時	晚十二時	
挹江門	漏夜開放		

附記

一、本表自十二月廿三日起實施

二、在關閉城門時如有出入城門者須先向首都衛戍司令部請領城門通行證

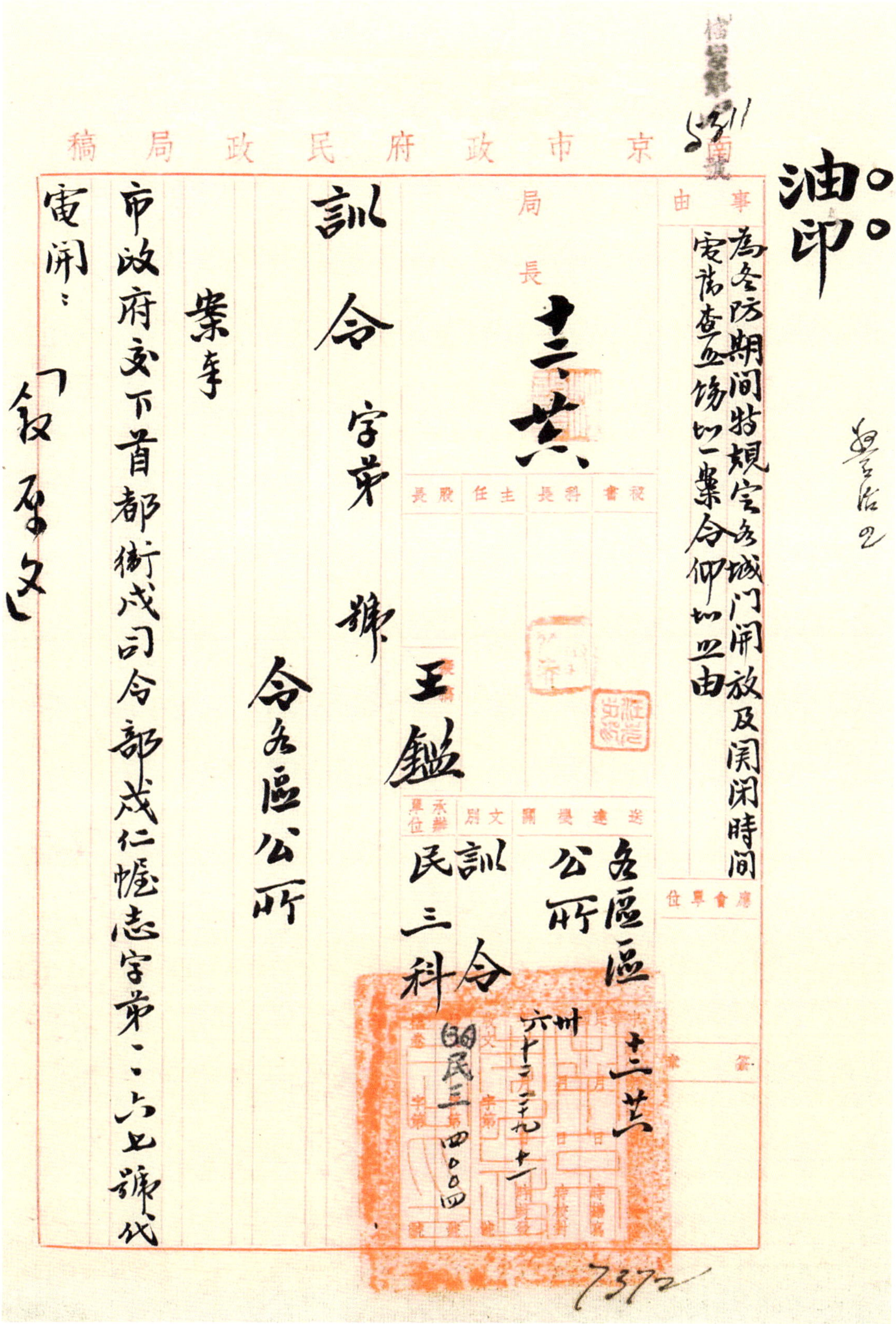

南京市政府民政局稿

油印

5311

事由：為冬防期間特規定各城門開放及關閉時間密告查照遵行一案令仰知照由

局長 十二 廿六

秘書	科長	主任	股長

王鎰

送達機關	文別	承辦單位
各區區公所	訓令	民三科

卅六 十二 廿九 十一

(60)民三 四〇〇四

訓令 字第 號

令各區公所

案奉

市政府交下首都衛戍司令部戍仁㡌志字第一一六七號代電開：「敘原文」

7372

呈由該京市城門各令開閉時間表准此除分令外合行

抄發原時間表令仰切照

此令

附時間表乙件

部長汪○○

市鐵路管理處爲軍運列車夜間進出金川門請開放城門通行與金川門憲兵分隊、首都衛戍司令部的往來函、代電

（一九四八年八月二十日至八月二十三日）

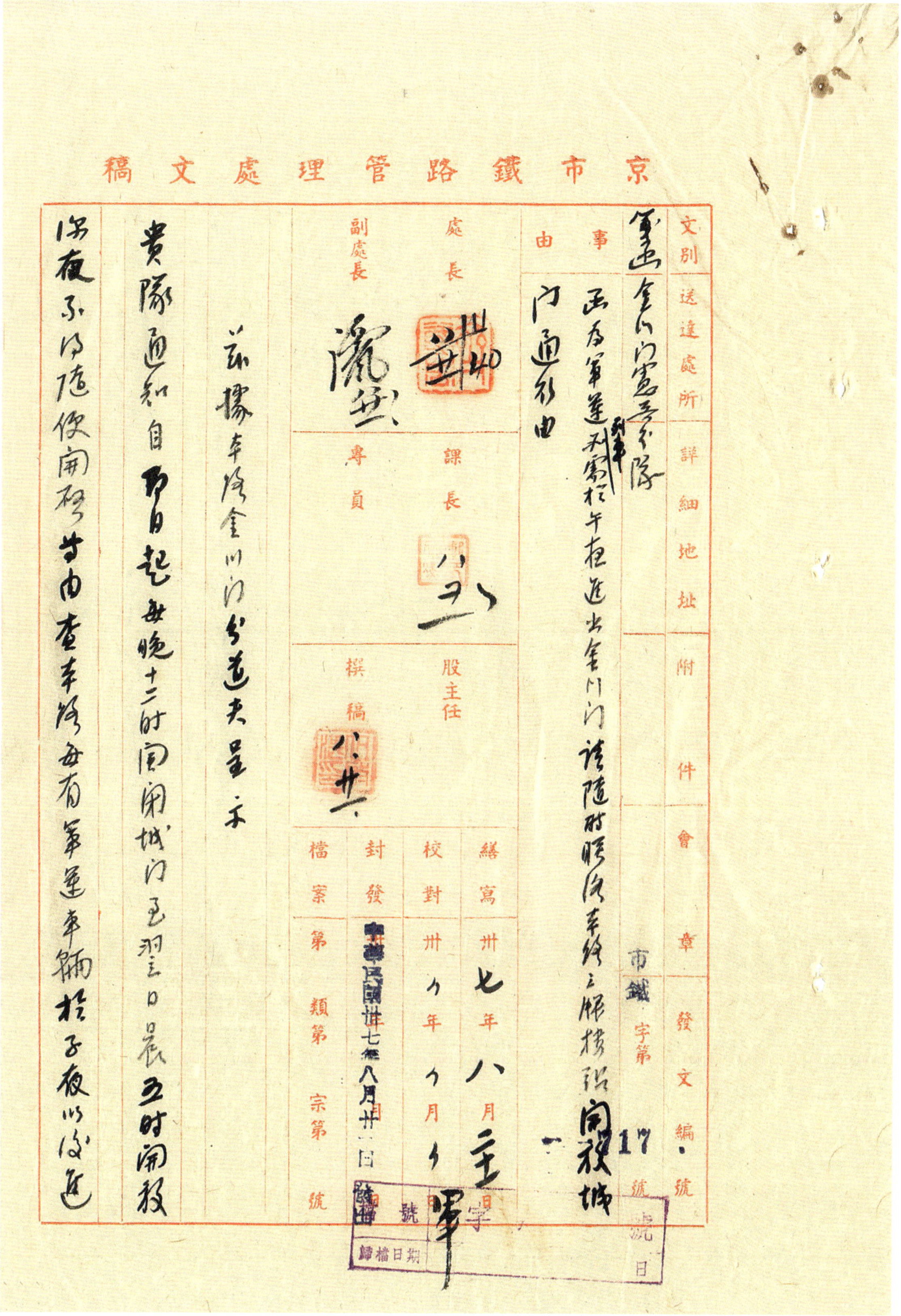

京市鐵路管理處文稿

文別	箋函
送達處所	金川門憲兵分隊
事由	函爲軍運列車需於午夜進出金川門請隨時照常接洽開啟城門通行由
處長	
副處長	
課長	八、廿一
專員	
股主任	
撰稿	八、廿
繕寫	卅七年八月廿一日
校對	卅　年　月　日
封發	中華民國卅七年八月廿一日
發文編號	市鐵字第17號

頃據本路金川門分道夫呈示

貴隊通知自即日起每晚十二時關閉城門至翌日晨五時開放

深夜不得隨便開啟等由查本路每有軍運車輛於子夜以後進

由金川門隊電請衛戍司令部查照外，應請

貴隊隨時派兵將三牌樓鐵路修開碍城門以利通行為荷

此致

金川門憲兵分隊

37.5.5000

爲通知事茲

奉命金川門每日（即起）城門按時關閉每次（十二时关闭五时开启）

日晨按時開放希即通知下關京市

鐵路管理處凡係深夜不得隨便

啓開如不按時開啓行車損城門

損壞應由管理處負責特此通知

轉達管理處爲荷

此致

金川門鐵路管理處

金川門憲兵分隊

一月二十日

資源委員

南京市鐵路管理處便條

首衛戍司令部：本路經常有軍車於深夜進出城闕，應隨時開啓，不能延誤，擬致金川門憲兵隊長並通知三牌樓站長注意與金川門分道夫密切聯絡，機務段特飭司機深夜駛近城門時注意停車，俟憲兵開城後再行開車。

37.6.200

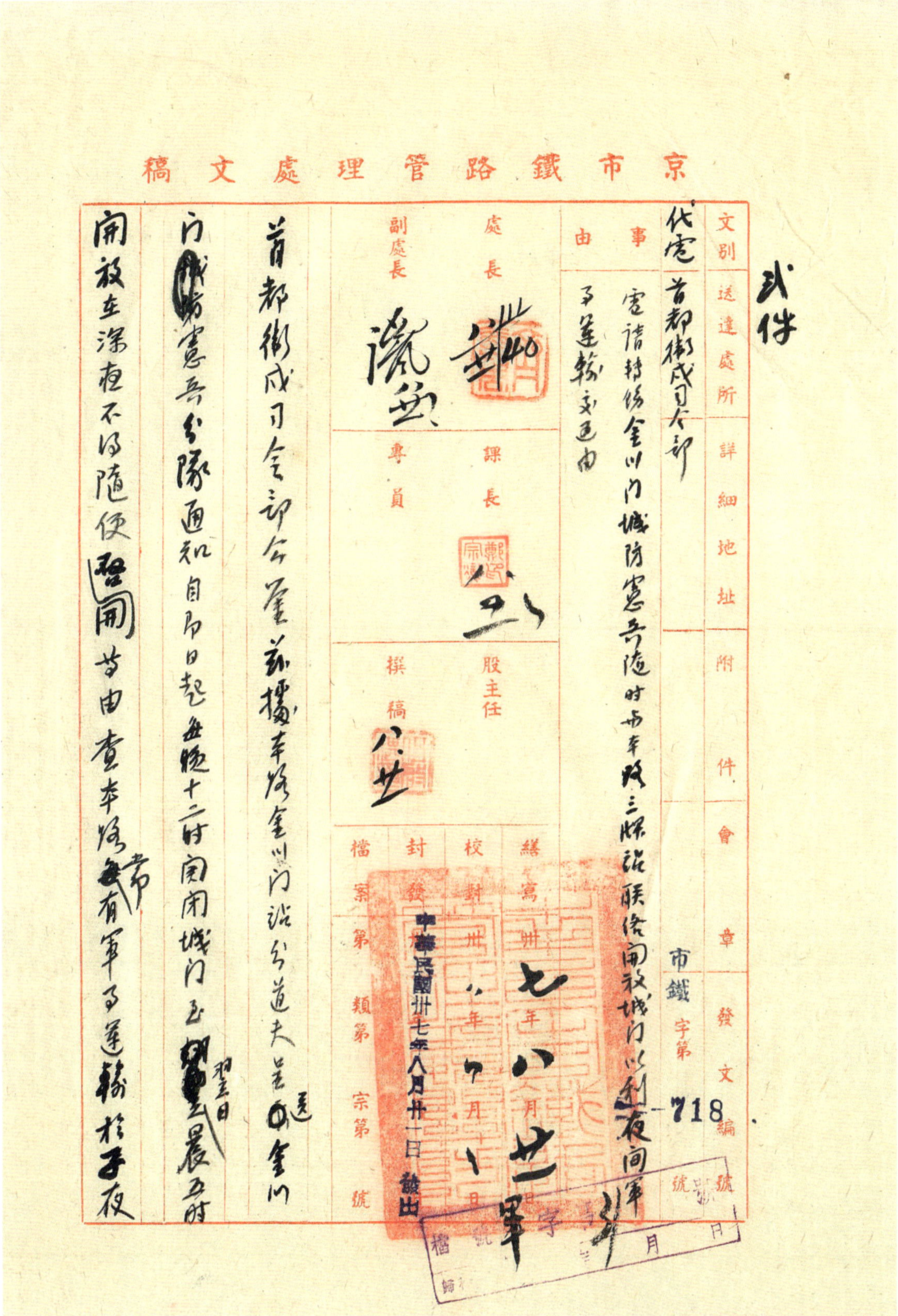

京市鐵路管理處文稿

文別：代電

送達處所詳細地址：首都衛戍司令部

附件：貳件

事由：電請轉飭金川門城防憲兵隨時與本路段三隊聯絡開放城門以利夜間軍運由

處長　副處長　課長 八.二　專員　股主任　撰稿 八.廿

繕寫　校封　封發　檔案第　類第　宗第　號

市鐵字第718號

中華民國卅七年八月廿一日發出

首都衛戍司令部公鑒：茲據本路金川門站分道夫呈送金川門城防憲兵分隊通知自即日起每晚十二時關閉城門至翌日晨五時開放，在深夜不得隨便啟開。當由查本路常有軍運轉於午夜俟圍進出金川門，應請 貴部轉飭該處憲兵隊隨時與本路三牌樓站聯絡，准予開放通行，以利軍運為荷。京市鐵路管理處處長龐〇〇叩（代電）印

抄示

三牌樓站長許宜霖

機務員孫漢卿轉飭各司機深夜進出城關應注意行車安全

抄送

運輸指揮部鐵運組

37.5.5000

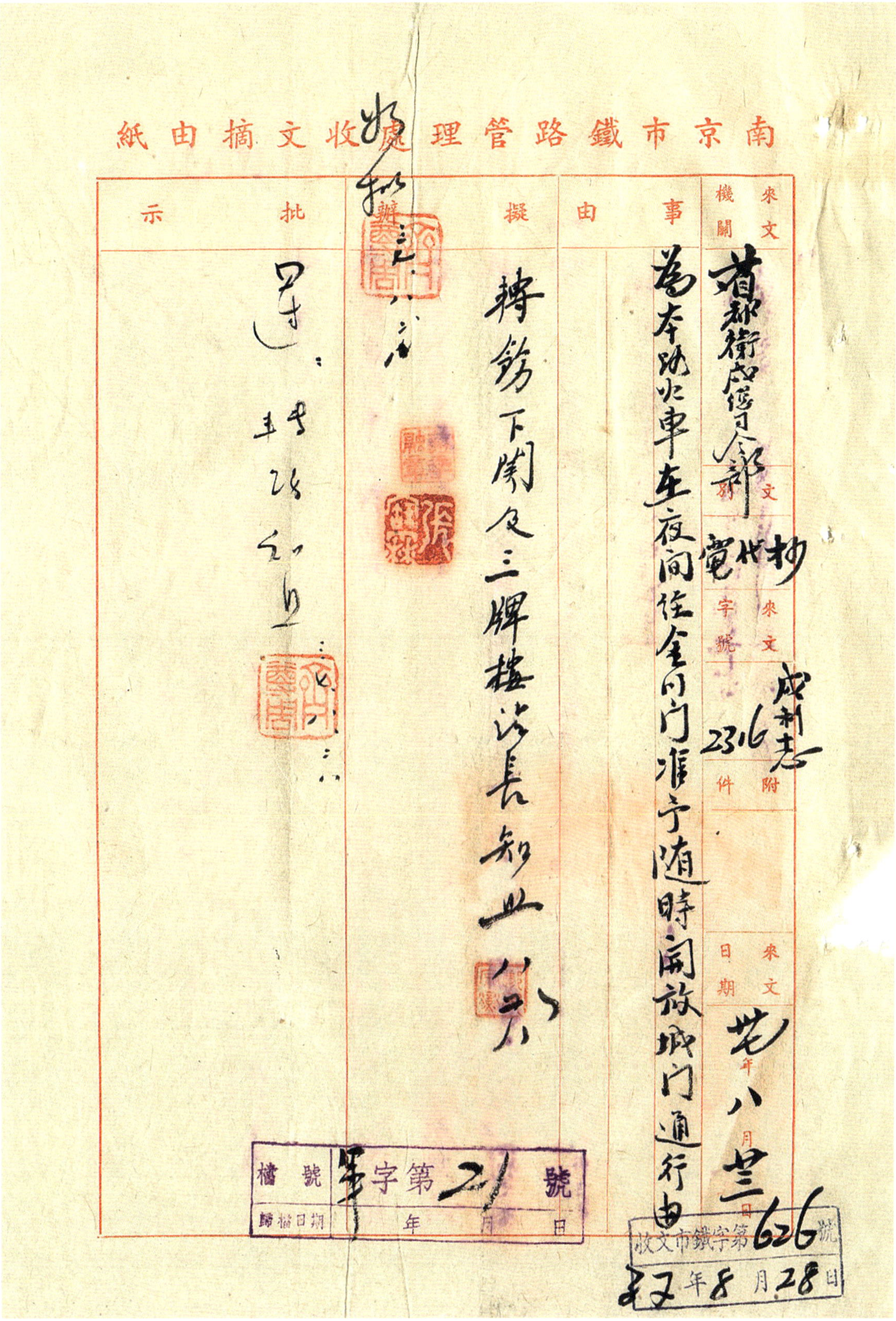

南京市鐵路管理處收文摘由紙

來文機關	文別	來文字號	附件	來文日期	事由	擬辦	批示
首都衛戍總司令部	代電抄	戍利志2316		卅七年八月廿三日	為本路火車夜間往金川門准予隨時開放城門通行由	轉飭下關及三牌樓站長知照 八、廿六	照辦。抄送機務知照 八、廿六

如擬 八、廿六

檔號 字第21號 歸檔日期 年 月 日

收文市鐵字第626號 37年8月28日

收文　之　號

首都衛戍總司令部代電

副本送南京市鐵路管理處

事由	為南京市鐵路管理處[illegible]金川門[illegible]夜間開放城門通行[illegible]
受文者	城區指揮部鄭[illegible]代指揮官

收件　日期　民國三十七年八月[illegible]日　字號　利字第2316號　地址　南京林森路

一、據南京市鐵路管理處卅七年八月廿一日市鐵字第[illegible]號[illegible]站分遣美軍送金川門憲兵分隊通知自[illegible]五時開放在深夜不得隨便開啟等由查本路常有軍事運輸於深夜駛過此金川門應請貴部轉飭該處憲兵隊隨時與本路之牌樓站聯絡准予開放通行以利軍運」

二、據南京市鐵路管理處以轉飭之牌樓車站負責人員如火車夜間有軍事運輸行駛情事應事先通知金川門服務憲兵得隨時開放城門准許

第　頁

檔號

由[illegible]長兼[illegible]高警報

五、希[illegible]本部[illegible]具[illegible]為[illegible]

四、本件[illegible]警察廳、南京市政府[illegible]處、憲兵[illegible]團

總司令孫連仲

監印蕭剛
校對劉壽[illegible]

第　頁

檔號

首都衛戍總司令部佈告　戍利字第3109号

查本市各城门啓闭时间業經本部三十七年四月佈示施行在案兹以夏令時间届满原定該項各城门啓闭時间自不通用特規定自本年十一月一日起本市各城门除交通要道挹江门光華门中山门准予澈夜开放以利通行其於各城门規定每晨五時三十分开放晚十一時關闭除呈報并分電各軍警機關查照外合行佈告通知

此告

總司令　孫連仲

中華民国三十七年十一月一日

電衛戍司令部速告金川门啓閉时间以便本站單机通行

市鐵路管理處爲請轉飭延長金川門啓閉時間以便行車事致首都衛戍總司令部代電（一九四八年十一月六日）

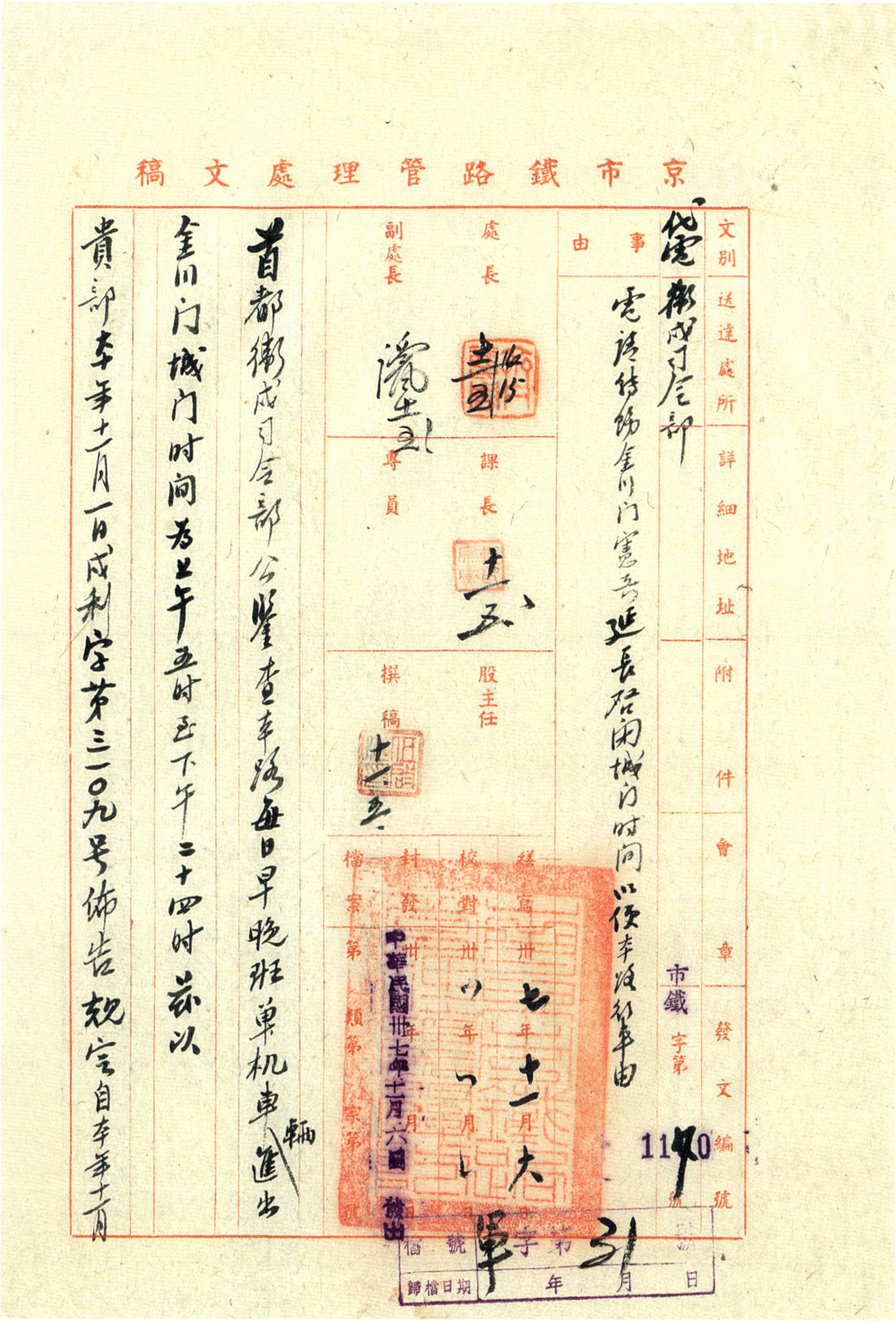

京市鐵路管理處文稿

文別：代電

送達處所：衛戍司令部

事由：電請轉飭金川門憲兵延長啓閉城門時間以便本路行車由

首都衛戍司令部公鑒：查本路每日早晚班單機車輛進出金川門城門時間爲上午五時至下午二十四時，茲以貴部本年十一月一日戌利字第三一〇九號佈告規定自本年十月

中華民國卅七年十一月六日

發文：市鐵字第1170號

一日起该城门于每晨五时三十分开放晚十一时关闭对于本路行车
进出该城门时间似未予顾及致本路行车势将被阻殊多不便相应函请
查照转饬准予延长该城门启闭时间（上午四时半开启晚间须俟末班机车驶过后方关闭）以利本路行车并
请转饬金川门防守宪兵查照为祷
京市铁路管理处
处〇〇 戌鱼（代电）印

37.5.5000

南京城墻檔案

城墻的保護與管理

捌
制發城門通行證

總理陵園管理委員會爲送舊城門出入證一枚請另發新證致憲兵司令部的函（一九三五年一月八日）

事由：函送舊城門出入証一枚請查收並請另發新証貳枚以利應用由

呈 令 咨 訓令 公函 通告 函 批 電 佈告

函 憲兵司令部

行

24年1月8日擬稿

月 日發

核

主稿

擬稿

繕校

譯發

封發

附件

逕啟者：頃閱報章，藉悉
貴部对于城门出入証，自本月十日起，廢
藍用新，本處前領用
貴部製發南京城门出入証贰枚，除遗失一枚
外，特将藍証一枚函送
貴部，即請
查收，並請另行核發新証贰枚，以利晚间因
公出入城门之用，為荷。此致
憲兵司令部
計送城门出入証藍証一枚

仝衛石率啓

中華民國　年　月　日

市工務局爲環湖路工程現在積極進行請發城門出入證以利通行致南京警備司令部的公函（一九三六年一月十四日）

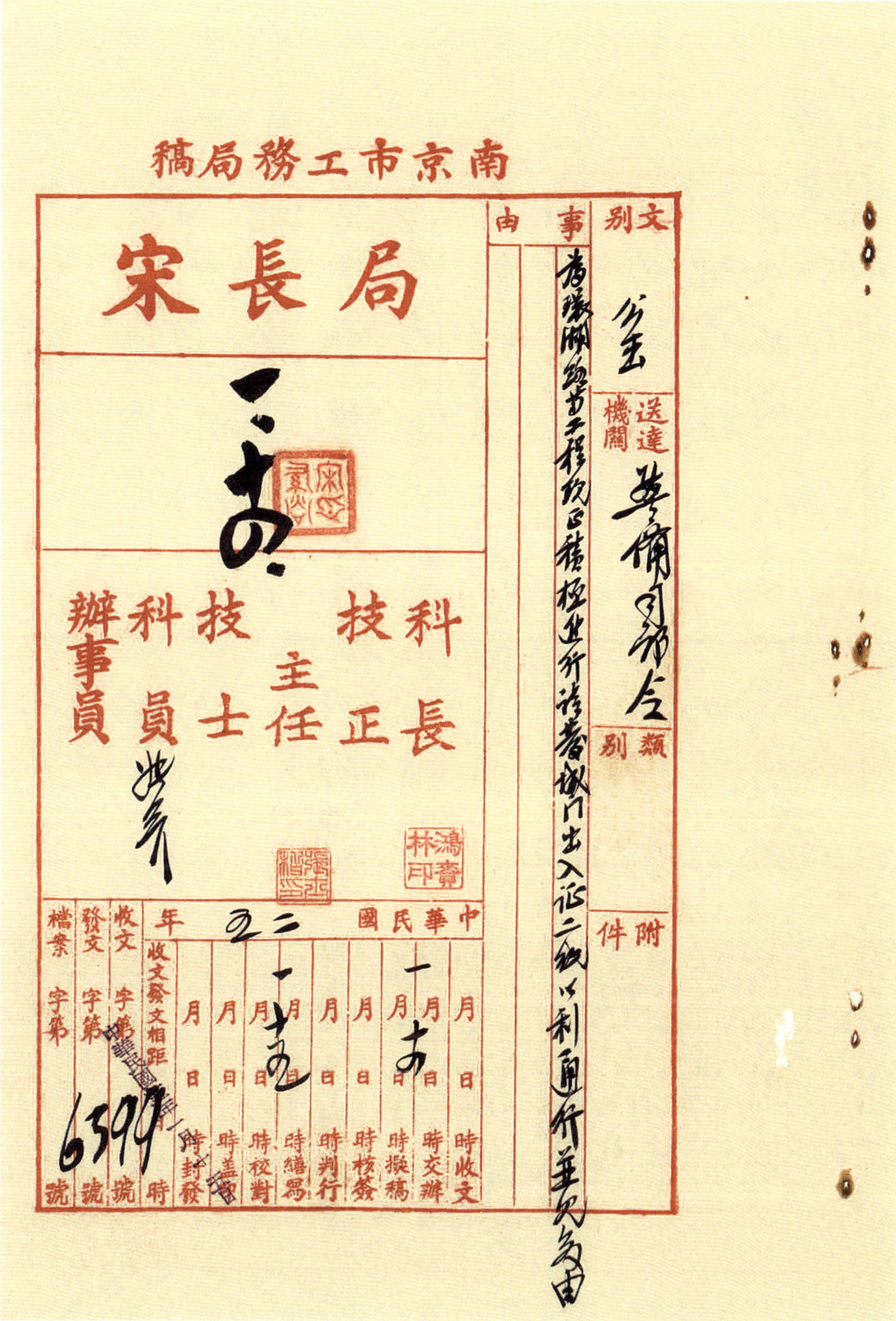
南京市工務局稿

局長宋

科長 技正 主任 技士 科員 辦事員

文別 公函

送達機關 警備司令部

事由 爲環湖路工程現已積極進行請發城門出入證二紙以利通行並見復由

附件

中華民國二五年一月十四日

收文 字第 號

發文 字第 號

檔案 字第 號

公函 第 号

案奉

委員長蔣令飭建築環湖路及通濟門外馬路、並因本縣道路由局督促積極進行、現正日夜趕築、以期依限完成、惟查各該路工場均遠在城外、因於戒嚴時期夜間派員前往查工、以及運送急需各項材料、若遇城門閉之後、出入殊感不便、茲為避免延誤要公起見、特請

貴部核發給城門出入證二紙、俾便通行、而利工作

並盼

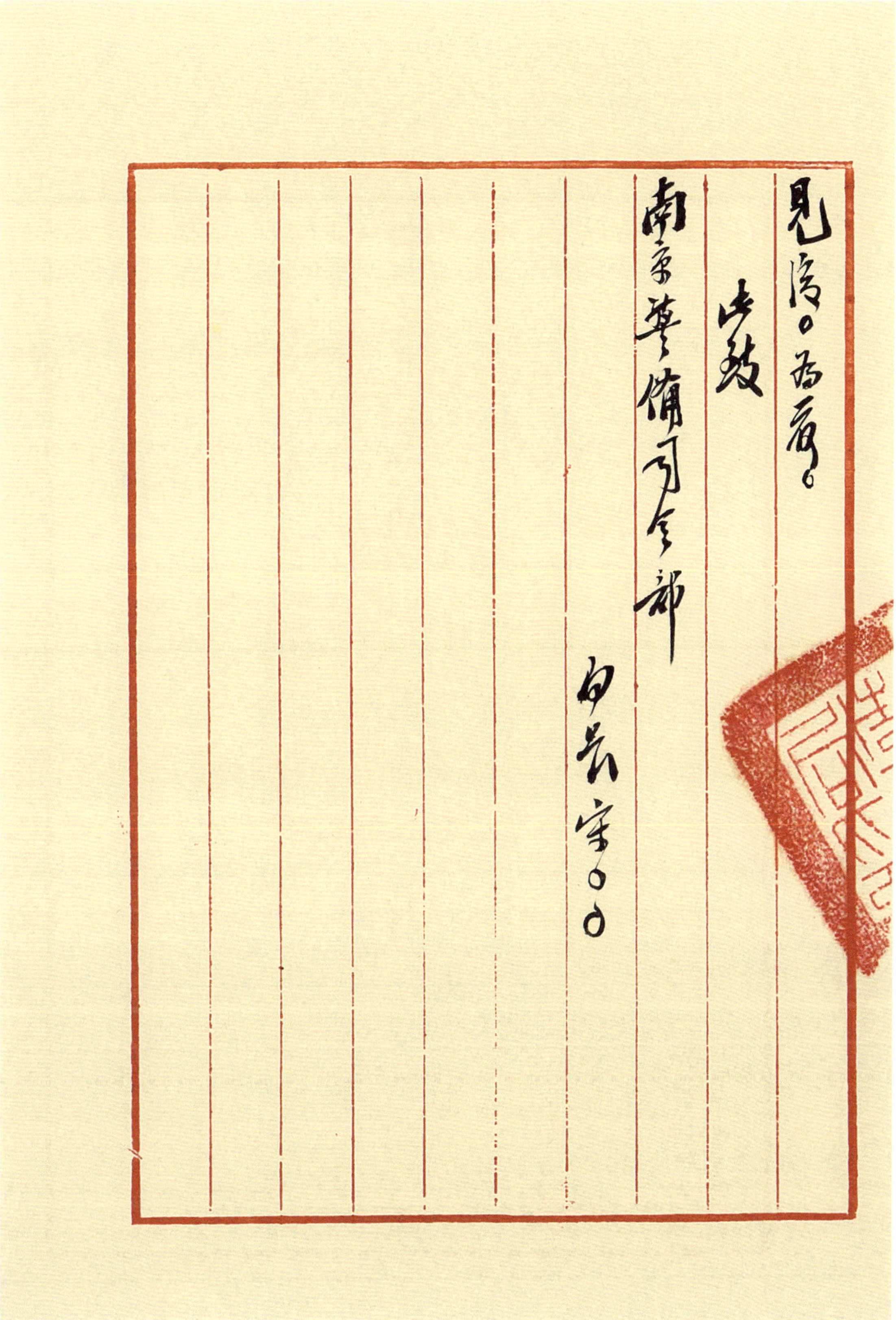

見復。為禱。

此致

南京警備司令部

白崇禧○○

中華民國　年　月　日

監印章筱英

校對周伯禮

市工務局爲太平門外工程工人進出城門由各承包商自備符號以利工程致南京警備司令部的箋函（一九三六年四月二十四日）

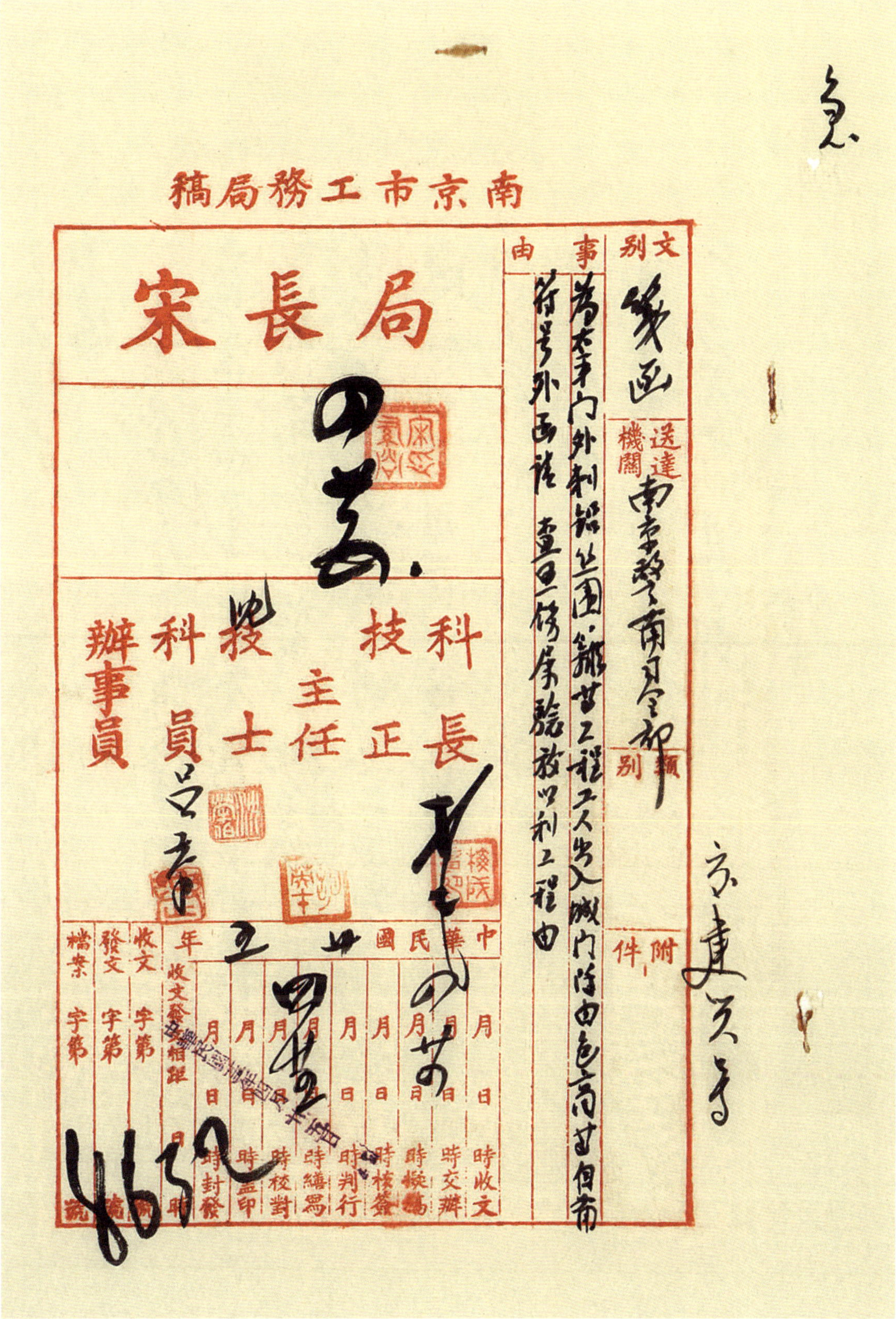
南京市工務局稿

局長宋

科長 技正 主任技士 科員 辦事員

文別：箋函

送達機關：南京警備司令部

事由：為太平門外制鋁廠、靶場工程工人出入城門除由包商等自備符號外函請 查照[illegible]發給以利工程由

中華民國 年 月 日

箋函

查本局奉令建造太平門外刺鉛絲圍籬工程、經交由建興公司承辦、又鐵門工程由銳昌營造廠承辦、本柵門及崗亭等工程由張卿記承辦、現已開工、所有工人材料出入城門及運輸材料於非通過區域之施工地點擬由該商等自備符號發給佩帶外、相應函達、請煩查照、飭屬驗明放行、以便出入而利工程為荷、此致

南京警備司令部

另启

太平门外刺铁丝圍以前由

建　兴工令等城辟、铁门开辟由锁

声营造厂承辦、木栅门及岗亭

由张钧记承辦，每由各该商号自

備材料等，赵请警備司令部饬属劃明

施行，並予以工作上之便利

日范

馬衡啟 月 日

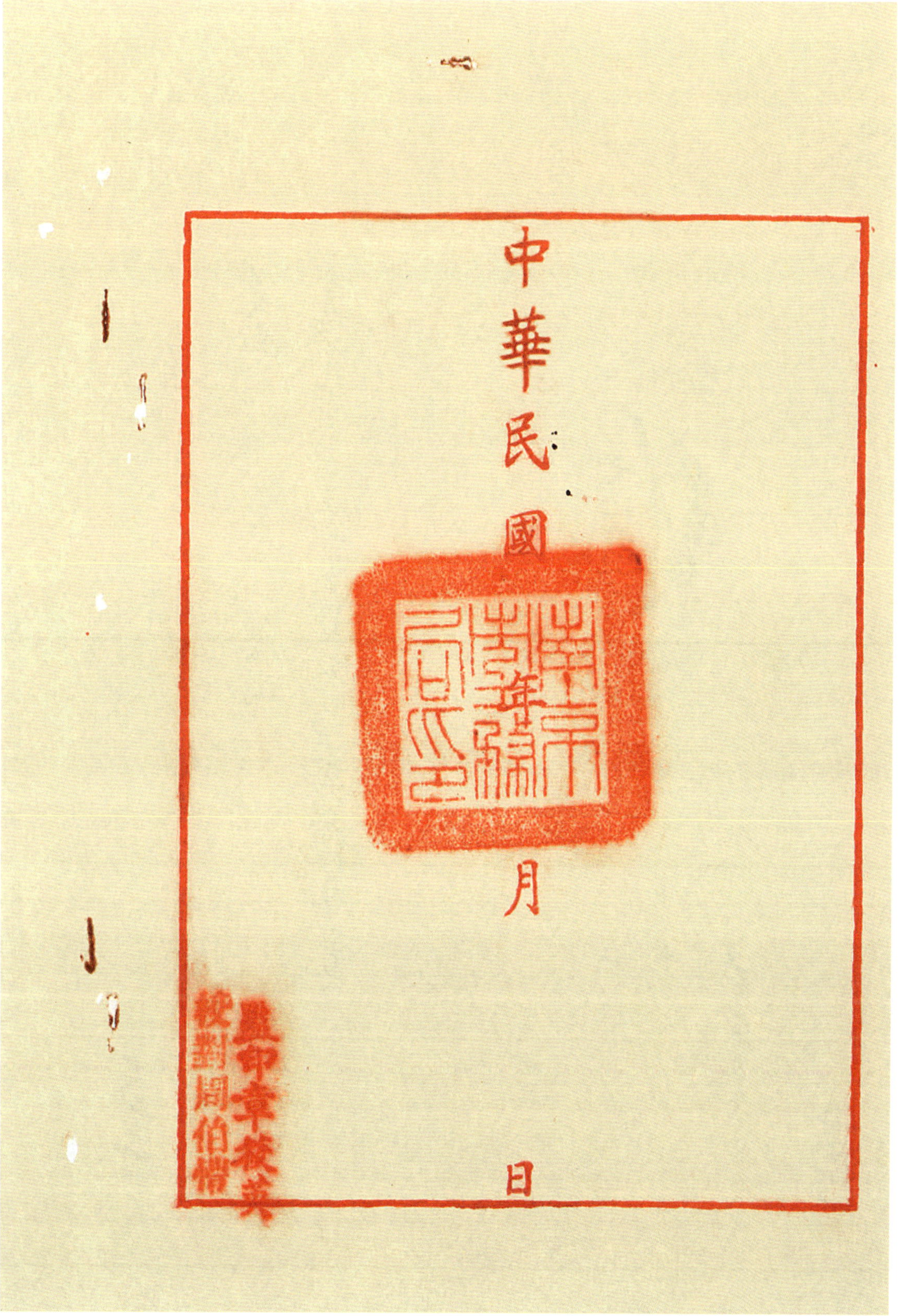

中華民國　　月　　日

監印章筱英
校對周伯楷

歸檔
箋函
各城門警軍機關
函送湖民承包湖産所用荷類放行証木戳式樣希查照
綿字第一五二號
中華民國廿五年七月廿八日發

市公園管理處爲湖民承包湖産所用荷類放行證木戳式樣致各城門警軍機關的箋函（一九三六年七月二十八日）

逕啟者：查本處爲對於湖產設法整理起見，業已
呈准
市府，將本年玄武湖內所產荷花、荷葉、蓮蓬、菱角、雞頭共
五種，自七月二十二日起，改由湖民承包在案。所有從前由處
發售時一切驗放手續，現已多不適用，除飭該湖民等另行
刊就荷類放行証木戳，以資應用外，相應將該戳式樣
函送
查照，希即飭屬隨時驗明放行爲荷。此致
本城門憲兵檢查所、分駐所、稽查處
附式樣一份
（處戳）啟

市公園管理處爲禁私人荷葉入城致各城門派出所稽查處的箋函（一九三六年九月）

逕啓者，查玄武湖所產荷葉，每年在七月至十二月銷售期間，所有私葉，一律禁止入城，以重公產而裕庫收，前經
市府佈告，並諮請
警察廳通令查照各在案。現在秋分已過，正在採取老葉時期，業由敝處派定湖民運輸入城銷售，惟據報稱近來各城門外，仍有私葉運入，對於官葉銷路，殊多影響，請予設法禁止等情，並派稽查倉士鈺前赴
貴處商洽制止辦法，相應函請
查照予以接見，實紉公誼。

此致

南京市公園管理處稿

文別	箋函
送達機關	各城門派出所等
類別	
附件	
事由	函為派本處稽查蒼士鈺前往商洽制止私菜入城辦法請查照接見由

主任葛（印）

股長

擬稿員

李祖唐（印）

中華民國二十五年

收到	月 日 時
交辦	月 日 時
擬稿	九月廿九日 時
核簽	月 日 時
判行	月 日 時
繕寫	月 日 時
校對	月 日 時
蓋印	月 日 時
發	中華民國廿五年九月廿九日發
收文發文相距	日 時
收文	字第 號
發文	字第三五九號
檔案	字第 號

編字第二三八號

中華民國　年　月　日

各城門派出所 稽查處

(處戳)啟

第七警察局三汊河分所

漢中門警察派出所

水西門

挹江門

中華門

第七警察局第二分所

憲兵司令部警務處爲送首都城門出入證一枚與總理陵園管理委員會的往來公函（一九三七年四月十四日）

來文機關：憲兵司令部警務處

文別：函

附件：出入證壹枚

事由：函送警字第三四一號首都城門出入證乙枚請查收見复由

擬辦：擬函復備案 [signature] 四、十四

批示：如擬 四、十四

備考：三麻 [signature] 四、十四

警字第一六八〇號 二六年四月十〇日收到

憲兵司令部警務處用箋

逕啓者：茲送
上首都城門出入證警字第叁肆壹號
一枚，請即
查收見復爲荷。
此致
總理陵園管理委員會警衛處

附城門出入証一枚

憲兵司令部警務處啓
四月十三日

中華民國　年　月　日歸檔

事由：函復送來誓字第三四一號城門出入証已收經轉發應用希查照由

行

四卅

呈 令
咨 訓令
公函 通告
函 憲兵司令部 批
電 警務處 佈告

26年4月14日擬稿
月 日 發

附件

核 朱祖潯
主稿
擬稿 翁克己
繕校 周吉民
譯發
封發

逕復者：送來警字第三四一號城门出入證乙枚，經轉發應用，相應函復，即祈

查照，爲荷。

此致

憲兵司令部警務處

全銜石印章　啓

市自來水管理處爲發給職員李鬱華等人城門出入證事致市政府的呈文（一九三七年八月十九日）

南京市自來水管理處稿

文別	呈
事由	爲呈請轉函首都警備司令部發給本處職員李郁華等五員城門出入證以利工作進行由
送達機關	市長馬
類別	
附件	

主任

第二課長

第一課長

工程師

材料股長

計劃股長

事務股長

擬稿員 鄭捷三

中華民國 年

月 日 時收文	八月十八日 時交辦	月 日 時擬稿	月 日 時核簽	月 日 時判行	月 日 時繕寫	月 日 時校對

中華民國廿六年八月拾玖日 發

中華民國廿六年八月拾玖日

收文發文相距 日 時

收文 字第 號

發文 自字第四八一九號

檔案 字第 號

呈

第　　號

查本市現值戒嚴時期，所有各城門，夜間非有城門出入證，絶对不得通过，而本處職司全市供水，設遇市内外水管損壞，應即隨时派員前往[illegible]修理，又本處在中山门外、通濟门外、光華门外、水西门外、五洲公園等處設置之臨时抽水機，[illegible]員，因任務關係，必須往来[illegible]，如無城门出入證，[illegible]則無法执行職務，影響民飲及消防，關係極鉅，所有本處計劃股長李郁華、材料股長李錫超、及城外抽水機機務[illegible]許卓、黃藻生、凌榮賢等五員，[illegible]務上之需要，[illegible]各發給城门出入證各一枚，以利非常时期[illegible]，茲謹检同該員等像片各二張，備文呈請鈞府鑒核，俯賜轉函南京警備司令部查照分別發給，實爲公便。

謹呈。

市長馬

計呈送李郁華等五員像片共十張

（全銜）

中華民國廿六年八月　日

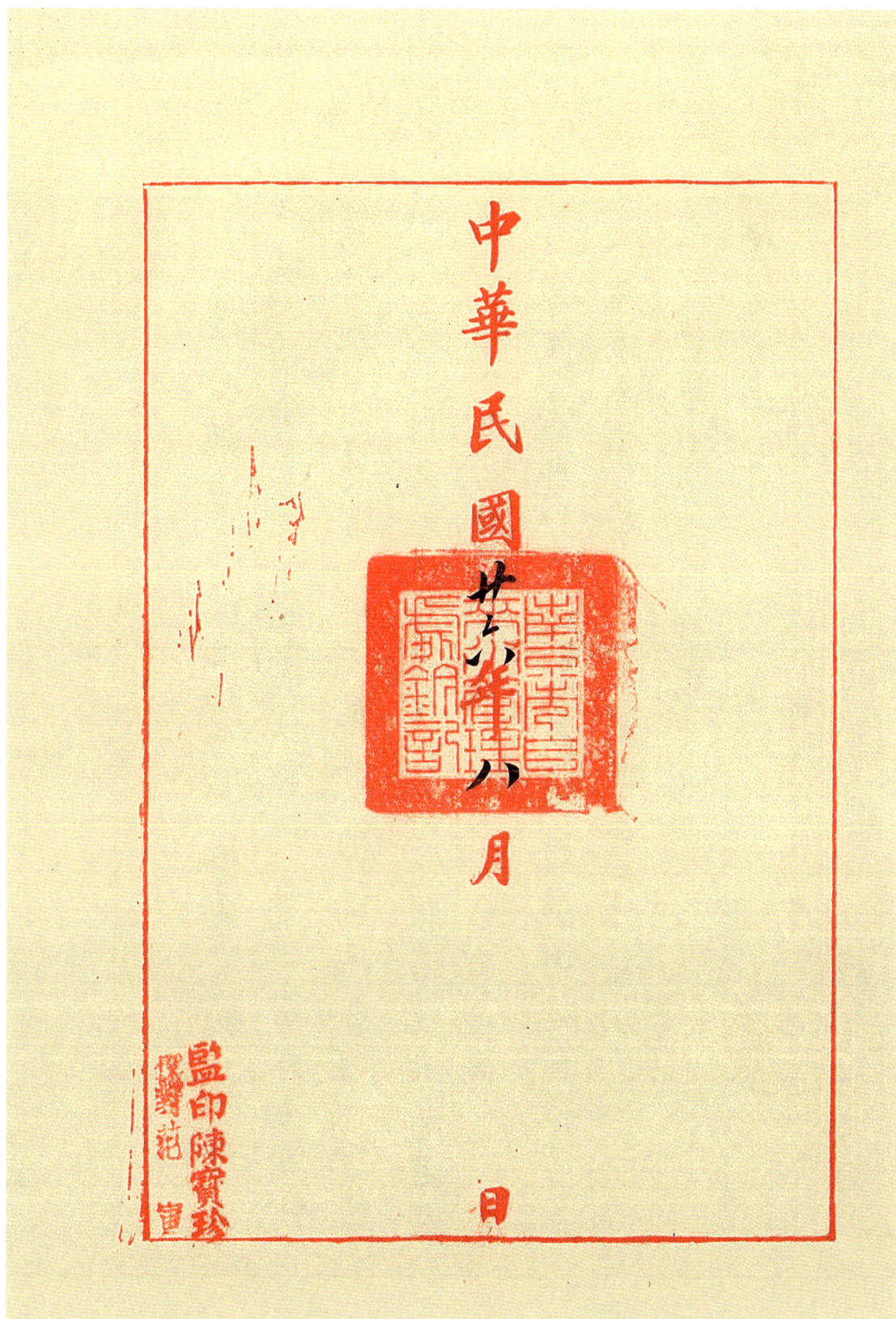

監印陳賓珍

校對莊宣

市政府爲自治事務處主任王人麟與市難民救濟委員會下關辦事處主任任西萍辦理城門出入證事致警備司令部的公函

（一九三七年十一月）

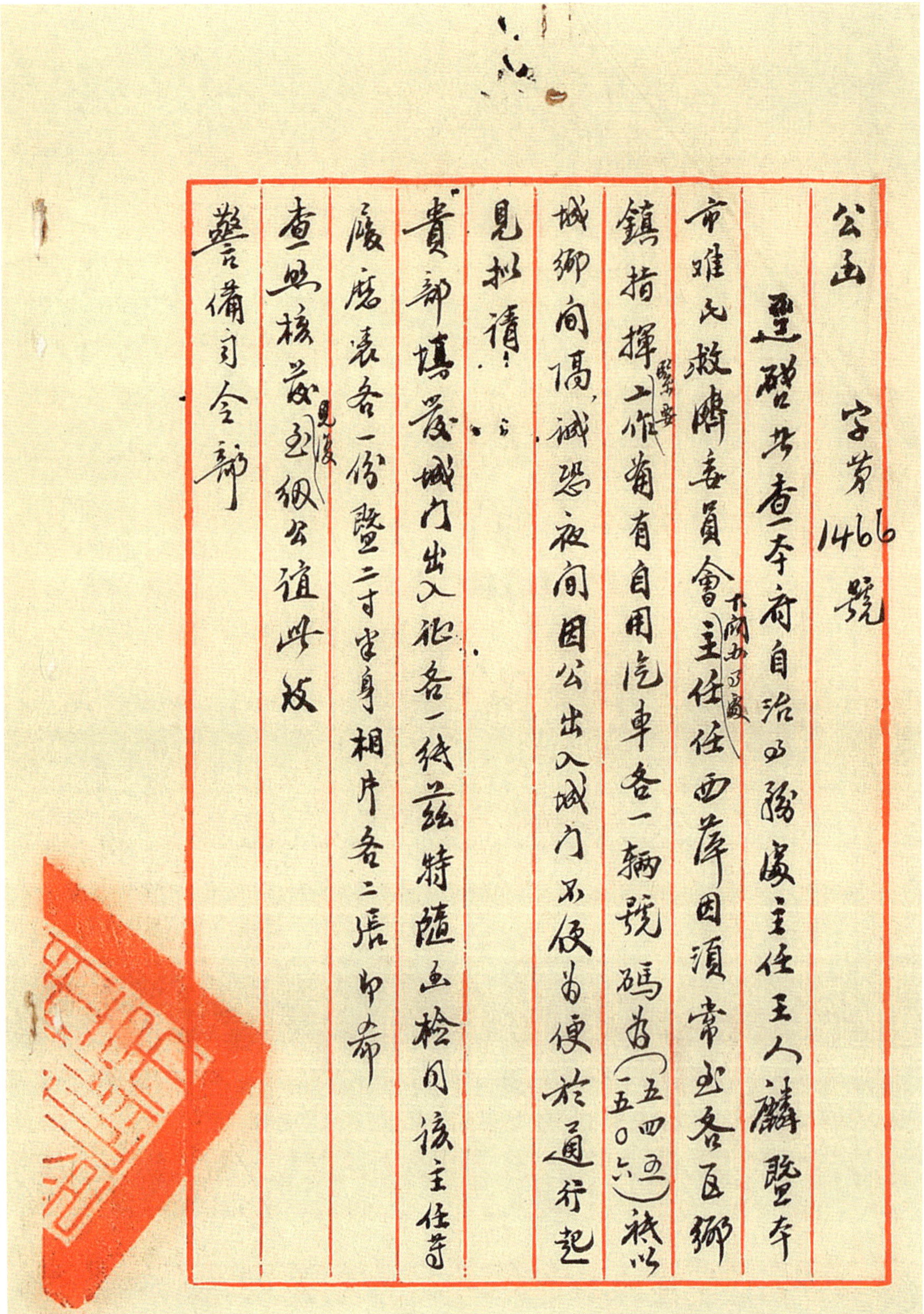

公函　字第1466號

逕啓者查本府自治事務處主任王人麟暨本市難民救濟委員會下關辦事處主任任西萍因須常至各區鄉鎮指揮緊要工作備有自用汽車各一輛號碼爲（一五四五）（一五〇六）祇以城鄉間隔誠恐夜間因公出入城門不便爲便於通行起見擬請

貴部填發城門出入證各一紙茲特隨函檢同該主任等履歷表各一份暨二寸半身相片各二張即希

查照核發見復並紉公誼此致

警備司令部

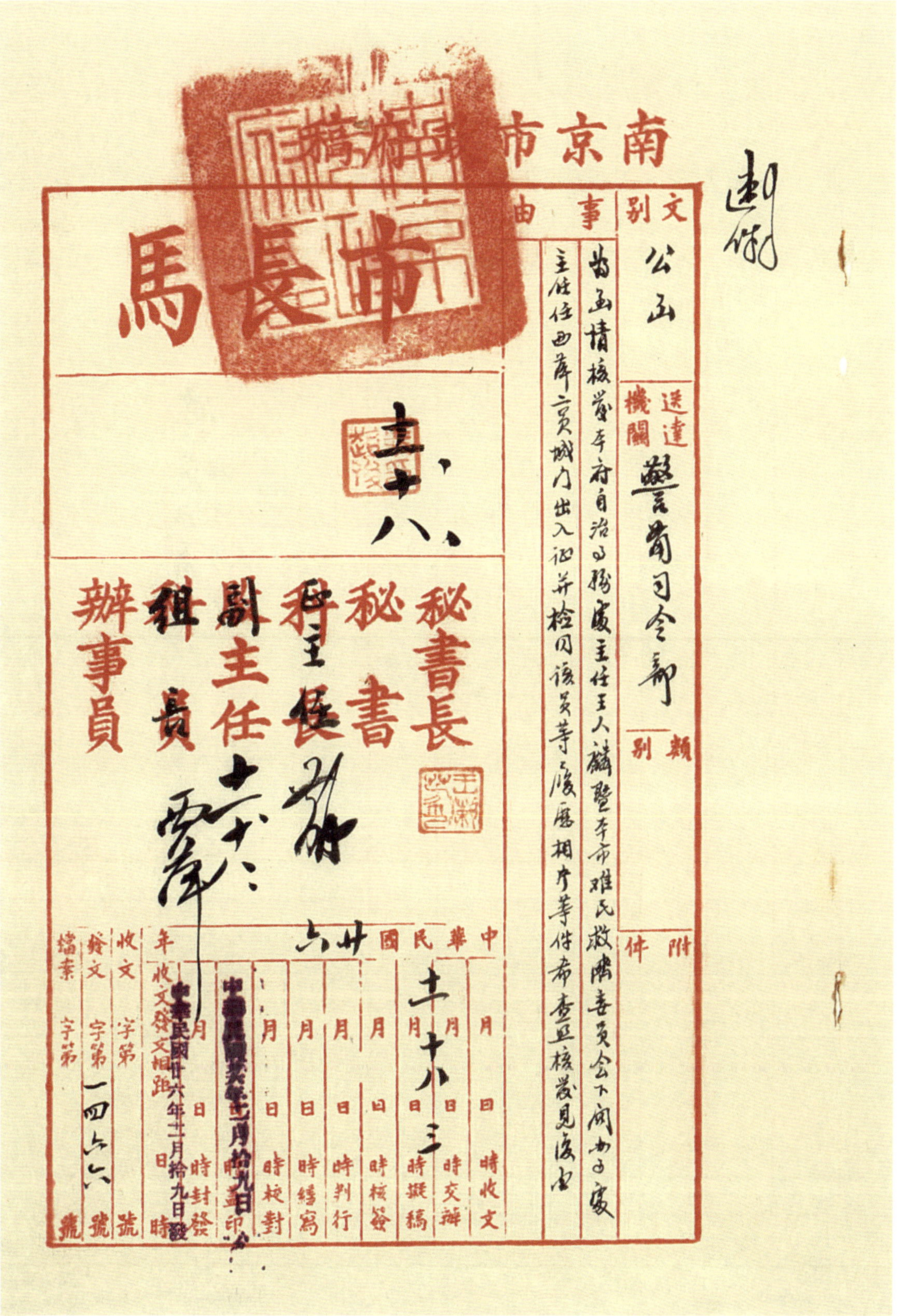

南京市政府稿

文別：公函

送達機關：警備司令部

類別

附件

事由：為函請核發本府自治事務處主任王人麟暨本市難民救濟委員會下關分會主任任西萍京城內出入證并檢同該員等履歷相片等件希查照核發見復由

市長 馬

十二、十八

秘書長

秘書

科長

科主任

副主任

組員

辦事員

十二、十八

中華民國廿六年十二月十八日

收文時　月　日

交辦時　月　日

擬稿時　十二月十八日三時

核發時　月　日

判行時　月　日

繕寫時　月　日

校對時　月　日

蓋印時　中華民國廿六年十二月拾九日蓋印

封發時　月　日

年收文發文相距　日　時

中華民國廿六年十二月拾九日發

收文　字第　號

發文　字第一四六六號

檔案　字第　號

速件

附　履歴書二份
相片の張

姓名	年齡	籍貫	職務	住址	備考
王人麟	三十八歲	山西榆次	南京市政府自治事務處主任	華僑路三十九號	汽車號碼五四五
任西萍	三十五歲	江蘇宜興	非常時期難民救濟委員會南京市分會辦公處主任	中華門內四條巷仁孝里破瓦巷二十五號	汽車號碼一五〇六

一五〇六 雅氏收發室用車夜間出入城門不便請發城門出入証

一五四五、本府自治事務處用車常至鄉鎮指揮工作出入城門不便請發城門出入証

用府函

西康上 十一

僞市屠宰稅局爲因公出入城門請發放通行保護證四張致僞督辦市政公署呈文（附件：申領通行證人員名單）

（一九三八年六月二十九日）

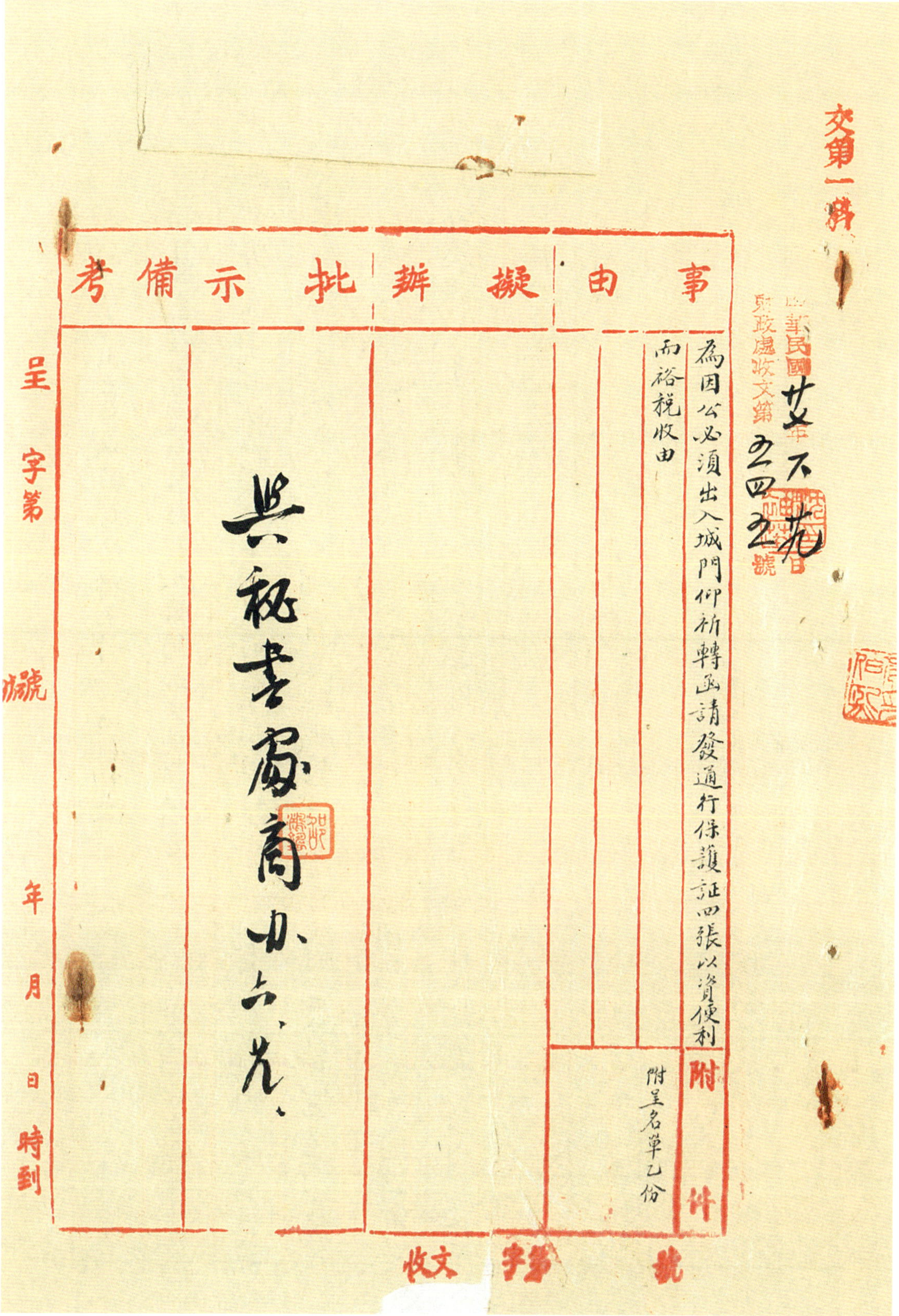

交第一科

呈　字第　號　年　月　日　時到

事由	擬辦	批示	備考
爲因公必須出入城門仰祈轉函請發通行保護証四張以資便利而裕稅收由		與秘書處商办　六、廿九	
附件：附呈名單乙份			

收文　字第　號

為因公必須出入城門仰祈轉函請發通行保護証四張以資便利而裕稅收事案查職局自兼辦牲畜稅以來對於大勝關上新河下關老江口以及孝陵衛燕子磯等地均經設有分所中華等門城外亦須隨時稽查以杜偷漏關係稅收頗鉅職因須不時前往巡察鄧稽征員邦寀楊檢驗員欣甫職務所關尤需隨時分別前赴各地又下關分所稽征高保農則逐日均須解款入城深恐發生意外情事理合開列名單具文呈請仰祈

鈞長鑒核轉陳俯賜函達　特務機關請予查照發給通行保護証各一張以利公務而重稅收實為公便謹呈

暫辦南京市公署財政處處長邵

計附名單一紙

南京市屠宰稅局專員

兼屠宰廠廠長達劍峯

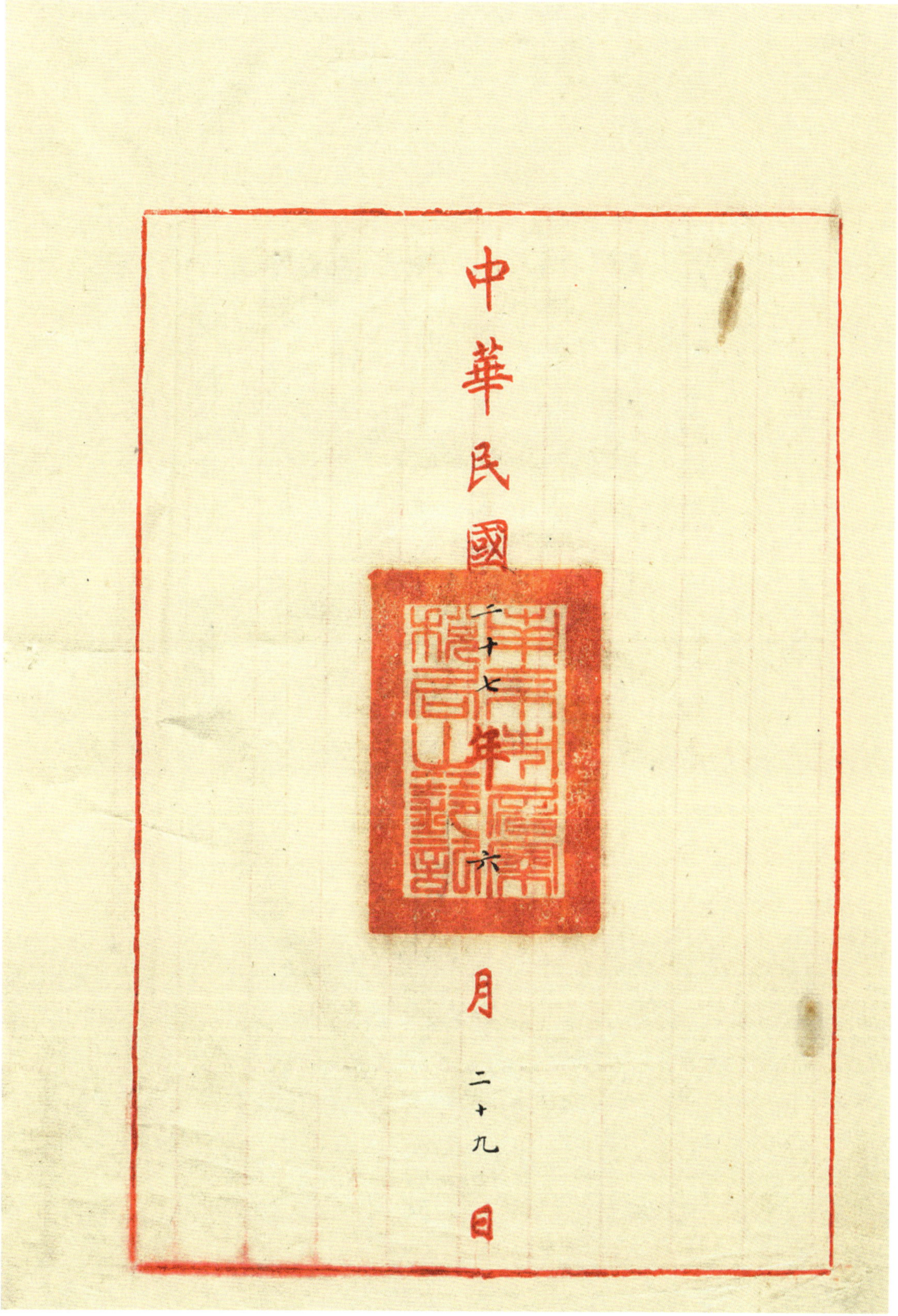

中華民國二十七年六月二十九日

謹將請領護照人員開呈

鑒核

計開

職別	姓名	年齡	籍貫	備攷
專員	達劍峯	四十七	南京	
稽征員	鄧邦寀	五十五	南京	
檢驗員	楊欣甫	四十	南京	
下關稽征主任	高保農	四十	南京	

僞督辦市政公署工務處爲發城門通行證致日軍特務機關的函（一九三八年七月二十七日）

督辦南京市政公署工務處

逕啓者查本處技師周蔭芊華竹筠等因公不時出入挹江門頗感不便擬請貴部准予發給城門通行證式張俾利出入至紉公誼此致

特務機關

技師 周蔭芊 年三十歲 挹江門工作

華竹筠 年三十五歲 仝

督辦南京市政公署工務處（印）啓

七、廿七、

僞首都警察廳爲換領汽車特別通行證與各局往來函

（一一）僞首都警察廳爲領取汽車特別通行證時繳回舊城門通行證以便轉送注銷與僞市財政局往來函

（一九四一年三月二十四日至四月二十一日）

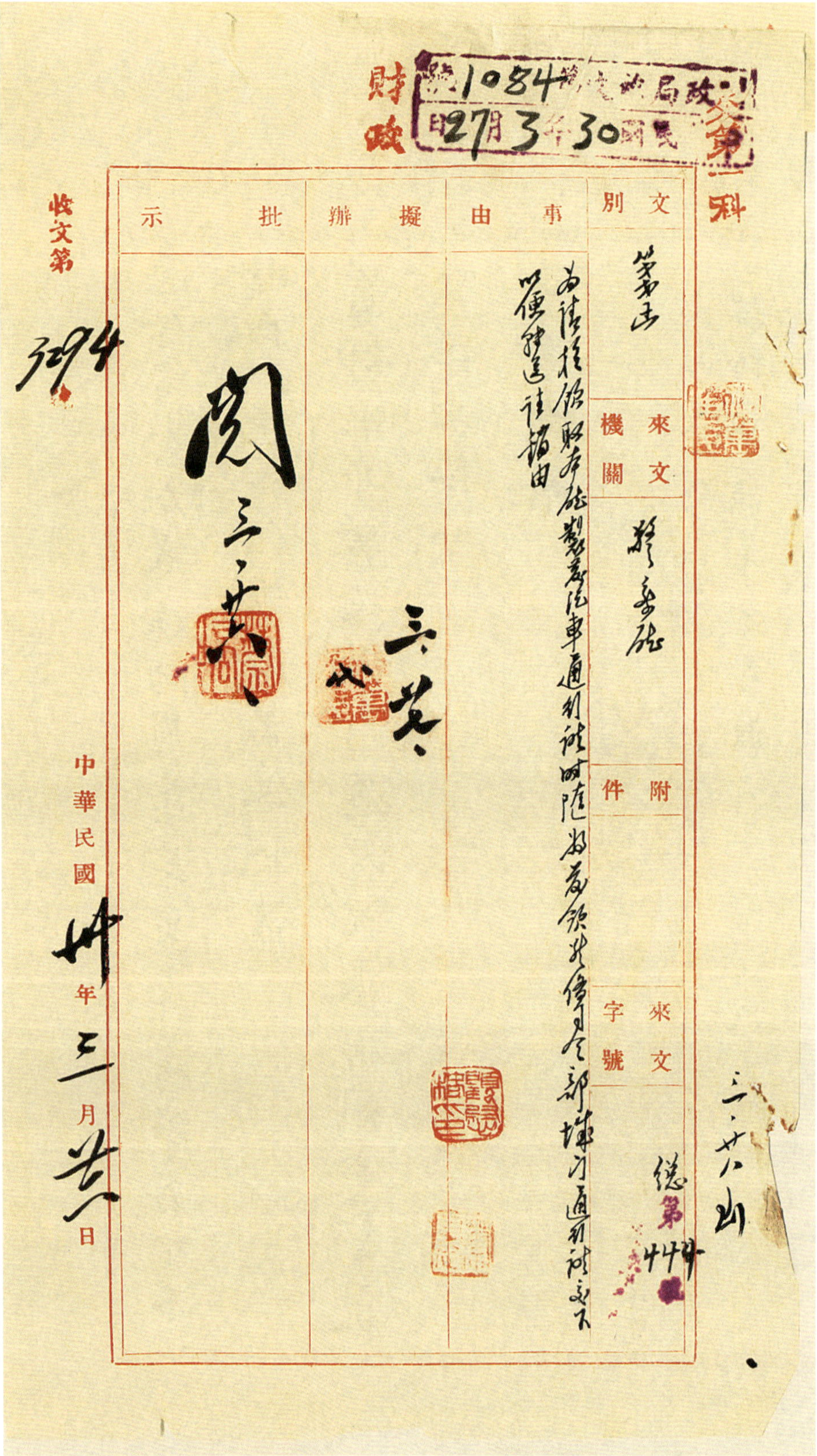

財政局收文 第1084號 民國30年3月27日

收文第 394 號

文別	事由	擬辦	批示
箋函	為請核收本廳製發汽車通行證時隨收舊領城門通行證文以便轉送註銷由	三·廿六	閱 三·廿六
來文機關：警察廳			
附件：			
來文字號：			

總第444

三·廿六 山

中華民國卅年三月廿六日

首都警察廳用箋

逕啟者，查各機關汽車特別通行證，業經呈准由本廳製發在案。茲准警備司令部囑托：「所有各機關前領警備司令部之城門通行證，應一律作廢，由本廳代為收回，彙送註銷。」等由；准此，除分函外，相應函達，即希查照。於派員來廳領取新證時，隨將前領之舊證交下，如新證業已領去，仍希將舊證送交，以便轉送註銷，為荷。此致

財政局

首都警察廳

啟 三、茜

186

甲……1…………10000. 30. 3.

財政

財政局收文第1242號
中華民國30年4月7日

首都警察廳用牋

案查各機關前領警備司令部所發城門通行證，業經本
廳於本年三月二十四日分別函請送廳，換領特別通行證在案。茲
復准警備司令部一再催促收回前項舊證，彙送註銷。相應
再為函達，即請
查照，務希於本月六日前將警備司令部所發之城門通行證，
逕送本廳督察處，以便彙轉註銷為荷。此致
財政局

啟 四月五日

甲……1…………10000．30．3．

閱 四、七、

已函復 四、九

收文第3778號

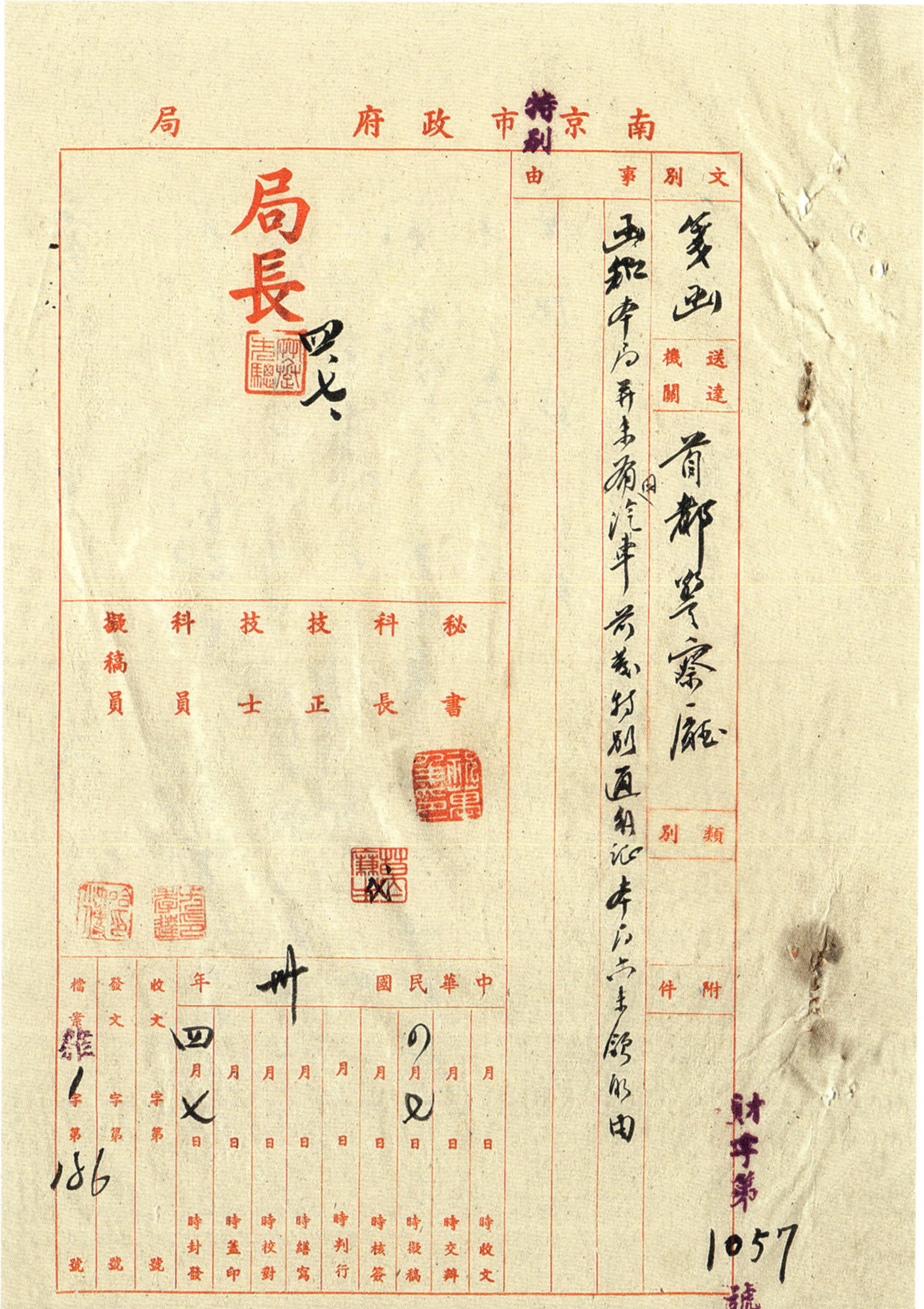

南京市政府　　局（特別）

文別：箋函

送達機關：首都警察廳

事由：函知本局并未用汽車前發特別通行証本局亦未領取由

類別

附件

局長　四、七、

秘書　科長　技正　技士　科員　擬稿員

中華民國卅年四月七日

檔案　維1字第186號

發文　字第　號

收文　字第　號

財字第1057號

箋函第　　號

案准

貴廳大函以[illegible]原發各機關令准特別通行證應予作廢另發新證囑即分別繳還舊證領取新證等由

准此查本局前未領用警備司令部之城門通行證並此有

貴廳製發之特別通行證亦未領取相應函復

查照爲荷此致

首都警察廳

（局銜）啓

月　日

中華民國　　　　月　　　　日

校對　校對王光忠

監印　監印翁漢元

財政局收文第 1017 號
中華民國 34 年 4 月 30 日

第一科

文別	簽呈
來文機關	警察局
附件	
來文字號	

事由：為將偽司令部前發之執行通行證名冊印存查並送函由

擬辦：四、十九、 請 府座核服 查明彙復

批示：

閱 四、十七、

收文第 4354 號

中華民國 卅 年 四 月 十九 日

財政局總收第 592 號

甲……1…………10000. 30. 3.

首都警察廳用箋

閱 四、十七、

案查各機關汽車特別通行證，業經呈准由本廳製發，並送准　警備司令部囑托，所有各機關前領警備司令部之城門通行證，應一律作廢，由本廳代為收回，彙送註銷，等由；准經一再函達辦理各在案，茲查

貴局原領警備司令部所發第一九五號城門通行證壹張，尚未准送過廳，相應備函奉催，即請

查照，務希尅日將上項舊證，逕送本廳督察處，以便彙轉註銷，至紉公誼。

甲……1…………10000. 30. 3.

首都警察廳用牋

此致

南京特別市政府財政局

首都警察廳啟

四月十六日

甲……1…………10000. 30. 3.

関於警備司令部府簽第195号城門通行證係前任內長領發，本府又無是項案件可稽，以應否辦理

南京特別市政府秘一科庶務股

年 月 日

南京市政府便用箋

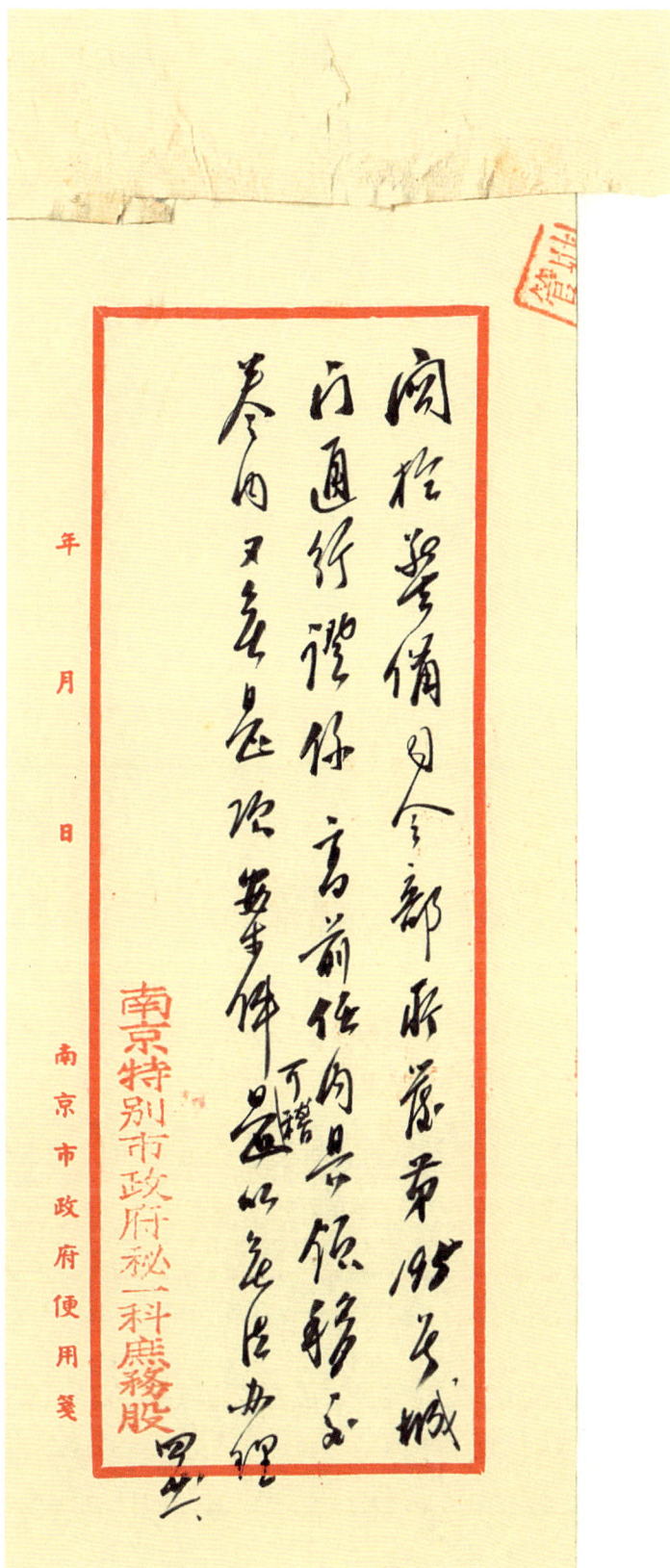

南京市政府　　局

文別	箋函
送達機關	首都警察廳
類別	
附件	

事由：為警備司令部第一九五號城門通行證壹隸係邵前局長所領用請逕函收取由

局長 四、廿一 [印]

秘書 [印]　科長　技正 [印]　技士　科員 [印]　擬稿員

中華民國三十年

四月廿一日時擬稿

四月廿三日時封發

檔 雜 1 字第 186 號

發文字第　號

收文字第　號

財字 1271 號

財政局檔案總字第 592 號

箋函　字第　號

茲准

貴廳四月十六日大函，囑將敝局原領　警備司令部所發第一九五號城門通行證送上等由，准此。查敝局長蒞事以來，並未備有汽車，敝局原領　警備司令部第一九五號城門通行證，當係邵前局長鴻鑄所領用，接替時未經移交，現邵前局長寓本京天目路三十號，請

貴廳逕函收取，相應函復，即希

查照為荷。此致

首都警察廳

局戳啟

月

日

中華民國　　月　　日

校對　校對王光忠

監印　監印何筠如

（二）僞首都警察廳爲領取汽車特別通行證時繳回舊城門通行證以便轉送注銷與僞市工務局往來函

（一九四一年二月六日至四月十九日）

首都警察廳用箋

逕啟者，查各機關汽車特別通行證，業經呈准由本廳製發在案。茲准警備司令部囑托：所有各機關前領警備司令部之城門通行證，應一律作廢，由本廳代為收回，彙送註銷。等由；准此。除分函外，相應函達，即希查照，於派員來廳領取新證時，隨將前領之舊證交下，如新證業已領去，仍希將舊證送交，以便轉送註銷，為荷。此致

工務局

首都警察廳 啟 三、廿一

甲……1…………10000. 30. 3.

416
30 3 27 10

工务

收文第 2497 號

文別	來文機關	附件	來文字號	事由	擬辦	批示
箋函	警務處			為請轉飭所屬本處於遇有事故時隨將城門全部推開通行請查照以便轉飭遵辦由	擬交事務股照辦	閱 三、廿

乙科

中華民國卅年三月廿六日

致首都警察廳函稿 四、五、

逕啓者 接准

大札嘱將錄取貴廳製發汽車通行證時隨時前錄

警備司令部城門通行證送以便轉送註銷等由

准此新證已由本局領用相應檢同舊證第248

号及249号二張函請

查收轉送註銷為荷此致

首都警察廳

附城門通行證兩張 又說明書二張

局啓 月 日

南京市政府

擬

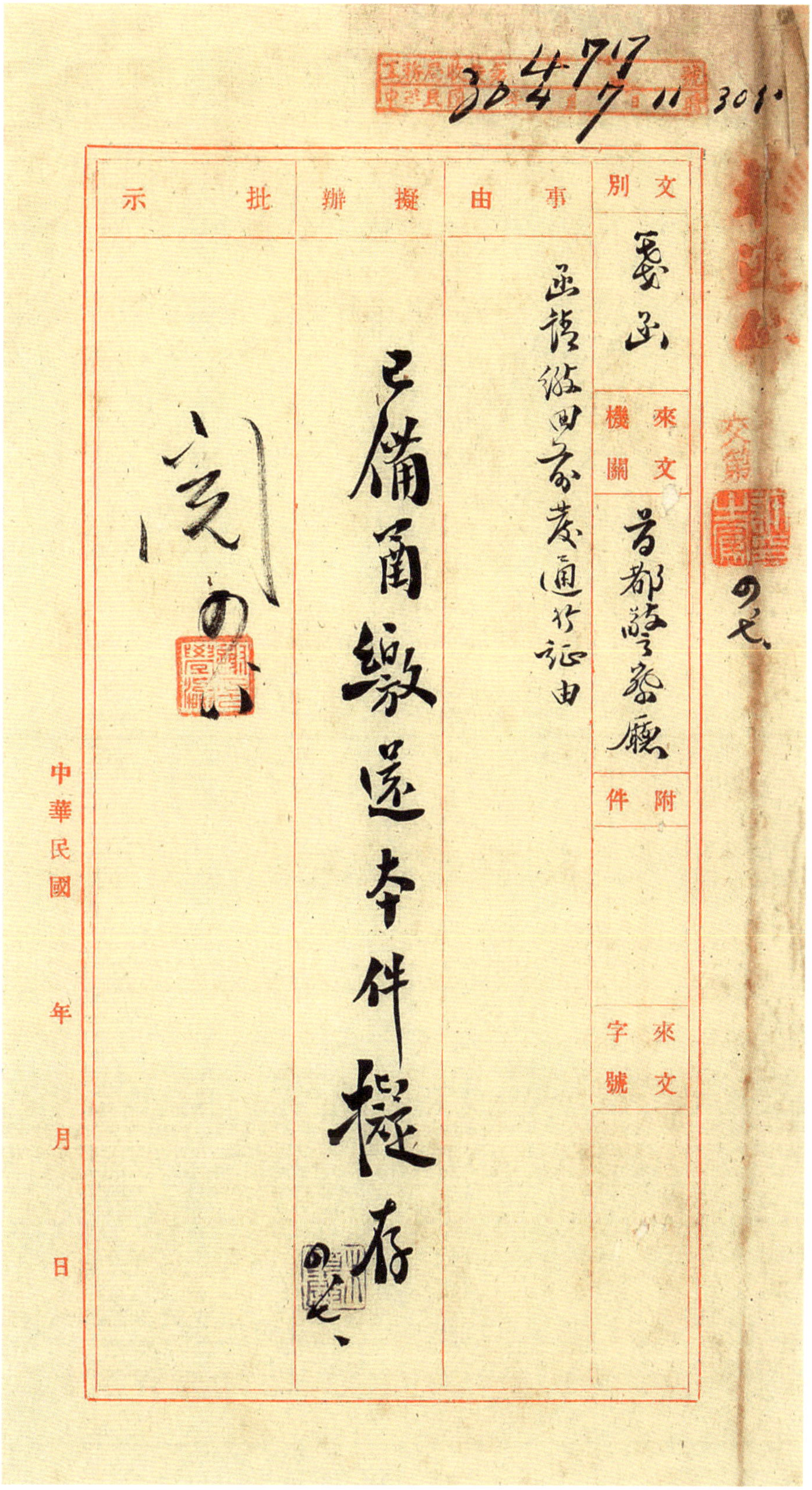

工務局收文 中華民國 年 月 日

3047711 301

文別：簽函

來文機關：首都警察廳

附件：

來文字號：

事由：函請繳回前發通行証由

擬辦：已備函繳還本件擬存

批示：閱

中華民國 年 月 日

首都警察廳用牋

二務

收文第3774號

案查各機關前領警備司令部所發城門通行證，業經本
廳於本年三月二十四日分別函請送廳，換領特別通行證在案。茲
復准警備司令部一再催促收回前項舊證，彙送註銷。相應
再為函達，即請
查照，務希於本月六日前將警備司令部所發之城門通行證，
逕送本廳督察處，以便彙轉註銷為荷。此致
市工務局

啟 四月五日

閱 四、七

中華民國三十年四月七日到

甲……1…………10000．30．3．

工務局收文第6666號
中華民國30年4月17日15時

文別	箋函
來文機關	警務廳
附件	
來文字號	

事由	擬辦	批示
為警備司令部前發之城門通行證已印即希查照逕領由		

發第一科

城發第4356號

中華民國卅年四月十五日

工務

閻 四、七

首都警察廳用箋

案查各機關汽車特別通行證，業經呈准由本廳製
發，並送准　警備司令部囑托，所有各機關前領警備
司令部之城門通行證，應一律作廢，由本廳代為收回，
彙送註銷，等由；准經一再函達辦理各在案，茲查
貴局原領警備司令部所發第一九七號城門通行證壹
張，尚未准送過廳，相應備函奉催，即請
查照，務希剋日將上項舊證，逕送本廳督察處，以便
彙轉註銷，至紉公誼。

甲……1…………10000. 30. 3.

首都警察廳用箋

此致

南京特別市政府工務局

首都警察廳（印）啟

四月廿六日

甲……1…………10000. 30. 3.

查警備司令部敬發第一九七號城門通行證，係趙前局長領用，專案發給，據面趙前局長請逕向警廳繳銷，茲復警廳查照。

年　月　日

南京特別市政府便用箋

工務局發文第284號
中華民國30年4月1915

四、廿九

復首都警察廳函　四月十四日

案准

貴廳四月十一日來函，以本機關請領車輛通行證，業經呈
准由本廳製發，轉將原領警備司令部所發第一九七號
城門通行證乙紙，刻日送廳，以便登記註銷等由；准此。查
前項城門通行證係由本局趙局長領用，送令南京稽查
經函達趙前局長逕向
貴廳繳銷外，相應復請
查照為荷。此致
首都警察廳

胡子良章

白戳賀 ○月○○日

南京市政府工務局[illegible]

南京中華印刷所

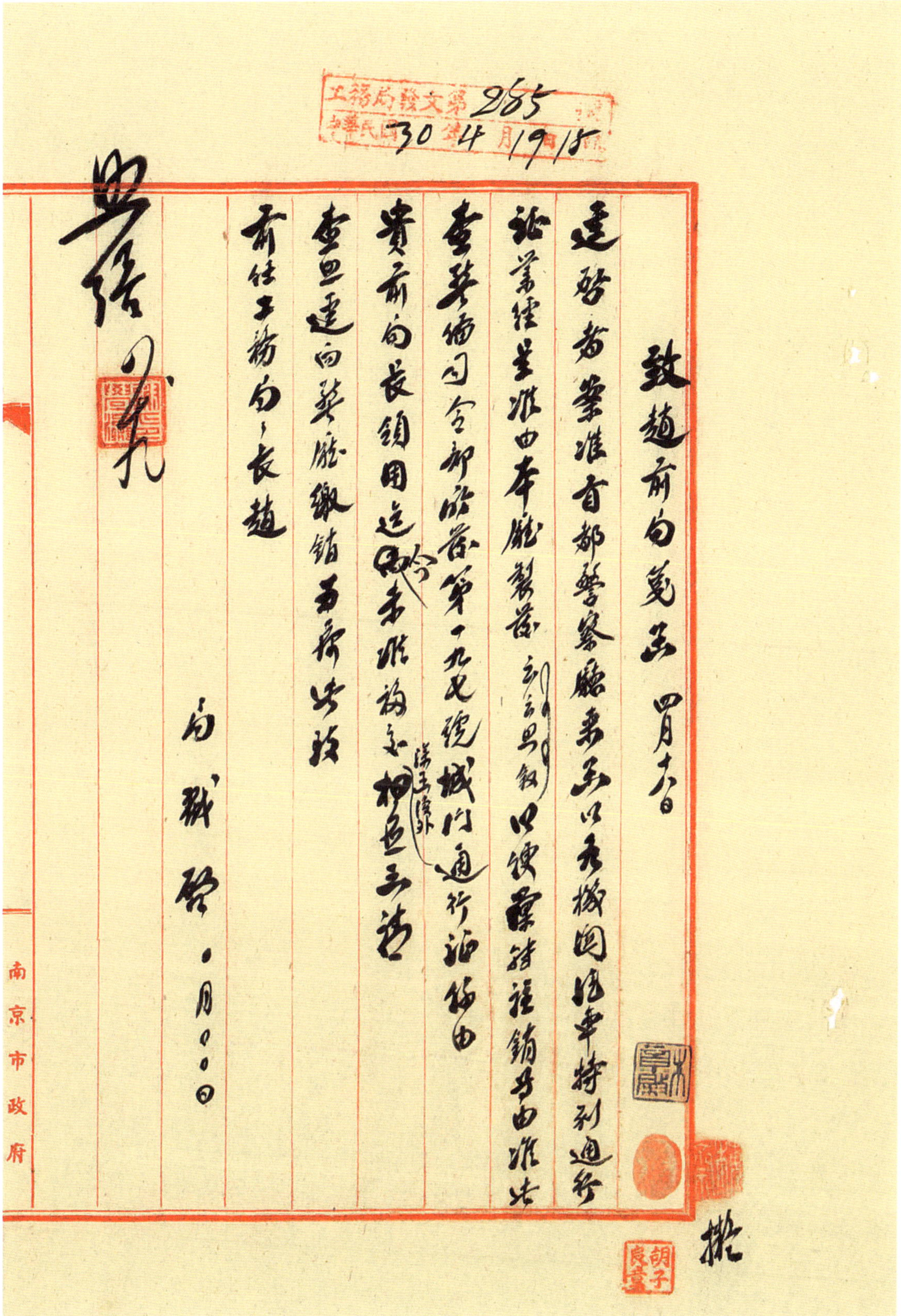

工務局發文第285號
中華民國30年4月19日18時

致趙前局長函　四月十八日

逕啓者，案准首都警察廳來函，以各城門汽車特別通行證業經呈准由本廳製發，分令照繳，以便彙案註銷等由，准此。查警備司令部頒發第一九七號城門通行證一紙，由貴前局長領用，迄今未准移交，相應函請查照，逕向該廳繳銷為荷。此致

前任工務局局長趙

局　職　啓　〇月〇〇日

擬

照繕

南京市政府

南京市政府工務局印

南京中華印刷所

（三）僞首都警察廳爲領取汽車特別通行證時繳回舊城門通行證以便轉送注銷與僞市社會局往來函

（一九四一年三月二十四日至五月二十八日）

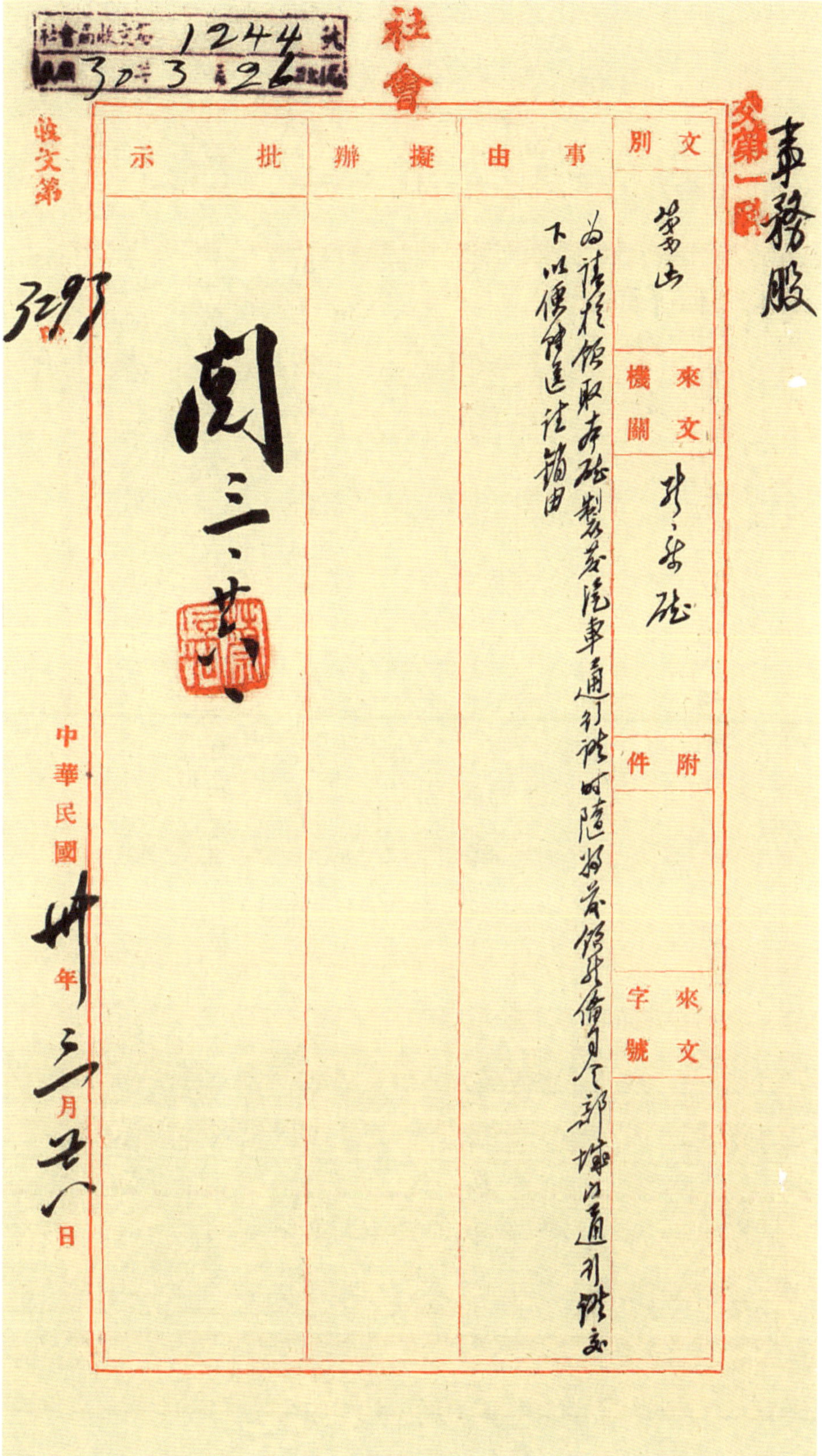
社會局收文 1244號 30年3月26日

社會

文第一股 事務股

文別	箋函
來文機關	警察廳
附件	
來文字號	
事由	為請於領取市政製發汽車通行證時隨將前領本部城門通行證交下以便轉送注銷由
擬辦	
批示	閱 三、廿

收文第 3293

中華民國卅年三月廿八日

首都警察廳用牋

逕啟者、查各機關汽車特別通行證、業經呈准由本廳製發在案。茲准警備司令部囑托：「所有各機關前領警備司令部之城門通行證、應一律作廢、由本廳代為收回、彙送註銷。」等由；准此、除分函外、相應函達、即希

查照、於派員來廳領取新證時、隨將前領之舊證交下、如新證業已領去、仍希將舊證送交、以便轉送註銷、為荷。此致

社會局

特別通行証已經領用，但城門通行証以前未曾領過

首都警察廳

啟 三、廿四。

甲……1…………10000．30．3．

箋函

逕復者奉

市長交下

大函以各機關汽車特別通行證業經呈准由本廳製發在案

所有各機關前領警備司令部之城門通行證應一律作廢

由廳收回註銷囑查照於派員來廳領取新證時隨將前領

之舊證交下如新證業已領去仍希將舊證送交等由准此查

貴廳製發之特別通行證本局已經領用至警備司令部

之城門通行證以前並未請領無從送交准函前由相應復請

查照此致

南京市政府

30371

參拾年參月廿八日收到

社二

159

首都警察廳

（局　戳）啟　三月廿七日

南京中華印刷所

社會 收文 1414 民國30年4月7日

首都警察廳用牋

收文第3773號

案查各機關前領警備司令部所發城門通行證，業經本
廳於本年三月二十四日分別函請送廳，換領特別通行證在案。茲
獲准警備司令部一再催促收回前項舊證，彙送註銷。相應
再為函達，即請
查照，務希於本月六日前將警備司令部所發之城門通行證，
還送本廳督察處，以便彙轉註銷為荷。此致
社會局

首都警察廳啟
四月五日

中華民國三十年四月2日到

甲……1……10000. 30. 3.

箋函

逕復者案

市長交下

大函囑於本月六日前將警備司令部所發之城门通行証逕送

本廳督察處以便彙轉往銷等由准查此案前准

貴廳函同前由當以警備司令部之城门通行証本局並未領

用無從送交業已函復在案茲准前由相應復請

查照為荷此致

首都警察廳

（局　戳）啟　四月八日

四月

中華民國二?年四月九日收到

3044

社一字第182號

首都警察廳用箋

逕啓者：查本廳所發各機關汽車特别通行證，正面蓋有廳印，因紙版過硬，致印文字跡模糊，不易辨認，茲為防止流弊起見，應收回重行加蓋本廳鋼印及橡皮戳記，以資識别，而昭慎重。除分函外，相應函達，請煩

查照，迅將前領第一六八號特别通行證，即日逕送本廳督察處加蓋印戳，隨即發還，幸勿稽延，至紉公誼。此致

社會局

啓 四月十日

社會局長

甲……1…………10000.30.8.

首都警察廳用箋

文書股
檔字第03678號

案據本廳竹本聯絡專員面稱：本月十九日在警備司令部會報席上談話，第二項關於特別通行證事，中國政府各機關有希望自行發行城門通行證者，警備司令部認為殊難同意，加之前已決定全由警察廳發行，深盼警察廳再度通牒各機關，以求徹底」。等語。查本廳發行特別通行證，即為通過城門之用。關於竹本聯絡專員所稱各節，自應分別函知。除分函外，相應函達，即希查照是荷。此致

社會局

付閱

首都警察廳 啓

五月二十八日

中華民國……年六月六日

甲.10000.……20000.30.5.

僞市政府爲請發職員乘用汽車城門通行證致僞首都警察總監署箋函（一九四二年九月十八日）

庶務股核

先儒收

處箋函

逕啓者本府現在裝置大型轎式木炭瓦斯汽車一輛以備本府職員因公乘用茲擬請

貴署核發本京城門通行證一張以資便利相應開具汽車號碼暨司機姓名單隨函送達即希

查照核發見復爲荷此致

首都警察總監署

附號碼姓名單一紙

處戳啓

請發城门出入通行證汽車號碼司機姓名單

領用機関 南京特別市政府

汽車號碼 第五〇〇九號

司機姓名 柳正興

僞全國經濟委員會爲召集首次全體委員會議暫借領有城門出入證的新式汽車、車伕與僞市政府往來函（一九四三年二月八日）

收文　收字第259號

文到月日	二、八
來文機關	全國經濟委員會
來文種類	函
附件	如文
事由	爲本月十二日召集首次全體委員會議此次各地來京委員人數衆多擬向貴處暫借領有城門出入証之新式汽車數輛車伕數人由
交辦	
擬辦	
決定辦法	

逕啟者查本會現定於本月十二日召集首次全體委員會議惟此次由平滬各地來京委員人數衆多本會現有汽車實感不敷分配茲擬向

貴處暫借領有城門出入證之新式汽車數輛車伕數人茲派本會

職員持函趨前面商敬希

查照賜洽為荷

此致

南京特別市政府秘書處

全國經濟委員會啟 二月六日

22

印發

庶務股會核

61

處函

案准

貴會二月六日函以本會現定本月十二日召集
全體委員會議由平滬各地來京委員人數
衆多囑借本府新式汽車數輛車伕數人
希查照等由准此查本府原有汽車兩輛
係備長官暨各職員日常辦公乘用並無多
餘除與
貴會派員面洽外相應函復即希
察照爲荷

此致

全國經濟委員會

一九

處戳之啓

僞市政府爲陸秘書長辦公乘坐汽車核發本京城門特別通行證致僞首都警察總監署的函（一九四三年二月二十二日）

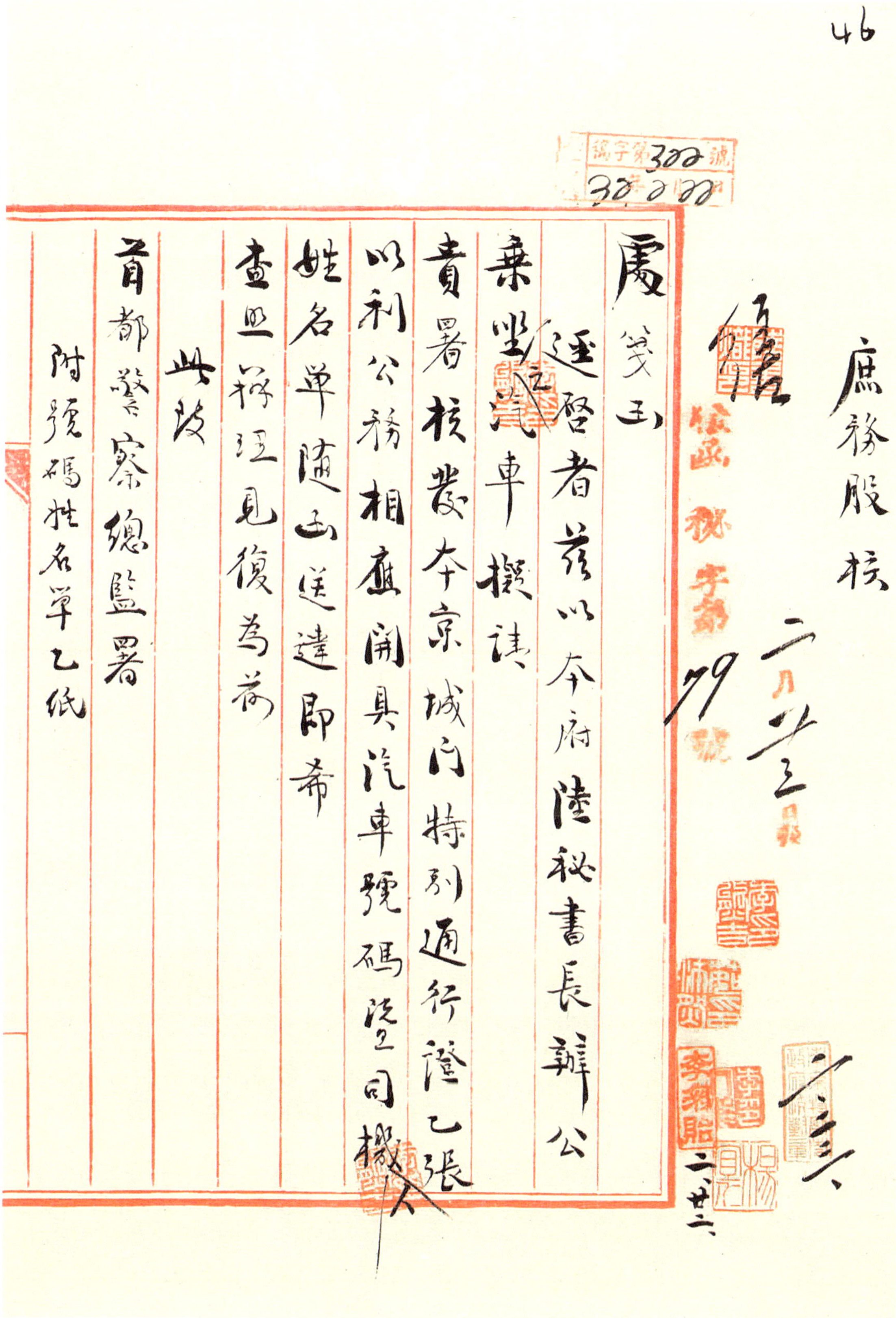

46

庶務股核

繕

文書秘字第79號

二月廿三日

處 箋函

逕啓者茲以本府陸秘書長辦公

乘坐汽車擬請

貴署核發本京城門特別通行證乙張

以利公務相應開具汽車號碼暨司機

姓名單隨函送達即希

查照辦理見復爲荷

此致

首都警察總監署

附號碼姓名單乙紙

慶戩戩啓

請發城門通行證汽車號碼司機姓名單

領用機關　南京特別市政府陳秘書長善識

汽車號碼　第二六三號

司機姓名　李慶坤

市自來水管理處爲請填發城門出入證以利業務事與首都警察廳往來公函（一九四六年七月十八日至七月二十五日）

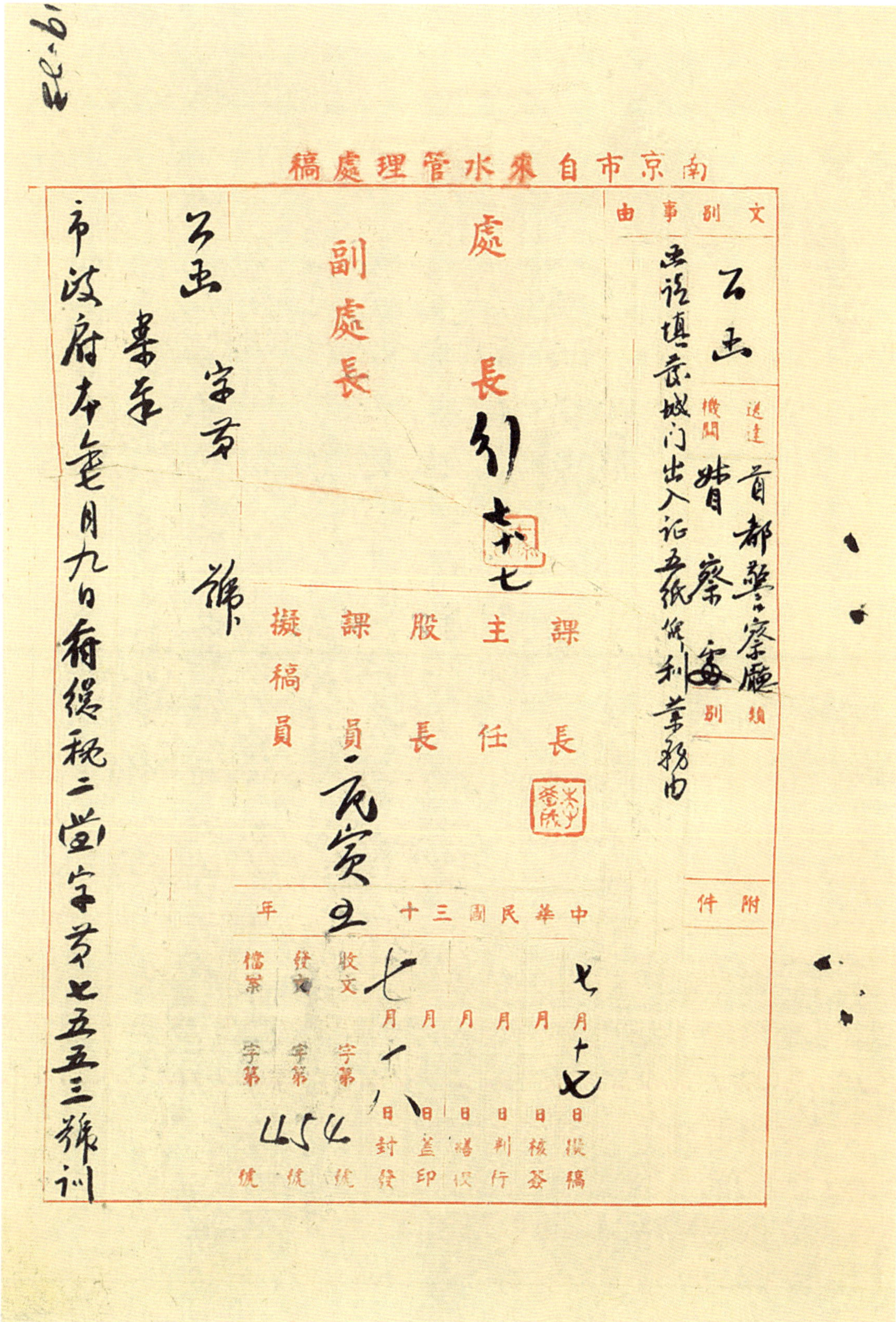
南京市自來水管理處稿

文別：函
事由：函請填發城門出入證五張俾利業務由
送達機關：首都警察廳
類別：
附件：

處長
副處長
課長
主任
股長
課員
擬稿員

中華民國三十五年
七月十七日擬稿
七月十八日封發
收文 字第 號
發文 字第 號
檔案 字第 號

函 字第 號
市政府本年七月九日府總秘二字第七五五三號訓令
案奉

全銜

「准首都警備司令部三十五年六月廿九日參正字第六五九號巳艷參正代電開「云云」等由，並附發京市各城門開閉時間表乙份[illegible]

職司供水，為便利夜間搶修工程暨[illegible]起見，擬請發給城門出入證五紙，相應函送印模，

查照惠賜填發，俾利業務，實紉公誼。

此致

首都警察廳[illegible]

處長　方〇〇

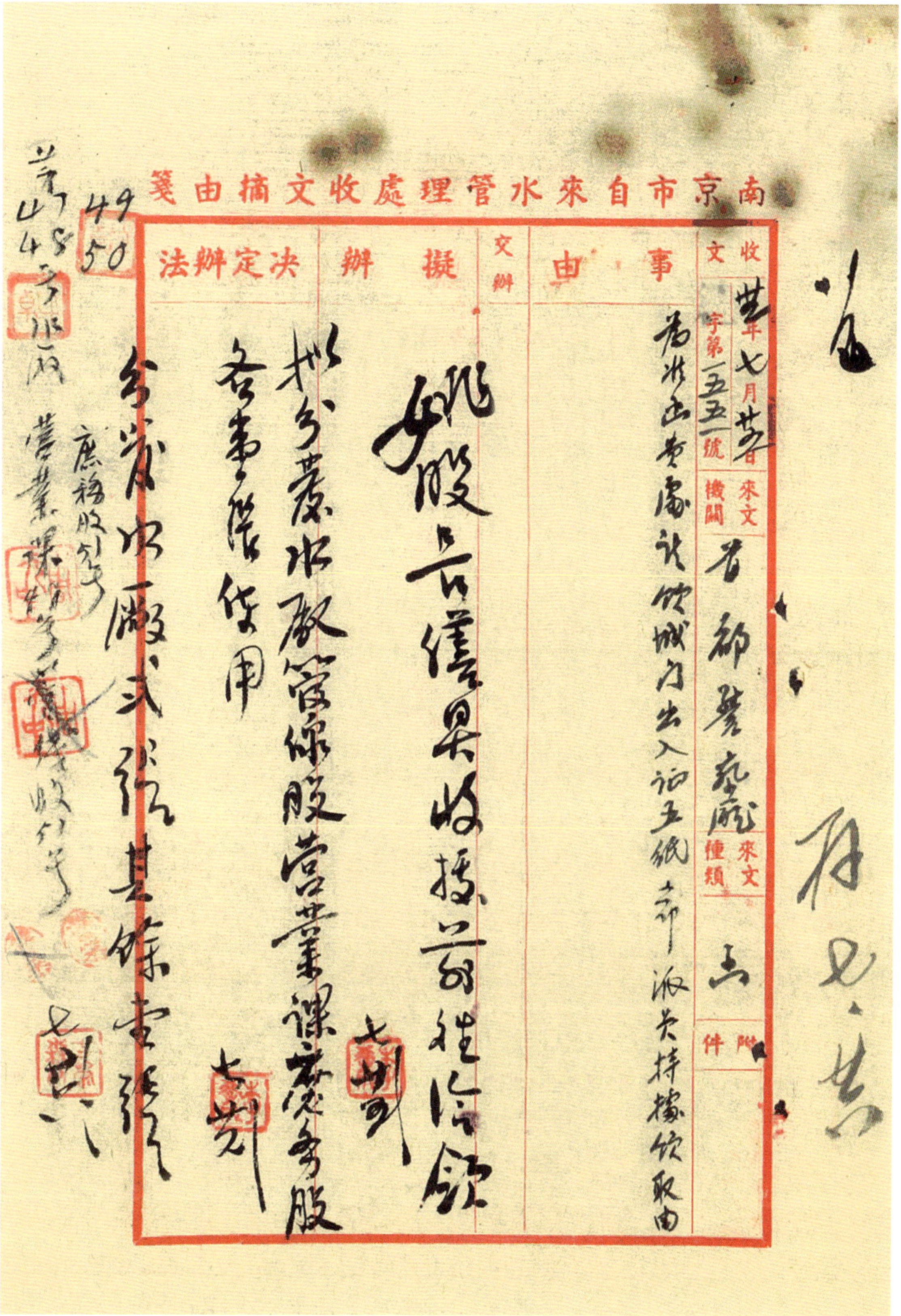

南京市自來水管理處收文摘由箋

收文	卅年七月廿四日 字第一五五一號
來文機關	首都警察廳
來文種類	函
附件	
事由	爲准函貴處請發城門出入証五紙希派員持據領取由
文辦	姚股長信果收核擬往領
擬辦	擬分發水廠管線股營業課秘書股各事務股使用
決定辦法	分發水廠弍張 其餘營業課

首都警察廳用箋

案准
貴處本月十八日總（卅五）字第四五四號公函内開：「案奉市政府本年七月九日府總秘二（卅五）字第七五五三號訓令内開：『案准首都警備司令部三十五年六月二十九日參正字第六五九號巳艷參正代電開：茲自七月五日起將京市各城門開閉時間改定如附表，效希轉飭所屬知照等由，附京市各城門開閉時間表一份。准此，除分行外，合行抄發原表，令仰知照。此令。』等因，附發京市各城門開閉時間表一份。奉

首都警察廳用箋

此查本處職司供水為便利夜間搶修工事暨水廠職工趕工進出起見擬請領城門出入証五紙相應函達即煩查照惠賜填發俾利業務實級公誼等由准此相應函復即希

查照派員持據領取為荷

此致

南京市自來水管理處

首都警察廳督察處啟

七月廿四日

國父陵園管理委員會爲換發城門通行證與首都衛戍司令部往來公函、代電

（一九四六年十二月十日至一九四八年十一月十九日）

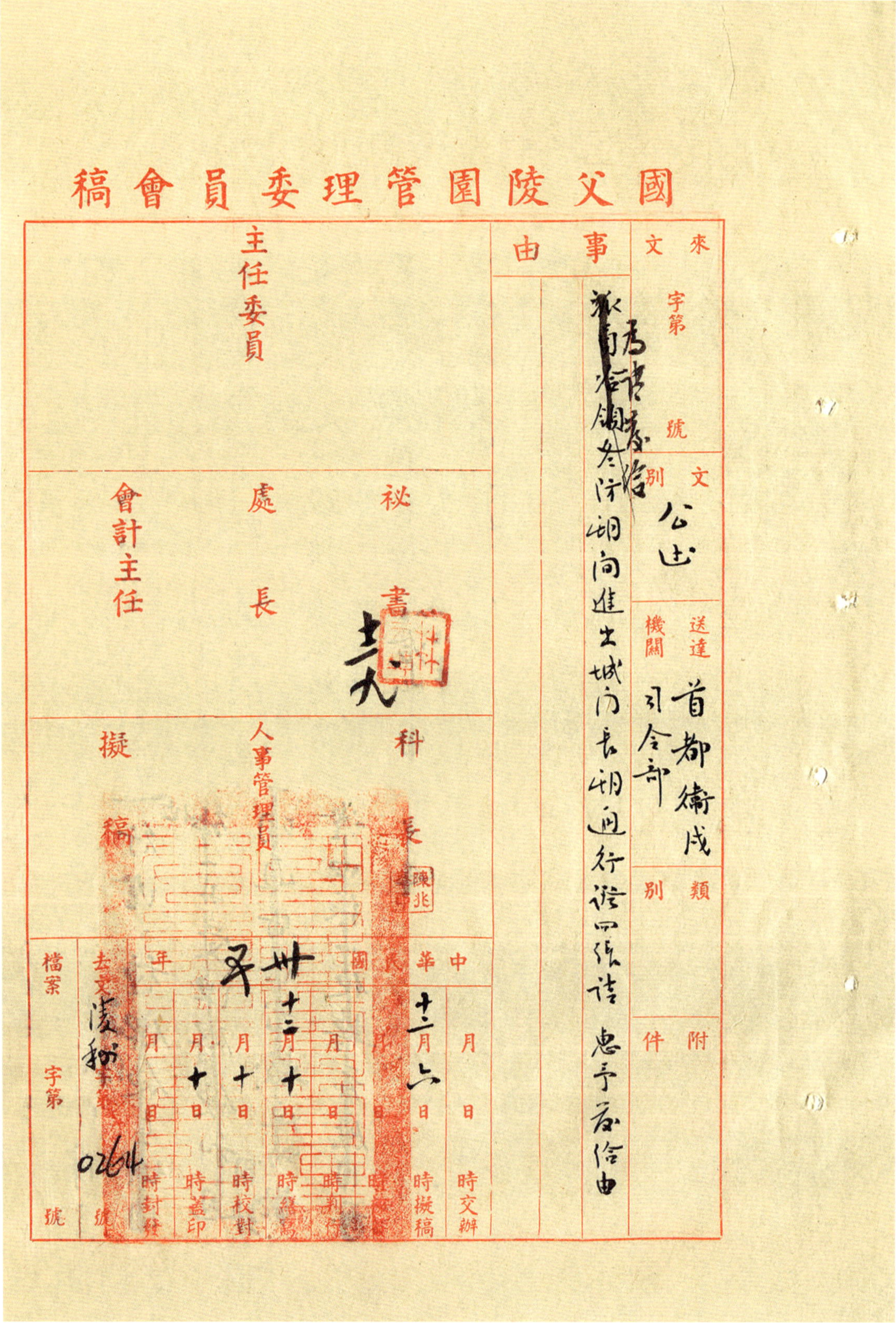

國父陵園管理委員會稿

來文字第號

文別：公函

送達機關：首都衛戍司令部

類別

附件

事由：敝會職員各附胡向進出城門長期通行證四張請　惠予發給由

主任委員

秘書處長

會計主任

科長

人事管理員

擬稿

中華民國卅五年

十二月六日時擬稿

十二月十日時繕寫

十二月十日時校對

十二月十日時蓋印

去文陵秘字第0264號

檔案字第號

茲閱報載　貴部鑒於冬防期間規定城門開閉時間，
並於夜間規定兼發城門通行證一種，俾便在城內
開閉時機關應用。本會亦為地址來往者，須以免受阻礙，便利通
行。但本會因地址在中山門外陵園，需用上項通行證尤較迫切，用特函請
擬向市部需要請領長期通行證四張，以便轉發應用，
派職員來部洽領，用特函達。上項通行證四張，以便發給應用通行
查照惠予如數發給為荷。
首都衛戍司令部

國父陵園管理委員會摘由單

來文機關	文別	來文字號	來文日期	收文字號	收文日期	附件
首都衛戍司令部	代電	副庚字第0682號	卅五年十二月十五日	陵秘字第0384號	卅五年十二月十六日	

事由	擬辦	批示	備考
電送埠門通行証貳張希查照由	送一張擬衛處，餘一張存事務科備用		

承辦處所：秘書室 陳兆 峯印

事由

批示

首都衛戍司令部代電

國父陵園管理委員會公鑒陵秘字第0264號公函敬悉茲隨電檢送城門通行證貳張至希查照爲荷首都衛戍司令部亥篠信和印

附通行證兩張

附件

擬

擬

副庶字第0682

中華民國三十五年十二月十七日

監印徐　覺

校對呂照海

國父陵園管理委員會稿

來文	
字第 號	
文別	
送達機關	首都衛戍司令部
類別	箋函
附件	如文
事由	為[illegible]請[illegible]使用自城門通往[illegible]請准[illegible]以資應用由

主任委員

秘書

處長

會計主任

科長

人事管理員

擬稿

中華民國 廿六 年

文辦	擬稿	核簽	判行	繕寫	校對	蓋印	封發
二月廿六日九時	二月廿六日九時	二月廿六日時	二月廿六日時	二月廿六日時	二月廿六日時	二月廿六日時	二月廿六日時

主文 衛字第2514號

檔案 字第 號

（仝）

衛）公函　衛字第　　號
中華民國卅六年二月　　日發

查本會前於卅五年十二月拾陸日起領用之城門通行證，業經使用時間已屆滿期，茲將該證隨函送請

查照換發，以便應公用為荷。

此致

首都衛戍司令部

附繳前城門通行證衛後字第柒貳號一紙

廣民馬

國父陵園管理委員會摘由單

欄目	內容
來文機關	首都衛戍部
文別	代電
來文字號	列[illegible]字第〇一三三號
來文日期	廿六年三月二日
收文字號	[illegible]字第二九四號
收文日期	廿六年三月二日
附件	城門通行證一紙
事由	為陸電檢附城門通行證式希查收見復由
承辦處所	
擬辦	函[illegible]城門通行證已[illegible]收，[illegible][illegible]使用。三、二
批示	如擬。三、三
備考	三、一[illegible][illegible]領存。三、六

事由

批示

首都衛戍司令部代電

國父陵園管理委員會拱衛處公鑒：二月二十六日衛字第954號公函敬悉。茲隨電檢附城門通行証壹張，希查收，并復為荷。首都衛戍司令部寅（冬）信和華印

附城門通行證壹張

附件

擬辦

副廣字第0133

中華民國三十六年三月二日

監印徐　覺
校對呂熙濤

國父陵園管理委員會稿

來文	字第　號
文別	
送達機關	首都衛戍部
類別	公函
附件	
事由	為靈谷城門通行証已妥收請查照由
主任委員	
秘書長	
處長	
會計主任	
科長	
人事管理員	
擬稿	

中華民國卅六年

交辦	擬稿	核簽	判行	繕寫	校對	蓋印	封發
三月三日九時	三月三日九時	三月三日九時	三月三日十時	三月三日十時	三月三日十時	三月三日十一時	三月三日十二時

去文 衛字第268號

檔案 字第　號

全　衛函

衛字第　號

中華民國三十六年三月　日發

案准

貴部副處字第零壹叁叁號寅冬代電並附城門通行證

壹張已妥收相應函覆

查照是荷

此致

首都衛戍司令部

處長　馬〇

國父陵園管理委員會稿

來文字第　　號

文別：箋函

送達機關：首都衛戍司令部

類別：

附件：繳還通行証二張

事由：為城門通行証使用期限業已屆滿隨函繳還並希惠發新期通行証二張由

主任委員

秘書　三十七

處長

會計主任

科長

人事管理員

擬稿　三十二

中華民國三十六年

月　日時擬稿

月十三日時核簽

月　日時判行

月十六日時繕寫

月十六日時校對

月十六日時蓋印

月九日時封發

去文陵秘字第05418號

檔案字第　　號

查本會前領之城門通行証二張使用時間已於本年二月十二日屆滿本會辦公地點係在中山門外陵園且担衛大隊負有協助維持治安之責現因公務吉普車三輛需要通行証以[illegible]召集鄉鎮會議之時[illegible]外勤進城接洽[illegible]檢同舊証一張隨函送請

查收惠予另發長期新証三張以便通行爲荷

此致

首都衛戍司令部

附繳還舊証乙張

（會衛）啓

國父陵園管理委員會摘由單

來文機關	園林處
文別	簽呈
來文字號	林養字第一六八五號
來文日期	卅七年四月八日
收文字號	秘收第五八一號
收文日期	卅七年四月九日
附件	
事由	衛戍部所發之城門通行證隨函送請查照辦理由
承辦處所	文牘科
擬辦	
批示	
備考	

卅七

國父陵園管理委員會

林蘇字第1685號

第 全 頁

茲以衛戍司令部許發之城門通行証早經逾期似不適用特將原証奉上 即希 惠予函送該部核收另行製發以利通行相應函達

查照辦理再本處同仁居在城外頗多希即請發通行証兩枚予處備用為荷

此致

衛戍司令

附一八五號城門通行証二枚

園林處 啓

中華民國卅七年四月八日 發出

37.3.20000張

地址：中山門外 電報掛號：0957

電話：委員會22025 園林處21839

一、請事務科檢其他單位通行證并案出換

二、查照案辦

請先發之，將以前所發通行證收回

四、十一

四、八

四、九

國父陵園管理委員會便條

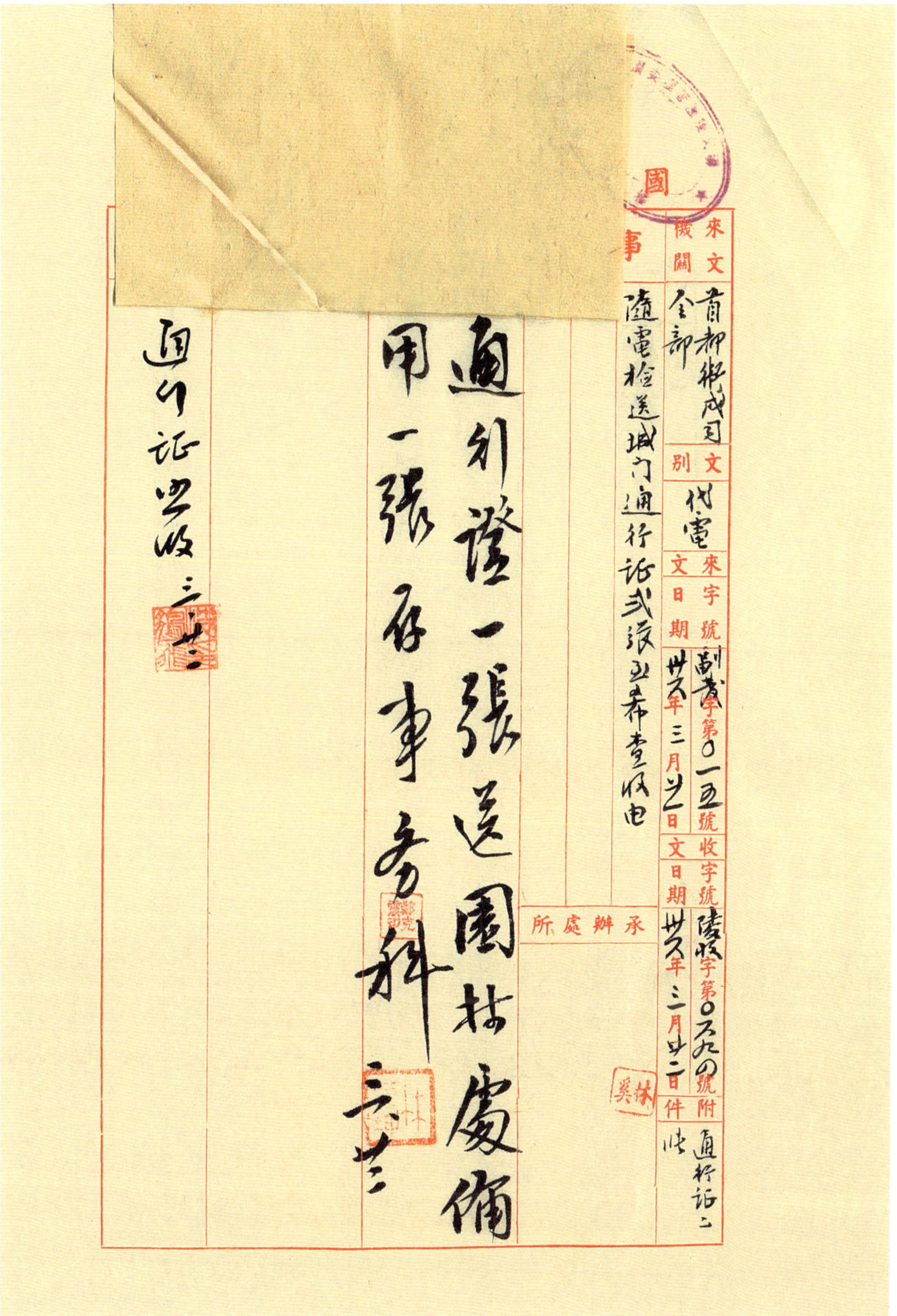

國

來文機關：首都衛戍司令部

文別：代電

來文字號：副參字第〇一五號

文日期：卅六年三月廿一日

收文字號：陵收字第〇五九〇號

收文日期：卅六年三月廿二日

附件：通行証二

事由：隨電檢送城門通行証式張至希查收由

承辦處所

通行證一張送園林處備用一張存事務科 三廿三

通行証照收 三廿三

事由	批示
存文	

附件	擬辦

首都衛戍司令部代電

國父陵園管理委員會公鑒：卅六年三月十九日陵秘字第零五四八号公函及附件均悉。茲隨電檢送城門通行証式張，至希查收為荷。首都衛戍司令部寅皓副印。附通行証式張

副發〇一五 卅六 三 廿一

監印張禮文
校對劉義勳

國父陵園管理委員會便條

茲送還陵收字0687
0694号函電弍件即希
查收為荷
此致
秘書室
碩育曾

國父陵園管理委員會摘由單

來文機關	首都衛戍司令部
文別	代電
來文字號	副字第一九號
文日期	卅六年五月一六日
收文字號	總字第五三五號
文日期	卅六年五月一六日
附件	
事由	為換發城门通行证請查收見復由
承辦處所	
擬辦	分各機持用并注意保存　五、一六
批示	分置科員、分發負責保存　五、十六 並復該部
備考	五、十六

事由	為換發城門通行証請查收見復由
批示	
附件	
擬辦	存文

首都衛戍司令部代電

國父陵園管理委員會拱衛處公鑒案准貴處本(36)年五月未列日衛字第三八○號函附逾期通行証壹帋囑予換發自應照辦茲隨電檢附新証壹帋即希查收見復為荷首都衛戍司令部辰(删)副交魯印

副·川

中華民國卅六年五月

監印張禮文
校對劉義勳

國父陵園管理委員會稿

來文	字第　號
文別	
送達機關	首都衛戍司令部
類別	代電
附件	

事由：為電覆城門通行證已妥收由

主任委員

秘書處長

會計主任

科長　五.十六

人事管理員

擬稿

中華民國 卅六 年

交辦	五月十六日十三時
擬稿	五月十六日十三時
核簽	月　日　時
判行	月　日　時
繕寫	月　日　時
校對	月　日　時
蓋印	五月十六日　時
封發	五月十七日　時

去文　徽字第四二〇號

檔案　字第　號

公全 衛代電 衛字第 號 民國廿六年五月十八日發

首都衛戍司令部公鑒：案准貴部列字第一〇九號代電，並附執登城門通行證二張，已妥收，特復。國父陵園管理委員會總務處處長鐵印

國父陵園管理委員會稿

來文	字第　號
文別	
送達機關	首都衛戍司令部
類別	公函
附件	證文
事由	為函請撥發城門通行證以資應用由

主任委員

秘書長

處長

會計主任

科長

人事管理員

擬稿

中華民國卅六年

七月十六日十時交辦

七月十六日十一時擬稿

七月十六日

七月十六日

檔案 衛字第五八二號

會

銜公函 總字第　號
民國廿六年七月十六日發

查本處於廿六年五月十五日起領用之城門通行證使用時間已屆期滿相應換用該證隨函送請查照換發以應公用為荷

此致

首都衛戍司令部

附滿期城門通行證一紙　副總字第參玖零號

處長　馬○

國父陵園管理委員會稿

項目	內容
來文字第　號	
文別	
送達機關	首都衛戍司令部
類別	公函
附件	
事由	為函請查照將本月十六日附上使用滿期之城門通行證迅予換發新證以資應用由
主任委員	
秘書處長	大四
會計主任	
科長	
人事管理員	
擬稿	

中華民國 卅六 年

交辦	擬稿	核簽	判行	繕寫	校對	蓋印	封發
十月四日九時	十月四日九時	月日時	月日時	十月四日十四時	月日時	月日時	十月四日時

去文 衛字第一〇七二號

檔案　字第　號

（令）

衛 公函 衛字第 號

民國廿六年十月四日發

案奉本年七月十二日總衛字第五八二號公函撿附使用滿期之副總字第叁玖零號城內通行證壹張送請

貴部換發新證在案惟迄今已久尚未蒙

發下用特函請

查照迅予填發新證以資應用為荷

此致

首都衛戍司令部

馮友馬

國父陵園管理委員會稿

來文字第號	
文別	
送達機關	首都衛戍司令部
類別	公函
附件	發
事由	為函請撥發城門通行證以資應用由
主任委員	
秘書長	元廿
處長	
會計主任	
科長	元廿
人事管理員	
擬稿	

中華民國	卅七年
文辦	元月廿一日九時
擬稿	元月廿一日九時
核簽	月日時
判行	月日時
繕寫	月日時
校對	月日時
蓋印	月日時
封發	元月廿日時
去文	衛字第一〇一號
檔案	字第號

26

〔全〕

衛公函　民國卅七年元月廿一日　衛字第　號

查本處卅六年十月八日起領用之城門通行証、使用時間已屆期滿，相應檢同該證隨函送請

查照換發，以資公用為荷。

此致

首都衛戍司令部

附依用滿期城門通行証副總字第柒壹叁號乙紙

處長　馬□

國父陵園管理委員會摘由單

來文機關	首都衛戍司令部
文別	代電
來字號	戌忩字第七八號
文日期	卅七年二月十八日
收字號	攜字第一七九號
文日期	卅七年二月十九日
附件	由文
事由	為電發二至四月份城門通行證乙件 請收囙由
承辦處所	通行證九〇八号 刘桂森收 二、十九
擬辦	交司機劉桂森攜用 二、十九
批示	
備考	

26

事由	
批示	
附件	
擬辦	

首都衛戍司令部代電 戍鹿字第 78 號

中華民國三十七年二月十八日

陵園管理委員會拱衛處公鑒本(卅七)年元月三十一日衛字第一〇一號公函暨附件均悉茲特如請隨電檢附城門通行證乙張希即查收備用首都衛戍總司令部戍鹿丑〈巧〉湘附城門通行證壹張

國父陵園管理委員會稿

來文	字第　號
文別	公函
送達機關	首都衛戍司令部
類別	
附件	
事由	為檢送城門通行證第一八五及第一八七號舊證二張請換發新證應用由

主任委員

秘書

處長

會計主任

科長

人事管理員

擬稿

中華民國卅七年四月拾三日發出

時交辦	時擬稿	時核簽	時判行	時繕寫	時校對	時蓋印	時封發
月　日	月　日	月　日	月　日	月　日	月　日	月　日	月　日

中華民國　年

檔案：陵總文(卅七)發文第1647號

查本會前領城門通行証第一八五及一八七號兩張使用時間已逾規定期限相應檢同舊証貳紙隨函送請查照惠予掉(換)新証二張以便使用為荷

此致

首都衛戍司令部

附繳送舊証一八五及一八七號共二張

收文第　　號

首都衛戍總司令部（公函）

事由	受文者
為函復國父陵園管理委員會准予換發城門通行証二張	國父陵園管理委員會

一、貴會卅七年四月十三日陵秘字第一六四七號函悉

二、准予換發城門通行証二張請即派員持據來部洽領

總司令　孫連仲

中華民國卅七年四月十七日

戌庚字第二二一號

地址　南京林森路

校對劉義勳

國父陵園管理委員會稿

來文 字第 號

文別

送達機關 首都衛戍司令部

類別 公函

附件 如文

事由 為函附舊證請換發新城門通行證以利公用由

秘書處 秘書 科長 長

人事管理員

主任委員

會計主任

擬稿

中華民國卅七年

六月廿二日十時交辦

六月廿二日十一時 擬稿

六月廿三日三時 校對

六月廿三日三時 蓋印

六月廿三日 時封發

去文 衛字第610號

檔案 字第 號

全

（衛）公函　衛字第　號　民國廿七年六月廿三日發

查本處于本年一月起領用之城門通行證，兹屆期滿，相應檢同該證，隨函送請

查照，祈換發新證，以應公用，是荷！

此致

首都衛戍司令部

附逾期城門通行證（玖四捌號）乙張

處長　馬○

國父陵園管理委員會拱衛處公函

衛字第一〇九八號

民國廿六年十一月十九日發

事由：為函請查案換發本處軍用汽車臨時戒嚴城門通行証以利公務由

案查本處于本年六月廿三日曾以衛字第六一〇號公函檢同使用逾期之第玖肆捌號城門通行證函請

貴部換發新證在案惟迄今未蒙發下　近查本京已施行臨時戒嚴合亟函懇

貴部另頒發戒嚴時期通行證乙種~~俾派科長范良前來~~

函洽即希

查案惠予頒發戒嚴時期城门通行证以利公務是荷

此致

首都衛戍總司令部

處長 馬相

市自來水管理處爲換發城門通行證與首都衛戍司令部的來往代電（一九四七年二月十三日至一九四九年二月十二日）

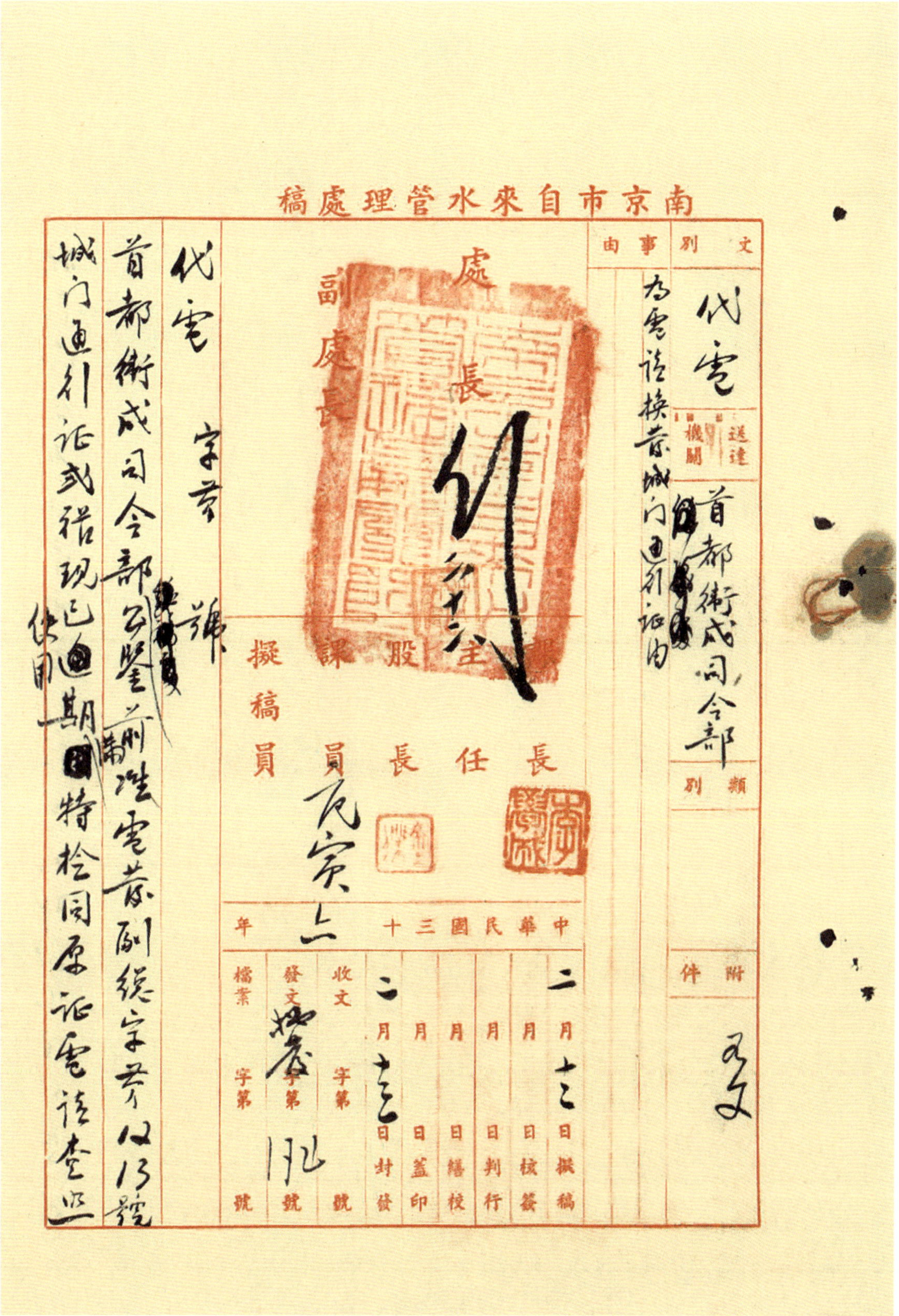

南京市自來水管理處稿

文別	代電
事由	為電請換發城門通行證由
送達機關	首都衛戍司令部
類別	
附件	

處長　副處長　課長　股長　主任　擬稿員

中華民國三十　年

二月十二日擬稿　月　日核簽　月　日判行　月　日繕校　月　日蓋印　二月十三日封發

收文　字第　號　發文　字第　號　檔案　字第　號

代電　字第　號

首都衛戍司令部公鑒：前准電發副總字第1013號城門通行證式張，現已過期使用，特檢同原證電請查照

總務課 庶務股

收文總字三七二號

卅六年二月二十日

事由：為官換發長期城門通行証兩張查照由

附

批示：抄發淨水課備用 交許課長領用 二、廿

首都衛戍司令部 代電

南京市自來水管理處公鑒：總秘（卅六）字第一七四號代電敬悉。茲隨電換發長期城門通行証兩張，希查照為荷。

首都衛戍司令部 丑（巧）副 信印

附城門通行証兩張

中華民國三十六年二月十八

0109

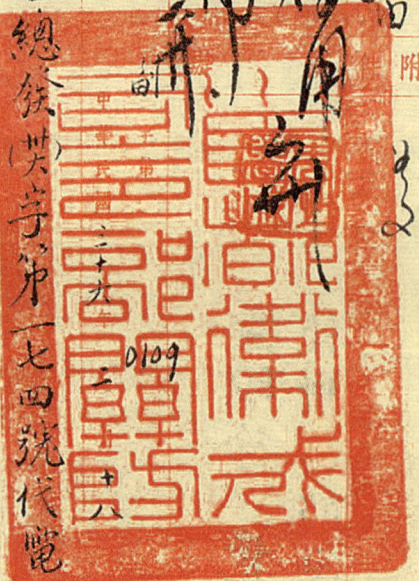

監印徐　覺
校對吕昭海

自来水管理处固定班次行车时刻表 三十六年四月十七日

车别	车座人员	开出地点	开出时间	到达地点	到达时刻	沿途经过之站名
第一次交通车	辆 二	鼓楼	上午七时[illegible]	本处	下午[illegible]	珠江路口、国府路口、新街口、
第二次交通车	辆 二	鼓楼	上午[illegible]	本处	上午[illegible]	大行宫、鲜和里、
晚间送交通车	辆 二	本处	下午[illegible]	鼓楼	[illegible]	仝 右
水厂交通车	辆 二	本处	下午[illegible]	鼓楼	下午六时	鲜和里、大行宫、新街口、国府路口、珠江路口
水厂交通车	辆 二	本处	上午[illegible]	水厂	上午八时[illegible]	多达[illegible]由[illegible]
工程车	管线股二人	本处	上午[illegible]	水厂	下午[illegible]时	仝 右
工程车	仝 右	本处	上午[illegible]	各工作地点	上午八时左右	量项车次多晨来白出三辆
工程车	[illegible]	本处	下午[illegible]	各工作地点	下午六时左右	下午六时三十分
[illegible]	[illegible]	[illegible]	[illegible]	本处	上午八时正	①鼓楼 ②广州路 ③[illegible]中路 ④青石街 ⑤碑亭巷
[illegible]	[illegible]	本处	[illegible]			七时

盖之 另

请示

如拟

核准，拟重抄正式公布于本处「公告」栏内。

示

本表於四月十一日起施行

文书股

统计室制表

佈

存卷

速件

南京市自來水管理處稿

文別	代電
送達機關	首都衛戍司令部
事由	為電請換發城門通行証式張由
類別	
附件	如文

處長 勉

副處長

課長 股主任 課員 擬稿員

中華民國三十六年

四月十四日擬稿 月日核簽 月日判行 四月廿四日繕校 月日蓋印 四月廿□日封發

收文 字第 號 發文 勉總字第三三〇號 檔案 字第 號

代電 字第 號

首都衛戍司令部公鑒前准電發副總字第139 140號城門通行證式張現已使用期滿特檢同原證電請換發俾利通行南京市

319

自来水管理處印(　)印 坿繳通行証弍張

總務課 五六

事由：准電拴發城门通行証貳紙希查收由

批示：函復 五六

附件：城门通行証貳紙

擬辦：庶務股洽 供水兩課具擬 五月

廿六年五月三日

已辦 五五

收文撫字第550號

首都衛戍司令部代電

南京自來水管理處公鑒卯迴發大勉總字第三三〇號代電及舊證貳紙均悉舊証限期已滿應予換發茲隨電檢附新証貳紙即希查收見復為荷首都衛戍司令部卯〈陷〉副支魯印

速件

南京市自來水管理處稿

文別	代電
送達機關	首都衛戍司令部
事由	為電請換發城門通行證貳張由。
附件	
會稿	
應會單位簽章	
主辦單位	總務課

總工程司　處長　副處長　課長　股長　工程司　主任　課員　視察　股長　秘書

中華民國三十六年　八月十九日　八月十九日　八月十九日　八月十九日

擬稿　繕寫　校對　蓋印　封發

收文　字第　號

發文　總總第1581號

檔案　字第　號

送繕 八、十九

如文

總務課

勉 八、十九

八、十九

八、十九

23412

代電 、字第　　號

首都衛戍司令部公鑒前准電發副總字第352、353號城內通行證貳張現已使用期滿特檢同原證電請換發俾利通行

南京市自來水管理處 未皓印

附繳通行證貳張

存巻

今領到

首都衛戍司令部須發副總字第　　號城門通行證貳張所具印領是實

中華民國廿六年十一月廿一日具領人仝

衛處長吳八〇〇

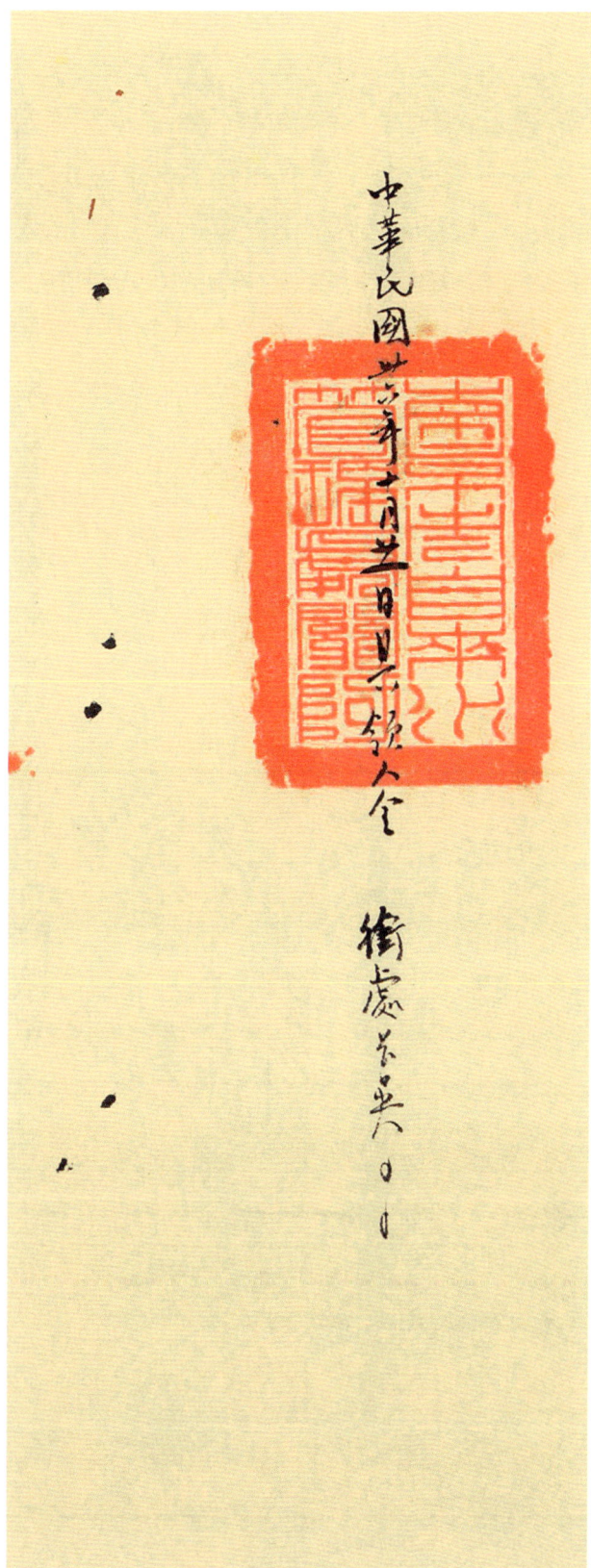

附件一件

南京市自來水管理處稿

文別	代電
事由	為電請換發城門通行証弍張由
送達機關	首都衛戍司令部
附件	
文	叉文
主辦單位	總務課
應會單位簽章	

處長

總工程司

秘書

課長　廳長　主任　正工程員　事務員　視察　股長

元十六　錫 元十六　元十六　元十六

中華民國三十七年　會稿

擬稿	繕寫	校對	蓋印	封發	收文字第　號	發總字第0114號	檔案字第　號
一月十六日	一月十七日	元月十七日	月　日	元月十九日			

124

代電　字第　號

首都衛戍司令部公鑒：前准頒發副總字第746、747號城門通行証弍張，現已使用期滿，特用檢同原証電請換發，俾利通行。南京市自來水管理處（子）（銑）印。附繳通行証弍張

當底

令領到

首都衛戍司令部頒發

字第　號

號城門通行證弍張計具印領是實

中華民國三十七年七月九日

日具領人南京市自來水管理處處長吳[illegible]

南京市自來水管理處稿

送繕 三、廿九

發文時注意加填號碼 三、廿九

680

文別	送達機關	附件	主辦單位
代電	首都衛戍司令部	另文	張籽謀

事由：為電請撥發城門通行証九張由

處長 三、廿九

副處長 錫 三、廿九

總工程司 三、廿九

秘書 三、廿九

課長 廠長 主任 正工程司 專員 視察 股長 三、廿九

會稿 應會單位 簽章

中華民國三十七年

擬稿	繕寫	校對	蓋印	封發	收文字第 號	發文字第 號	檔案字第 號
三月十九日	三月廿日	三月廿日	月 日	三月廿日		滬繕字第0682號	

代電　字第　號

首都衛戍司令部公鑒：前准發給副號字第936、937號城門通行證貳張，現已使用期滿，因特檢同原證電請換發，俾利通行為荷。

北京市自來水管理處（寅）[illegible]印

附繳通行證貳張

今領到

首都衛戍司令部頒發　字第　修城工通行証弍張計具印領是實

中華民國廿七年三月廿七日具領人仝　衛戍區吳

收文第　　號

首都衛戍總司令部代電

事由：為電覆南京市自來水管理處准予換發城門通行証式張由

受文者：南京市自來水管理處

一、貴處(世)總字第四六八二號代電悉

二、准予換發城門通行証式張希即派員執據來部洽領

總司令 張鎮

發文日期：三十七年三月廿五日
字號：戌虞字第173號
駐地：南京林森路

校對劉義勲

第　頁　第　號

裝訂線

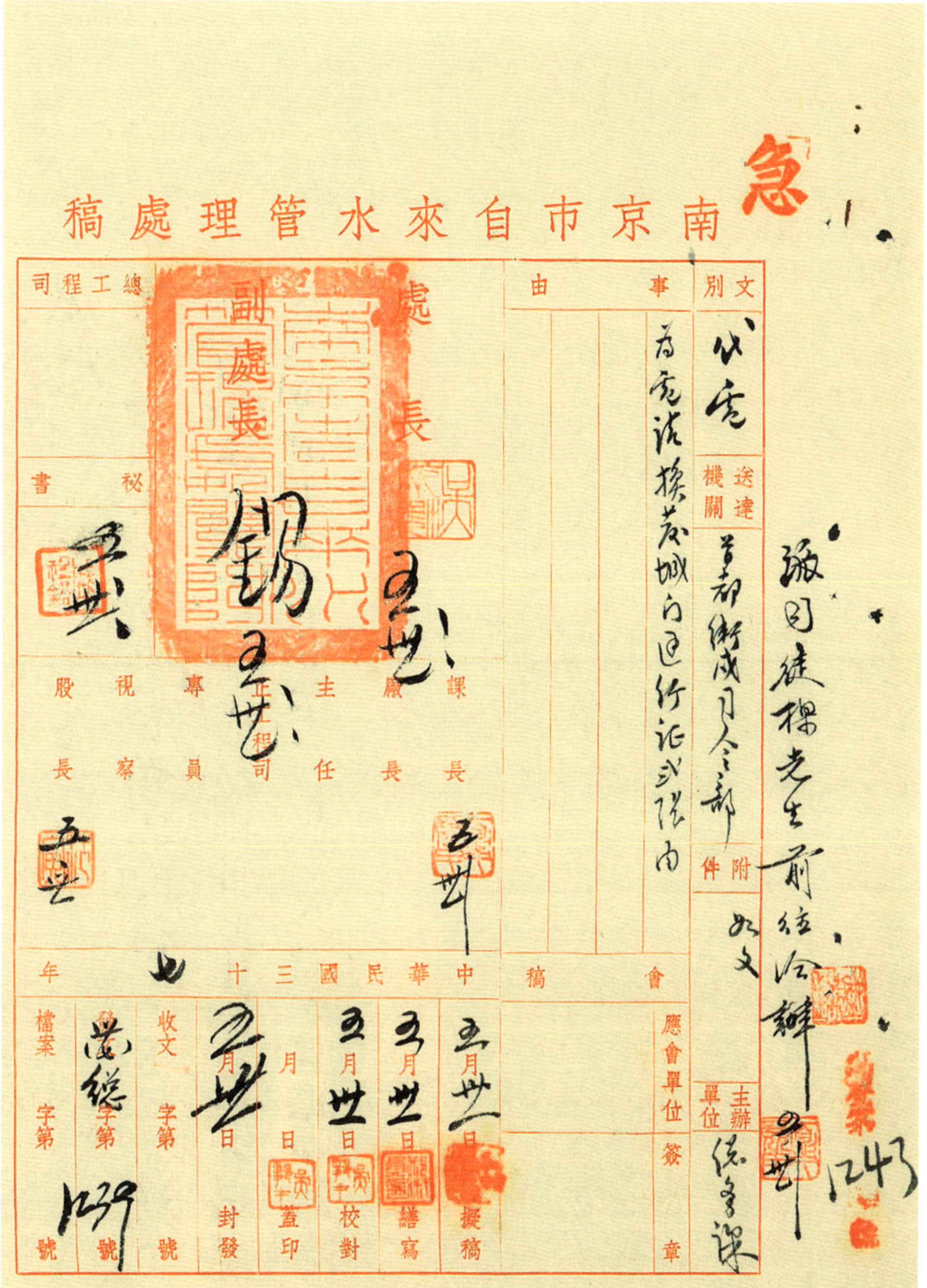

急

南京市自來水管理處稿

文別	公函
送達機關	首都衛戍司令部
附件	如文
主辦單位	総务課
應會單位	
事由	為電請撥發城內通行証弍張由

處長 副處長

總工程司

秘書

課長 廠長 主任 工程司 專員 視察 股長

中華民國三十七年

派司徒標先生前往洽辦 五/廿

擬稿 五月廿一日　繕寫 五月廿日　校對 五月廿日　蓋印 月日　封發 五月廿日

收文字第號　發文字第號　檔案字第號

代電　　字第　　號

首都衛戍司令部公鑒：前准領發副證字第810、811號

城內通行證式樣，現已使用期滿，用特檢同原證，電請換

發，俾利通行為荷。南京市自來水廠廠長（張）（世）印　附

繳通行證式樣

底

今領到

首都衛戍司令部領發　字第　號城門通行證貳張所具鈐領是實

中華民國三十七年　月　日具領人南京市自來水管理處處長吳杭勉（印：吳杭勉）

南京市自來水管理處稿

文別	代電
送達機關	首都衛戍司令部
事由	為電請換發城門通行證或派由
附件	如文
主辦單位	總務課
會稿 應會單位	
簽章	

處長 副處長（印）　閱　八卅

總工程司

秘書　八卅

廠長　八卅

主任

工程司

專員

視察

股長　八卅

中華民國三十七年

擬稿	繕寫	校對	蓋印	封發	收文 字第 號	發文 水總 字第 2011 號	檔案 字第 號
八月卅日	八月卅日	八月卅日	月 日	八月卅日			

2007 號

代電　字第　號

首都衛戍司令部公鑒：前准頒發副係字第一〇四九、一〇五〇號至城門通行證貳張，現已使用期滿，用特檢同原證電請換發，俾利通行為荷。南京市自來水管理處（ ）（ ）印　附繳回舊證貳張

領據

今領到

首都衛戍司令部頒發　字第　號至　城門通行證貳張，計共貳領是實。

中華民國卅七年　月　日具領人全衔吴〇〇

速

總務課

卄九

南京市自來水管理處摘由紙

姓名或機關	摘由	擬辦	批示
首都工成總司令部	為電復准予換發城門通行証二張由	事務股張員務接前往洽領九六	存 銘 九七
文別：代電		擬存 九六	
附件：		請司徒兄洽領 九六	
收文：卅七年九月六日時		已領 九七	

收（卅七）收字第3198號

摘由者姓名

水總-2-4,000-37-1

首都衛戍總司令部（代電）

收文第　　號

事由	受文者
為電復准予換發城門通行証二張由	南京市自來水管理處

一、卅七年總字第二〇一一號電悉
二、准予換發城門通行証弍張希派員來部洽領

總司令　張鎮

戍歷　539

三十七年九月四日

第　頁

檔號

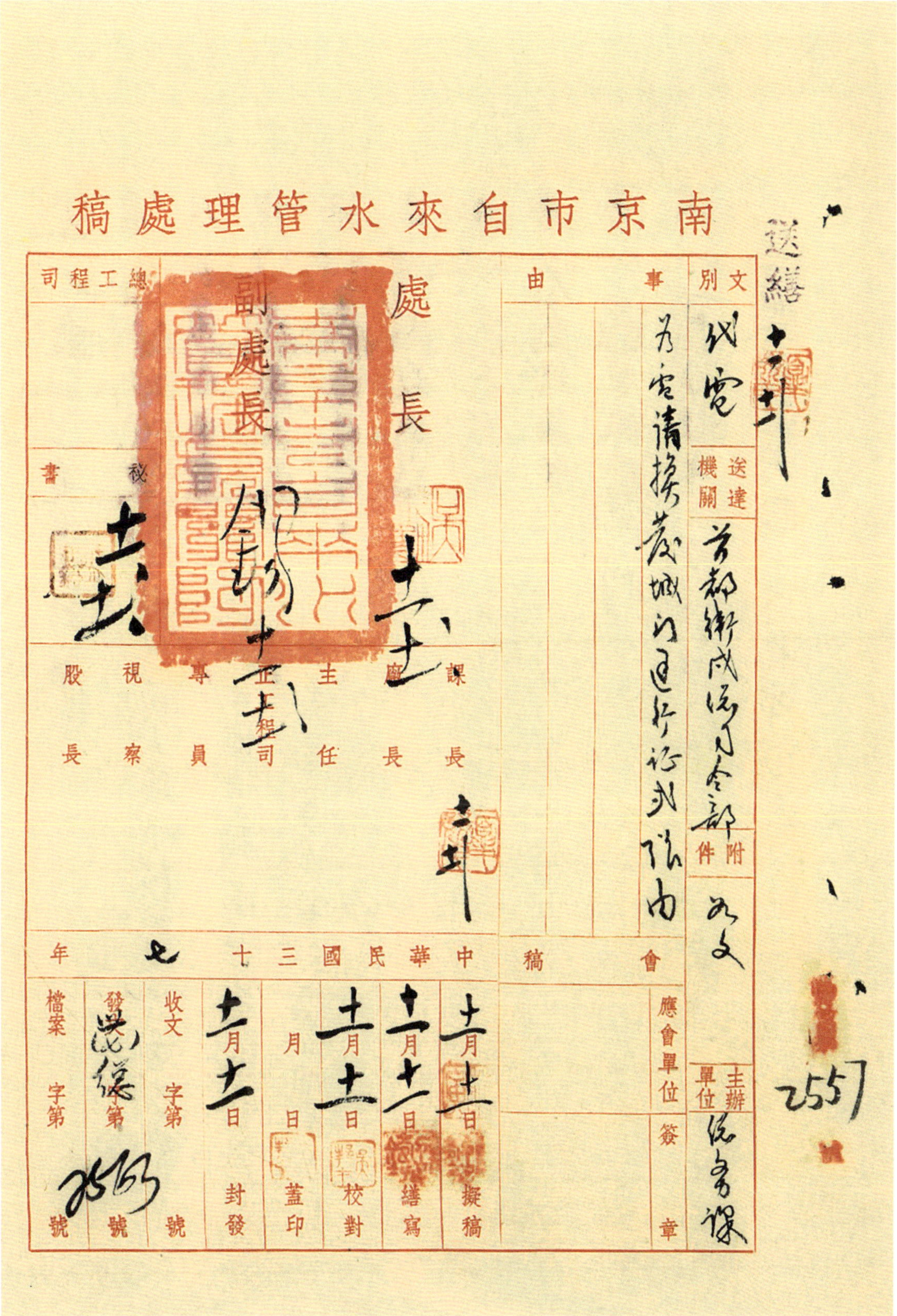

南京市自來水管理處稿

文別	代電
事由	為電請換發城門通行證式張由
送達機關	首都衛戍總司令部
附件	如文
主辦單位	總務課
處長	
副處長	
總工程司	
秘書	十二
課長	十一
主任	
正工程司	
專員	
視察	
股長	
會稿	
應會單位	
簽章	

中華民國三十七年

擬稿	繕寫	校對	蓋印	封發	收文字第號	發文字第號	檔案字第號
十一月十一日	十一月十一日	十一月十一日	月日	十一月十二日			

送繕 十一月十一

2557

代電　　字第　　號

首都衛戍總司令部公鑒：前准頒發副總字第二七一一七三號衛城門通行証式樣現已使用期滿，用特檢同原証究請換發，俾利通行為荷。南京市自來水管理處戌真印。附繳通行証式樣

領據

今領到

首都衛戍總司令部頒發　字第　　衛城門通行証式樣　張，具印領是實。

中華民國　　年　　月　　日具領人仝衡號(印)

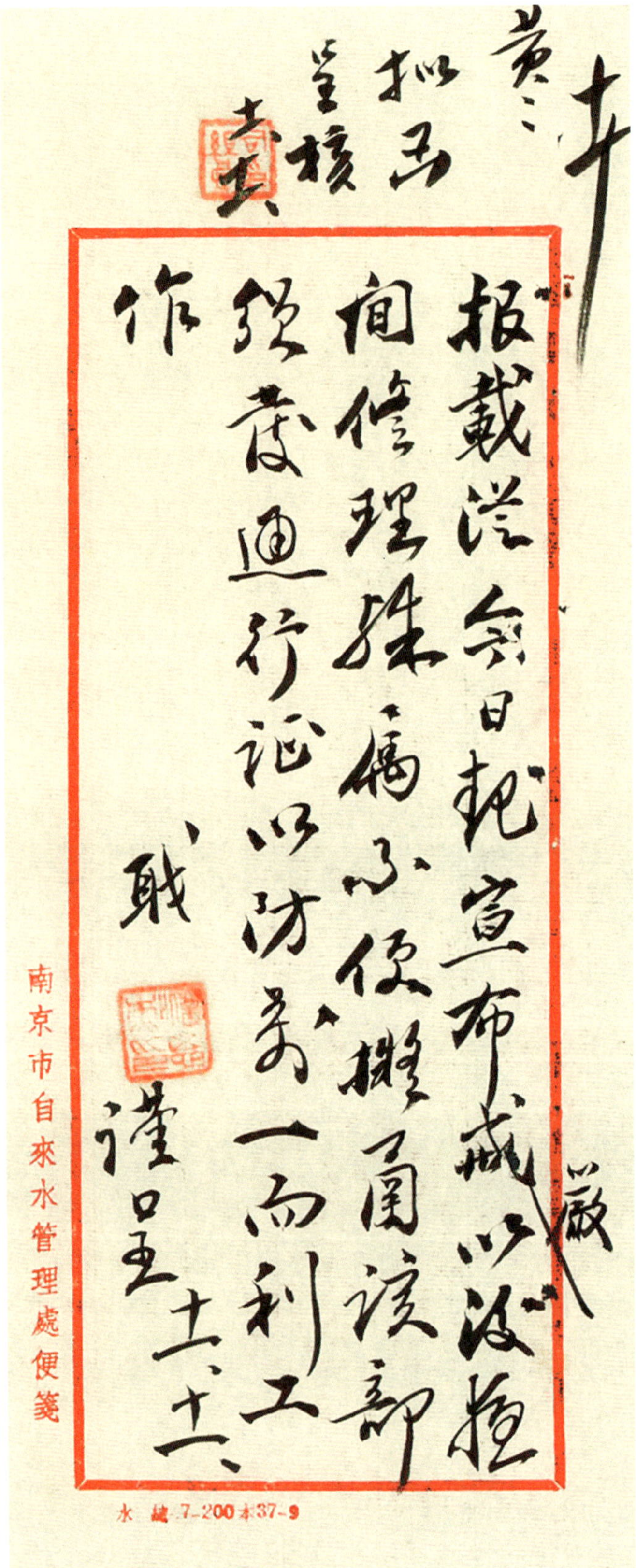

卉

黄工擬函
呈核
袁

報載從今日起宣布戒嚴以後晚
間修理綫倘不便擬函該部
領發通行證以防萬一而利工
作

職
謹呈
十一、十一、

南京市自來水管理處便箋

水 總 7-200 本37-9

南京市自來水管理處摘由紙

總務課

姓名或機關	衛戍司令部
文別	代電
附件	
收文	卅年四月十二日　時
摘由	為電覆停發城門通行證由
擬辦	擬存
批示	存

(卅)水文新字第170號

水總-2-3,000-37-6

首都衛戍總司令部 代(電) 稿 收文第 號

事由	為覆停發城門通行證由
受文者	南京市自來水管理處

發文		
附件		
日期	民國三十八年二月十一日	
字號	戍團三字第1452號	
駐地	南京林森路	

一、貴處卅八新總字第65號換發城門通行證一案敬悉

二、查本京現值戒嚴期間各城門開閉與戒嚴時間相同該項通行證已不適應用奉令一律停發

三、覆請查照

首都衛戍總司令部

校對 張世濤

金陵海關爲請領和換發城門通行證與首都衛戍司令部的往來函、代電（一九四七年二月二十日至一九四八年九月三十日）

金陵關稅務司公署公函

第 三八〇 號

年 月 日 時到

事由	擬辦	決定辦法	備考
爲便利關員夜間出城或入城執行公務擬請 貴部核發城門通行證四張以便分發應用由			
附件			

查本關設在下關湖北街五號、而職員宿舍則設在城內雙門樓五十七至六十一號及鹽倉橋二十四號、抗戰以前、關員夜間出入城門執行公務、歷經頒有城門通行證、以憑執用在案。茲因近來常有公務必須派由關員於夜間出城工作、爲備緊急便利出入起見、用特檢案懇請

貴部核發城門通行證四張、以便分發應用、至紉公誼。

此致

首都衛戍司令部

稅務司 陳滋樂

125

中華民國三十六年二月二十一日

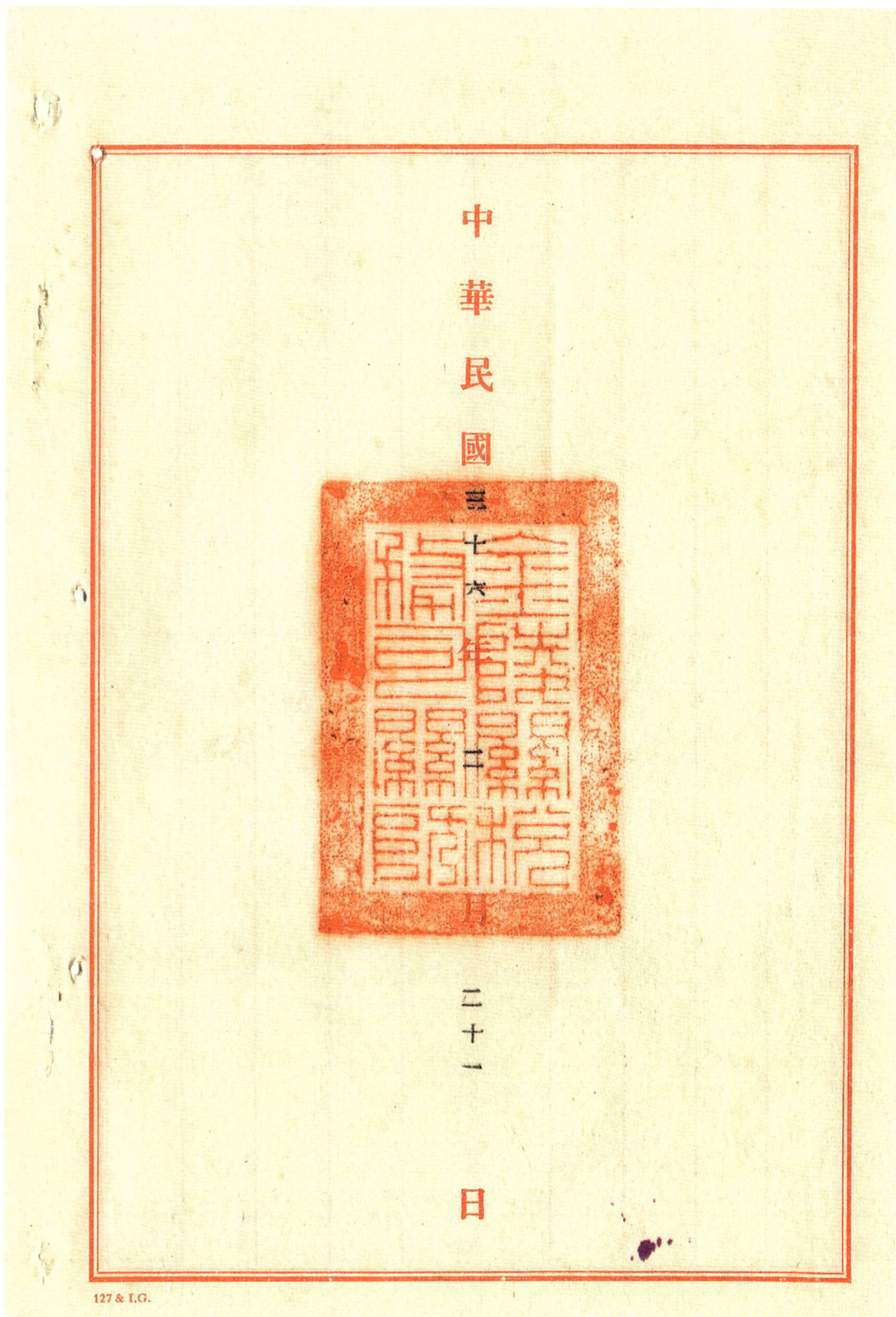

127 & I.G.

金陵關代電　第四三三號

民國三十六年四月廿九日發

首都衛戍司令部公鑒案准貴部本年三月廿七日副庶字第〇一二九號代電附發城門通行證四張到關當經電復致謝並轉發應用在案茲查該項通行證使用時間規定自三十六年三月廿七日起至三十六年四月廿七日止相應檢同原證四紙電請查照惠予換發新證四紙交由來員帶下以便繼續使用至紉公誼金陵關稅務司陳滋樂印鑑

附件

123　100000 / 8.46.

字第七九六號

民國三十七年九月廿一日發

金陵關代電

首都衛戍總司令部公鑒查本關前蒙換發之城門通行證四紙其使用時期業已屆滿相應將舊證隨電派員送請換發新證並請將新證發交來員領回使用爲荷稅務司韓澂樂申馬印

附還舊證四紙

122a

已于九月卅日
領回四對計
副 三字 2020

20CT.1948

收文第　　號

第一二七七号

首都衛戍總司令部（代電）

事由	為准予換發城門出入證四張由
受文者	金陵關
附件	
日期	三十七年九月三十日
字號	戍理三錕字第566號
駐地	

一、卅七年九月廿一日第七九六號代電悉
二、准予換發城門出入證四張希派員持据來部洽領

總司令孫震仲

監印蕭剛

第　頁

檔號

最速件

1 OCT. 1948

糧食部（代電）

第一二七五號

事由

擬辦

說明

批示

發　糧管（卅七）字第29376號

中華民國卅七年九月卅日發出時發

附件

中華民國　年　月　日　時收

收文　字第　號

中華民國　年　月　日　時交辦

中華民國　年　月　日　時擬辦

首都衛戍司令部副官處爲準檢送汽車城門通行證與市園林管理處的往來函（一九四七年四月十五日至四月十八日）

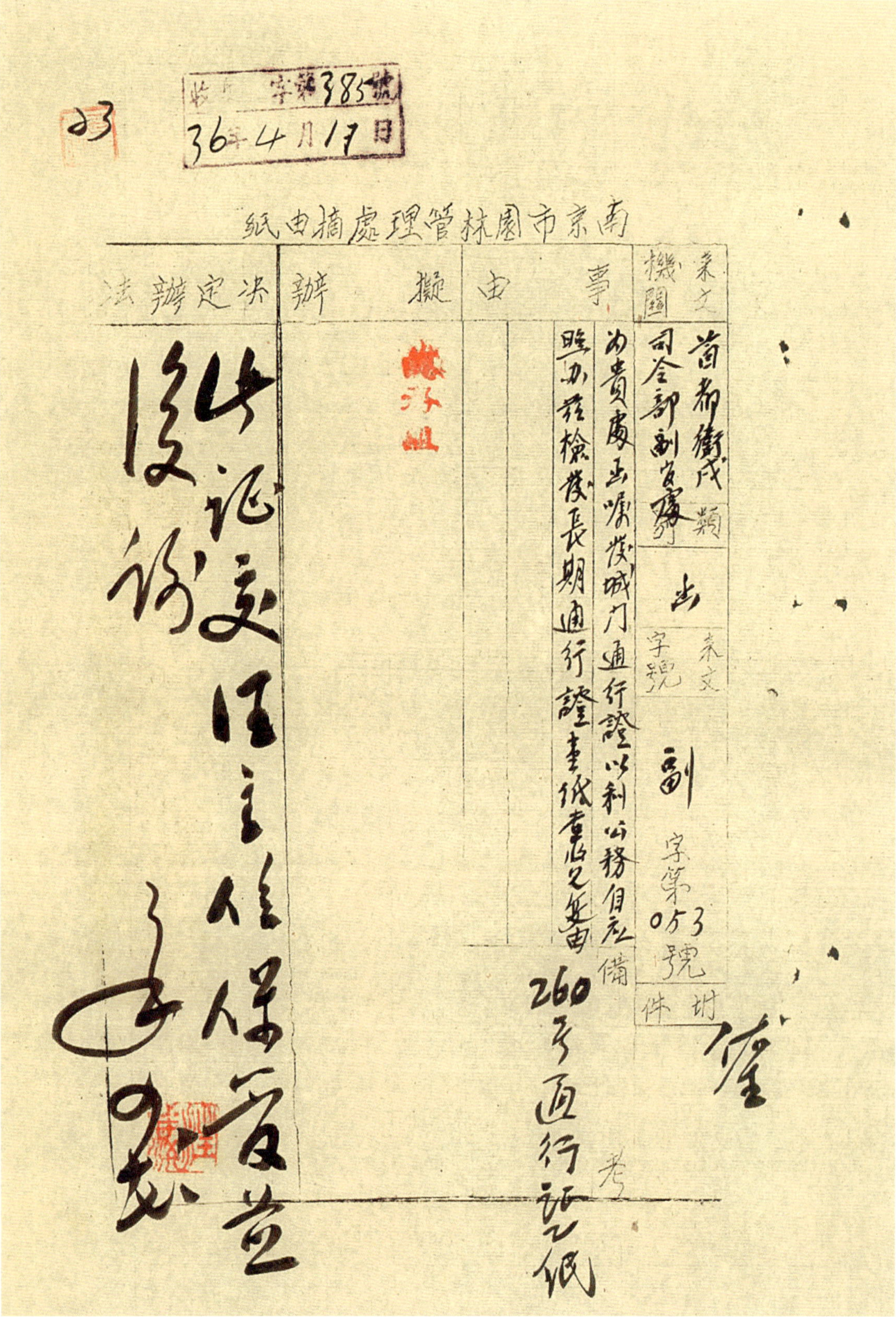

首都衛戍司令部用箋

衛〇五三

逕啓者案准

貴處處總261號箋函囑發城門通行證壹紙以利公務等由自應照辦茲特檢發長期通行證壹紙一併函復希

查收見復爲荷此致

南京市園林管理處

坿長期通行證乙紙

首都衛戍司令部副官處

四月十五日

24

南京市園林管理處稿

送達機關	首都衛戍部
事由	爲准山復檢送完串埠內通行證一案復函由
文別	箋函
附件	
承辦單位	
處長	[signature]
主任	
技正	
擬稿	張[illegible]
會稿	會辦單位簽章

中華民國卅六年 月 日 時擬稿
月 日 時核簽
月 日 時繕寫
月 日 時封發

發文 陵總 字第 三二七 號
收文 字第 號
檔卷 字第 號

接准

貴部 衛字第五三 號 山檢查埠內通行證乙紙 [illegible] 收見復等由 准此 查 [illegible] 通行證業已收到 相應復函

並申謝忱　敬布

希查照為荷

此致

首都衛戍司令部

蓋章

（全銜）啟

南京城墙檔案

城墻的保護與管理

玖

其它

（一）市工務局關于拆除舊王府城牆的布告（一九二七年十一月三日）

南京特別市市政府公安局布告第　號

爲布告事照得酒樓飯館及旅館衛生取締規則前經市政府聯席會議議決公布在案茲定於十一月一日起登記合行抄附取締章程于後仰上開各項營業即便遵章前來珠寶廊公安局衛生課請領執照毋得延誤切切此布

局長孫伯文

中華民國十六年十一月一日

南京特別市市政府工務局布告第二八號

爲布告事案查本局辦理工務向來派有稽查員在市內調查建築取締等事項惟絕無收費情事乃查近有無賴市民冒充本局稽查員名義向小販任意勒索殊屬可恨茲爲防杜此種弊端起見嗣後本局稽查人員因公出巡必須佩戴本局特製證章背面黏貼該員二寸相片俾市民易于識別倘再有冒充本局稽查人員名義向各小販勒索情事准由該小販扭送來局定予重懲以儆奸頑除將此項辦法函請總商會總工會轉知各業商會及各業工會外特此示仰市民人等一體知悉其各謹遵毋自貽誤切切此布

局長陳揚傑

中華民國十六年十一月二日

南京特別市市政府工務局布告第二九號

爲布告事案查舊王府城牆年久失修倒塌堪虞且屬有碍交通車馬行人俱感不便茲訂於本月七日起飭工前往拆除仰該附近城牆居民人等務須事先暫遷他處免致興工時發生倒毁之危險其各凜遵毋違切切此佈

局長陳揚傑

中華民國十六年十一月三日

首都市政公報　公牘

土地局佈告通濟門外東嶽廟前及小營演武廳後等被收買各民地產主限五日內呈驗產契案由布告

第四五號　十七年十一月廿七日

為佈告事案查前准

軍事委員會營房設計處函開案奉

主席蔣命令趕在首都建築營房八團儘先建築四團業經勘定朝陽門外觀音閣前建築二團通濟門外東嶽廟前建築一團小營演武廳後建築一團相應檢具地形圖請於一星期內按址收買等由經本局於十月二十七日佈告該處業戶人等限於五日內呈驗契據在案迄今逾限多日該業戶等尚多觀望不前殊屬不合茲奉

市政府令飭即趕速辦理等因奉此合亟再行佈告該處業戶人等一體知悉務於佈告之日起十日內卽將執業契據來局呈驗登記以憑照章收買案關軍事建築自經此次展限後決不再予通融仰各遵照勿貽後悔切切此佈

局長楊宗炯

●八卦洲沙地糾葛案

函國府文官處函送劉昌言墾租八卦洲沙地被市府沒收請求拯救一案礙難准許函達查照由

公函第六〇〇號　十七年十一月二十二日

逕復者案准

貴處第四二二號函開以據劉昌言函為租墾之八卦洲沙地前被蘇省公署竊佔今為市府沒收請求拯救一案抄同原件函達查照等由並附抄件過府准此查此案於上年十月十二日准

中央特別委員會祕書處函據江淮實業公司被損害股東農工·總代表劉昌言呈報地方情勢緊急請迅予批准前呈建設八卦洲模範村辦法以杜糾紛等情查八卦洲一案前經中央政治會會議解決省市權限案內已將該洲劃歸南京特別市政府管轄檢同原呈函請查照等由業經何前市長詳細調查認定劉昌言並非誠意建設八卦洲模範村不過假託江淮公司代表之名稱圖遂其攫取八卦洲之權利及包辦之私心而已並將該洲沿革及原呈內破綻各點敘明認為此項請求自難准許各情形已於上年十月二十六日呈復

國民政府核示在案准函前由相應錄案函復卽希

查照此致

國民政府文官處

南京特別市市長劉紀文

工務

●拆除太平門至神策門城牆案

1. 訓令工務局遵照國府議決案拆除太平門至神策門城牆由　訓令第一七六五號　十七年十一月二十九日

案奉

國民政府第六三號訓令內開本府第六次國務會議議決拆除神策門至太平門城牆但台城一段仍保留一案合行令仰該市政府知照等因奉此合行令仰該局長卽便遵照辦理此令

市長劉紀文

2. 函衛戍司令部奉國府令拆除神策門至太平門城牆請飭各該城門駐守軍隊知照由　公函第六二〇號　十七年十一月二十七日

逕啓者案奉

國民政府第六三號訓令內開爲令知事本府第六次國務會議議決拆除神策門至太平門城牆但台城一段仍保留一案合行令仰該市政府知照此令等因奉此除飭將該處城牆卽日動工拆除外相應函達卽希

查照轉飭駐守各該城門軍隊一體知照此致

首都衛戍司令部

南京特別市市長劉紀文

●建築中區警署案

1. 指令公安局爲中區署因拆讓中山路長警無處居住已令財政工務迅速核復案由

指令第一五六七號　十七年十一月二十一日

呈一件爲中區署因拆讓中山大道長警無地居住祈鑒核

由

呈悉仰候令催工務財政兩局迅速會同核復再行察奪此令

附原呈

呈爲中區警察署因拆讓中山大道長警無地居住仰祈

鑒核准予令行工務財政兩局迅速核復以便建築事案查

前據中區署長程武揚呈以署房因拆讓中山大道繪具草

圖並估單請修前來節經呈奉

鈞府指令候令催工務財政兩局迅速核復等因遵經轉行

在案茲據呈稱職署長警住宿現屆冬令困難萬分實屬迫

不可待爲再具文呈祈鑒核卽日興修以利工作等情前來

查該署房屋現因拆讓中山大道長警無地可居係屬實情

除指令外理合再行具文呈請仰祈

市長鑒核准予令行工務財政兩局迅速核復以期早日建

築而便居住實爲公便謹呈

南京特別市市政府市長劉

南京別特市市政府公安局長姚琮

十一月十五日

2. 令工務財政局爲公安局中區警署因拆讓中山大道長警無地

僞市衛生局爲在各城門防疫注射與各機關往來公文

（一）僞市衛生局爲各城門防疫注射所需要藥液自即日起來局具領的訓令（一九三九年八月二十六日）

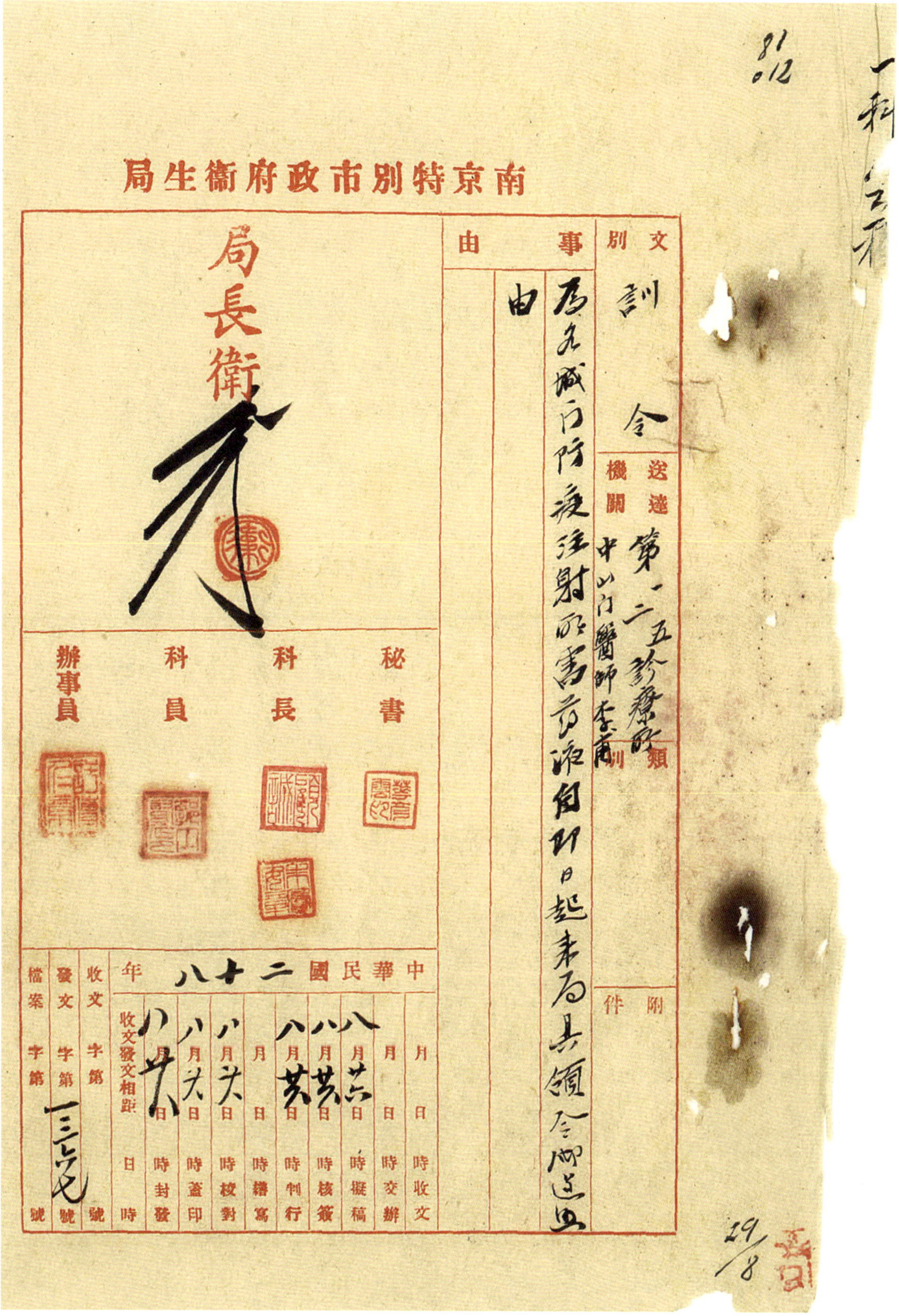

南京特別市政府衛生局

文別：訓令

送達機關：第一二五診療所、中山門醫師李甫

類別：訓

事由：爲各城門防疫注射所需藥液自即日起來局具領仰遵照由

局長 衛

秘書 科長 科員 辦事員

中華民國二十八年

收文 字第 號

發文 字第一三七號

檔案 字第 號

收文發文相距 日 時

八月廿六日

局衛訓令　字第　号

令第一二五診療所
中山小學醫師李甫

為令遵事查本城內霍亂預防注射所需藥液向由同仁會防疫處供給自即日起所有霍亂預防注射藥液用完時來局具領勿再逕向同仁會防疫處領用以專責自即日起停給除分令外合行令仰遵照辦理此令

局長衛〇

中華民國廿八年八月廿八日

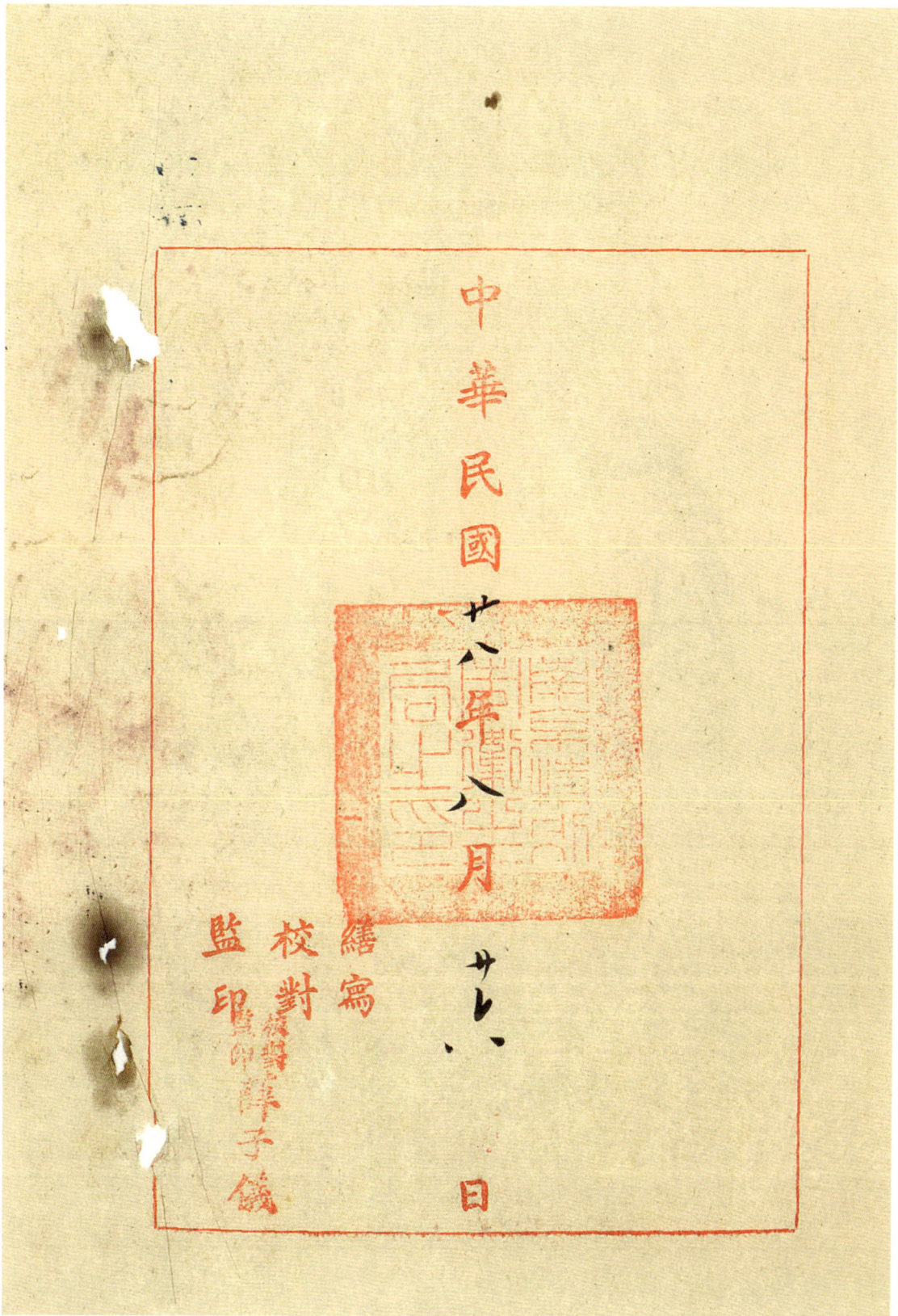

繕寫

校對

監印

校對監印薛子儀

（二一）僞市衛生局爲本市各城門臨時擴大種痘定于三月二日止結束的訓令、公函（一九四〇年二月二十九日）

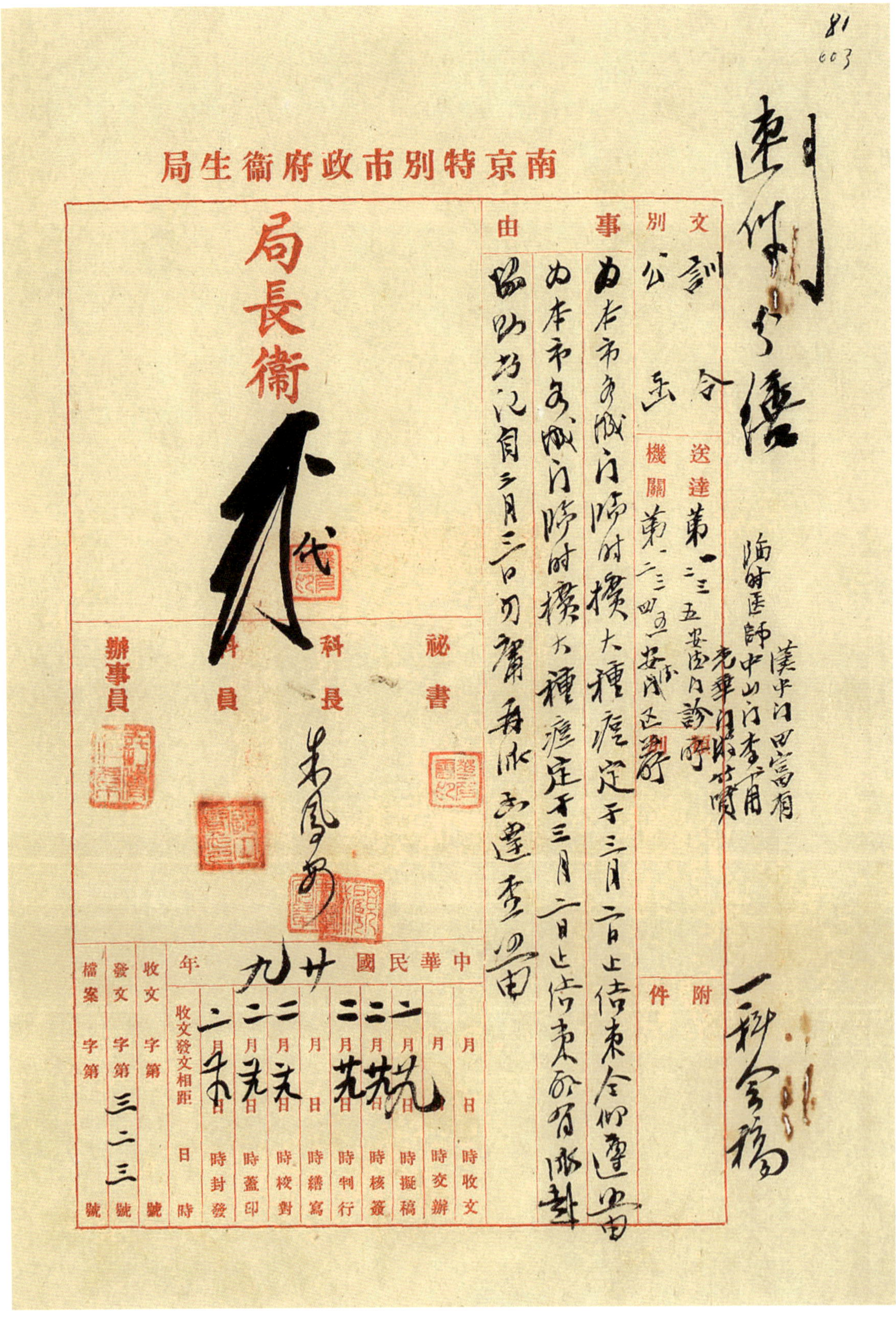

南京特別市政府衛生局

文別	訓令 公函
送達機關	第一二三五 安德門診所 第一二三四五 安德門區署
事由	為本市各城門臨時擴大種痘定于三月二日止結束令仰遵照由
附件	

局長衛

秘書 科長 科員 辦事員

中華民國廿九年 二月 日

收文字第 號 發文字第三二三號 檔案字第 號

局衔訓令　第　号

令第一二三五

挹江門診療所
臨時醫師
漢中門　田富有
中山門　李甫
光華門　孫竹賢

為訓令事查本市各城門臨時擴大種痘本局定于三月二日止結束除令外合行令仰該所（醫師）遵照辦理并將種痘材料記錄本戳即日繳局為要此令

局長　衔○○

局 衛 公字 第 号

逕啓者查本市各城門臨時擴大種痘本局定
于三月二日止結束前承
貴區派赴城門協助書記自三月三日起毋庸
再派除分函外相應函達即希
查照辦理爲荷此致
第一二三四五區區公所
安保内

局長 衛○○

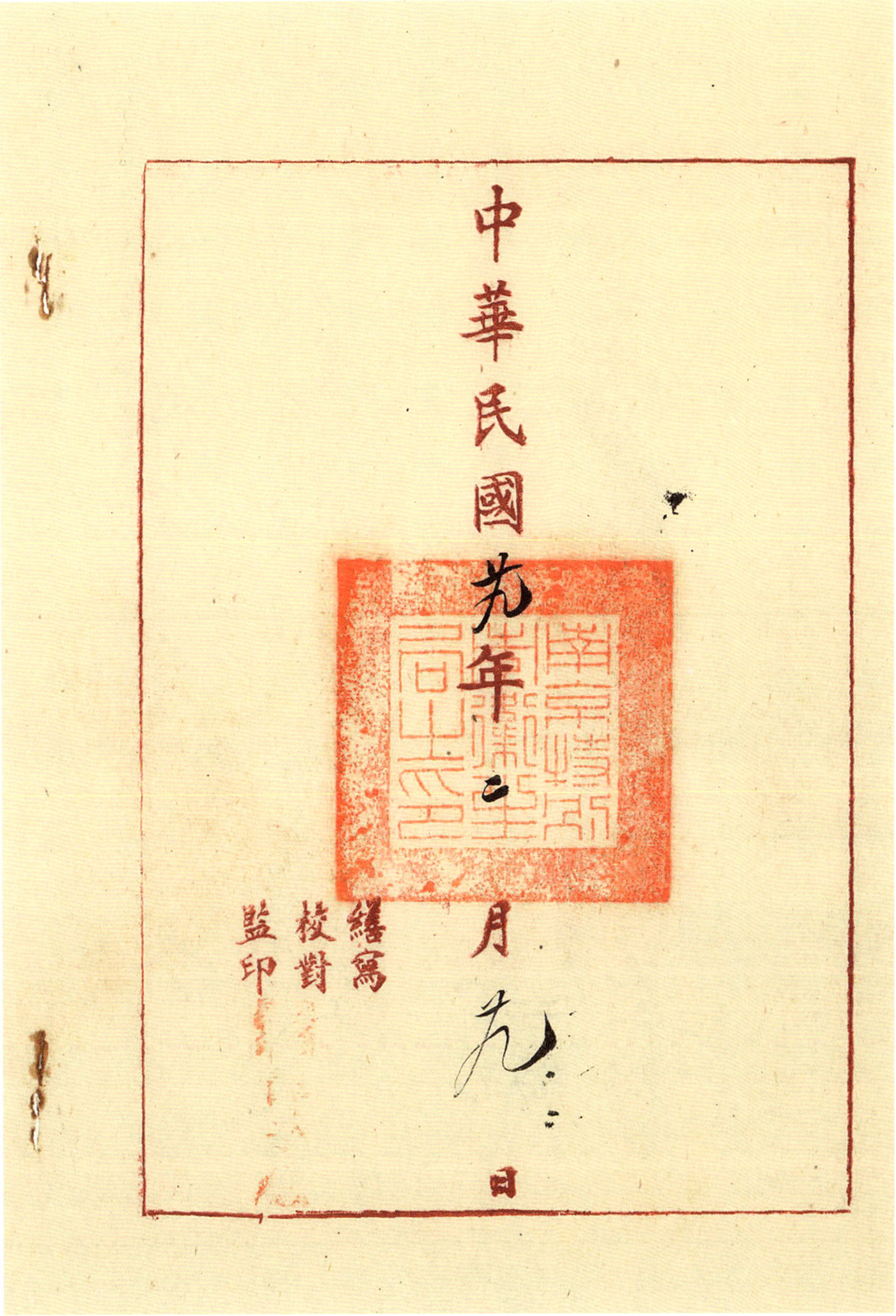

中華民國元年二月九日

繕寫

校對

監印

81
063

南京特別市政府衛生局

一科會稿

文別	訓令 公函
送達機關	各診療所 各區公所
類	連鄉區 連鄉區
事由	為本市各城門種痘定于三月二日止結束所有未經種痘市民以後仍在各診所繼續佈種仰遵照辦理函達查照並轉飭知照由
附件	

局長 衛

秘書

科長 朱鳳舞

科員

辦事員

中華民國廿九年

收文	交辦	擬稿	核簽	判行	繕寫	校對	蓋印	封發	收文發文相距
月 日 時	月 日 時	二月廿九日 時	二月廿九日 時	二月廿九日 時	月 日 時	二月廿九日 時	二月廿九日 時	三月一日 時	日 時

收文 字第 號

發文 字第 三二四 號

檔案 字第 號

局　衛

訓令　第　號

令各該管所　連鄉區

為訓令事。查本市各城門臨時擴大種痘，定于三月二日止結束。所有未經種痘市民，以後仍在各該管所繼續佈種。除分令外，合行令仰該所遵照辦理。此令。

局長　衛○○

局衔 公函 第 号

迳启者：查本市各城门随时扩大种痘，定于三月二日止结束。所有未经种痘市民，以后仍在本局所属各诊疗所继续施种。除令知外，相应函达，即希

转饬所属一体知照

查照为荷。此致

各区公所 连卿

局长衔○○

中華民國元年二月元日

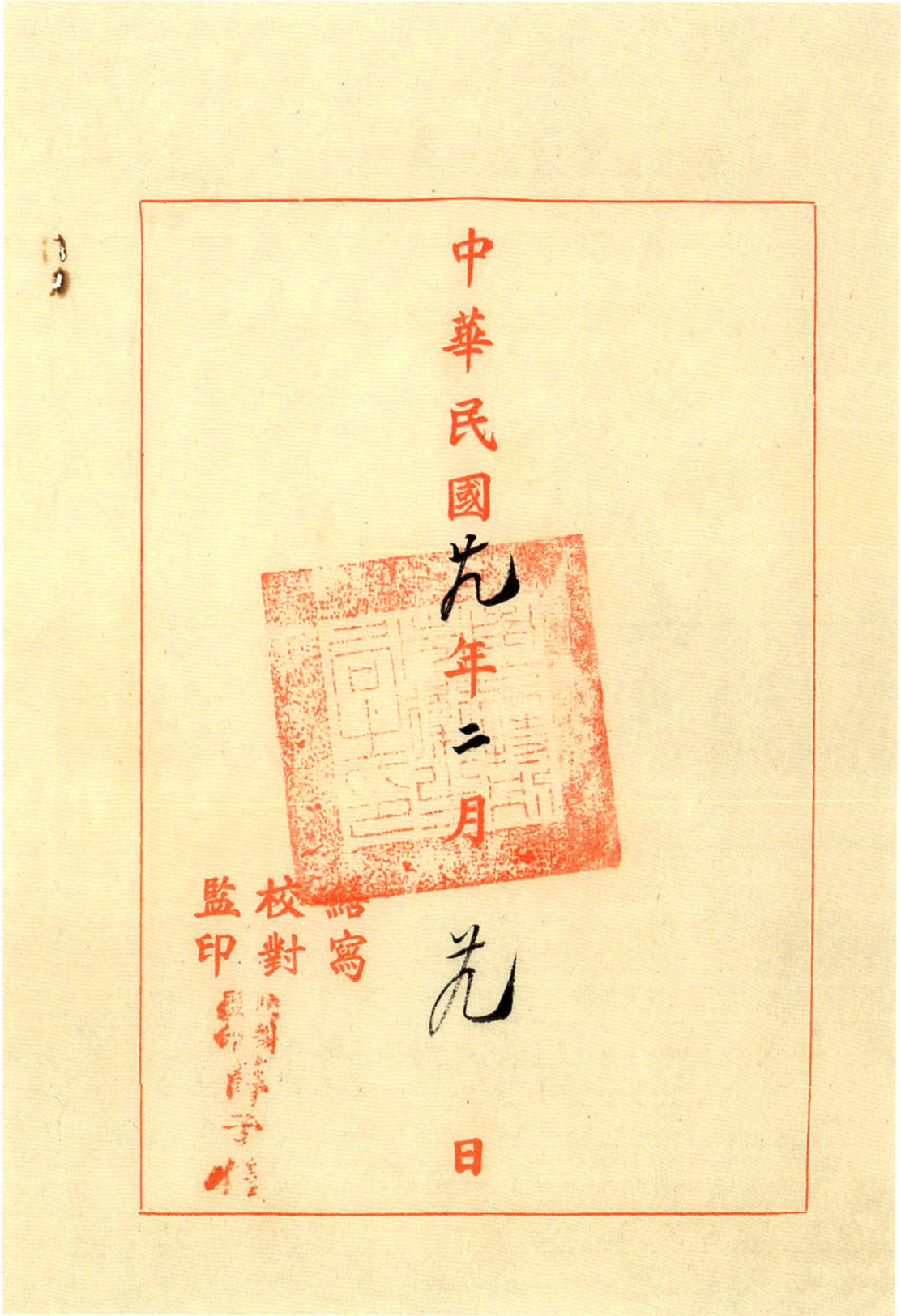

繕寫

校對

監印

南京特別市政府衛生局

文別	訓令
送達機關	南京市戒毒所、娼妓檢療所
事由	為本市時疫種痘定于三月一日止加緊注射令仰遵照由
附件	

局長 衛 代

秘書 科長 科員 辦事員

中華民國 廿九 年

月日時收文	月日時交辦	二月廿九日時擬稿	二月廿九日時核簽	二月廿九日時判行	月日時繕寫	三月一日時校對	三月一日時蓋印	三月一日時封發	收文發文相距日時

收文 字第 號

發文 字第 三二八 號

檔案 字第 號

已登

81 / 603

局銜 訓令 第 號

令南京市政府
塌坍搶修所

為訓令事查該府辦理將撿大種磚本局前規定于三月一日上結束除分令外合行令仰該府遵照辦理結束并將種磚材料證書[illegible]即日繳局為要此令

局長 ○○

中華民國二十九年三月　　日

繕寫

校對

監印

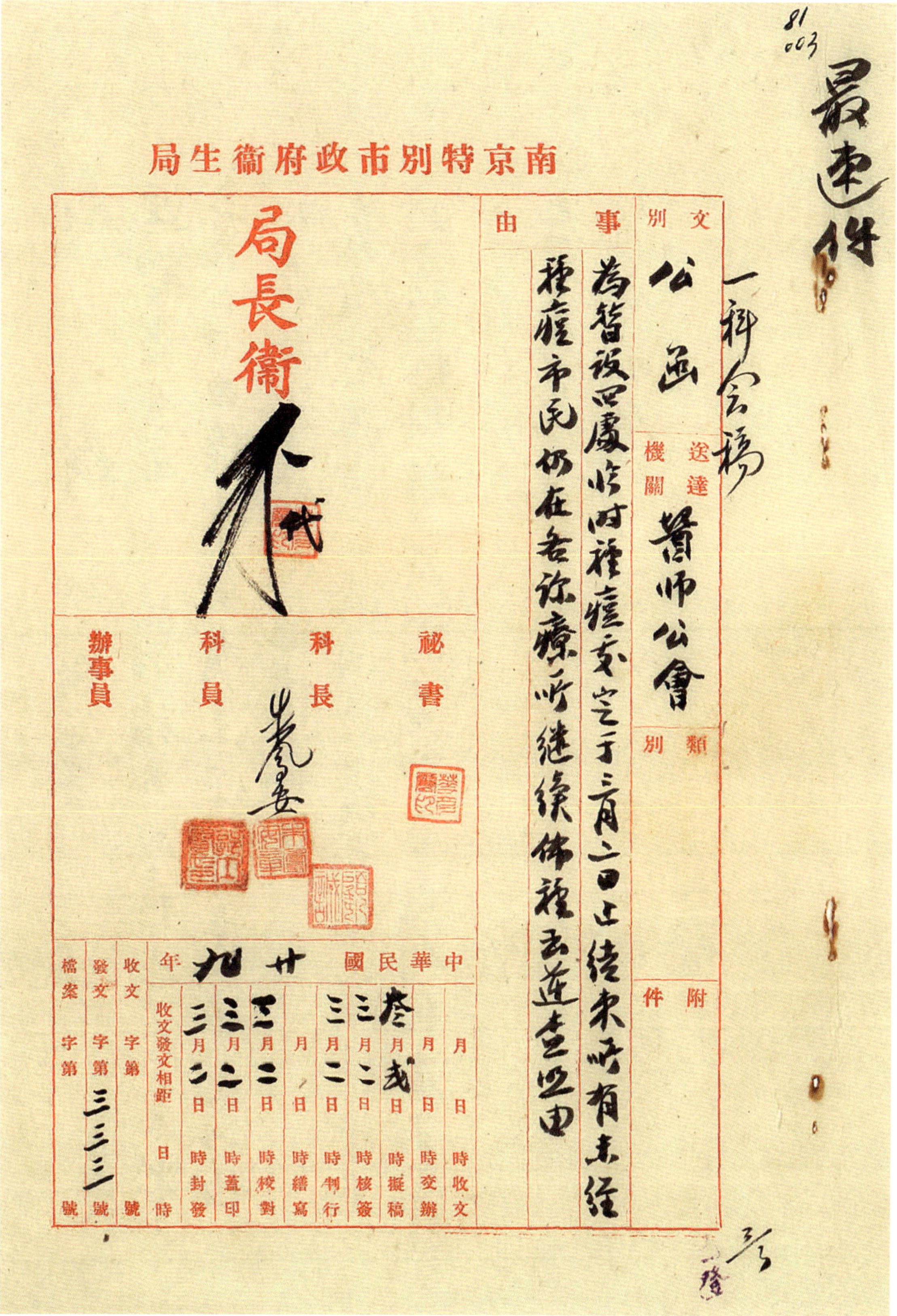

81/003

最速件

南京特別市政府衛生局

文別	公函
送達機關	醫師公會
類別	
附件	
事由	為暫設四處收時種痘至三月二日止結束所有未經種痘市民仍在各診療所繼續佈種函達查照由

一科會稿

局長 衛 代

秘書　科長　科員　辦事員

中華民國廿九年

收文	月 日 時
交辦	月 日 時
擬稿	叁月 貳日 時
核簽	三月 二日 時
制行	三月 二日 時
繕寫	月 日 時
校對	三月 二日 時
蓋印	三月 二日 時
封發	三月 二日 時
收文發文相距	日 時
收文	字第 號
發文	字第 三三三 號
檔案	字第 號

3/3 發

局　衛公函　衛字第　号

逕啟者：查本市臨時擴大種痘，本局定於六月二日結束，所有未經種痘市民，必須仍在各診療所繼續施種。

貴會暫設四處臨時種痘處，勿庸繼續，並將種痘材料及證書即日繳局，相應函達，即希

查照為荷。此致

醫師公會

局啟

中華民國廿九年三月二日

繕寫

校對

監印 薛子儀

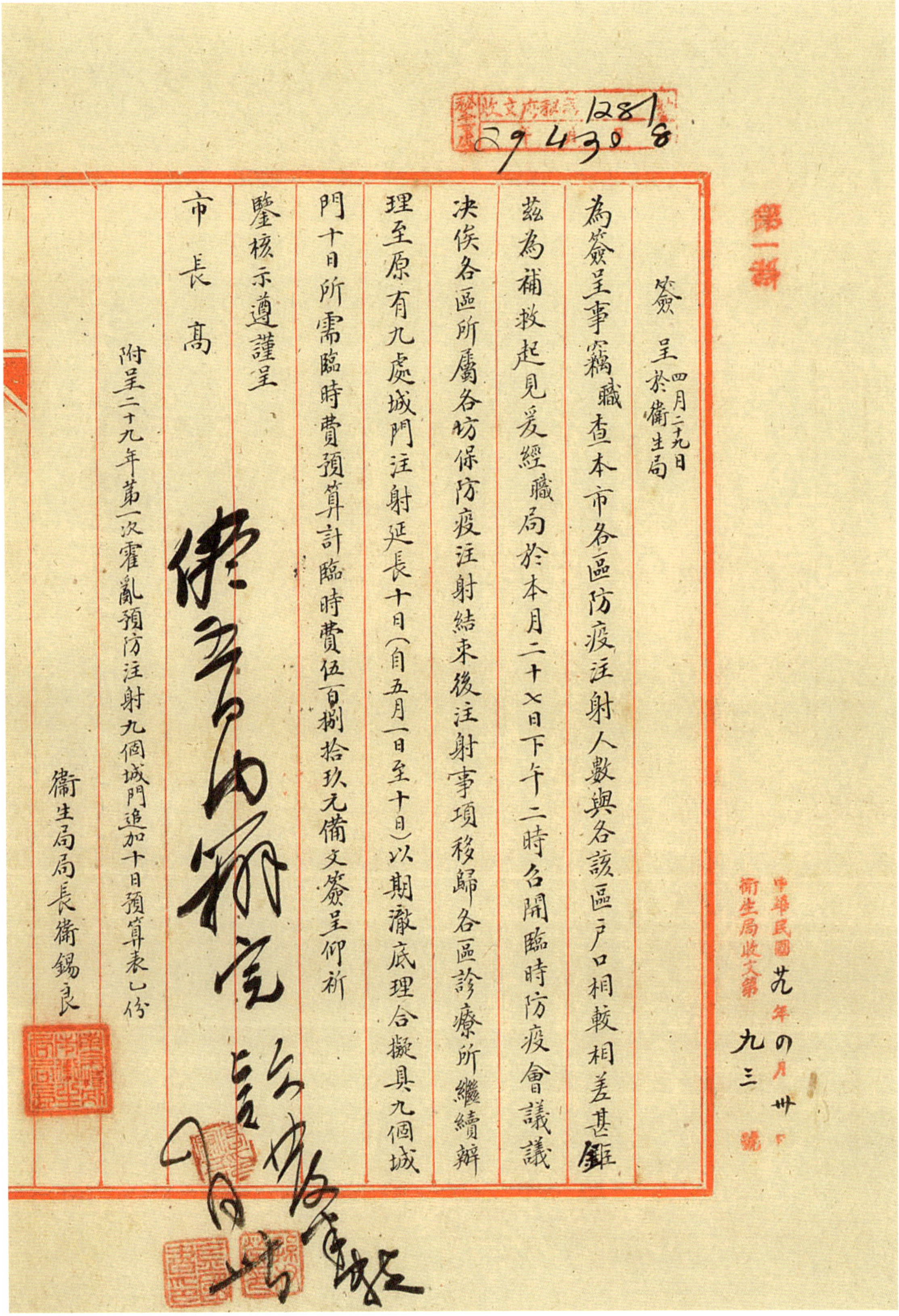
市政府收文 1281 29430

第一科

簽呈 四月二十九日 於衛生局

為簽呈事竊職查本市各區防疫注射人數與各該區戶口相較相差甚鉅茲為補救起見爰經職局於本月二十七日下午二時召開臨時防疫會議議決俟各區所屬各坊保防疫注射結束後注射事項移歸各區診療所繼續辦理至原有九處城門注射延長十日（自五月一日至十日）以期澈底理合擬具九個城門十日所需臨時費預算計臨時費伍百捌拾玖元備文簽呈仰祈

鑒核示遵謹呈

市長高

附呈二十九年第一次霍亂預防注射九個城門追加十日預算表乙份

衛生局局長衛錫良

中華民國廿九年四月卅日 衛生局收文第九三號

（三）僞市衛生局爲擬具九處城門延長十日注射所需臨時費預算致僞市長的呈文（一九四〇年四月三十日）

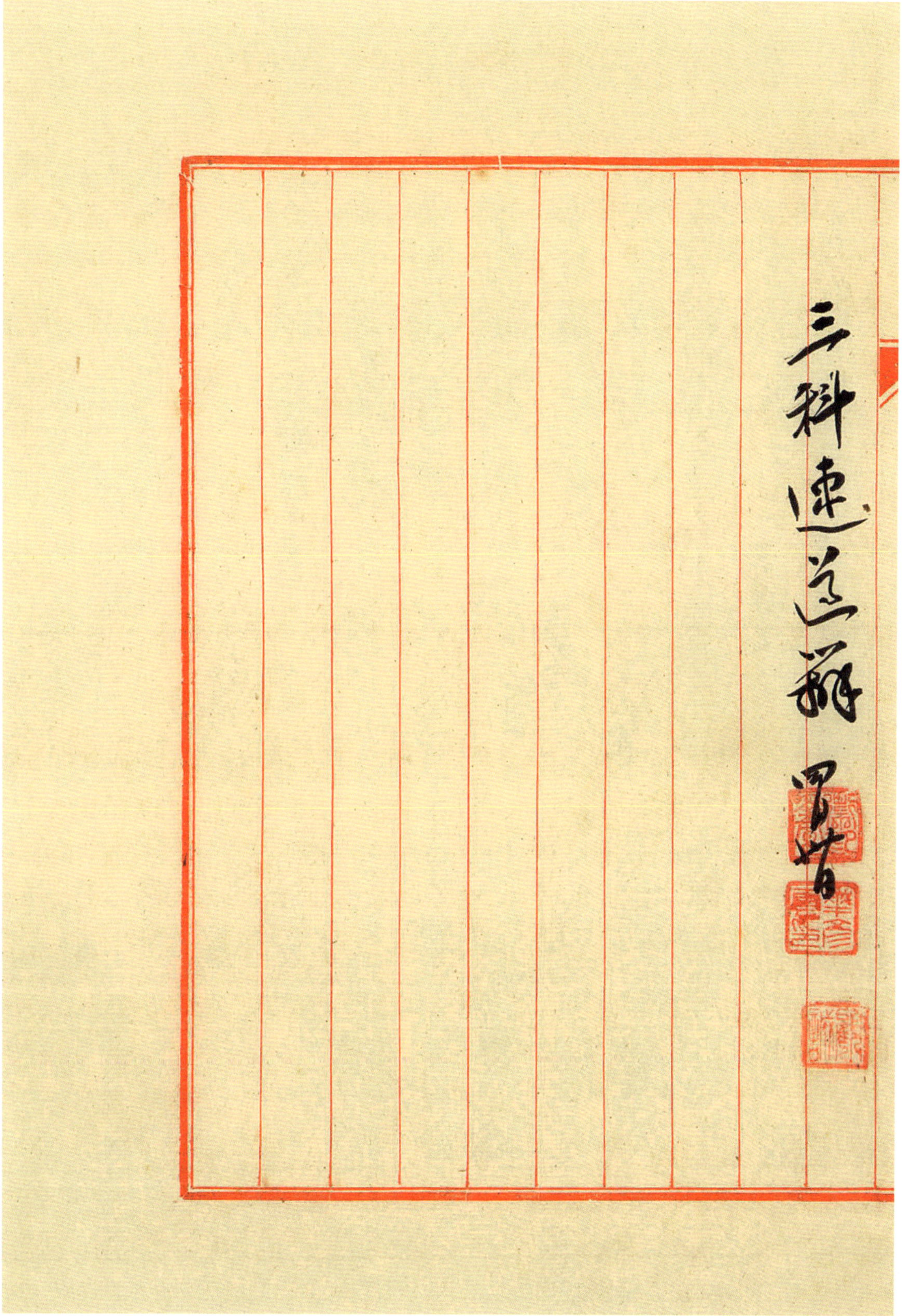

三科速送蘇署

二十九年度第一次霍亂預防注射九個城門追加十日預算表

項目	類別	數目	備攷
第一款	臨時費	五八九 〇〇	
第一項	津貼	四九〇 〇〇	
第一節	醫師	一三〇 〇〇	共九人本局及各診療所調用五人每人月支叁拾元聘用四人每人月支六十元十日合計如上數
第二節	護士	一八〇 〇〇	共十八人每人月支三十元十日合計如上數
第三節	書記	一八〇 〇〇	共三十六人每人月支十五元十日合計如上數
第二項	材料費	六九 〇〇	
第一節	酒精	三七 〇〇	添購酒精壹聽合如上數
第二節	棉花	三二 〇〇	購藥棉十磅每磅約洋叁元二角合計如上數

第三項 雜費 三〇〇

第一節 雜費 三〇〇

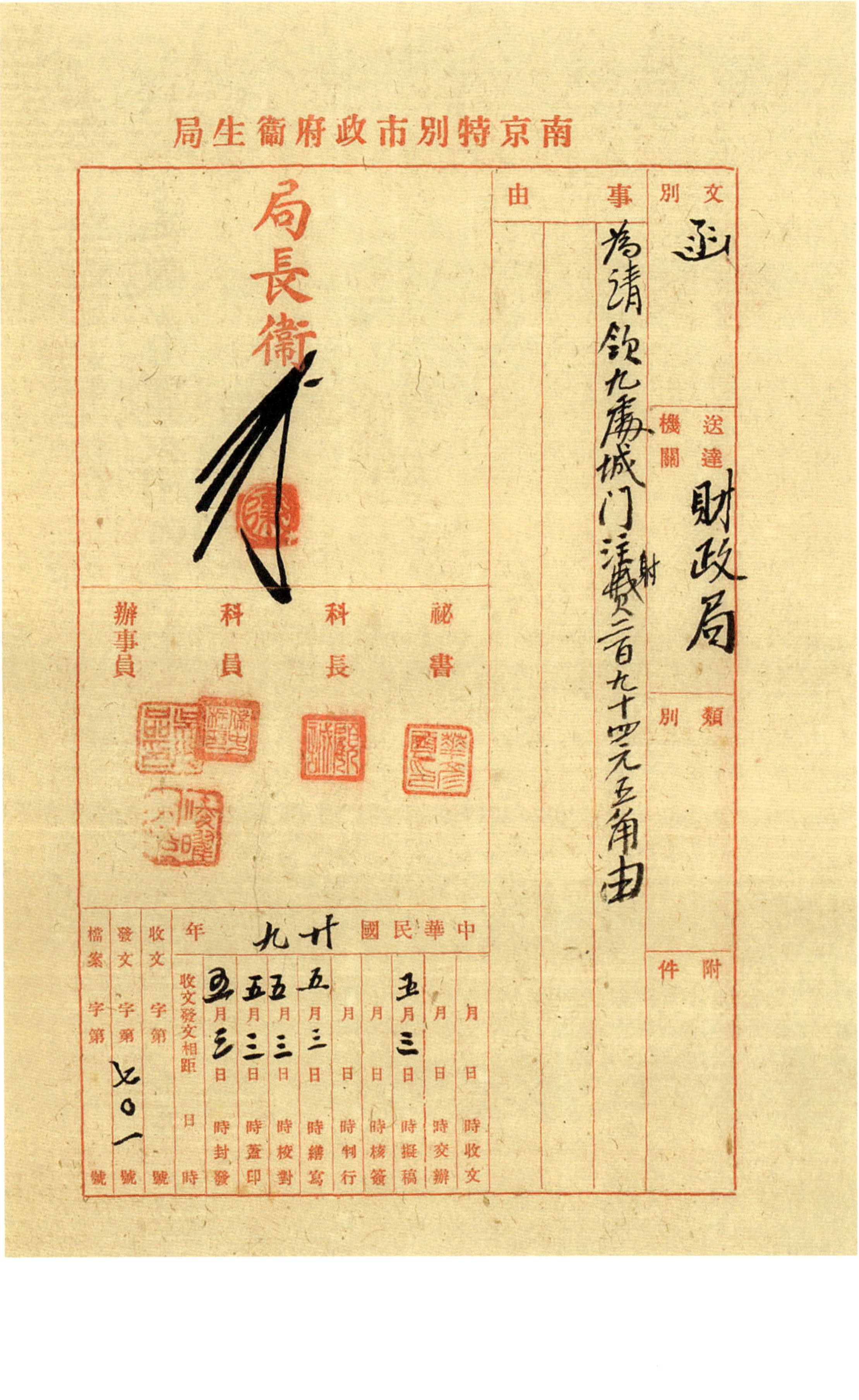

南京特別市政府衛生局

文別	函
送達機關	財政局
類別	
附件	
事由	為請領九處城門注射費二百九十四元五角由
局長	衛
祕書	
科長	
科員	
辦事員	

中華民國廿九年

收文	月 日 時
交辦	月 日 時
擬稿	五月三日 時
核簽	月 日 時
判行	月 日 時
繕寫	五月三日 時
校對	五月三日 時
蓋印	五月三日 時
封發	五月三日 時
收文發文相距	日 時
收文	字第 號
發文	字第七〇一號
檔案	字第 號

逕啟者：敝局為本市各區施行防疫工作，注射人數與各該區戶口相較，相差甚距，為補救起見，於四月二十七日下午二時召開臨時防疫會議，議決各區所屬各坊保防疫注射結束後，注射事項移歸各區診療所繼續辦理，至原有九處城門注射，延長十日，並擬具預算臨時費為伍百捌拾玖元，簽請市座奉批：俟五日內辦完，款發半數等因，奉此，相應檢同原簽呈及預算書

函送
貴局請撥給九區城門汪射廷長音臨時費弍百玖拾肆元五角，即希撥發，至紉公誼。此致
財政局
附送原簽呈及預算書，閱後希發還
局啟

中華民國29年5月3日

繕寫

校對

監印

南京特別市政府

第一科

逕復者案准
貴局函以四月二十七日召開臨時防疫會議議決各
區所屬各坊保防疫注射移歸各區診療所繼續
辦理至原有九處城門注射延長十日並擬具預算
臨時費為五百八十九元簽奉
市座批示「儘五日內辦完款發半數」等因檢同原簽
及預算書函請撥發五日臨時費弍百九十四元五
角應用等由過局准查此項臨時費既經呈奉

中華民國廿五年五月八日
衛生局收文第一四四三號
字第1467號

南京特別市政府

市座核准自應照發相應檢還原件並附奉市字
第壹肆肆號發欵通知乙紙即希
查照繕據具領為荷此致
衛生局
附發欵通知乙紙並送還原件
啓
五、七

已發 五廿三

財字第1642號

箋函

逕復者，案准

貴局函繳廿九年度一月份各城門擴大種痘

臨時費結餘國幣貳拾柒元四角過局，准

經飭庫核收，相應函復

查照爲荷，此致

衛生局

局啓

檔案備8字第 號

局長邵

秘書 [illegible]

科長

科員

以辦事員

郭[illegible]仰

五卅

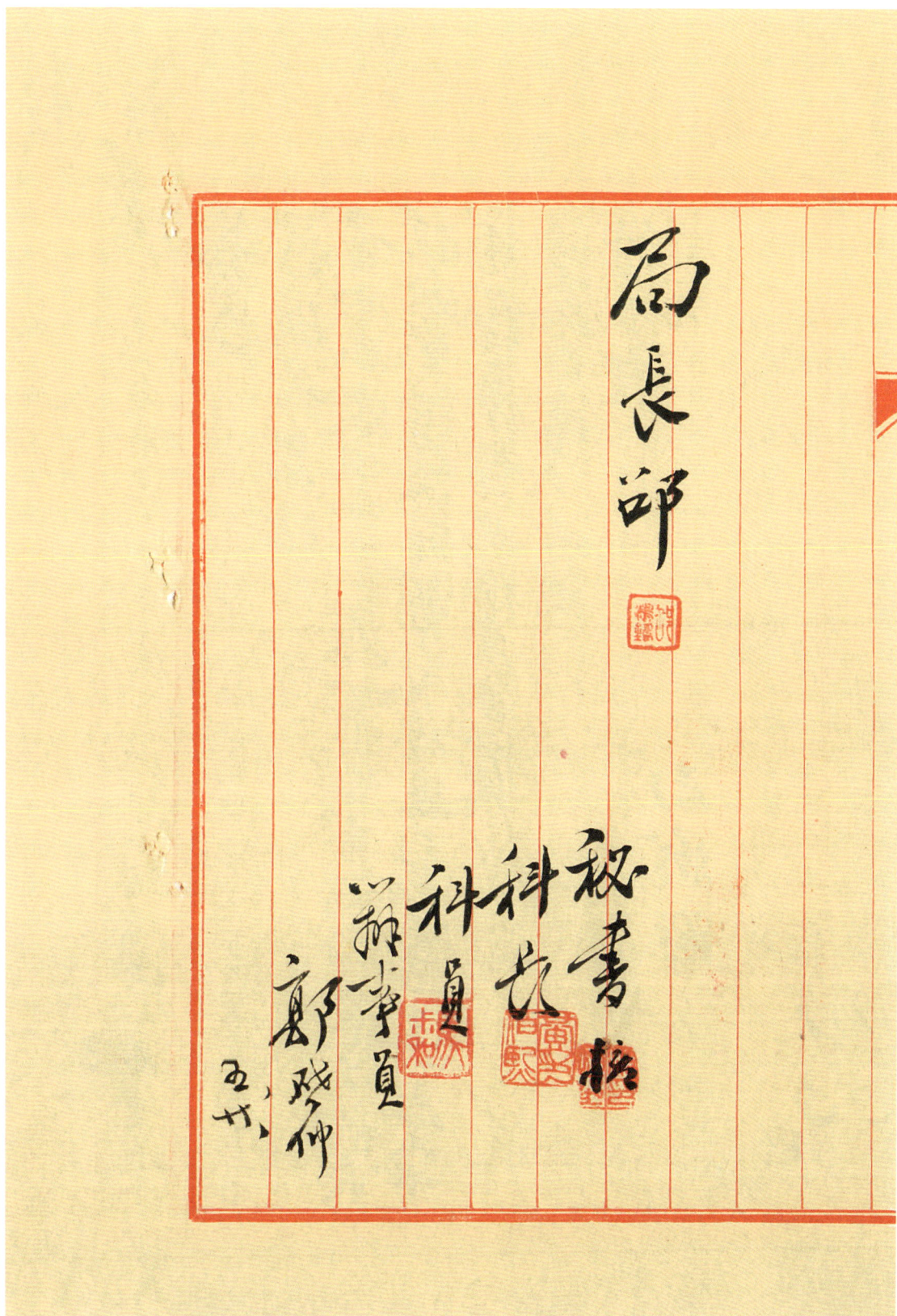

南京特別市政府

逕啓者本局辦理二十九年度一月份八處城門擴大種痘臨時費實領國幣柒百拾貳元伍角實支出國幣陸百捌拾五元壹角茲將節餘國幣貳拾柒元肆角隨函送繳貴局查收並希掣據以備存查至支出計算書等各二份單據粘存簿冊業已呈送秘二科審核存轉矣相應函達即請查照為荷此致

財政局

附繳節餘國幣貳拾柒元肆角

南京特別市政府衛生局啓

（六）僞市衛生局爲五月份各城門延長注射臨時費節餘送繳事與僞財政局的往來函（一九四〇年六月二十七日至六月二十九日）

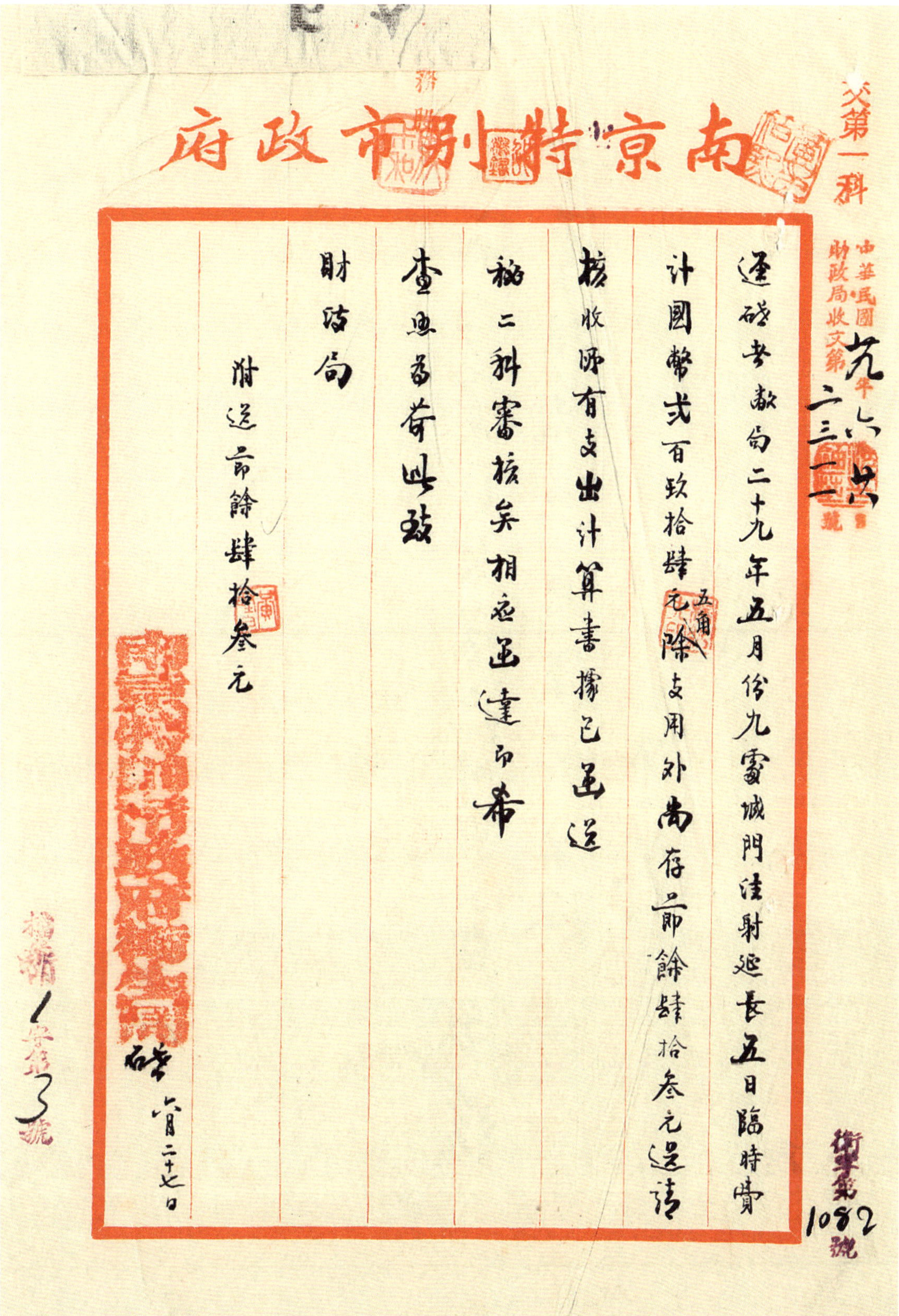

南京特別市政府

逕啓者：敝局二十九年五月份九處城門注射延長五日臨時費
計國幣貳百玖拾肆元五角，除支用外，尚存節餘肆拾叁元，送請
核收。所有支出計算書據已函送
秘二科審核矣。相應函達，即希
查照爲荷。此致
財政局

附送節餘肆拾叁元

啓　六月二十七日

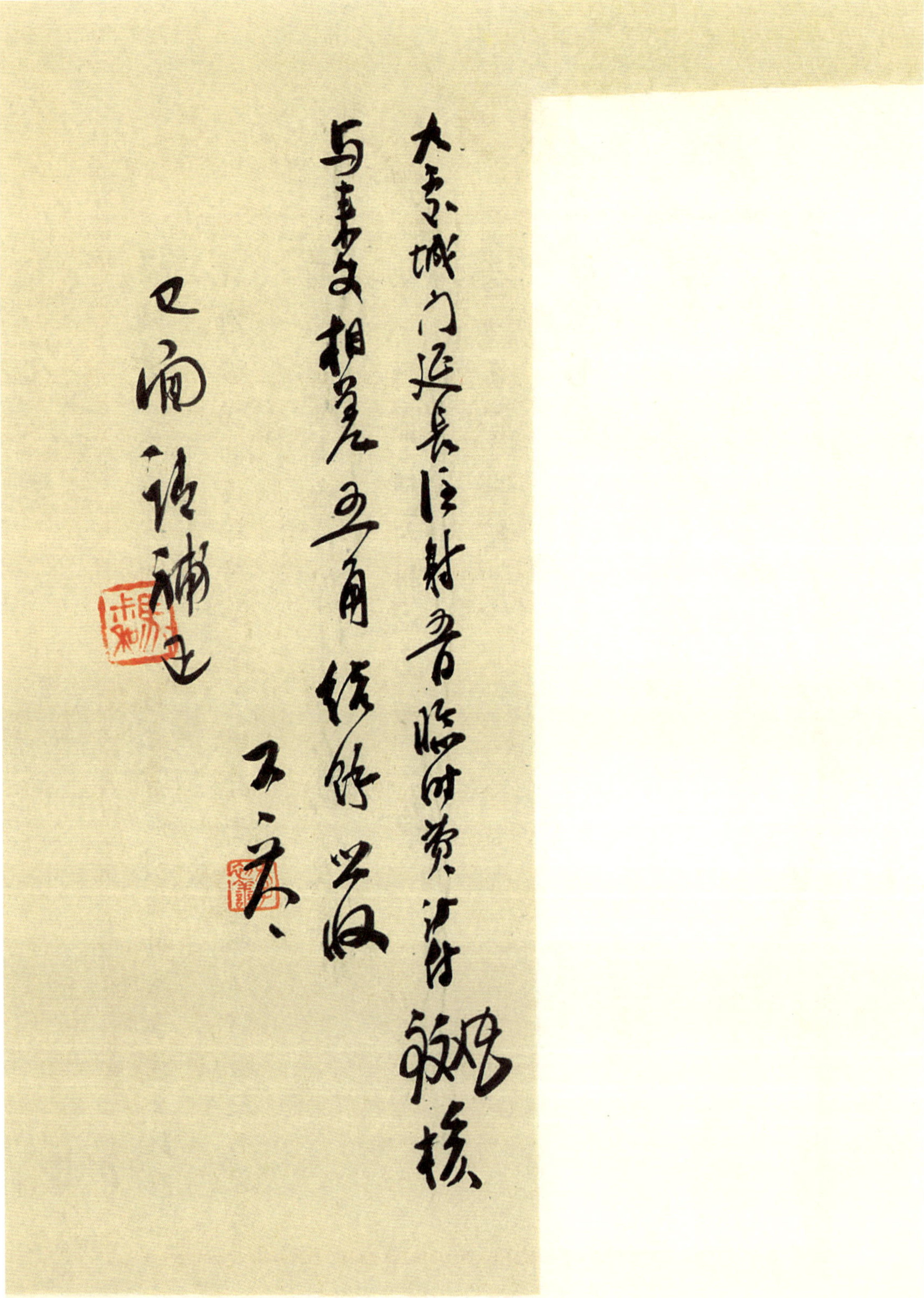

大东城门延长注射普临时费清付敬恳核

与春友相见之有续余兴

不一 英

乙酉中秋补之

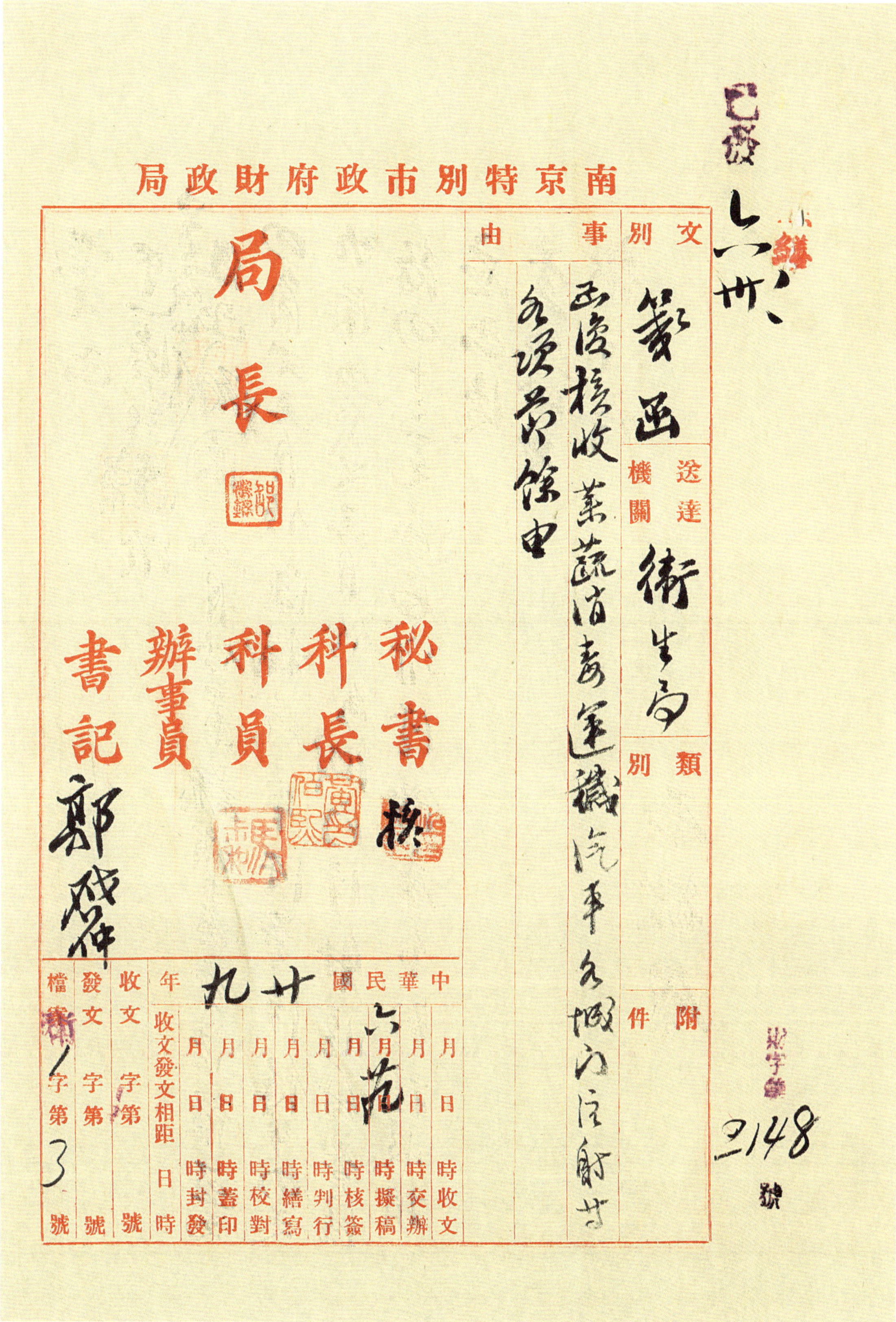

已發

六月卅

南京特別市政府財政局

文別	箋函
送達機關	衛生局
類別	
附件	
事由	函復核收菜蔬消毒運載汽車各城門注射等各項費餘由

局長

秘書

科長

科員

辦事員

書記 郭啟仲

中華民國廿九年

收文 月 日 時

交辦 月 日 時

擬稿 月 日 時

核簽 月 日 時

判行 月 日 時

繕寫 月 日 時

校對 月 日 時

蓋印 月 日 時

封發 月 日 時

收文發文相距 日 時

收文 字第 號

發文 字第 號

檔案 1 字第 3 號

字第 2148 號

箋函

奉悉。運後共 准

書局送補 五月份菜蔬消毒費洋餘五元

四角，又五月份運輸汽車經費洋餘十四元

九角五分，又五月份各城門口射險費洋

餘四十二元，為近局，准經餘庫分別核收，相

應函復

查照為荷

衛生局

弟嶽啟

中華民國廿九年六月　日

（七）僞市衛生局爲送一九四〇年五月份九處城門注射延長五日臨時費支出計算書與僞市政府秘書處往來公函（一九四〇年六月二十七日至八月十三日）

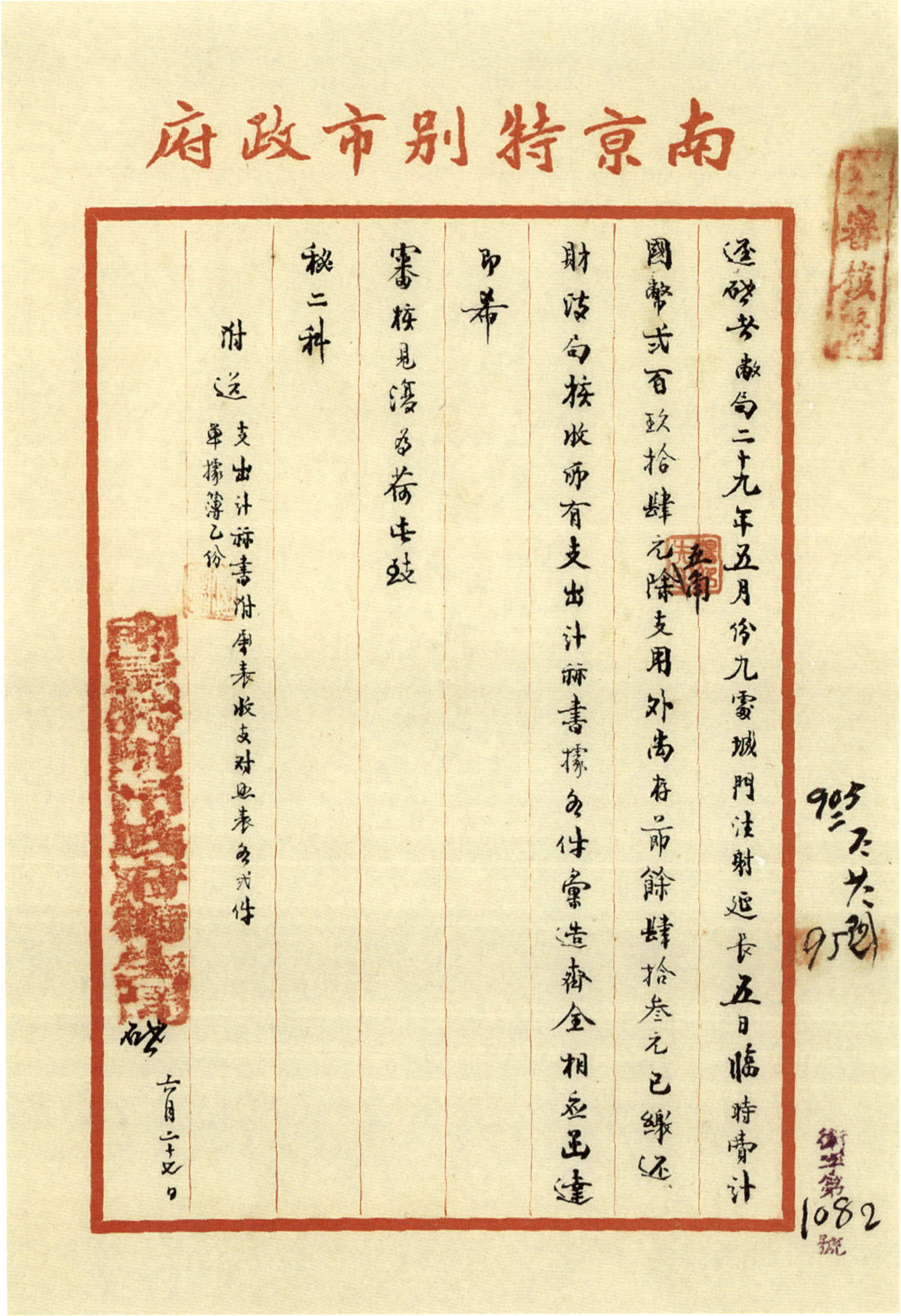

南京特別市政府

逕啓者 敝局二十九年五月份九處城門注射延長五日臨時費計
國幣弍百玖拾肆元除支用外尚存前餘肆拾叁元已繳還
財政局核收所有支出計算書據各件彙造齊全相應函達
即希
審核見復爲荷 此致
秘二科
附送 支出計算書附屬表收支對照表各弍件 單據簿乙份
衛生局啓
六月二十七日

衛生第1082號

茲將敵偽二十九年五月份九靈城門法射延長五日臨時費支出
計算書據等謹請
鑒核
計開
一、收本年五月份九靈城門法射延長五日臨時費國幣弍百玖拾肆元伍角
一、支弍百伍拾壹元伍角
結餘國幣肆拾叁元
附支出計算書附屬表收支對照表各弍份單據簿乙份

952

簽呈 七月六日

為簽呈事查接管卷内准前衛生局函送二十九年五月份九處城門注射延長五日臨時費支出計算書表單據請予審核等由過科查衛生局具領此項臨時費弍百玖拾肆元五角支出弍百五拾壹元五角結餘肆拾叁元已由該局逕繳前財政局核收在案所附支出計算書表核與單據數目相符擬請准予備查是否有當理合簽請

鑒核示遵謹呈

秘書長張轉呈

市長蔡

附呈原件

准銷 七月五日

秘書處第二科代理科長譚承彦

1842

簽函稿

逕復者案查檔管卷內准前衛生局函送二十九年五月份九處城內注射延長五日臨時費共計實支叁百五拾壹元五角所附支出計算書核扶數相符業經簽請奉批准銷相應函復查照為荷此致

衛生局

秘二科擬稿

科長陳

審核股主任

128 八、十四發

拟稿葉廉森

八、十三、

（八）僞市財政局爲第二次霍亂預防注射擬加九城門注射人員一案致僞市政府呈文及致僞衛生局箋函
（一九四〇年八月十二日至八月十四日）

急
次要

交第一科

中華民國廿九年八月十二日
財政局收文第八八一九號

市府秘書處收文第458號
29 8 12 18

如擬

案奉
鈞座交下衛生局爲經辦第二次霍亂預防注射擬請另加九城門注射人員九班原簽壹件奉
批示交財政局核發及擬添設九處應將地點開明等因奉此並預算表一份旋准衛生局開具九城門地點表到局查核所列預算尚無不合擬請
准予如數照撥以便速辦是否有當理合附呈原件暨九城門地點表簽請
鑒核示遵謹呈
市長蔡
附呈原件暨九處地點表
財政局局長蹇先騘謹呈　月　日

衛 11 1

佑 十三

財字第424號

二十九年度第二次霍乱预防注射九个城门列左

计开

光华门

通济门

中山门

太平门

玄武门

汉西门

挹江门

中华门

水西門

以上九個城門注射此致

財政局

第一科

南京市政府衛生局

還

急

八、十五、

八、十五、

財字第471號

簽呈

案奉

市座交下

貴局為經辦第二次霍亂預防注射擬請另加九城門注射人員九班原簽壹件

批示財政局核擬及擬添設九處應將地點開明等因並預算表一份

旋准

貴局開具地點表函局查核所列預算尚無不合擬請

准予如數照發以便速辦簽奉

衛字第111號

市座批示如擬等因相應送還原件並附衛字第弍捌便箋

款通知書節即希

查照繕據具領為荷此致

衛生局

附發款通知書節並送還原件

局勤啓

局長蹇　八月十四日

秘書

科長

主任科員

擬稿科員

八、十四

僞市政府爲新舊法幣交流兑換處職員所携新舊法幣請各城門軍警準予放行證明書（附件：南京市新舊法幣交流兑換處暫行規程）（一九四二年七月九日）

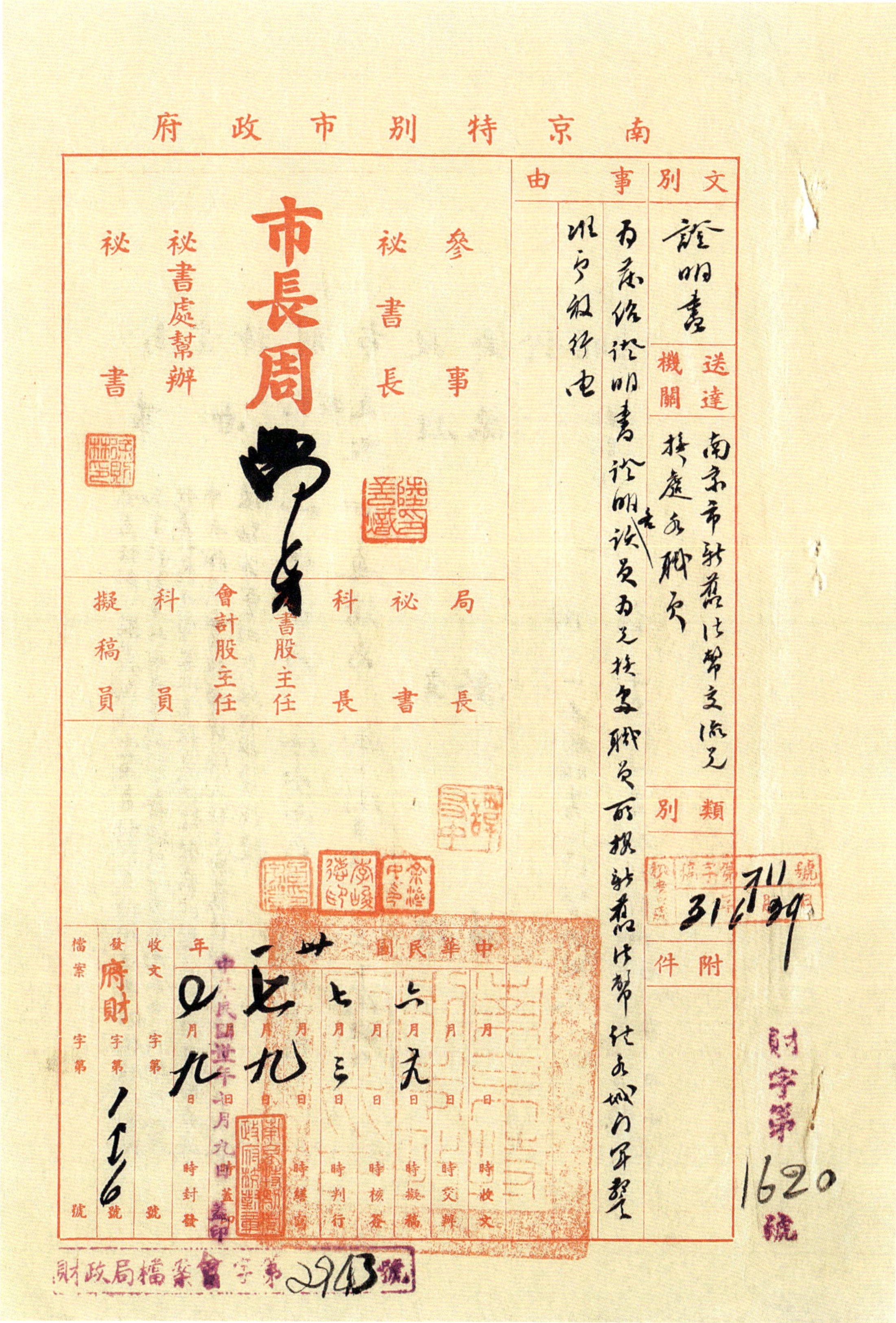

南京特別市政府

文別	證明書
送達機關	南京市新舊法幣交流兑換處各職員
事由	爲發給證明書證明該處員等持各職員所携新舊法幣往來城門軍警准予放行由

市長 周
參事　秘書長　秘書處幫辦　秘書
局長　秘書　科長　文書股主任　會計股主任　科員　擬稿員

中華民國卅一年　六月卅日收文　七月三日　七月九日
發 府財字第116號
財字第1620號
財政局檔案會字第2943號

南京特別市政府證明書

事由	茲為便利一般農民及小商負販起見，特由中央儲備銀行會同南京特別市政府及首都警察總監署在南京市區衝要地點設置新舊法幣兌換處，辦理新舊法幣兌換事宜。所有處中各職員每日攜帶準備兌換之新舊法幣出入城門，務祈值勤軍警准予放行，毋得阻撓
兌換處地點	(一)中華門 (二)水西門 (三)中山門 (四)通濟門 (五)下關車站 (六)下關渡口
姓名	
年齡	
職務	
粘貼像片處	

附註
一、本證明書不得貸與別人
二、本證明書有效期間自　月　日起至　月　日止

中華民國卅一年六月　日

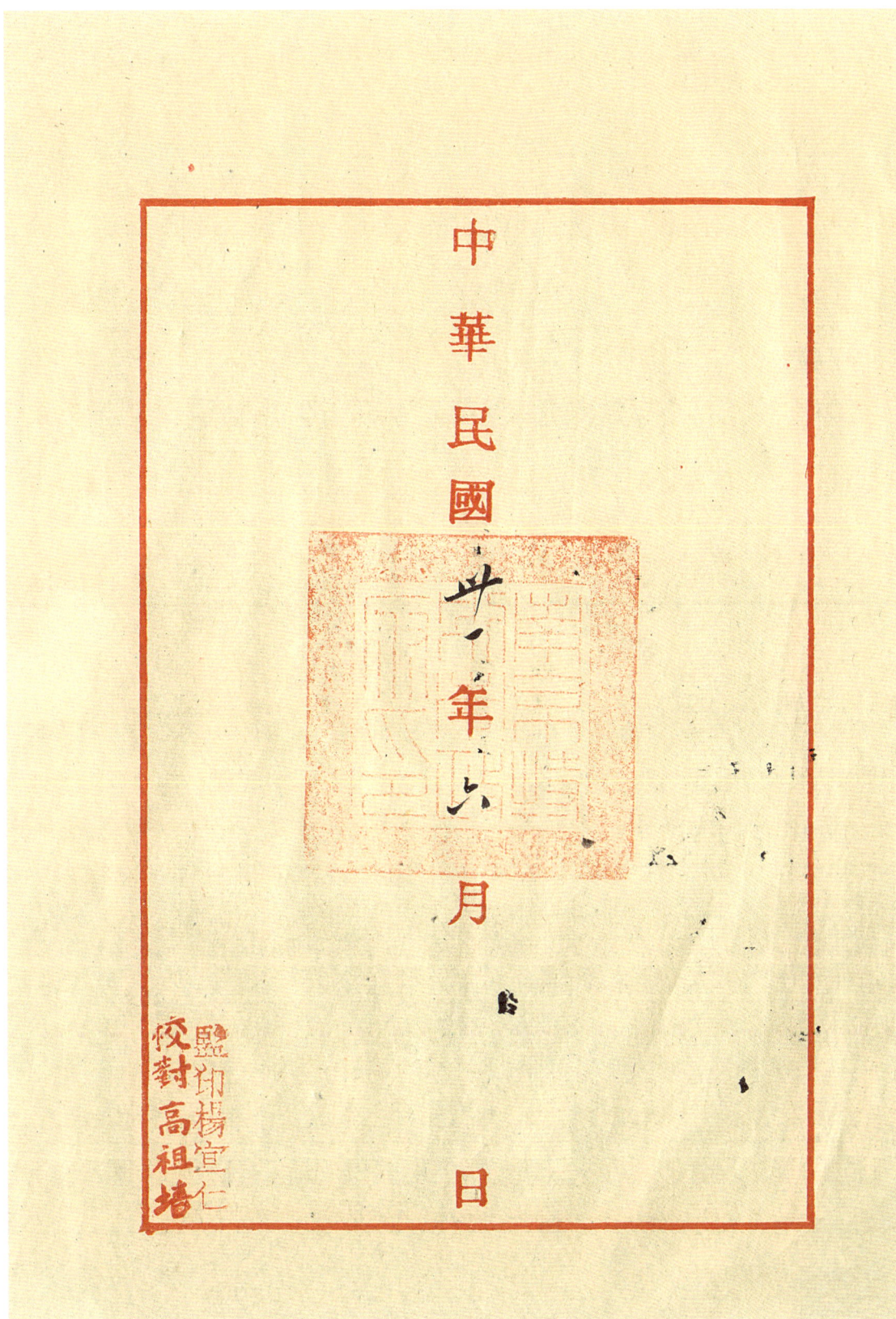

監印楊宣仁
校對高祖墻

南京市新舊法幣交流兌換處暫行規程

一、中央儲備銀行為便利一般農民及小商負販起見特會同南京特別市政府及首都警察總監署於南京市區交通衝要地點設置新舊法幣交流兌換處

二、兌換處職員由中央儲備銀行委派之並由南京特別市政府及首都警察總監署酌派員警協助之

三、凡農民及商販攜帶舊幣入境時須向兌換處兌成新幣

四、凡農民及商販出境時如有攜帶舊幣之必要者得持新幣向兌換處申敘理由提出證明請求兌換舊幣

前兩條之兌換額以新幣壹佰元或舊幣貳佰元為限

五、兌換處兌換新舊法幣應按照二對一之規定辦理不得索取手續費違者依法懲辦

六、本規程自公布日施行

、設置地點暫定如下（一）中華門（二）水西門（三）中山門（四）通濟門（五）下關車站（六）下關渡口